독자의 1초를 아껴주는 정성!

세상이 아무리 바쁘게 돌아가더라도
책까지 아무렇게나 빨리 만들 수는 없습니다.
인스턴트 식품 같은 책보다는
오래 익힌 술이나 장맛이 밴 책을 만들고 싶습니다.

길벗이지톡은 독자여러분이
우리를 믿는다고 할 때 가장 행복합니다.
나를 아껴주는 어학도서,
길벗이지톡의 책을 만나보십시오.

독자의 1초를 아껴주는
정성을 만나보십시오.

미리 책을 읽고 따라해본 2만 베타테스터 여러분과
무따기 체험단, 길벗스쿨 엄마 2% 기획단,
시나공 평가단, 토익배틀, 대학생 기자단까지!
믿을 수 있는 책을 함께 만들어주신
독자 여러분께 감사드립니다.

(주)도서출판 길벗 www.gilbut.co.kr
길벗 스쿨 www.gilbutschool.co.kr

구글부터 넷플릭스까지
빅테크 트렌드를 원문 그대로 읽는다

영국 주간지 스터디

구글부터 넷플릭스까지
빅테크 트렌드를 원문 그대로 읽는다
영국 주간지 스터디

초판 1쇄 발행 2022년 2월 20일
원문 The Economist
번역 및 해설 정병선
발행인 이종원
발행처 (주)도서출판 길벗
출판사 등록일 1990년 12월 24일
주소 서울시 마포구 월드컵로 10길 56(서교동)
대표 전화 02)332-0931 | 팩스 02)323-0586
홈페이지 www.gilbut.co.kr
기획 및 책임편집·김효정(hyo@gilbut.co.kr) | 디자인·신덕호 | 제작·이준호, 손일순, 이진혁 |
마케팅·이수미, 장봉석, 최소영 | 영업관리·김명자, 심선숙 | 독자지원·윤정아 |
전산편집·예림인쇄 | CTP 출력 및 인쇄·예림인쇄 | 제본·예림바인딩

— 잘못 만든 책은 구입한 서점에서 바꿔 드립니다.
— 이 책은 저작권법에 따라 보호받는 저작물이므로 무단전재와 무단복제를 금합니다.
— 이 책의 전부 또는 일부를 이용하려면 반드시 사전에 저작권자와 (주)도서출판 길벗의 서면 동의를 받아야 합니다.
— 책 내용에 대한 문의는 길벗 홈페이지 (www.gilbut.co.kr) 고객센터에 올려 주세요.

ISBN 979-11-6521-714-3 03740
(길벗도서번호 301096)
ⓒ 길벗, 2022
정가 22,000원

독자의 1초를 아껴주는 정성 길벗출판사
길벗 | IT실용서, IT/일반 수험서, IT전문서, 경제경영서, 취미실용서, 건강실용서, 자녀교육서
더퀘스트 | 인문교양서, 비즈니스서
길벗이지톡 | 어학단행본, 어학수험서
길벗스쿨 | 국어학습서, 수학학습서, 유아학습서, 어학학습서, 어린이교양서, 교과서

페이스북: www.facebook.com/gilbuteztok
네이버 포스트: http://post.naver.com/gilbuteztok
유튜브: https://www.youtube.com/gilbuteztok

구글부터 넷플릭스까지
빅테크 트렌드를 원문 그대로 읽는다

정병선 번역 및 해설

영국 주간지 스터디

– 테크 비즈니스 편

The pandemic has shown that Amazon is essential—but vulnerable   16
팬데믹으로 아마존이 매우 중요하다는 게 드러났다, 동시에 매우 취약하다는 것도.

The buzz around AirPods   40
우후죽순 에어팟

Can Zoom be trusted with users' secrets?   64
줌의 사용자 보안을 믿어도 될까?

A new AI language model generates poetry and prose   84
새로 개발된 인공 지능 언어 모형을 사용하면 시도, 산문도 다 생산할 수 있다

What open-source culture can teach tech titans and their critics   104
거대 기술 기업은 물론이고 이들의 비판자들도 오픈 소스 문화에서 배울 게 있다

Can Reed Hastings preserve Netflix's culture of innovation as it grows?   126
리드 헤이스팅스가 넷플릭스의 혁신 기풍을 계속해서 지켜낼 수 있을까?

Are data more like oil or sunlight?   160
데이터, 기름인가 햇빛인가?

Wikipedia is 20, and its reputation has never been higher   200
위키피디아, 스무 살이고 현재 최고의 명성을 구가 중이다

Social media's struggle with self-censorship   240
소셜 미디어의 자가 검열

How Princess Diana shaped politics   278
다이애너 왕세자비는 영국의 정치를 어떻게 바꾸었는가?

Is the office finished?　302
사무실은 끝났는가?

Slackers and Stakhanovites　320
개미와 베짱이

Bubble-hunting has become more art than science　336
버블(Bubble) 추적은 과학이기보다는 차라리 기예에 가깝다

Bob Iger, king of Disneyland　354
밥 아이거, 디즈니랜드의 왕

Telegram tries to blend security with usability　376
보안과 사용자 편의성을 조합하려는 텔레그램의 분투

How Inditex is refashioning its business model　396
비즈니스 모델을 바꾸는 중인 인디텍스

How Satya Nadella turned Microsoft around　422
사티아 나델라와 마이크로소프트의 실적 호전

Google's problems are bigger than just the antitrust case　466
구글이 해결해야 할 과제가 반독점 소송 이상으로 훨씬 많다

The cult of an Elon Musk or a Jack Ma has its perks—but also perils　512
엘론 머스크와 마윈 추종에는 나름의 이점도 있지만 해악도 존재한다

Messaging services are providing a more private internet　536
메시징 서비스들이 점점 더 사적인 인터넷으로 진화하고 있다

일러두기
구두점, 대소문자 기준, 철자 표기는
The Economist의 기준을 따랐습니다.

이 자리에서는 '심화 해설'에 나오는 낯설 수도 있는 몇몇 개념을 정리해 두기로 한다. 분석의 단위를 단어, 구, 절이라고 했을 때, 절은 '두 가지 근본 모형'으로 환원할 수 있다는 것이 필자의 생각이다. '문장의 다섯 가지 형식'이란 말을 들어보았을 텐데, 두 개로 훨씬 적다. 언어 발달의 초기 구조를 염두한, 그 두 모형은 S-V와 S-V-O'이다.

한국어 형용사와 영어 형용사의 지위가 달라서, 헷갈릴 수도 있는데, 두 모형의 V는 형용사 서술어를 아우르기 때문에, verb(동사)의 V가 아니라, voice(서술어)의 V이다. (영어의 형용사는 동사와 짝을 이루어 술어 역할을 하지만, 한국어의 형용사는 그 자체가 활용(conjugation)을 한다.) 언어 발달의 시원을 탐구하는 역사 언어학자들도 두 모형의 선후에서는 의견을 달리하며 논쟁을 거듭하고 있지만, 이 둘이 '근본 모형'임은 두루 인정한다. 그들은 S-V를 '전일적 모형'(holistic model), S-V-O'을 '요소 분석적 모형'(compositional model)이라고 부른다.

O' — '오 프라임'이라고 읽는다 — 이 '걸렸을' 수도 있겠다. 이 책은 O'을 보어(C)와 목적어(O)의 곱집합인 '대상어'로 지정한다. 한 마디로 얘기해, 2형식과 3형식은 기본적으로 하나의 모형이라고 주장하는 셈이다. 20년 가까이 현직 번역가로 활동하면서 관찰한 바에 의하면, 보어는 목적어의 특수한 형태이다. 바로 이 사실을, '2형식과 3형식의 접이 지대'란 개념과 텍스트의 실제 예문을 통해 생생하게 파악할 수 있도록 해설했다. 여기서는 그 원리 네 가지를 정리해 두자. 목적어가 의미론(semantics) 차원에서 보어로 파악되는 네 가지 유형은, 1) (부분)=(전체) 2) (원인)=(결과), 3) (시간적 선)=(시간적 후), 4) 형질 전환(transformation, 문학의 비유와 상징)이다. 기실, 고급 학습자를 대상으로 하는 케임브리지 영문법도 이미 이 통합 모형을 제시하고 있다.

Agent-V-Patient. 이 발안과 원리가 낯설 분들이 계실 것으로 짐작한다. 그런 분들에게는, '동일성 추구'의 관점에서, 동사와 형용사의 '목소리'(Voice)로 지정되는 S와 O'의 관계를 찬찬히 따져보시라고 권하겠다. 여러 해 전 한국에서 각광을 받은 미국 드라마 ⟨Breaking Bad⟩를 떠올려보자. '주어가 악을 때려부순 것일까?' 아니면 '악(인)이 탄생한 것일까?'

구 차례다. 한국의 영어 교육계가 영어의 구 구조를 다음처럼 분석하는지는 모르겠다. 아무튼, 다년간의 관찰 결과, 구는 '네 가지 연접 양상'을 보인다. 구가 제아무리 복잡하고 길게 조직돼 있다고 하더라도, 분석하면 아주 간단하다. 첫째, 명사-명사(복합 명사), 둘째, 소유격-명사, 셋째, 형용사-명사, 넷째, 명사-전치사(연결사)-명사. 이 구조 형식을 명심한 가운데, 해당 구를 절이라는 관점에 입각해 전체론적으로 파악하는 습관을 기르라는 것이 나의 제안이다. 자신하는데, 큰 도움을 받으며 눈이 밝아지는 경험을 하게 되리라. (번역을 배우겠다며 필자를 찾아온 어떤 학생은 이 '네 가지 구의 연접 양상'을 특허내라고 하기까지 했다.)

언어 교육의 네 가지 영역 중 '읽기'에 한정하더라도 그 필요와 요구가 썩 잘 충족되지는 않는 듯하다. 이 책은 그 아쉬움을 해소하기 위해, 새로운 발안과 개념들을 여럿 채택했다. 진화 언어학과 인지 논리학의 여러 성과를 담았고, 통섭적 관점에서 양자 역학의 기본 아이디어도 빌려왔다. 대표적인 것이, 바로 '파동-입자 이중성'과 '중첩과 얽힘' 개념이다. 근본 모형 중의 하나인 S-V에서 시작해 보자. 문장 수준에서 주어와 서술어이다. 품사 수준에서 명사와 동사이다. 인지가 수행되는 가상의 정신 공간을 상정할 수 있는데, 이 무대라면 '물체'(thing)와 '과정'(process)이다. 이 책의 새로운 문법 용어 수준에서라면, '에이전트'(Agent)와 '보이스'(Voice)이다. 파동-입자 이중성이 이렇게 '수준을 달리하면서'(multi-level) 언어 현상에서 관철된다고 보는 것이다. 결국 한 실체의 두 국면, 또는 세 국면이라는 얘기이다.

'중첩과 얽힘'은 쉽다. (일상어 수준으로만 이해해도 되겠다.) 여기서 자연 언어의 모호성이 등장하고, 인공 지능의 언어 처리가 왜 굼뜬지도 미루어 짐작할 수 있다. 우리의 인지, 그리고 그 결과물인 문장에 '중첩과 얽힘'이 발생한다면,

그 대당항으로 호응이 미흡하거나 결락이 생긴 부실한 문장도 무수히 많을 텐데, 이를 파악할 수 있는 개념으로는 디스로케이션(dislocation)을 제안한다. 구체적인 실례들은 본문의 텍스트 해설에서 확인할 수 있다.

소개한 개념들은 학계에서 널리 인정받는 것은 아닐지라도 활발히 논의되고 있다. 그러니 독자 여러분도 열린 마음으로 그 실용성에 입각해 판단해 주시기를 간곡히 부탁드린다. 이들 개념이 유효할지 여부는 해설과 함께 수록한 번역의 실례로 검증이 가능할 것이다.

이 책 전체를 관통하는 해설 체계는 '구조-기능주의'이다. 언어 현상과 그 내용물이 하나의 '시스템'(system)이라고 보고, 그 구조와 기능에 주목해 해설하고 있다는 말이다. 우리는 이 언어라는 구조-기능주의적 구성물을 통해 교류하고 소통한다. 인간적 가치와 의미의 세계를 풍요롭게 주조하는 것이다. 놀라운 비밀을 알려드리겠다. 구조-기능주의적 위계가 의미론의 세계에서는 시종일관, 거듭해서 와해된다. 본문에서는 이 사실이 '주종 관계의 역진'이란 술어로 반복해서 등장한다. 왜 그런지는 각자 숙고해 보면 좋을 것이다.

정병선

들어가기 전에

1. 절: 두 가지 근본 모형(Two Basic or Fundamental Models)
   S-V: 전일적 모형(holistic model)
   S-V-O': 요소 분석적 모형(compositional model)

2. 2형식과 3형식의 점이 지대(Transitional Zone Between Form 2 and Form 3)
   목적어의 일부가 보어임이 관찰된다는 사실에서, 그 메커니즘(mechanism)을 해명하기 위해 동원된 개념. 주어(S)와 보어(C)와 목적어(O)가 문법적으로 (때로 의미론적으로) 동일한 지위를 갖기 때문에, 이 책에서는 해당 항목을 에이전트(Agent)라고 부르기로 함.

   S-V-C(2형식)
      1) 부분과 전체는 같다(집합론, 범주론)
      2) 시간적 선과 후는 같다(고전 역학)
      3) 논리적 원인과 결과는 같다(고전 역학)
      4) 형질 전환(Transformation or Metamorphosis)
         (양자 역학, 문학의 비유와 상징)
   S-V-O(3형식)

3. S(agent)-V-O'(patient): 절의 통합 모형
   에이전트들(Agents)은 동사와 형용사의 보이스(Voice)를 바탕으로 넥서스(Nexus)를 구축한다.

   에이전트: '동작주와 행위자'를 뜻하는 문법 범주로, 주어와 보어와 목적어가 모두 에이전트에 해당. 여기에 간접 목적어와 주제어를 포함시킬 수 있다.

보이스: 고급 언어학 책의 보이스 정의는 다음과 같다. "사태의 성립과 관련된 명사들이 어떤 동사(형용사) 활용형과 함께, 어떤 격조사(전치사 연결사)에 의해 표현되는지에 관한 문법 범주". 이 책의 확장적 정의 네 가지를 소개하면 다음과 같다. 동사가 그 출발이므로, 1) 자동사-타동사 연속체(continuum) 2) 대상 관계 지정자 3) 내용-기능 다양체(manifold) 4) (동사는) 연결사

에이전트와 보이스는 상보적 개념으로, 정신 공간(mental space) 등 추상 수준을 달리해 다음과 같이 각각 상응한다.

명사-동사
에이전트-보이스
주어-서술어
물체(강체)-과정
thing-process
입자-파동

다수준 선택(multi-level selection)의 무대에서 이 두 요소가 상호 전환되는 현상을 '상 전이'(phase transition)라고 한다.

넥서스: 덴마크의 언어학자 오토 예스페르센이 제안한 개념으로, 에이전트들이 동사와 형용사의 보이스를 바탕으로 구축하는 관계상(nexus)을 지칭한다. 디스로케이션(Dislocation, 호응 미흡, 탈구, 결어긋남)은, 콜로케이션(collocation)과 대비되는 개념으로, 이 관계상이 깨져 온전하지 않은 상황이다. 넥서스의 하위 개념으로 '연접'(連接, junction)이 있다.

4. 네 가지 구의 연접 양상(Four Patterns of Junction in Phrase)

대원칙: 구는 절이다. 절의 근본 모형 두 가지를 상기하면서, 불완전한 구 구조를 온전한 절로 만들어 보면, 의미도 명료해질 뿐더러, 글쓴이가 뭘 빼먹으면서 동시에 뭘 강조하는지도 파악이 돼서, 독해가 훨씬 나아질 수 있다. 쉽지 않은 작업이지만, 분명 보상이 있을 것이다.

구의 연접 1번: 명사-명사(복합 명사)
구의 연접 2번: 소유격-명사
구의 연접 3번: 형용사-명사
구의 연접 4번: 명사-전치사(연결사)-명사

5. 여섯 개의 연결사(Six Connectives)
   1) 접속사
   2) 접속부사
   3) 관계사
   4) 간투사(間投詞, filler, interjection)
   5) 전치사
   6) 동사

6. 그 외 개념들

정신 (시)공간(Mental Space): 인간의 인지(cognition)가 수행되는 가상의 개념적 (시)공간. 자연을 모방할(harnessed) 것으로 추정.

마음 극장(Theater of Mind): 정신 시공간에 입혀지는 마음의 색조와 구조. '인간적 가치와 의미의 세계'가 부상하며, '신경'과 '문화'의 상호작용으로 주조됨.

디스로케이션(Dislocation): 호응 미흡, 탈구, 결 어긋남(decoherence).

보이스의 중첩과 얽힘(Superposition and Entanglement of Voices): 중언부언(redundancy)의 풍경을 형태소(의미소) 차원에서 관찰하고, 이를 인간 인지의 특성으로 기술하고자 하는 개념. 가령, Tribes are the way how peasants in Afghanistan organize their entanglement with the state(아프가니스탄의 농민들이 국가와 얼키고설킨 복잡한 양상이 바로 부족이다).에서 the way와 organize와 entanglement는 '중첩'돼 '얽혀' 있다. 문장은 다만 시계열적으로 서술되어 있고, 우리의 인지가 중첩돼 얽혀 있다는 사실이 중요함을 명심할 것.

과정의 물체화(Thingification of the Processes)
다음의 긴 인용문을 음미해 보기 바란다. 영국의 수학자 이언 스튜어트가 쓴 《자연의 패턴》의 한 대목이다.

수학적 '사물'(thing)은 실세계에는 존재하지 않는 추상이다. 그러나 수학적 과정 역시 추상이다. 따라서 수학 과정은 그 과정이 적용되는 '사물'이 실제 사물이 아니듯이 역시 비실제적이다. 이런 과정의 물체화는 일상적으로 흔하게 겪는 일이다. 실제로 나는 '2'라는 수가 실질적인 사물이 아니라 과정이라는 보기를 들 수 있다(가령 여러분이 2마리의 낙타나 2마리의 양에 차례로 '1, 2'라는 번호를 붙이는 경우를 생각해 보라). 수는 아주 오래 전부터 철저히 물체화 과정을 겪었기 때문에, 사람들은 누구나 수를 사물로 생각할 지경이다. 그와 마찬가지로 연산이나 함수 역시 사물로 생각할 수 있다.

그렇지만 대부분의 사람은 수와는 달리 연산이나 함수가 구체적인 사물이라는 생각에 그리 익숙지 않을 것이다. 일례로 '제곱근'이 사물이라고 말한다면, 이때 나는 특정한 수의 제곱근이 아니라 함수 그 자체를 의미하는 것이다. 이런 이미지에서 제곱근 함수는 일종의 '고기 다지는 기계'인 셈이다. 여러분이 그 기계 한쪽 끝에 수를 밀어 넣으면 다른 쪽 끝에서 제곱근이 튀어나온다. ...... 우리는 평면과 공간의 움직임을 마치 사물인 것처럼 다룰 수도 있다. 나는 여러분에게 그런 설명에서 느낄 혼란에 대해 미리 경고하려 한다. 그러나 이런 물체화 게임을 즐기는 사람이 비단 수학자들만은 아니다. 법률적 정의에서는 '절도'를 마치 실체를 가진 사물인 양 규정한다. 심지어는 그것이 어떤 종류의 사물인지도 나타낸다(범죄라는). "서구 사회를 좀먹는 두 가지 중요한 해악은 마약과 절도이다."는 말에서 우리는 하나의 실제 사물(마약)과 또 하나의 물체화된 개념(절도)을 발견하게 된다. 두 가지 모두 마치 동일한 대상인 양 다뤄지고 있다. 마약은 실체를 가진 물리적 존재이지만, 그에 비해 절도는 내 재산이 나의 동의 없이 누군가 다른 사람에게로 이전되는 '과정'이다.

LEADERS: The genius of Amazon

The pandemic has shown that Amazon is essential — but vulnerable

Jeff Bezos's vision of a world shopping online is coming true faster than ever. But the job of running Amazon hasn't got any easier

JUN 20TH 2020 EDITION

IN THE SUMMER of 1995 Jeff Bezos was a skinny obsessive working in a basement alongside his wife, packing paperbacks into boxes. Today, 25 years on, he is perhaps the 21st century's most important tycoon: a muscle-ripped divorcé who finances space missions and newspapers for fun, and who receives adulation from Warren Buffett and abuse from Donald Trump. Amazon, his firm, is no longer just a bookseller but a digital conglomerate worth $1.3trn that consumers love, politicians love to hate, and investors and rivals have learned never to bet against. Now the pandemic has fuelled a digital surge that shows how important Amazon is to ordinary life in America and Europe, because of its crucial role in e-commerce, logistics and cloud computing (see article). In response to the crisis, Mr Bezos has put aside his side-hustles and returned to day-to-day management. Superficially it could not be a better time, but the world's fourth-most-valuable firm faces problems: a fraying social contract, financial bloating and re-energised competition.

팬데믹으로 아마존이 매우 중요하다는 게 드러났다, 동시에 매우 취약하다는 것도.

제프 베조스는 세상 사람들이 온라인으로 쇼핑하는 미래를 꿈꿨다. 그의 비전이 그 어느 때보다 더 빠른 속도로 실현되는 중이다. 비록 그렇다고는 해도, 아마존을 운영하는 일은 조금치도 쉬워지지 않았다.

1ST PARAGRAPH   1995년 여름으로 돌아가보자. 제프 베조스는 그때 아내와 함께 지하실에서 일하고 있었다. 판매용 도서를 포장 중이던 그는 강박 관념에 사로잡혀 있던 말라깽이였다. 25년이 흐른 현재 그는 아마도 21세기의 가장 중요한 재계 거물일 것이다. 재미로 우주 개발 사업과 언론사에 자금을 대고, 워렌 버핏 Warren Buffett한테는 칭찬을, 또 도널드 트럼프 Donald Trump에게는 욕설을 듣는 근육질의 이혼남이 현재 그의 모습인 것이다. 그의 회사 아마존은 더 이상 책 장수가 아니다. 소비자들은 사랑하고, 정치인들은 증오하며, 투자자와 경쟁업체 들은 절대 주가 하락에 베팅을 해서는 안된다는 것을 깨우친, 1조 3천억 달러 자산의 디지털 복합 기업인 거다. 작금은 팬데믹이 한창이고, 디지털 수요가 폭증했으며, 우리는 아마존이 미국과 유럽에서 대다수의 삶에 얼마나 중요한지를 목도하고 있다. 아마존이 이커머스 e-commerce, 물류, 클라우드 컴퓨팅 cloud computing에서 결정적인 역할을 하고 있다. 팬데믹 위기가 발생하자, 베조스가 이런저런 부업들을 제쳐놓고, 경영 일선에 복귀했다. 겉으로만 보면, 이보다 더 좋을 수 없는 시절 같다. 하지만 전 세계에서 시가총액 4위에 달하는 회사는 여러 문제에 직면해 있다. 너덜너덜해진 사회적 약속, 재정 팽창, 다시금 활성화된 경쟁 등등.

The digital surge began with online "pantry-loading" as consumers bulk-ordered toilet rolls and pasta. Amazon's first-quarter sales rose by 26% year on year. When stimulus cheques arrived in mid-April Americans let rip on a broader range of goods. Two rivals, eBay and Costco, say online activity accelerated in May. There has been a scramble to meet demand, with Mr Bezos doing daily inventory checks once again. Amazon has hired 175,000 staff, equipped its people with 34m gloves, and leased 12 new cargo aircraft, bringing its fleet to 82. Undergirding the e-commerce surge is an infrastructure of cloud computing and payments systems. Amazon owns a chunk of that, too, through AWS, its cloud arm, which saw first-quarter sales rise by 33%.

One question is whether the digital surge will subside. Shops are reopening, even if customers have to pay at tills shielded by Perspex. Yet the signs are that some of the boom will last, because it has involved not just the same people doing more of the same. A new cohort has taken to shopping online. In America "silver" customers in their 60s have set up digital-payment accounts. Many physical retailers have suffered fatal damage. Dozens have defaulted or are on the brink, including J Crew and Neiman Marcus. In the past year the shares of warehousing firms, which thrive on e-commerce, have outperformed those of shopping-mall landlords by 48 percentage points.

All this might appear to fit the script Mr Bezos has written over the years in his letters to shareholders, which are now pored over by investors as meticulously as those of Mr Buffett. He argues that Amazon is in a perpetual virtuous circle in which it spends money to

2ND PARAGRAPH 디지털 수요가 급증한 것은, 온라인 주문으로 소위 '식료품 저장실 가득 채우기'가 시작되면서였다. 소비자들이 두루마리 화장지와 파스타를 대량 주문한 것이다. 아마존의 1/4분기 매출이 전년 대비 26퍼센트 증가했다. 경기 부양 목적의 가계 지불 수표가 각 가정에 도착한 게 4월 중순, 미국인들은 다양한 물품을 열광적으로 사들였다. 두 경쟁업체 이베이eBay와 코스트코Costco는 온라인 매출이 가속화한 게 5월이라고 말한다. 수요를 맞추려는 쟁탈전이 벌어졌고, 베조스도 매일 한 번 더 재고를 점검했다. 아마존은 17만 5천 명의 직원을 고용했고, 3400만 개의 장갑을 지급했으며, 신규로 화물 수송기를 열두 대 임대했다. (아마존 항공대의 비행기 대수가 82대로 늘어났다.) 전자 상거래 폭증 사태를 탄탄하게 뒷받침하는 것은 클라우드 컴퓨팅과 전자 지불 체계란 인프라다. 아마존은 이것들도 대거 보유하고 있다. 아마존 웹 서비스Amazon Web Service, AWS 역시 1/4분기 매출이 33퍼센트 증가했다.

3RD PARAGRAPH 이 디지털 폭등 사태가 진정될지 여부가 첫 번째 궁금증이다. 가게들이 다시 문을 열고 있다. (물론 고객들은, 투명 강화 플라스틱 칸막이가 설치된 계산대에서 지불을 해야 하겠지만서도.) 그럼에도 아무튼, 징후들을 보면 디지털 호경기가 얼마간 지속될 듯하다. 온라인 쇼핑을 하던 사람들이 온라인 쇼핑을 더 했을 뿐만 아니라 신규 집단이 온라인 쇼핑에 뛰어들었다. 미국에서 60대에 속하는 '실버' 고객들이 디지털 지불 계좌를 새로 만들었다. 물리적 소매업체 다수가 치명상을 입고 말았다. 수십 개 업체가 채무불이행 상태에 빠졌거나 그 직전 상태다. 제이 크루J Crew는 물론, 니만 마커스Neiman Marcus도 여기 포함된다. 전자 상거래로 번창 중인 창고업 회사들의 주식이 쇼핑몰 임대 회사 주식을 작년에 48퍼센트 포인트 앞섰다.

4TH PARAGRAPH 이 모든 상황이, 베조스가 여러 해에 걸쳐 주주들에게 보낸 서한에 서 적은 내용과 딱 들어맞는 것처럼 보일 수도 있겠다. 투자자들은 그가 주주에게 보낸 편지를 지금 워렌 버핏의 편지만큼이나 꼼꼼하게 들여다보는 중이다. 베조스는 아마존이 지속적 선순환 상황에 놓였다고 주장한다. 요컨대, 돈을 쓰면 시장 점유율을 높일 수 있고,

win market share and expands into adjacent industries. From books it leapt to e-commerce, then opened its cloud and logistics arms to third-party retailers, making them vast new businesses in their own right. Customers are kept loyal by perks such as Prime, a subscription service, and Alexa, a voice-assistant. By this account, the new digital surge confirms Amazon's inexorable rise. That is the view on Wall Street, where Amazon's shares reached an all-time high on June 17th.

Yet from his ranch in west Texas, Mr Bezos has to wrestle with those tricky problems. Start with the fraying social contract. Some common criticisms of Amazon are simply misguided. Unlike, say, Google in search, it is not a monopoly. Last year Amazon had a 40% share of American e-commerce and 6% of all retail sales. There is little evidence that it kills jobs. Studies of the "Amazon effect" suggest that new warehouse and delivery jobs offset the decline in shop assistants, and the firm's minimum hourly wage of $15 in America is above the median for the retail trade.

But Amazon's strategy does imply huge creative disruption in the jobs market even as the economy reels. In addition, viral outbreaks at its warehouses have reignited fears about working conditions: 13 American state attorneys-general have voiced concern. And Amazon's role as a digital jack-of-all-trades creates conflicts of interest. Does its platform, for example, treat third-party sellers on equal terms with its own products? Congress and the EU are investigating this. And how comfortable should other firms be about giving their sensitive data to AWS given that it is part of a larger conglomerate which competes with them?

인접한 산업으로까지 확장할 수 있다는 것이다. 아마존은 서점업에서 전자 상거래 업체로 도약했고, 그런 다음 제3의 소매업체들에게 자사의 클라우드와 물류 체계를 공급했다. (그것들 각각이 이에 힘입어 거대한 신규 사업체로 발돋움했다.) 각종 특전이 고객들의 충성을 지속적으로 유지해 낸다. 프라임Prime이란 일종의 '구독 서비스'subscription service와 음성 지원 비서 알렉사Alexa 등이 대표적이다. 이런 설명에 의하면, 새로운 디지털 급증 사태로 인한 아마존의 상승세는 분명 거침이 없는 게 된다. 월 스트리트의 견해도 이렇다. 아마존 주가가 6월 17일 최고가를 경신했다.

5TH PARAGRAPH 하지만 텍사스 서부의 소유 목장에서 베조스는 곤란한 문제들과 씨름하고 있다. 너덜너덜해진 사회적 약속부터 살펴보자. 아마존에 대한 흔해빠진 비판들은 절대적으로 사태를 오판한 것이다. 그러니까 검색의 구글과 달리, 아마존은 독점체가 아니다. 아마존의 작년 영업 실적을 보자. 미국 전자 상거래의 40퍼센트, 전체 소매 매출의 6퍼센트를 차지했을 뿐이다. 아마존이 일자리를 없앤다는 증거도 거의 없다. 소위 '아마존 이펙트'Amazon effect에 대한 각종 연구를 보면, 창고 및 배송 관련 신규 일자리가 가게 종업원 수의 감소를 상쇄한다. 게다가 이 회사의 미국 내 최저 시급 15달러는 소매업계 중앙값보다 높다.

6TH PARAGRAPH 그럼에도 불구하고, 아마존의 전략으로 인해 인력 시장에 창조적이긴 하지만 대규모 두절과 혼란이 일어났다. 그것도 경제가 한껏 휘청거리는 바로 그 순간에 말이다. 게다가, 자사 창고에서 감염자들이 발생했고, 근로 조건에 대한 공포가 재점화됐다. 미국 13개주 법무 장관이 큰 목소리로 우려를 표명했다. 디지털 팔방미인으로서의 아마존의 역할 때문에, 갖은 이해 관계 갈등이 빚어진다. 가령, 아마존의 플랫폼은 직접 취급하는 제품과 동등한 조건으로 입점 판매자들을 처우하고 있는가? 같은. 미 의회와 유럽 연합이 이걸 조사 중이다. 또 있다. 아마존 웹 서비스는 아마존의 일부이고, 시장에서 타사와 치열하게 경쟁한다. 이 사실을 고려할 때, 과연 다른 기업들이 아마존 웹 서비스에 자기들의 민감한 데이터를 올려 두는 일이 얼마나 안심이 될까?

Amazon's second problem is bloating. As Mr Bezos has expanded into industry after industry, his firm has gone from being asset-light to having a balance-sheet heavier than a Soviet tractor factory. Today it has $104bn of plant, including leased assets, not far off the $119bn of its old-economy rival, Walmart. As a result, returns excluding AWS are puny and the pandemic is squeezing margins in e-commerce further. Mr Bezos says the firm can become more than the sum of its parts by harvesting data and selling ads and subscriptions. So far investors have taken this on trust. But the weak e-commerce margins make it harder for Amazon to spin off AWS. This would get regulators off its back and liberate AWS, but would deprive Amazon of the money-machine that funds everything else.

Mr Bezos's last worry is competition. He has long said that he watches customers, not competitors, but he must have noticed how his rivals have been energised by the pandemic. Digital sales at Walmart, Target and Costco probably doubled or more in April, year on year. Independent digital firms are thriving. If you create a stockmarket clone of Amazon lookalikes, including Shopify, Netflix and UPS, it has outperformed Amazon this year. In much of the world regional competitors rule, not Amazon; among them are MercadoLibre in Latin America, Jio in India and Shopee in South-East Asia. China is dominated by Alibaba, JD.com and brash new contenders like Pinduoduo.

Imitation is the sincerest form of capitalism
The world's most admired business is thus left having to solve several puzzles. If Amazon raises wages to pla-

7TH PARAGRAPH 아마존의 두 번째 문제는 재정 팽창이다. 베조스가 거듭해서 사업 영역을 확장했고, 지금 그의 회사는 자산 경량형 모형에서 소련의 트랙터 공장보다 더 묵중한 대차대조표를 보유하게 됐다. 현재 아마존의 시설은, 임대 자산을 포함해, 총 1,040억 달러로, 구경제 영역의 대표 경쟁업체인 월마트의 1,190억 달러와 별 차이가 안 난다. 그래서 아마존 웹 서비스를 제외했을 때, 수익이 시원찮다. 게다가, 팬데믹으로 인해 전자 상거래의 마진이 급감하고 있다. 베조스는, 아마존이 데이터를 수확하고, 광고와 구독 서비스를 판매하기 때문에, 계열 부문들의 총합 이상이 될 수 있다고 자신한다. 지금까지는 투자자들이 이 말을 그대로 믿었다. 그런데 전자 상거래 마진율이 낮아졌고, 아마존이 아마존 웹 서비스를 분사하는 게 더 어려워졌다. 기업 분할이 이뤄져야 규제 기관이 물러설 것이다. 하지만 아마존 웹 서비스가 떨어져 나가면, 다른 모든 영역과 활동에 자금을 대주는 일종의 현금 자동 지급기를 아마존은 잃게 된다.

8TH PARAGRAPH 베조스의 마지막 걱정거리는 경쟁 격화다. 그는 오랫동안 이렇게 말해 왔다. '나는 경쟁자들이 아니라 고객을 본다.' 하지만 그 역시, 이번 팬데믹으로 경쟁업체들이 원기를 회복했음을 눈치챘을 것이다. 월마트, 타겟Target, 코스트코의 디지털 매출이 4월에 전년 대비로 두 배 이상 늘었을 것이다. 그 외 디지털 기업들도 번창 중이다. 당신이 쇼피파이Shopify, 넷플릭스Netflix, 유피에스UPS 같은, 아마존 유사업체들의 복제품을 만들어 주식 시장에 상장했다면, 올해 그 실적이 아마존을 능가했을 것이다. 전 세계의 꽤 많은 지역에서 시장 지배적 사업자는 아마존이 아니라 해당 지역 업체들이다. 라틴 아메리카에는 메르카도리브레MercadoLibre, 인도에는 지오Jio, 동남아시아에는 쇼피Shopee가 있는 식이다. 중국을 지배하는 것은, 알리바바Alibaba와 제이디닷컴JD.com, 그리고 핀둬둬Pinduoduo 같은 야심찬 신규 도전자들이다.

9TH PARAGRAPH **자본주의의 가장 진정한 형태는 모방이다**
이렇게, 지구상에서 가장 찬탄의 대상인 기업은 현재 여러 난제를 풀어야만 하는 처지에 놓여 있다. 바야흐로 포퓰리즘의 시대이고,

23

cate politicians in a populist era, it will lose its low-cost edge. If it spins off AWS to please regulators, the rump will be financially fragile. And if it raises prices to satisfy shareholders its new competitors will win market share. Twenty-five years on, Mr Bezos's vision of a world that shops, watches and reads online is coming true faster than ever. But the job of running Amazon has become no easier, even if it no longer involves packing boxes.

© The Economist Newspaper Limited, London (Jun 20th 2020)

아마존이 임금을 올려 정치인들의 비위를 맞춘다면, 저비용이란 장점이 사라지고 만다. 아마존 웹 서비스를 분사해, 규제 기관의 화를 달랜다면, 남은 회사 부문이 재정적으로 취약해지고 말 것이다. 아마존이 가격을 인상해 주주들을 만족시켜 준다면, 신규 경쟁업체들이 시장 점유율을 높이고 말 것이다. 서두로 돌아가, ... 25년이 흘렀다. 베조스는 세상 사람들이 온라인으로 쇼핑을 하고, 읽고, 구경하는, 그런 미래상을 꿈꿨다. 그의 비전이 과거 그 어느 때보다 빠른 속도로 실현되고 있다. 하지만 아마존을 경영하는 일은 조금치도 더 쉬워지지 않았다. 그 일이 책 꾸러미를 포장하는 것이 더 이상 아닐지라도 말이다.

미국의 전자 상거래 기업 아마존과 제프 베조스 Jeff Bezos 이야기입니다. 2020년 6월 18일자로 발행된 기사인데, 주간지의 시의성을 감안해서 읽어야 하겠습니다. 팬데믹의 1차 파고가 누그러지면서, 북반구에서라면 여름이 시작되던 즈음입니다.

1ST PARAGRAPH

In the summer of 1995 Jeff Bezos was a skinny obsessive working in a basement alongside his wife, packing paperbacks into boxes. Today, 25 years on, he is perhaps the 21st century's most important tycoon: a muscle-ripped divorcé who finances space missions and newspapers for fun, and who receives adulation from Warren Buffett and abuse from Donald Trump.

제프 베조스란 기업인을 묘사하는 두 개의 문장입니다. 영어에서는 캐릭터 character 묘사를 어떻게 할까요? 굉장히 발달해 있는 구 Phrase 구조를 활용합니다. 구 구조는 다음과 같습니다.

　　　[지시사, 관사, 수사, 명사, 소유격, 형용사, 명사+전치사, 부사]+Head(核語)[-s/es(복수 접미사)]+[전치사+명사, 형용사, 부사, 관계사(S-V), etc.]

　　　이런 구에서, 핵심 단어를 핵어 核語라고 하고, 영어로는 헤드 Head라고 합니다. 그리고 그 핵어를 주위에서 꾸며주며 자격과 특성 property을 부여해 주는 말을 장식어 qualifier라고 합니다.

　　　좀 복잡해 뵈는 게 사실입니다. 제가 20년 가까이 번역을 하면서 '수'를 냈습니다. 찬찬히 들여다봤더니, 영어의 구는 기본적으로 네 가지 연접 양상 Four Patterns of Junction in Phrase 으로 분석이 되더군요. '네 가지 구의 연접 양상'은 상당히 쓸모가 있습니다. 분석은 기본 요소로 환원하는 것이지요. 그 네 가지 양상은 다음과 같습니다.

1) 명사-명사: 복합 명사
2) 소유격-명사
3) 형용사-명사
4) 명사-전치사-명사

책 전체에서 이 이론'틀'에 입각해 구를 설명하오니, 즐기셨으면 좋겠습니다. 전술된 두 문장도 이 네 가지 구 구조가 복합적으로 활용되었습니다. 두 문장 다 시간 부사구가 주어 앞에 자리하니, '묘사'이면서 동시에 '서사'입니다. 이런 뜻이죠.

"1995년 여름으로 돌아가보자. 제프 베조스는 그때 아내와 함께 지하실에서 일하고 있었다. 판매용 도서를 포장 중이던 그는 강박 관념에 사로잡혀 있던 말라깽이였다. 25년이 흐른 현재 그는 아마도 21세기의 가장 중요한 재계 거물일 것이다. 재미로 우주 개발 사업과 언론사에 자금을 대고, 워런 버핏 Warren Buffett 한테는 칭찬을, 또 도널드 트럼프 Donald Trump 에게는 욕설을 듣는 근육질의 이혼남이 현재 그의 모습인 것이다."

넌픽션 Non-fiction 의 캐릭터 묘사가 이렇다면, 픽션 Fiction 의 캐릭터 묘사는 어떨까요? 크게 다르지 않습니다. 마침 본서에서 그런 대목을 찾을 수 있는데, 소개합니다. 인공 지능 언어 모형이 해리 포터 Harry Potter 를 등장시켜서 쓴 하드보일드 소설의 첫 대목입니다.

Harry Potter, in ratty tweed suit, unpressed shirt and unshined shoes, sits behind the desk looking haggard, rumpled and embittered....

하나만 살펴보지요. a skinny obsessive를 '강박 관념에 사로잡혀 있던 말라깽이'라고 옮기는데, 단어열이 바뀌었음을 눈치채셨을 겁니다. a obsessive skinny man도 가능합니다. 구의 연접 3번 '형용사-명사' 구조입니다.

1ST PARAGRAPH

Now the pandemic has fuelled a digital surge that shows how important Amazon is to ordinary life in America and Europe, because of its crucial role in e-commerce, logistics and cloud computing (see article).

구의 연접 1번 digital surge란 복합 명사를 바르게 파악하는 것이 중요합니다. '디지털 분야, 그러니까 전자 상거래 부문에서 각종 소비재 수요가 급격히 늘어난' 것으로 이해할 수 있고, 나아가 추상적으로 '디지털 영역이 급격히 팽창'했다고도 할 수 있겠습니다. 이하에서 이 '술어'가 계속 나오므로, 기억해 두어야 합니다.

좀 어려울 수 있는데, fuel 동사와 show 동사가 '2형식과 3형식의 점이 지대' 동사입니다. the pandemic = a digital surge = how important Amazon is to ordianary life in America and Europe죠. '팬데믹'과 '디지털 서지'의 관계는 '인과'이고, '디지털 서지'와 '아마존의 중요성'은 결과와 원인이지요. becasue of 이하는 그 '원인'을 더 자세히 풀어서 써줬습니다. important와 crucial이 순차적으로 보입니다. 기사 제목에는 essential이란 형용사도 나왔죠.

"작금은 팬데믹이 한창이고, 디지털 수요가 폭증했으며, 우리는 아마존이 미국과 유럽에서 대다수의 삶에 얼마나 중요한지를 목도하고 있다. 아마존이 이 커머스 e-commerce, 물류, 클라우드 컴퓨팅 cloud computing에서 결정적인 역할을 하고 있다."

1ST PARAGRAPH

Superficially it could not be a better time, but the world's fourth-most-valuable firm faces problems: a fraying social contract, financial bloating and re-energised competition.

이 글에서 비교 표현이 여러 번 나옵니다. 해당 문장은, '부정어(not) 비교급(than)'의 구조를 취하고 있습니다. than now(this) 정도를 복원할 수 있고, "상황이 지금보다 더 좋은 시절일 수 없다"가 됩니다.
"겉으로만 보면, 이보다 더 좋을 수 없는 시절 같다. 하지만 전 세계에서 시가총액 4위에 달하는 회사는 여러 문제에 직면해 있다. 너덜너덜해진 사회적 약속, 재정 팽창, 다시금 활성화된 경쟁 등등."

When stimulus cheques arrived in mid-April Americans let rip on a broader range of goods.

2ND PARAGRAPH

stimulus cheques란 복합 명사를 '경기 부양 목적의 가계 지불 수표'로 길게 옮겼습니다. 역시, 복합 명사인데, 두 단어의 '연접'junction 양상을 옳게 파악해 의미 지형을 구축하는 일이, 독해에서 매우 중요합니다. digital surge처럼요. 또, digital surge가 이 문단에서는 = e-commerce surge로 변형 진술돼 있습니다.
"경기 부양 목적의 가계 지불 수표가 각 가정에 도착한 게 4월 중순, 미국인들은 다양하고 폭넓은 물품을 열광적으로 사들였다."

Amazon owns a chunk of that, too, through AWS, its cloud arm, which saw first-quarter sales rise by 33%.

2ND PARAGRAPH

29

전치사 through가 잘 읽히지 않을 수도 있겠습니다. '가령, 예컨대'의 뜻을 지니는, such as나 including으로 고쳐 쓰면 나을 듯합니다.

"아마존은 이 인프라까지 대거 보유하고 있다. 아마존 웹 서비스Amazon Web Service, AWS 역시 1/4분기 매출이 33퍼센트 증가했다."

   Yet the signs are that some of the boom will last, because it has involved not just the same people doing more of the same. A new cohort has taken to shopping online.

involve(수반하다)를 be 동사, 그러니까 '~이다'로 파악하면 매우 효과적입니다. 주어 it은 the boom이지요. 의미 구조는 다음과 같습니다. (결과)-involve(be)-(원인). involve로 매개되는 '주어'(결과)와 '대상어'(원인)는 같습니다. 이른바 '2형식과 3형식의 점이 지대' 동사라는 것입니다. 뒷문장과, not just ~ (but also)로 연결돼, 더 큰 의미 지형을 그리고 있네요. 다음처럼, 패러프레이즈할 수 있습니다.

 ~, because the same people has not just done more the same, but also a new cohort has taken to shopping online.

 이제, it has involved가 중복적임도 드러납니다. 이런 현상을 '여분의 차원'이라고 한답니다. '군말'이죠.

 "그럼에도 아무튼, 징후들을 보면 디지털 호경기가 얼마간 지속될 듯하다. 온라인 쇼핑을 하던 사람들이 온라인 쇼핑을 더 했을 뿐만 아니라, 신규 집단이 온라인 쇼핑에 뛰어들었기 때문이다."

In the past year the shares of warehousing firms, which thrive on e-commerce, have outperformed those of shopping-mall landlords by 48 percentage points.

outperform이란 단어는 '실적'(performance)이 대상어를 '능가하다'(out)란 뜻입니다. 갖은 동사에 out-이란 접두사가 붙어서 활용되는 방식을 관찰해 두시기 바랍니다. 또 다른 형태의 비교 표현이지요.

4TH PARAGRAPH

By this account, the new digital surge confirms Amazon's inexorable rise.

이 문장을 해석해 보면 다음과 같습니다. "새로운 디지털 폭등 사태는, 이런 설명으로, 아마존의 상승세가 엄연한 사실임을 확인해 준다."
그런데, confirm(사실임을 보여주다)을 중심으로 주어와 대상어를 물끄러미 관찰해 보면, new digital surge=Amazon's inexorable rise임을 알 수 있습니다. confirm은 앞에 나온 show 계열입니다. (결과)=(원인)이기도 하고, (전체)=(부분)이기도 하며, 주어부와 대상어부가 '형질 전환'transformation을 통해 '같기'도 합니다. 2형식과 3형식의 점이 지대 개념이 펼쳐보이는 이 기묘한 풍경을 '디스로케이션 넥서스'Nexus of Dislocation라고도 하지요.
한편으로, 이 문장은 종속구(by this account)와 주절(A)이 결합된 구조인데, 전치사 by를 중심으로도 볼 수 있습니다. A by this account. A=this account가 되지요. 과감한 추론을 한 번 더 해보면, this account=new digital

surge=Amazon's inexorable rise이기도 합니다. 그렇다면, 전치사 by와 동사 confirm이 수학의 등호(=)에 해당하는 일종의 '논리 연산자'로 사용된 것이라고 할 수 있겠습니다.

"이런 설명에 의하면, 새로운 디지털 급증 사태로 인한 아마존의 상승세는 분명 거침이 없는 게 된다."

Yet from his ranch in west Texas, Mr Bezos has to wrestle with those tricky problems. Start with the fraying social contract.

have to는 의무와 당위를 지정하는 (화)법 조동사^{modal auxiliary verb}입니다. '~해야만 한다'는 뜻이죠. Start with로 시작하는 그 다음 문장은 명령법^{imperative mood}을 썼습니다. 두 문장 다 법성^{mode, mood} 표현이란 공통점을 갖습니다. 학교 문법에서 배운 '지정어' 표현에 얽매이지 말기를 간곡히 당부드립니다. 법성, 그러니까 '분위기'를 조성하는 문법 장치라는 큰 틀에서 융통성을 발휘하는 것이 좋습니다. 번역 초보자들이 범하는 가장 대표적인 오류가 바로, 법성을 곧이곧대로 옮기는 것입니다. 그런 한국어 번역문은 도무지 읽을 수가 없습니다.

"하지만 텍사스 서부의 소유 목장에서 베조스는 곤란한 문제들과 씨름하고 있다. 너덜너덜해진 사회적 약속부터 살펴보자."

There is little evidence that it kills jobs.

유도 부사 there be ~에는 전환과 나열의 뉘앙스가 있습니다. 그래서 대개는 and나 too나 also 없이 사용됩니다.
"아마존이 일자리를 없앤다는 증거도 거의 없다."

Studies of the "Amazon effect" suggest that new warehouse and delivery jobs offset the decline in shop assistants, and the firm's minimum hourly wage of $15 in America is above the median for the retail trade.

indicate의 의미로 사용된 suggest의 주어와 목적어 절이 '같습'니다. suggest가 일종의 논리 연산자로 사용되고 있는 거죠. Studies of the "Amazon effect"=(that) new warehouse and delivery jobs offset the decline in shop assistants. 앞에 나온 show 동사, confirm 동사와도 같네요. 2형식과 3형식의 점이 지대 개념이 점점 더 분명하게 이해되었으면 좋겠습니다.

But Amazon's strategy does imply huge creative disruption in the jobs market even as the economy reels.

creative disruption은 '형용사-명사' 구조로 구의 연접 3번인데, 겉보기보다 복잡합니다. 두 개의 동사 서술어 create(창조하다, 새로 만들다)와 disrupt(파괴하다, 혼란에 빠뜨리다)의 뜻을 부각시켜야 하기 때문입니다. 게다가, 두 단어의 의미가 충돌하기까지 합니다. '마술적 사실주의', 곧 magical realism에서도 이를 확인할 수 있습니다. '마술 같은 환상'과 '실제의 현실주의'는 양립하기 힘들어 보이죠. 결국 두 대당항들은 '양보' 내지 '역접'의 지형 속에 존재하는 것입니다. 앞문단에서 이미 진술되어 있었지요. Amazon effect란 술어와 더불어서, new(creative)와 decline(disruption)이란 단어로 말입니다.

does imply는 do 동사를 활용한 강조 표현이네요. imply가 수학의 등호처럼 '논리 연산자'로 사용되고 있습니다. 주어가 '원인'이고, 대상어가 '결과'입니다. 그리고 (원인)=(결과)입니다. Amazon's strategy=huge creative disruption in the jobs market. 역시, 2형식과 3형식의 점이 지대 동사입니다.

"그럼에도 불구하고, 아마존의 전략으로 인해 인력 시장에 창조적이긴 하지만 대규모 두절과 혼란이 일어났다. 그것도 경제가 한껏 휘청거리는 바로 그 순간에 말이다."

7TH PARAGRAPH

This would get regulators off its back and liberate AWS, but would deprive Amazon of the money-machine that funds everything else.

마지막 문장에서 and liberate AWS는 중복적 표현 redundancy입니다. 이 책에서는 이런 상황을 두고, '여분의 차원' 또는 '군말의 풍경' landscape of debris이란 말을 종종 쓸 겁니다. 다른 아티클에서도 이를 확인할 수 있습니다. This가 Spinning off

AWS인데, and liberate AWS를 또 썼지요.

liberate(해방하다)는 '자유롭다'(free) 및 '독립적인'(independent)이란 어휘와 바꿔쓸 수 있는 말입니다. 영문 기사의 필자가 '분사'(spinning off)와는 다른 도덕 판단 속에서 '해방'(liberate)이란 말을 꼭 하고 싶었다고 판단해 볼 수도 있겠습니다.

"기업 분할이 이뤄져야 규제 기관이 물러설 것이다. 하지만 아마존 웹 서비스가 떨어져 나가면, 다른 모든 영역과 활동에 자금을 대주는 일종의 현금 자동 지급기를 아마존은 잃게 된다."

8TH PARAGRAPH

If you create a stockmarket clone of Amazon lookalikes, including Shopify, Netflix and UPS, it has outperformed Amazon this year.

그리 잘 쓴 문장이 아닌데, 일단 시제가 엉성합니다. had created나 created였으면, 대충 무난했을 테지만, 필자의 인지 경관이 그리 또렷하지 않지요. 다음에 분석할 구의 연접 4번도 이런 판단을 확증해 줍니다. 일종의 가정을 하는 것인데, 머릿속 생각이 흐리마리해요. a stockmarket clone of Amazon lookalikes은 동사 create의 대상어 '구'로, '명사-전치사-명사'의 구조를 띠고 있습니다. clone을 동사화하면, '아마존 유사업체들을 복제하다'가 되고, 다시금 '그 복제품을 주식 시장에 상장하다(create)'로 나아갈 수 있겠습니다. 사실, clone과 lookalikes의 보이스^Voice도 중첩돼 있습니다. 이런 구 구조는 의미가 너무나도 복잡다단해서, 익숙해지는 데에 시간이 걸립니다. 인내심을 갖고서 학습하시기 바랍니다.

"당신이 쇼피파이^Shopify, 넷플릭스^Netflix, 유피에스^UPS 같은, 아마존 유사업체들의 복제품을 만들어 주식 시장에 상장했다면, 올해 그 실적이 아마존을 능가했을 것이다."

8TH PARAGRAPH

In much of the world regional competitors rule, not Amazon; among them are MercadoLibre in Latin America, Jio in India and Shopee in South-East Asia.

rule이 완전 (자)동사입니다. '군림하다, 시장을 지배하다' 정도의 뜻입니다. 수동태이지만, 바로 다음에 의미가 유사한 dominate도 나옵니다. reign=be dominant로 바꿔 쓸 수 있겠습니다. 동사 다음에 대상어가 없어도, 당황하면 안 됩니다. 완전 동사는 엄연히 하나의 문형을 이루는, 근본 모형 Two Fundamental Models 이니까요.

세미콜론(;) 다음의 문장은 도치되어 있지요. MercadoLibre in Latin America, Jio in India and Shopee in South-East Asia are among them. them이 regional competitors이고, be among이 '=', 다시 말해 2형식과 3형식의 점이 지대 (구)동사입니다. 부분과 전체는 같다는 말법을 우리가 흔히 구사하니까요.

이 아티클 전체를 효과적으로 파악하는 데서, '2형식과 3형식의 점이 지대' 개념이 매우 중요함을 확인했습니다. 타동사로 3형식 목적어인 줄 알았는데, 시맨틱스적으로 검토해 보면, 사실상 자동사로 2형식 보어일 때가 많은 것이죠. 본서에서 그 원리와 구체적 내용을 반복해서 설명해 드립니다. 여기서 파생하는 부수 현상까지 마스터하면, 영어 독해 실력이 조금쯤 나아질 것이라고 믿습니다.

"전 세계의 꽤 많은 지역에서 시장 지배적 사업자는 아마존이 아니라 해당 지역 업체들이다. 라틴 아메리카에는 메르카도리브레 MercadoLibre, 인도에는 지오 Jio, 동남아시아에는 쇼피 Shopee가 있는 식이다."

36

If it spins off AWS to please regulators, the rump will be financially fragile.

rump는 영한 사전의 풀이가 부실합니다. 이럴 때는 영영 사전을 참조하는 것도 좋은 방법입니다. 그러면, '잔류파'나 '잔당'보다 훨씬 더 맥락 결부적인 한국어를 조어할 수 있고, 내친 김에 영한 사전도 새로 쓸 수 있게 됩니다. rump: a small or unimportant remnant of something originally larger; remnant; remainder; remaining part/number; rest.

But the job of running Amazon has become no easier, even if it no longer involves packing boxes.

involve의 주어는 the job=running Amazon입니다. Running Amazon(주어)-involve-packing boxes(대상어). involve가 be 동사임을 거듭 확인할 수 있지요. 2형식과 3형식 사이에 만리장성이 있는 것이 아닙니다.
"비록 그 일이 더는 책 꾸러미 포장이 아닐지라도 말이다."

1ST PARAGRAPH

tycoon: (재계의)
  거물(=magnate=entrepreneur)
muscle-ripped: 근육이 쩍쩍 갈라진, 근육이
  울퉁불퉁한, 근육질의
divorcé: 이혼남. cf) divorcée: 이혼녀
space mission: 우주 임무, 우주 개발 사업
adulation: 칭찬, 갈채
conglomerate: 거대 복합 기업
surge: 급등, 급증, 쇄도
e-commerce: 전자 상거래
logistics: 물류 (관리), 로지스틱스, 복잡한
  세부 실행 계획
cloud computing: 클라우드 컴퓨팅
side-hustle: 부업(second job)
superficially: 겉으로 보면, 피상적으로,
  표면적으로
fray: (천 따위가) 해어지다, 해어지게 하다,
  너덜너덜해지다, 너덜너덜하게 만들다
social contract: (공동의 이익을 위한)
  사회적 합의, (역사상의) 사회 계약(론)
bloat: 부풀다, 팽창시키다

2ND PARAGRAPH

pantry: (가정의) 식료품 저장실(=larder)
bulk order: 대량 발주, 일괄 주문, 대량으로
  주문하다
year on year: 전년 대비(로)
stimulus: 자극, 격려
cheque(check): 수표
let rip (on): 엄청난 기세로 하다(흔히,
  거침없이 열정적으로)
scramble: 긴급한 대응으로 뒤죽박죽인
  상태, 긴급 출동 (하다), 밀치락달치락하다,
  서두르다
inventory: 물품 목록, 재고(품)
undergird: 밑을 단단하게 묶다,
  뒷받침하다(=back, support), 강화하다
chunk: 덩어리, 상당히 많은 양
arm: (조직의) 부문

3RD PARAGRAPH

subside: 가라앉다, 진정되다
till: 계산대, (상점 계산대의) 현금 서랍
Perspex: 투명한 재질의 강화 플라스틱으로,
  유리 대신 사용된다. '퍼스펙스'는 상표명.
boom: 붐, 호황, 호경기

cohort: (통계적으로 동일한 특징이나 행동
  양식을 공유하는) 집단, 무리
take to sth: sth에 나서다, sth으로 옮기다,
  sth을 하기 시작하다, sth에 전력하다
set up sth: sth을 새로 만들다, sth을
  수립하다
default: 채무 불이행, 채무를 변제하지 않다,
  체납하다 cf) (컴퓨터) 기본 설정값
on the brink: 직전(에)(=very
  nearly=imminent=close)
share: 몫, 지분, 주식(=stock), 주가
warehouse: 저장소, (물류) 창고, 창고에
  보관하다
outperform: 성능이 더 뛰어나다, 더 나은
  결과를 내(놓)다, 능가하다 cf) out~ sth:
  sth보다 더 ~하다

4TH PARAGRAPH

fit: (들어)맞다, 적절하다, 부합하다
script: 대본, 원고, 답안, 그 내용
shareholder: 주주(株主)
pore over: 자세히 조사하다(=examine),
  적힌 내용을 주의 깊게 샅샅이 살펴보다,
  뚫어지게 보다, 열심히 독서하다(연구하다),
  파다
meticulous: 꼼꼼한, 세심한(=fastidious,
  thorough, attentive, careful)
perpetual: 영속하는, 항구적인, 종신의,
  끊임없이 계속되는(=continuous)
virtuous circle: 선순환 cf) vicious
  circle(cycle, spiral): 악순환
market share: 시장 점유율
adjacent: 인접한, 가까이 있는
third-party: 제3자의, 제3당의 cf) third-
  person: 3인칭, (소설 등의 내용 전개가)
  3인칭 시점
in one's own right: 자기 능력으로, 남한테
  의지하지 않고, 스스로의 자격으로, 혼자
  힘으로
perk: 특전(benefit)
subscription service: 구독 서비스
voice assistant: 음성으로 작동되는 개인용
  단말기, 음성 비서
inexorable: 엄연한, 거침없는, 멈출 줄
  모르는, 변경할 수 없는

5TH PARAGRAPH
ranch: 목장
wrestle with: 해결하려고 애쓰다, 씨름하다, 다루다(=takcle, deal with, face up to, confront)
tricky: 교묘한, 까다로운, 힘든, 곤란한
misguided: 잘못 아는, 잘못 판단한(=inappropriate)
say: 감탄사. 이 책에서는 간투사(間投詞, filler)란 용어를 사용한다. 일종의 '연결사'(connective)이다. 뜻: 가령, 예컨대, 그러니까, 저
monopoly: 독점, 독점 (사업)체
offset: 오프셋 인쇄(의), 상쇄하다, 벌충하다
shop assistant: (가게) 점원(sales clerk)
hourly wage: 시간당 임금, 시급
median: (통계학) 중앙값 cf) '평균(값)'(average)과 다름.
trade: 거래, 교역, 영업, 장사, 직업, 일, 직능, 업계, 분야. retail trade: 소매업계, 소매업 분야(부문)

6TH PARAGRAPH
disruption: 두절, 혼란, 파괴, 분열, 붕괴
job(s) market: 일자리 시장, 인력 시장, 구직 시장, 취업 시장
reel: 비틀거리다, 휘청대다, 크게 동요하다
reignite: 다시 불을 붙이다, 재점화하다
attorney-general: 법무 장관, 검찰 총장
voice: 목소리, 목소리를 내다, 표명하다
jack-of-all-trades: 팔방미인, 만물박사(=know-it-all), 이것저것 두루 하지만, 그 중 어느 것 하나 썩 잘하지는 못한다는, 암묵적 의도가 담겨 있는 경우가 많음.
term: 용어, 기간, 조건, 약관
sensitive: 민감한, 신중을 요하는
given: ~을 고려해 볼 때, ~이라고 가정하면

7TH PARAGRAPH
industry: 공업, 제조업, 산업, ~업, 분야 cf) trade 및 business와 비교하며 궁리해 볼 것
asset: 재산, 자산, 이점, 강점
return: 수익 cf) the law of diminishing returns: 수확 체감(遞減)의 법칙
puny: 작고 연약한, 보잘 것 없는, 별 볼 일 없는

(profit) margin: 이윤 (폭), 수익 차액, 이윤율, 이익률, 마진율
so far: 현재까지는, 지금까지는
take ~ on trust: 곧이 곧대로 믿다, (증거가 없는데도) 그대로 믿어 버리다
spin off: 기업 분할, 분사, 기업을 분리하다
get off one's back: 트집잡기를 그만두다, 그만 괴롭히다
deprive A of B: A에게서 B를 빼앗다, 박탈하다, 주지 않다
money machine: 현금 자동 지급기

8TH PARAGRAPH
energiz(s)e: 활기를 북돋우다, 동력을 공급하다, 원기를 충전하다
lookalike: 꼭 빼닮은, (복합 명사 뒷부분을 구성하며) ~를 닮은 사람(것), 유사체
rule: (완전 동사로) 지배하다, 장악하다, 우위를 점하다, 대세이다(=reign=be dominant)
brash: 자신만만한, 기세 좋은, 건방진
contender: 도전자, 경쟁자 cf) champion: 챔피언, 선수권 보유자, 옹호자, 대변자, 투사

9TH PARAGRAPH
sincere: 진정한, 진실된, 진심 어린 cf) severe: 심각한, 혹독한, 엄한/serious
placate: (화를) 달래다, 누그러뜨리다, 진정시키다
edge: 끝, 날, 모서리, 우위(유리함)(=advantage)
rump: 나머지
vision: 비전, 미래(구)상, 선견지명, 예지력

BUSINESS: Schumpeter

The buzz around AirPods

Why is the ear worth so much less than the eye?

DEC 18TH 2019 EDITION

UNTIL RECENTLY the ear was a part of the body relatively unconquered by commerce. The neck long ago fell to the necklace, the ruff and the tie. The wrist surrendered to the bracelet and the watch. The eye sold out to spectacles, shades and mascara. But the ears were a low-rent zone for business, good mostly for cheap jewellery, earphones and hearing aids. Walk around any big city and it is clear how quickly that is changing—thanks to headphones, earbuds and a torrent of new stuff blaring through them.

Apple, as usual, caught the trend early. The number of its AirPods, mocked for looking like broken Q-tips when introduced in 2016, is estimated to have doubled to 60m pairs this year. They have spawned a wave of imitators, from Amazon's black Echo Buds to Xiaomi's Airdots (popular in China) and Microsoft's Surface Earbuds—which creepily link directly to its Office software, including PowerPoint. The devices grow symbiotically with another craze: for streamed audio content in addi-

우후죽순 에어팟

왜 그렇게 귀에 대한 대우가 눈보다 떨어지나?

1ST PARAGRAPH 최근까지만 해도 귀는 상업 세계에 의해 비교적 정복당하지 않은 인체 기관이었다. 목이야 오래 전에 목걸이, 러프ruff, 각종 타이한테 넘어갔다. 손목은 또 어떤가? 팔찌와 시계에 굴복한 지 역시 오래다. 눈은 안경, 선글라스, 마스카라에 팔려나갔다. 전술한 예들과 비교하면, 비즈니스에 있어 두 귀는 비교적 저가의 영역이었다. 저렴한 악세사리, 이어폰, 보청기에나 해당되었으니 말이다. 상황이 바뀌었다. 아무 대도시나 한 번 걸어보라. 이런 상황이 얼마나 빨리 바뀌고 있는지를 냉큼 알아차릴 것이다. 헤드폰과 초소형 이어폰인 이어버드 earbud가 보일 것이다. 그리고 어쩌면 이들 장비를 통해 울려 퍼지는 새로운 문물과 빗발치는 정보 풍경이 보일지도 모른다.

2ND PARAGRAPH 애플이 늘 그렇듯, 이 동향과 추세를 일찌감치 포착했다. 에어팟 Airpods은, 2016년 소개됐을 당시 부러진 면봉처럼 생겼다고 조롱을 받기도 했다. 아무튼, 판매된 에어팟의 갯수가 추정하기로, 올해 두 배 늘어나 6천만 개(쌍)라고 한다. 에어팟을 흉내낸 제품도 많다. 아마존의 검정색 에코 버드Echo Buds, 중국에서 인기를 끌고 있는 샤오미 Xiaomi의 에어도트Airdots가 있고, 마이크로소프트Microsoft의 서피스 이어버드Surface Earbuds는 파워포인트PowerPoint 등 오피스 제품과 바로 연동되는 것이 오싹할 지경이다. 이들 장비는 사실 또 다른 대유행과 공생적으로 성장하고 있다. 음악 말고도, 팟캐스트 같은 스트리밍 오

41

tion to music, such as podcasts. Apple helped popularise this genre. But Spotify, a Swedish streaming service, and big American broadcasting conglomerates, such as Liberty Media, are muscling in.

Industry executives contend that audio is undervalued—especially compared with video. As Spotify's co-founder, Daniel Ek, said earlier this year, time spent on each is about the same, but the video industry is worth $1trn versus $100bn for audio. "Are our eyes really worth ten times more than our ears?" he asks.

The eyeball plainly still dominates. The number of screens dwarfs that of "hearables". Between them, just three Tinseltown groups—Warner Media, Disney and Netflix—have spent as much as $250bn on visual programming since 2010. Audio, including music, comes nowhere near. That said, the battle to "monetise the ear", as Greg Maffei, Liberty Media's boss, puts it, is in full swing. These days no one would lend Mark Antony theirs; they would rent or sell them.

Take hardware first. Apple does not release figures for any of its "wearables", but AirPods are the fastest-growing of all of its products, with profit margins above 50%, says Dan Ives of Wedbush Securities, an investment firm. With the new noise-cancelling AirPod Pro, which costs around $250 a pair, he reckons Apple's ear-ware may generate up to $15bn of sales next year. That would be about four times the revenues of a headphone veteran like Bose. Horace Dediu, a technology analyst, predicts that this quarter AirPod sales could exceed those of the iPod at its peak around Christmas 2007. With iPhone sales slowing, AirPods

디오 컨텐츠에 사람들이 열중하고 있는 것이다. 애플이 이 분야를 대중화하는 데에 한몫했다. 그런데 바야흐로, 스웨덴의 스트리밍 서비스 업체 스포티파이Spotify와, 리버티 미디어Liberty Media 같은 미국의 초대형 미디어 그룹이 몸을 풀고서 시장에 진입 중이다.

3RD PARAGRAPH 이쪽 업계 경영진은 사람들이 오디오의 가치를 경시한다고 주장한다. 가령, 비디오와 비교해서 말이다. 스포티파이의 공동 설립자 대니얼 에크Daniel Ek가 올해 초 한 말을 상기해 보자. 각각에 소비되는 시간은 대충 엇비슷하다. 하지만 비디오 산업의 시장 규모가 1조 달러인데 반해, 오디오 시장은 1,000억 달러이다. 그는 계속해서 이렇게 물었다. "아니, 우리 눈의 가치가 귀보다 열 배 더 중한가?"

4TH PARAGRAPH 우리의 안구가 여전히 세상을 지배하고 있다는 것은 분명한 사실이다. 스크린의 수를 보면, '히어러블'hearable이라고 하는 청각 관련 제품의 숫자는 새발의 피다. 할리우드의 빛나는 세 집단, 워너 미디어Warner Media, 디즈니Disney, 넷플릭스Netflix만 해도 2010년 이래 무려 2,500억 달러를 시각 프로그램, 그러니까 영상물에 쏟아부었다. 음악을 포함한 오디오 부문 투자 액수는 근처에도 못 간다. 둘이 현격한 차이를 보인다고 방금 말하긴 했지만서도, 귀를 매개로 돈벌이를 하려는 전투가 본격화하고 있다. 이는 리버티 미디어의 수장 그렉 마페이Greg Maffei의 진단이다. 요즘은 누구도 마르쿠스 안토니우스Mark Anthony에게 자기 귀를 그냥 빌려주려고 하지 않는다. 임대를 하거나 팔려고 하지.

5TH PARAGRAPH 먼저 하드웨어를 보도록 하자. 애플은 자사 '웨어러블' 제품 그 어떤 것에 대해서도 통계를 내놓지 않는다. 그렇다고는 해도, 에어팟이 애플의 전 제품 중 가장 빠른 속도로 성장하는 상품이라고, 투자 회사 웨드부시 시큐리티스Wedbush Securities의 댄 이브스Dan Ives는 말한다(이윤 폭이 무려 50퍼센트를 넘는다). 노이즈 캔슬링noise-cancelling, 잡음 제거 기능이 추가된 신제품 에어팟 프로AirPod Pro는 가격이 약 250달러다. 계속해서 댄 이브스는, 애플이 이를 포함해 자사의 개인형 음향 장비로 내년에 매출을 최대 150억 달러까지 끌어올릴 수도 있다고 내다본다. 이 수치가 실현된다면, 오랜 세월 군림해 온 헤드폰 전문업체 보즈Bose의 매출액을 약 네 배 상회하게 된다. 기술 분석가 호레이스 디디우Horace Dediu는 이번 분기 에어팟 매출이 2007년 크리스마스 전후로 최고 절정을 구가했던 아이팟iPod 매출을 능가할 것으로 예측했다.

are a new way of generating revenue from Apple's legions of loyalists; they even allow Siri, the company's voice-activated virtual assistant, to worm her way closer to listeners' brains. The overall market is spreading to the masses, too. Some wireless earbuds sell for as little as $20.

Audible content is likewise undergoing a mini-revolution. For the third year in a row, revenues from recorded music in America grew by double digits in 2018, largely thanks to subscriptions to Spotify, Apple Music and the like. Podcasts have grown both more numerous and more compelling. This year Spotify has set out to rule the roost in this medium, which Apple first streamed via iTunes in the mid-2000s. The Swedish firm acquired Gimlet, Anchor and Parcast, three firms that serve different aspects of the podcast market; it now hosts a staggering 500,000 podcasts; hours spent listening to them grew by 39% year-on-year in the third quarter. In October it boasted that the conversion of podcast listeners to paying subscribers is "almost too good to be true".

The battleground stretches beyond earbuds to the car radio. On December 12th the Wall Street Journal reported that Siriusxm, a satellite-radio arm of Liberty Media, had sought clearance from the Department of Justice to raise its stake in iHeartMedia, America's largest radio broadcaster and a big podcasting platform. The aim would be to compete more effectively against Spotify and other audio-streaming services both for subscribers and advertising revenues. Previously Mr Maffei has talked excitedly about podcasting.

The proliferation of digital-streaming devices has

6TH PARAGRAPH

아이폰iPhone 매출이 약세고, 에어팟이야말로 충성파 애플 군단을 상대로 수익을 뽑아낼 수 있는 새로운 물건이자 방법인 셈이다. 시리Siri 는 음성으로 기동하는 애플의 가상 비서인데, 바로 이 시리가 에어팟을 기반으로 청취자의 뇌에 더 깊숙히 다가갈 수도 있다. 관련 시장 전반이 더 대중화되고도 있다. 초소형 무선 이어폰 중에는 불과 20달러란 저렴한 가격에 팔리는 제품까지 있을 지경이다.

귀로 들을 수 있는 청각 컨텐츠 역시 작지만 혁명을 겪고 있다. 미국의 음반 업계 매출이 2018년 현재 3년 연속 두 자릿수 성장했다. 이는 주로 사람들이 스포티파이Spotify, 애플 뮤직Apple Music 등등의 서비스를 구독한 데 따른 것이다. 팟캐스트 역시, 그 수가 많아졌고, 주목도와 설득력이 높아졌다. 애플이 2000년대 중반 아이튠즈iTunes를 통해 처음 스트리밍한 이 미디어 영역에서 스포티파이가 올해 강력한 영향력을 행사하기 시작했다. 이 스웨덴 회사가 매수한 김릿Gimlet, 앵커Anchor, 파캐스트Parcast의 세 기업은 팟캐스트 시장의 각기 다른 분야를 담당하고 있다. 이제 스포티파이는, 믿기 어렵겠지만, 팟캐스트 50만 개의 주인이다. 이것들을 들으면서 소비되는 시간이 3/4분기에 전 년 대비로 39퍼센트 늘었다. 스포티파이가 10월에 어떻게 자랑했는지 들어보자. 팟캐스트 청취자의 유료 구독 전환이 "너무 많고 좋아서, 믿기지 않을 정도입니다."

7TH PARAGRAPH

상황이 이러니, 그 전장이 소형 이어폰을 넘어 자동차 라디오로까지 확장되었다. 12월 12일 ‹월 스트리트 저널›이 보도한 내용을 들어보자. 리버티 미디어의 위성 라디오 부문인 시리우스엑스엠SiriusXM이 아이하트미디어iHeartMedia의 지분을 늘리겠다며 법무부에 승인을 요청했다는 것이다. (아이하트미디어는 미국 최대의 라디오 방송사이자, 팟캐스팅 플랫폼 강자이다.) 아마도 이 요청의 목표는 스포티파이와 기타 오디오 스트리밍 서비스 업체를 상대로 경쟁을 효율화하는 것일 테고, 다시금 그 최종 목표는 서비스 가입자 수와 광고 수입일 것이다. 마페이 역시 이전에 팟캐스팅을 굉장히 흥분하면서 강조한 바 있다.

8TH PARAGRAPH

디지털 스트리밍 서비스를 수용할 수 있는 기기가 급증했고, 팟캐

45

spawned the growth of other listening formats. This year, for the first time, the Audio Publishers Association, an industry group, reported that half of Americans listened to an audiobook, a trend it said was boosted by the popularity of digital-streaming devices, as well as podcasts. Audible, owned by Amazon, is the market leader. Malcolm Gladwell, an American author and podcaster, has turned the audio version of his latest book "Talking to Strangers", into what seems like a supersized podcast, with his own narration, actors and music. Romantics see it as a return to the oral tradition. Though small, some of this spoken word has better economics than the sung variety. As Ben Thompson of Stratechery, a tech newsletter, has pointed out, the more music Spotify's customers download, the more its costs rise because of payments to record labels. Podcasts are different. Spotify has more bargaining power over myriad individual podcasters jostling to reach its 248m-odd users than it does over record labels. It also buys its exclusive podcasts at a fixed cost. The problem is advertising. Ad revenues are paltry. In America terrestrial radio still accounts for 82% of an audio ad market valued at more than $17bn. Siriusxm and Spotify have just a sliver of the pie.

A back door to the brain
Apple has the clout to make the industry more profitable. It could use its strong position with AirPods, Apple Music, podcasts and Siri to create a swirl of audio content around the iPhone—an ecosystem in the jargon—and take the lion's share of advertising. For the time being, though, it appears to be more focused on creat-

스팅 이외의 다른 청취 포맷도 증가했다. 업계 모임인 오디오북 출판 협회Audio Publishers Association, APA가 올해 사상 처음으로 보고한 내용을 보면, 미국인의 절반이 오디오북을 듣는다고 한다. 이게, 팟캐스트 외에도 디지털 스트리밍 관련 기기가 널리 퍼지면서 증진된 트렌드라는 게, 협회의 진단이다. 아마존이 보유한 오더블Audible이 이 시장을 선도하고 있다. 미국인 저술가이자 팟캐스터인 맬컴 글래드웰 Malcolm Gladwell은 신작 도서 『타인의 해석Talking to Strangers』을 오디오 버전으로 따로 제작했는데, 직접 내레이션을 하는가 하면, 배우가 출연하고, 음악까지 삽입된 게, 들어보면 마치 (긴 시간의) 특대형 팟캐스트 같다. 낭만주의자들은 이를 두고서 구비 문학 전통으로의 회귀라고도 본다.

9TH PARAGRAPH
규모가 작기는 해도, 이렇게 구두로 행해지는 말 잔치가 각종 노래보다 경제성이 더 낫다. 기술 분야 뉴스레터인 '스트래트처리'Stratechery의 벤 톰슨Ben Thompson이 지적한 내용을 함께 음미해 보도록 하자. 그에 따르면, 스포티파이 고객들이 음악 다운로드를 많이 할수록, 음반사한테 지불해야 하기 때문에, 스포티파이의 비용도 늘어난다. 반면, 팟캐스트는 다르다. 스포티파이가 수많은 개인 팟캐스터보다 협상력에서 우위에 설 수밖에 없다. 팟캐스터들이 스포티파이 이용자 2억 4800만 명에게 닿고 싶어서 서로 치열하게 경쟁하기 때문이다. 음반사랑은 처지가 다른 셈이다. 스포티파이가 일정한 가격에 팟캐스트를 독점 매입하기도 한다. 문제는 광고다. 광고 수익은 보잘것 없다. 미국을 보면, 오디오 광고 시장 규모는 170억 달러를 상회하는 것으로 추정된다. 지상파 라디오가 여전히 그 금액의 82퍼센트를 차지하고 있다. 시리우스엑스엠Siriusxm과 스포티파이는 이 파이의 아주 작은 조각만을 갖고 있을 뿐인 거다.

10TH PARAGRAPH
뇌로 들어가는 뒷문
애플한테는 이 산업의 수익성을 개선할 힘이 있다. 애플은, 에어팟, 애플 뮤직Apple Music, 팟캐스트, 시리 등을 보유했고, 그 강력한 입지를 활용해, 아이폰을 중심으로 한 오디오 컨텐츠를 원심적으로 구축할 수 있다. (시쳇말로 '생태계'라고 하는 것 말이다.) 그렇게 되면 가장 큰 몫의 광고를 차지할 수 있을 것이다. 그럼에도 불구하고 당분간 애플이 집중할 분야는 비디오 컨텐츠인 듯하다. 애플이 넷플릭

ing video content, in its battle for eyeballs with Netflix. That is lucky for Spotify. It gives it a bigger opening in the audio market. It is good for listeners, too. The last thing anyone wants is a Big Tech behemoth controlling the next best thing to a brain implant.

© The Economist Newspaper Limited, London (Dec 18th 2019)

스와 치열한 전투를 벌이고 있고, 바로 이 점이 스포티파이한테는 행운이다. 스포티파이가 이런 상황을 바탕으로 오디오 시장에서 광폭 행보를 하고 있는바, 이는 청취자들에게도 좋다. 거대 기술 기업 하나가 뇌 임플란트 brain implant 에 버금가는 차선을 장악해 통제하는 상황은 누구도 원하지 않을 것이기 때문이다.

애플의 제품 에어팟^{AirPods}으로 대표되는 이어폰^{earphone} 시장과, 그 이어폰을 매개로 유통되는 청각 정보, 대표적으로 음악과 팟캐스트^{podcast} 방송의 세계적 현황이 이 글에서 다뤄지고 있습니다. 오디오 및 귀가 시(청)각 미디어 및 눈과 비교되기도 하고요. 물론, 비즈니스 관점에서 다룬 글이어서, 건강의 측면이나 감각 정보 수용 메커니즘과 같은 궁금증이 과학적으로 다뤄지지는 않습니다.

1ST PARAGRAPH

The neck long ago fell to the necklace, the ruff and the tie. The wrist surrendered to the bracelet and the watch. The eye sold out to spectacles, shades and mascara.

fall to와 surrender to와 sell out to를 통해서 표현의 다양성과 율동감을 도모하고 있는 게 눈에 띕니다. shades는 '선글라스'이고, ruff는 '목에 두르는, 작은 주름이 여럿 들어간 과거 서양의 복식'으로, '주름 칼라'나 '주름 옷깃'이라고 합니다. 옷이나 음식 같은 경우는, 심상이 불분명할 때, '구글 이미지'^{Google Image}를 활용하면 효과적입니다. ruff 자리에 detachable collar, muffler, scarf, cravat, ascot이 들어갈 수도 있겠지요.

비록 단어 수준이긴 하지만, 여기서 번역을 규정하는 상반된 태도 둘을 소환할 수 있겠습니다. 도착어 환경의 소통 편의성과 주체적 태도를 강조하는 부류가 있는가 하면, 출발어의 원의를 존중하고 구심적으로 수렴해야 한다는 입장이 두 번째입니다. 독자 여러분은 두 가지 중 어떤 철학의 손을 들어주고 싶으신가요?

소설가 한강의 "채식주의자"란 작품이 영어로 번역돼 화제가 된 적이 있지요. 번역가 데버러 스미스^{Deborah Smith}는 출발어인 한국어 텍스트를 어떤 입장에 기초해 영어로 옮겼을까요?

earbud: 요즘 공급되는 무선 이어폰은 귀에 꼭 맞게 들어가는 '공기돌' 모양인 경우가 많은데, 영어권 화자들은 '꽃봉오리'^{bud}나 '싹눈'을 연상하는 듯합니다. 그래서 이어버드^{earbud}란 어휘도 개발되었지요. (물론, 애플 사의 제품 에어팟

50

은, 한국에서는 '콩나물 대가리', 미국에서는 '면봉'$^{\text{Q-Tip}}$이라며 놀림을 받기도 했습니다.) 관련해서, 이 글 전체에서는 어떤 어휘들이 동원되었는지 정리해 보겠습니다. 순서대로, Airpods, earphone, hearing aids(보청기), headphone, earbud, Echo Buds, Airdots, Earbuds, hearable, AirPod Pro, ear-ware, wireless earbud. 저 같은 경우는, 여기에 bluetooth, portable, carriable, wireless, audio, device, gadget 같은 어휘도 보태고 싶습니다.

1ST PARAGRAPH

Walk around any big city and it is clear how quickly that is changing—thanks to headphones, earbuds and a torrent of new stuff blaring through them.

셋이 나열되었는데, 마지막 세 번째 항이 복잡하지요. 앞의 둘은 tangible object, 그러니까 '구체적인 유형 대상'의 명사입니다. a torrent of new stuff (which is) blaring through them. 문법적^{syntax}으로야 구의 중심 단어(head)인 핵어(核語)가 torrent이지만, 의미론적^{semantics}으로는 stuff입니다. 이 스터프를 new, blaring through, torrent가 위계적, 중층적으로 꾸미고 있습니다. 또, torrent(쇄도하다, deluge)와 blaring(요란하게 울리다)이 '겹쳐서' 쓰이고 있네요. 이런 상황을 이 책에서는 '중첩과 얽힘'$^{\text{superposition and entanglement}}$ 현상으로 지정합니다. 자신의 의도와 메시지를 강조하고 싶으면, 반복해서 변주하는 말법을 쓰지요.

결국, 앞의 둘은 하드웨어이고, 뒤의 new stuff는 이 하드웨어를 통해 유통되는 컨텐츠입니다. 이하의 문단에서 그 두 가지 요소가 논의될 것으로 짐작해 볼 수 있겠습니다.

Apple, as usual, caught the trend early.

2ND PARAGRAPH

51

저는 이 문장을 다음과 같이 옮겼습니다. "애플이 늘 그렇듯, 이 동향과 추세를 일찌감치 부여잡았다." the trend를 '이 동향과 추세', 그러니까 두 단어로 확장해 구성했습니다. 단어가 꼭 1대 1로 대응되는 것은 아니기 때문이고, 번역을 한 제가 적극 개입했다고도 할 수 있겠습니다. 이런 일은 번역뿐만이 아니라, 오리지널 텍스트를 쓰는 필자한테서도 확인할 수 있는 현상입니다. 본서에 실린 '위키피디아 소개 기사'의 한 대목을 봅시다. Wikipedia still lacks the gravitas and authority of older encyclopedias like "Britannica". "위키피디아는 "브리태니커"처럼 더 오래 된 백과사전들의 권위와 무게가 여전히 부족하다." 이 문단의 craze와 여섯 번째 문단의 compelling을 어떻게 처리했는지도 확인해 보시기 바랍니다. 그 효과도 궁리해 보시고요.

스포티파이Spotify는 2006년 설립된 스웨덴의 음악 스트리밍 및 미디어 서비스 제공업체입니다. 볼보Volvo나 사브Saab, 또 에릭슨Erisson 같은 전통적 기업 외에도, 신사업 분야를 대표하는 기업들이 스웨덴에는 많지요. 스포티파이는 물론이고, 가구 제조 기업 이케아IKEA, 패스트패션 업체 에이치엔엠H&M도 그 출신 국적이 스웨덴입니다. muscle in이란 표현이 이 상황을 아주 잘 드러내고 있다고 할 수 있겠네요. 사전의 풀이보다는, '몸을 풀고서 본격적으로 개입하다' 정도가 좋아 보입니다. 사전을 너무 믿지 마세요.

As Spotify's co-founder, Daniel Ek, said earlier this year, time spent on each is about the same, but the video industry is worth $1trn versus $100bn for audio.

비디오 산업과 오디오 산업을 비교하고 있는데, versus란 전치사 때문에 뒷부분이 구로 조직되어 있고, 하여 두 비교 대상의 문법적 지위가 달라졌습니다. 고급 문법에서 두 비교 대상을 에이전트agent라고 부르는데, 이렇게 에이전트가 저글링된 상황에도 익숙해지기를 바랍니다. 형용사 worth는 명사로도 이해할 수 있습니다(형용사의 이중성). The video industry's worth is (of) $1trn으로 패러프레이즈paraphrase할 수 있겠네요.

The number of screens dwarfs that of "hearables".

4TH PARAGRAPH

dwarf(아주 작아 보이도록 하다) 동사가 사실상 비교를 수행하는 표현임도 잊지 마시기 바랍니다. 본서에서는 다양한 비교 표현들을, 나올 때마다 여러 측면에서 설명해 드릴 예정입니다.

Between them, just three Tinseltown groups—Warner Media, Disney and Netflix—have spent as much as $250bn on visual programming since 2010.

4TH PARAGRAPH

Between them은 중복적 표현redundancy입니다. 요컨대, them=three Tinseltown groups=Warner Media, Disney and Netflix입니다. 영어를 외국어로서 공부하는 학습자가 영작문에서 between them을 쓸 수 있으려면, 상당한 수준에 도달해야 합니다. 도대체, 왜 이런 일어 벌어지는 걸까요? 한국어와 비교할 때, 영어가 입말에 훨씬 가깝다는 것이 한 가지 이유입니다. 그럼에도 불구하고, 언어를 매개로 수행되는 인지 과정을 염두한다면, between them이란 어구는, 군말의 풍경landscape of debris입니다. 더 추상화해서 얘기하면, '여분의 차원'과 같은

53

것입니다. 한국어와 영어의 경관이 그리는 비대칭적 질서에 대해서 고민해 볼 수 있는 사안이었습니다.

4TH PARAGRAPH

> These days no one would lend Mark Antony theirs; they would rent or sell them.

Mark Antony는 로마 시대의 정치가이자 군인 마르쿠스 안토니우스[Markus Antonius]의 영어 이름입니다. 제2차 3두 정치[triumvirate]의 한 축을 담당했고, 클레오파트라의 연인으로도 유명하지요. 그래서입니다. 셰익스피어가 희곡으로도 시로도 안토니우스 얘기를 여러 차례 합니다(물론 이 어구는 '카이사르' 편에서 나오지만요). 셰익스피어의 싯구는 다음과 같습니다. "Friends, Romans, countrymen, lend me your ears."(친우들이여, 로마 시민들이여, 백성들이여, 제 말 좀 들어주시겠습니까?) 이제 본문의 내용이 명확해졌으리라고 봅니다. 인용한 어구의 문자열을 유튜브에 입력하면, 여러 배우 또는 성우의 목소리로 직접 들으실 수도 있습니다.

5TH PARAGRAPH

> With iPhone sales slowing, AirPods are a new way of generating revenue from Apple's legions of loyalists; they even allow Siri, the company's voice-ac-

tivated virtual assistant, to worm her way closer to listeners' brains. The overall market is spreading to the masses, too. Some wireless earbuds sell for as little as $20.

worm이란 동사가 인상적입니다. find one's way나 make one's way란 더 일반적인 표현이, 생생하고 역동적인 이미지를 연상시키는 worm(꿈틀거리며 나아가다)이란 동사로 바뀌었네요. 사실, 병리 현상 내지 청지각 증상의 하나로 '귀벌레'earworm란 게 있습니다. '자꾸 성가시게 귓전에 맴도는 곡조나 왱왱거리는 소리' 말입니다. 그걸 earworm이라고 합니다. her를 쓴 까닭은, Siri의 목소리가 여성이어서일 겁니다.

6TH PARAGRAPH

This year Spotify has set out to rule the roost in this medium, which Apple first streamed via iTunes in the mid-2000s.

rule the roost란 숙어는 '최고 강자로 부상하다, 가장 강한 영향력을 행사하다, 지배권을 쥐다'란 뜻입니다. roost가 '횃대'니까, 닭 무리의 서열 정리 행동을 떠올려보시면 될 듯합니다. "스포티파이란 업체가 팟캐스트 분야에서도 지배권을 행사하기 시작했다"란 뜻이네요. the roost란 대상어(목적어)가 없어도, 말이 통합니다. 그러면, rule이 완전 (자)동사가 되지요. '군림하다, 우위를 점하다'란 뜻입니다. be dominant나 reign 등으로 바꾸어 표현할 수도 있겠습니다. 본서에 포함된 다른 열아홉 개의 아티클에서도 유사한 어구가 계속 나옵니다. 네 번째 문단의 첫 문장 The eyeball plainly still dominates.처럼요.

The Swedish firm acquired Gimlet, Anchor and Parcast, three firms that serve different aspects of the podcast market; it now hosts a staggering 500,000 podcasts; hours spent listening to them grew by 39% year-on-year in the third quarter.

저는 이 문장을 다음과 같이 번역했습니다. "이제 스포티파이는, 믿기 어렵겠지만, 팟캐스트 50만 개의 주인이다." '관리하다'(host)를 '주인'(host)으로 옮기는 것이 적절한지 궁금하실 수 있겠습니다. 가능합니다. 명사가 동사가 되고, 동사를 명사화할 수 있습니다. 이 개념을, 소위 과정의 물체화thingification of the processes 라고 합니다. 응집물질 물리학에서 다루는 '상 전이'phase transition 개념으로도 파악할 수 있지요. 요컨대, 품사 '상'(相)을 탄력적으로 조정할 수 있다는 말입니다. 애플의 구호 Think Different에서, think의 품사는 무엇일까요? 저명한 언어학자 스티븐 핑커Steven Pinker의 트윗에 의하면, 명사입니다. 사전의 풀이에서 직접 확인하실 수도 있습니다.

The proliferation of digital-streaming devices has spawned the growth of other listening formats.

이 문장을 분석해 보도록 하죠. has spawned를 중심으로 주어'구'와 대상어'구'가 결합되어 있습니다. 두 개의 구에 차례로 proliferation과 growth가 있으니, 각각 절을 획정해 낼 수 있겠지요.

    1) Digital-streaming devices proliferate. → The proliferation of digital-streaming devices

    2) Other listening formats grow. → the growth of other listening formats

절과 절을 연결해 주는 품사를 접속사라고 합니다. 기묘하게도, has spawned란 동사가 접속사의 '일'을 하고 있네요. 하지만 동사란 품사를 접속사라고 부를 수는 없죠. 그래서 접속사의 역할을 하는 동사를 '연결사'connective라고 합니다. 우리가 지금 살피고 있는 문장은 다음과 같은 구조인 셈입니다.

    구(phrase)-동사(연결사)-구(phrase).

영어는, 구 구조가 대단히 발달한 언어이고, 전술한 모형 역시 무수히 많습니다. 이제, 각각의 구를 정확히 해석해 보도록 합시다.

    1) 디지털 스트리밍 서비스를 수용할 수 있는 장비가 급증하다.

    2) 다른 청취 포맷들이 증가하다.

두 개의 '내용' 절을 spawn(어떤 결과를 낳다)이란 동사가 접속사적으로 연결해 주고 있습니다. 문법적 논리 관계는 다음과 같지요. (원인, 시간적 선)-has spawned-(결과, 시간적 후). 가외적으로, '원인과 결과'(인과 관계)와 '시간적 선후'라고 하는 고전 물리학classical physics의 대전제는 영문 독해에서도 무지막지하게 중요한 원리입니다. '세상만사'라고 할 수 있을 정도예요.

여기까지 잘 따라오셨나요? 자 이제, 문법, 그러니까 통사론syntax에 기초해 두 절의 내용을 '인과 관계'로 획정하면 될까요? 그렇지 않습니다. 의미론적semantics 검토가 더해져야 합니다. 이 세상에 대한 지식을 바탕으로, 온갖 지혜를 동원해, 상황을 종합 판단해야 하는 것입니다. 게다가, 대상어구에 other가 있습니다. 해석된 두 구의 내용을 음미해 보십시오. 인과 관계와 시간적 선후가 무너져서 불분명합니다. 그래서 저의 결론은 다음과 같습니다.

    "디지털 스트리밍 서비스를 수용할 수 있는 장비가 급증했고, 팟캐스팅 이외의 다른 청취 포맷도 증가했다."

건너뛰었는데, 이 글에는 spawn이란 동사가 한 번 더 나옵니다. 글쓴이가 이 동사를 연결 동사로 즐겨 사용한다는 걸 짐작할 수 있지요. 두 번째 문단입니다.

1ST PARAGRAPH

The number of its AirPods, mocked for looking like broken Q-tips when introduced in 2016, is estimated to have doubled to 60m pairs this year. They have spawned a wave of imitators, from Amazon's black Echo Buds to Xiaomi's Airdots (popular in China) and Microsoft's Surface Earbuds—which creepily link directly to its Office software, including PowerPoint.

두 번째 문장의 주어가 They인데, 저 같으면 This로 쓰거나 (, spawning ~) 분사구문을 써서 한 문장으로 합칠 것 같습니다. 필자는 대명사 they로 Airpods를 지정했지만, 저는 동명사 doubling을 지정하는 This가 더 좋아 보입니다. 독자 여러분의 생각은 어떠십니까? 이런 불확정적 상황 때문에, They have spawned를 '말소'해 버렸습니다. 그 결과는 다음과 같습니다.
"판매된 에어팟의 갯수가 추정하기로, 올해 두 배 늘어나 6천만 개(쌍)라고 한다. 에어팟을 흉내낸 제품도 많다."

1ST PARAGRAPH

Though small, some of this spoken word has better economics than the sung variety.

비교 표현인데, 비교 대상이 재미있습니다. some of this spoken word와 the sung variety. 네 가지 구의 연접 양상 Four Patterns of Junction in Phrase을 앞서 소개해드린

58

바 있습니다.

1) 명사-명사: 복합 명사
2) 소유격-명사
3) 형용사-명사
4) 명사-전치사-명사

반괄호의 숫자를 따라서, 각각을 구의 연접 1, 2, 3, 4번으로 불러보지요. 전술한 문장의 두 비교 대상은 구의 연접 4번과 구의 연접 3번입니다.

이제 의미를 살펴봅시다. some of this spoken word에서 some of는 간투사적^{間投詞-}, filler 뉘앙스를 의도하기도 했고, 전칭 명제 진술의 위험 부담을 지지 않기 위해 붙인 것이기도 합니다. 전부 다 그렇다거나, 전부 다 아니라는 주장은 사실이 아닌 것으로 드러났을 때, 관련 입론이 와장창 무너져 내리기 때문에, '정도'를 감안해 소위 '톤다운'을 하는 것이죠. 한국어에서 고압적이거나 무례한 요구로 비치지 않기 위해, 상습적으로 '좀'이란 말을 집어넣는 것과 거의 같습니다.

뒷의 the sung variety는 구의 연접 3번인데, sung이 사용된 것은 spoken과의 구조적 통일성 내지 댓구를 의도했다고 볼 수 있겠습니다. variety(다양성)가 낯설게 다가올 수 있는데, number(노래)란 어휘로 바꿔도 좋겠습니다. 이런 어구는 구조 기능주의적 측면^{syntax}과 의미론적 측면^{semantics}을 함께 아우르면서 해석을 시도해야 합니다. 신택스적 핵어는 variety이지만, 시맨틱스적 핵어는 sung이죠. 이렇게 판단했다면, 그 다음 절차는 품사상(相)을 전환하는 것입니다. 다음처럼 고쳐보면 더 쉽게 이해되겠죠? the various songs.

하여, 해석은 다음과 같습니다. "이렇게 구두로 행해지는 말 잔치가 각종 노래보다 경제성이 더 좋다."

The last thing anyone wants is a Big Tech behemoth controlling the next best thing to a brain implant.

the last thing과 the next best thing, 그리고 brain implant를 정리해 볼 필요가 있겠습니다. brain implant는 뇌에 직접 이식하는 신경 보철물을 가리킵니다. 정보 처리의 중추인 뇌에 직접 연결되니까, 에어팟 같은 이어버드보다 그 효과가 뛰어날 것입니다. 그래서 the next best thing은 '차선으로, 그 다음으로 좋은 것'이 되는 것입니다. The last thing anyone wants도 궁리해 보면, '그 누구라도 최후에야 원할 것'이므로, '누구도 원하지 않는 것'이 되겠습니다. 최상급이라는 비교 표현을 통해(최상급도 비교를 수행하는 표현법입니다), 복잡한 내용을 정교하게 구축한 문장입니다. 이렇듯, 비교 표현이 매우 복잡다단한 이유는, 인류라는 종이 사회 생활을 하면서 견주고 비교하는 일이 몸에 배어 있기 때문입니다. 영어뿐만 아니라, (제가 열한 개 정도의 언어를 읽는데,) 비교 표현은 거의 모든 인간 언어에서 상당히 복잡하게 발달해 있는 듯합니다. 외국어로서의 영어, 그 비교 표현이 아무리 어렵다고 한들, 바로 이 인류라는 동질성과 공통 감각에 기댈 때, 정복하지 못할 이유가 없습니다. 용기를 가지시기 바랍니다.

    Big Tech behemoth에서 Big(큰)과 behemoth('거대' 기업)의 의미가 중첩돼 있음도 확인할 수 있습니다. 이 중첩과 얽힘의 풍경이 보이기 시작하면, '해석'이 아니라 '번역'으로 나아갈 수 있습니다. 중첩과 얽힘은, 여분의 차원, 그리고 군말의 풍경과도 연결이 되겠지요.

1ST PARAGRAPH
commerce: 상업, 거래(=trade=activities and procedures involved in buying and selling things)
ruff: 주름 칼라, 옷깃, 목도리, (16~17세기 의류의) 주름 칼라
wrist: 손목
bracelet: 팔찌
sell out: 팔려나가다, 다 팔리다, 매진되다
spectacle: 안경(=glasses)
shade: 색안경, 선글래스(=sunglasses)
mascara: 마스카라, 속눈썹용 화장품
low-rent: 싸구려의, 천한, 열등한, 질 나쁜
good for: ~에 알맞은, ~에 어울리는(=suitable for)
jewellery: 보석, 장신구(=jewelry)
hearing aid: 보청기
earbud: 초소형 이어폰(=earphone=headphone)
torrent: 급류, 빗발침(=deluge)
blare: 요란하게 울리다, 쾅쾅 울리다

2ND PARAGRAPH
as usual: 여느 때처럼, 늘 그렇듯
trend: 트렌드, 동향, 추세(=current=fashion=change or development towards something new or different)
mock: 조롱하다, 놀리다(=make fun of=ridicule)
Q-Tip: 영국과 미국 등지에서 판매되는 귀 청소용 면봉의 상표명(=swab)
cf) Hotchkiss(stapler), Band-Aid(plaster), Bariquand(hair clipper)
introduce: (시장에) 도입되다, 소개되다
spawn: (상황을) 조성하다(=form)
imitator: 짝퉁, 모방 제품, 위조품, 아류(=mock=sham)
creepy: 오싹한(=scary)
symbiotic: 공생적인, 상생하는(=symbiotical)
craze: 열기, 대유행(=fad)
popularise: 대중화하다, 보급하다
conglomerate: 복합 기업(=big business)
muscle in: 우격다짐으로 진입하다, 억지로 끼어들다, 강제로 비집고 들어가다(=make one's way by force)

3RD PARAGRAPH
industry: 업계, 분야(=trade)
contend: 다투다, 주장하다(=maintain)
especially: 특히, 예를 들어, 구체적으로
founder: 설립자, 창설자
worth (of): ~의 가치가 있는, 가치가 ~한
versus: ~대, ~에 비해, ~와 대조적으로(=compared to)

4TH PARAGRAPH
dominate: 지배하다, 군림하다(=reign=be pre-eminent=rule)
dwarf: 왜소하게 만들다(=make sth look very small)
Tinseltown: 번쩍이는 도시, 화려한 도시, 할리우드의 속칭
nowhere near: 거리가 먼, 가깝지 않은, 도저히 미치지 못하는
That said: 그렇긴 하지만(=having said that)
monetise: 돈벌이 수단으로 삼다, 상업화하다
in full swing: 한창 진행 중인, 무르익은(=at the busiest or liveliest time)

5TH PARAGRAPH
release: 발표하다, 공개하다(=show)
figure: 숫자, 통계(=statistics)
wearable: 착용형 기기(=wearable device)
profit margin: 이윤 폭, 수익률
reckon: 생각하다, 추정하다, 예상하다(=predict)
veteran: 전문 기업
exceed: 추월하다, 능가하다, 넘어서다
legion: 군단, 부대(=group=cohort)
loyalist: 충성파 소비자
activate: 활성화하다, 기동시키다
worm: 꿈틀거리며 나아가다

6TH PARAGRAPH
audible: 오디오의, 들을 수 있는, 청각의, 음향의(=hearable=acoustic)
likewise: 마찬가지의, 또한(=as well)
undergo: 겪다, 받다, 일어나다(=experience=suffer=happen)
in a row: 잇달아, 계속해서(=consecutively)

recorded music: 음반, 음반 산업, 음반 업계
double digit: 두 자릿수
like: 류, 동류, 비슷한 것, 부류,
　등등(=sort=kind)
compelling: 흥미진진한, 강렬한, 설득력이
　대단한
set out: ~에 착수하다, ~를
　시작하다(=begin=start)
rule the roost: 지배권을 행사하다, 최고
　지배권을 행사하다
medium: 수단, 매개, 매체 cf) media:
　medium의 복수
aspect: 분야, 영역, 범위(=area=domain)
host: 주인 노릇을 하다, 관리하다, 주관하다,
　갖추고 있다(=boast=have)
staggering: 충격적인, 믿기 어려운,
　압도적인(=astounding)
year-on-year: 전년 대비
conversion: 전환(율)
subscriber: 서비스 신청 가입자

7TH PARAGRAPH
stretch: 확산되다, 퍼져 나가다(=spread)
report: 보도하다
arm: 부문(=wing)
clearance: 승인, 허락, 결제
stake: 지분
compete: 경쟁하다
advertising revenue: 광고 수익

8TH PARAGRAPH
proliferation: 확산, 급증(=growth) cf)
　prolific: 다작하는, 많은, 풍부한, 다산의
format: 형식, 포맷
Audio Publishers Association: 오디오북
　출판 협회
audiobook: 오디오북
boost: 증강하다, 상승하다,
　증진하다(=increase=enhance)
supersized: 특대형의, 크기를 키운
actor: 배우 cf) actress: (여)배우
romantic: 낭만주의자
oral tradition: 구전, 구비 문학
　전통(cultural material transmitted
　orally from one generation to
　another)

9TH PARAGRAPH
spoken word: 구어, 발화, 발설,
　구연(=speech) cf) written word: 문자
　언어
economics: 경제학, 경제 효율, 경제적 측면
　cf) economic: 경제성이 있는, 채산이
　맞는(=profitable)
newsletter: 소식지, 회보
download: 다운로드하다, 내려받다
record label: 음반 (제작)사
bargaining power: 교섭력, 협상력
myriad: 수많은, 무수함
jostle: 밀치락달치락 하다, 앞다투다,
　경합하다(=compete strongly with sb
　fo sth)
-odd: 여남은, 남짓한 cf) -strong: 규모의,
　~에 달하는
exclusive: 배타적인, 독점적인
fixed cost: 고정 비(용)(=constant
　cost=standing charge) cf) variable
　cost: 변동 비용
paltry: 보잘것 없는, 쥐꼬리만 한(=meagre)
terrestrial: 지상파의
account for: 차지하다, 맡다, 담당하다
value: 값어치가 ~로 평가되다, 가격이
　~이다(=be worth)
sliver: 조각(=fraction=small piece)

10TH PARAGRAPH
clout: 영향력(=influence=strong
　position)
profitable: 수익성이 좋은, 이익이 많이
　나는(=lucrative)
swirl: 소용돌이
jargon: 업계 전문 용어, 속어(=lingo)
lion's share: 알짜, 제일 크고 좋은
　몫(=largest part)
for the time being: 당분간, 잠시 동안
opening: 좋은 기회, 호재(=good
　opportunity)
behemoth: 거대 기업(=giant=big
　business)
the next best: 차선, 두 번째로 좋은(=the
　second best)
brain implant: 뇌 임플란트, 뇌 이식
　장치(=neural implant)
implant: 주입물, 이식 장치, 보철

BUSINESS: Schumpeter

Can Zoom be trusted with users' secrets?

Kowtowing to China is a big threat to its business

JUN 20TH 2020 EDITION

FEW AMERICAN companies have done as well during the covid-19 crisis as Zoom. The lifesaver of lockdown joins a small coterie of tech firms whose product, like Google's, you no longer need to explain to grandmas. Zoom's staggering success was made clear this month when it reported a 169% surge in year-on-year sales during the three months to April 30th. Daily participants ballooned from 10m in December to 300m in April; profits soared alongside. Even analysts, rarely the most expressive of writers, let rip. One report started with "Wow". Another, with "Holy Cow".

Zoom's achievements go beyond mere lucre. Its videoconferencing tools have the intuitive simplicity of an Apple product. It has made working from home feel not clunky, but chic. Moreover, its 50-year-old founder, Eric Yuan, cuts an intriguing figure. He has ridden an emotional roller-coaster this year as his company faced not just adulation, but scathing criticism for privacy lapses, security issues and Zoom-bombings. Yet the speed with which he acknowledged the setbacks, and rolled out a 90-day plan to fix them, offers a case study of a leader who tries to learn from his mistakes. On June 17th, for instance, Zoom said it was introducing end-to-

줌의 사용자 보안을 믿어도 될까?

계속 중국 당국에 굽실거리다가는 사업이 큰 위기에 처할 수 있다.

1ST PARAGRAPH   코로나19 위기에 줌Zoom만큼 썩 잘 대응한 미국 기업은 거의 없다. 락다운 시기에 생명의 은인으로 합류한 기술 기업이 몇 있다. 이들 기업의 제품은 구글의 것마냥 (기술에 어두운) 할머니에게라도 꼬박 설명할 필요가 없었다. 줌이 놀라운 성공을 거뒀다는 사실이 이번 달 들어 분명하게 확인됐다. 4월 30일까지 석 달 동안 전년 대비 매출이 169퍼센트 신장했다고 발표한 것이다. 일일 이용자 수가 12월의 1천만 명에서 4월 3억 명으로 대폭 늘어났다. 더불어서 수익도 폭증했다. 애널리스트는 글을 쓰는 사람 중에서도 미사여구를 써가며 화려하게 표현하는 부류가 결코 아니다. 그런 애널리스트들조차 줌 사태에 열광했다. "만세"로 시작하는 보고서가 있었는가 하면, 다른 보고서에는 "만만세"라고 적혀 있었다.

2ND PARAGRAPH   줌의 성취는 단순히 돈 문제 이상이다. 줌이 개발한 화상 회의 도구는 마치 애플Apple의 제품마냥 직관적이고 단순하다. 줌을 쓰면, 집에서 일하면서도 투박한 게 아니라 근사하게 느껴진다. 게다가, 줌을 설립한 50세의 에릭 위안Eric Yuan이 아주 흥미로운 인물이다. 그는 올해, 회사가 격찬뿐만 아니라, 사생활 보호 미흡, 보안 문제, 또 일명 '줌 폭탄'zoom-bombing 사태로 통렬한 비판까지 받으면서, 감정의 롤러코스터를 타지 않을 수 없었다. 하지만 그는 신속하게 잘못을 인정하고, 90일 안으로 시정하겠다는 계획안을 내놨다. 실수에서 배우고자 하는 리더의 표본이라고나 할까? 가령 6월 17일 줌은 모든 이용자가 종단간 암호화End-to-End Encryption 기술을 쓸 수 있게 하겠다고 발표했다.

65

end encryption for all users.

But Mr Yuan, an American citizen, has a more intractable problem. It concerns his country of birth, China. On June 11th it became clear how vulnerable Zoom was to the long arm of the Communist state when the firm, which prides itself on "the open exchange of ideas", admitted it had temporarily shut down the accounts of three critics of the regime outside China. Investors barely noticed. Four days later Zoom's market capitalisation reached a record high of $67bn. But it showed with devastating clarity how tech firms struggle to bridge the digital chasm between China and America. This poses an acute business risk for Zoom.

Zoom's relationship with China is complex. The American company has meagre sales on the mainland. But 700 of its staff are based there, developing global products. It also has servers in China that it says are geo-fenced to store Chinese data only (though in April it admitted the rule may have been breached, a mistake it says it fixed). It says having its engineers in China helps reduce costs. It also hopes to increase sales to China. But its operations there force it to abide by Chinese law. Hence it suspended Zoom meetings with users in China and beyond commemorating the 31st anniversary of the massacre around Tiananmen Square on June 4th, which the Chinese government, hearing about them on social media, considered illegal. It also temporarily blocked an activist's account in Hong Kong. Zoom admits it went too far, says it is developing tools to tackle the problem and pledges that requests from the Chinese government will no longer affect anyone outside mainland China.

That is a hard promise to keep for any company with

3RD PARAGRAPH 그러나 미국 시민권자 위안에게는 더 다루기 힘든 문제가 있다. 그가 태어난 중국과 관련해서다. 6월 11일 줌이 그 공산주의 국가의 영향력에 얼마나 취약한지가 밝히 드러났다. "생각의 자유로운 교환"을 자랑스럽게 피력해 온 줌이, 중국 밖에서 체제를 비판한 세 명의 계정을 일시 정지했다고 실토한 것이다. 투자자들은 이에 거의 주목하지 않았고, 나흘 후 줌의 시가 총액은 사상 최고인 670억 달러를 경신했다. 중국과 미국은 디지털 분야에서도 극명한 차이가 있는데, 기술 기업들이 그 간극을 메우기 위해 어떤 고생을 하는지를 명확하게 알 수 있는 사태였다. 이는 줌에게 상당한 경영 위험 요소이다.

4TH PARAGRAPH 줌이 중국과 맺고 있는 관계가 복잡하다. 이 미국 회사는 중국 본토 매출이 변변찮다. 그런데 직원 700명이 본토에 상주하며, 세계인이 쓰는 제품을 개발 중이다. 서버도 중국에 있다. 물론 그들은 가상의 경계를 설정해 두고, 중국 데이터만 저장한다고 밝히고는 있다. (물론 4월에는 이 방침을 위반했을 수도 있다고 인정했고, 추후에 과실을 바로잡았다고 발표한다.) 줌이 중국 엔지니어를 고용하고 있는 이유는 비용 절감 때문이라고 한다. 중국 매출을 늘리겠다는 포부도 있다. 하지만 바로 그곳 중국에서 영업을 함으로써, 줌은 중국 현지의 법을 따르지 않을 수 없다. 중국과 그 외 지역의 사용자들이 6월 4일 천안문 광장 학살 31주년을 줌 화상 회의를 이용해 기념하고자 했으나, 줌 측에서 이를 유예한 이유다. 소셜 미디어에서 소식을 접한 중국 당국이 이를 불법으로 규정했다. 줌이 한 홍콩 활동가의 계정을 일시 차단하기도 했다. 줌은 그 조치가 너무 나간 것이라고 인정했고, 이 문제를 해결할 수 있는 수단을 개발 중이라고 발표했으며, 중국 정부가 요구하더라도 본토 바깥의 그 누구도 앞으로는 영향받지 않을 거라고 약속했다.

5TH PARAGRAPH 중국에서 영업을 하는 회사라면 이는 지키기 쉽지 않은 약속이다.

operations in China. American values of free speech are at odds with those of a surveillance state. American firms that do business in China are used to treading a fine line. Those with a lot of Chinese customers and operations, such as Apple, seek to obey Chinese rules, but only in China. They argue that their Chinese businesses are ring-fenced from the rest of the world. Free speech and data security elsewhere are not compromised. Firms which, like Facebook, are barred from penetrating the Great Firewall can ignore China's rules completely.

Zoom is different. It cannot easily fence off its Chinese operations from the rest of the world because its Chinese product developers are integral to its global business. Yet its activities in China mean it falls under laws that require companies to co-operate with the state and its intelligence services. That raises security and free-speech concerns not just within China but beyond it, too.

The repercussions have started. Some governments, such as Britain's, have reportedly been warned by spy agencies to avoid secret discussions about China on Zoom. China hawks in America's Congress are demanding that the company answer questions about its relationship with the Chinese government. Academics note that Chinese students at American universities may be particularly at risk if their inability to travel to America for covid-related reasons means they have to attend lectures in China via Zoom. James Millward of Georgetown University says it could chill academic freedom. He called on universities to develop an urgent "Plan B" to Zoom. End-to-end encryption to protect privacy may provide some reassurance. Chinese law, however, makes it hard to guarantee that the state will not seek to intrude.

미국식 언론 자유의 가치는 감시 국가의 가치와 상충한다. 중국에서 사업을 하는 미국 회사들은 아슬아슬한 곡예에 이미 익숙하다. 애플처럼 중국인 고객이 많고, 영업도 많이 하는 미국 기업들은 중국이 부과한 규칙들을 준수하고자 한다. 하지만 중국 안에서만 그렇다. 그들은, 자신들의 중국 사업은 나머지 세계와는 다르다고 주장한다. 중국 이외 지역에서라면 언론 자유와 데이터 보안이 훼손되지 않는다. 중국에는 실물 만리장성처럼 인터넷 세계에도 만리장성이 있다. 일명 '만리방화벽'Great Firewall이란 것이다. 페이스북처럼 만리방화벽 침입이 막힌 회사들은 중국이 부과하는 규칙을 전적으로 무시할 수 있다.

6TH PARAGRAPH 줌은 다르다. 중국에서의 사업 활동과 그 외 세계 사이에 울타리를 세우기가 쉽지 않은 것이다. 줌의 중국인 제품 개발자들이 줌의 글로벌 영업 활동에 필요불가결한 존재이기 때문이다. 결국 줌이 중국에서 영업을 하면, 중국 국가 및 정보 기관과 협력할 것을 요구하는 법을 따라야 한다. 중국 내부는 물론이고, 그 외 지역에서까지 보안과 언론 자유에 대한 걱정과 근심이 제기되는 이유다.

7TH PARAGRAPH 이에 따른 각종 파급 효과가 나타나기 시작했다. 전하는 바에 의하면, 영국을 포함해 일부 정부가 휘하 방첩 당국으로부터 줌으로 중국에 관한 비밀 토의를 하지 말도록 경고를 받았다. 미 의회 내 대중국 매파는 줌이 중국 정부와 맺고 있는 관계와 관련해 청문에 응해야 한다고 요구하고 있다. 학계 인사들은, 미국 대학에 재학 중인 중국 학생들이, 코로나 때문에 미국에 복귀할 수 없고, 하여 중국에서 줌으로 수업을 들어야 할 경우, 매우 위험해질 수도 있다고 지적한다. 조지타운 대학교Georgetown University의 제임스 밀워드James Millward는 줌 때문에 학문의 자유가 위축될 수도 있다고 말한다. 그가 대학 당국들에 줌의 대안을 시급히 개발해야 한다고 호소하는 이유다. 종단간 암호화 기술을 통해 개인 정보를 보호하면, 좀 안심이 되기는 한다. 하지만 중국의 실정법으로 인해, 국가가 이에 개입하지 못하도록 확실히 하는 게 결코 쉽지 않다.

That leaves Zoom with two unpalatable options. The first is the route that ByteDance, a privately held Chinese tech giant, is taking to ensure its short-video app, TikTok, is trusted in America. This means replacing some engineers in China with ones in America, and perhaps cutting off the Chinese business from the rest of the world. Such a rearrangement is hard to swallow for a firm like Zoom, whose mission is to foster global communication. It would cost time and money.

The alternative is to continue to bestride both systems and accept the consequence that trust—arguably the most important attribute of a communication tool like Zoom—is at the mercy of the Chinese Communist Party. Many users will have no problem with that; Zoom book clubs may be happy to bore Chinese eavesdroppers to death. But on sensitive topics in business and politics, wariness should prevail. Even though Zoom says there is no "back door" enabling snooping on its users, in the back of some minds is the thought of using a Soviet telephone during the cold war.

The rebirth of distance

Zoom's business may suffer as a result. Cisco's Webex, Microsoft's Teams and Google's Meet can easily compete for its most sensitive clients. More significant, the kerfuffle reinforces how geopolitics is splitting the global internet into rival camps. Tech companies are increasingly facing the invidious choice of which side of the divide to be on. The word for that is not "wow". It is "ugh".

© The Economist Newspaper Limited, London (Jun 20th 2020)

8TH PARAGRAPH 줌으로서는 내키지 않는 선택지가 둘 남는다. 바이트댄스^{ByteDance}는 주식이 상장되지 않은 중국계 거대 기술 기업이다. 짤막한 동영상을 서비스하는 틱톡^{TikTok} 앱이 바이트댄스의 제품이다. 이 틱톡이 미국에서 신뢰를 받는 것은, 바이트댄스가 취한 방침 때문이고, 줌도 이를 첫 번째 선택지로 고려해 볼 수 있다. 중국에 있는 엔지니어를 미국의 엔지니어로 교체하는 것이다. 어쩌면, 중국 사업 부문을 나머지 세계와 분리하는 일도 필요할 것이다. 이런 구조 조정은 줌 같은 회사가 채택하기 어렵다. 세계인의 커뮤니케이션을 강화하겠다는 것이 줌의 목표이기 때문이다. 게다가 시간과 돈까지 많이 들어간다.

9TH PARAGRAPH 계속 두 체제 사이에 양다리를 걸치는 것이 두 번째 선택지이다. 줌과 같은 커뮤니케이션 도구에서는 신뢰가 가장 중요한 속성이지만, 바로 그 신뢰가 중국 공산당의 수중에 들어가는 결과를 감내하는 것도 거기에는 수반된다. 이게 전혀 문제가 되지 않는 이용자도 많다. 줌을 매개로 한 북클럽들이야 중국의 감청인들을 진절머리나게 하는 일이 즐거울 수도 있다. 하지만 사업 활동과 정치 분야의 민감한 화제들이라면, 조심하고 신중해서 나쁠 게 없다. 줌이 이용자들을 염탐하는 '뒷문'(back door) 따위는 없다고 말하지만, 일부의 머릿속에서는 냉전 시기에 소련 전화를 쓰는 것 같은 생각이 들면서 오싹한 기분이 스멀거리는 거다.

10TH PARAGRAPH 경계의 재탄생

그렇기 때문에 줌의 사업이 난항을 겪을 수도 있다. 시스코의 웨벡스^{Webex}, 마이크로소프트의 팀스^{Teams}, 구글의 미트^{Meet}가 더 민감한 고객에게는 쉽게 갈아탈 수 있는 선택지이기 때문이다. 더 중요한 사항도 보자. 이 야단법석 속에서 전 세계의 인터넷이 경쟁하는 진영들로 쪼개지는 지정학이 강화됐다는 점이다. 기술 기업들은 이 분열 지형에서 어느 편에 가담해야 할지란 미움을 살 선택에 직면하고 있다. 이런 상황을 분석하는 보고서의 감탄사가 '만세'는 아닐 것이다. '아이고'면 몰라도.

화상 회의 서비스 줌^{Zoom}에 관한 글입니다. 『이코노미스트』의 해당 기사 하단에 이런 문장이 달려 있는데, 흥미롭습니다. This article appeared in the Business section of the print edition under the headline "Zoom and gloom" '줌 앤드 글룸'(Zoom and gloom)이란 부제가 인상적입니다. 영어에서는 이를 Pun, 그러니까 '말장난 또는 언어 유희'라고 합니다. 한국처럼 조롱하는 뉘앙스도 없고요. 영어에 인터네이션$^{intonation, 억양}$이 있기도 하고, 해서 시어를 다루듯이 운을 맞추고^{rhyme}, 즐겁게 말놀이를 하는 게 대개는 격려됩니다. 본서의 여러 기사에서 이런 '말놀이'를 거듭 확인하실 수 있습니다. '줌의 비애'(Zoom's gloom)는 어떤 것일까요?

1ST PARAGRAPH

　　　　　　　　　　　　　　　Zoom's staggering success was made clear this month when it reported a 169% surge in year-on-year sales during the three months to April 30th. Daily participants ballooned from 10m in December to 300m in April; profits soared alongside. Even analysts, rarely the most expressive of writers, let rip. One report started with "Wow". Another, with "Holy Cow".

surge와 soared가 유의어들입니다. balloon도 궤를 달리하지만, 이하의 숫값을 통해 '대폭 늘었'음을 알 수 있습니다. 그리고 이런 내용은 staggering success로 요약되네요.

　　또한, Kowtowing to China is a big threat to its business라는 부제에서 '문화의 번역'이란 테마를 궁리해 볼 수 있겠네요. 어휘부터 볼까요? kowtow란 단어를 처음 접하는 분도 계실 듯합니다. 중국어를 음차한 것이고, 한자로도 쓸 수 있습니다. 고두(叩頭). 두드릴(고)와 머리(두)입니다. 조선 역사에 관심이 있는 분이라면, '삼배구고두'(三拜九叩頭)란 말도 들어보셨을지 모르겠습니다. 삼전도의 굴욕이라고들 하는데, 한 번 절할 때마다 세 번 머리를 땅에 찧었으니,

'구고두'가 되는 것이죠. 영어에서는 '굽실거린다'는 뜻으로 사용합니다. 그래서 입니다. 마지막 문장을 중국 황제에게만 쓸 수 있었던 감탄사 표현을 살려 이렇게 해석해 보았는데, 부디 마음에 드셨으면 좋겠습니다.

"애널리스트는 글을 쓰는 사람 중에서도 미사여구를 써가며 화려하게 표현하는 부류가 결코 아니다. 그런 애널리스트들조차 줌 사태에 열광했다. "만세"로 시작하는 보고서가 있었는가 하면, 다른 보고서에는 "만만세"라고 적혀 있었다."

Moreover, its 50-year-old founder, Eric Yuan, cuts an intriguing figure.

2ND PARAGRAPH

제가 이 책의 원고를 쓰기 위해, 네이버 영한 사전의 cut 항목을 샅샅이 훑어보았습니다. 적당한 풀이를 찾을 수 없었어요. 물론 저는 번역을 하는 사람이고, 영어 도서에서 이 표현을 자주 접합니다. 에릭 위안$^{Eric\ Yuan}$이 흥미로운 인물(intriguing figure)'이' (be=cut)란 뜻입니다. 영영 사전으로 넘어가서 cut 항목을 살피는 수도 있습니다. 영한 사전에서 cut a - figure란 문자열을 입력해도 답을 얻을 수 있지요.

단어를 성실하게 탐구하는 것은 영어 공부의 기본입니다. 즐겁기도 하고요. 그런데 다년간의 경험자로서 '영업 비밀'을 하나 알려드리겠습니다. 영어에서 문장과 절$^{sentence\ or\ clause}$의 기본 모형은 S-V-O'입니다. 형용사와 동사로 대표되는 '서술어'(Voice)가 주어(S)와 대상어(O)를 결합하고 있고, 이는 한국어와 가장 크게 대별되는 단어열의 차이입니다. 한국어는 S-O'-V의 어순을 따르지요.

이 단어열의 차이를 바탕으로, 추상 수준이 매우 높은 수학의 견지에서 절의 특성을 규정하면, 영어를 '좌우 대칭의 언어'라고 정의할 수 있습니다. 이 문장의 cut처럼 잘 안 풀릴 때면, S와 O'을 물끄러미 바라보면서 비교해 보십시오.

'대칭'을 뜻하는 영어 단어 Symmetry는 '함께 나란히 놓고 측정한다'는 뜻이거든요. 이때 S와 O', 그러니까 두 개의 에이전트를 '동일성'이란 관점에서 살피는 것이 중요합니다. 이를 인지 과학에서 '동일성 추구 연산'identity-pursuing computation이라고 합니다. (인간의 인지가 이렇게 수행됩니다.)

이 문장처럼 '같(았)다'고 칩시다. 그러면, 오른쪽 항목의 목적어가 보어가 됩니다. 서술어의 오른쪽에 위치한다는 점에서도, 둘의 자격은 같지만, 보어가 목적어의 특수한 형태임을 알 수 있습니다. 이 책에서 보어와 목적어의 '곱집합'을 '대상어'(O')라고 부르는 이유입니다. (고급 영문법에서는 '페이션트'patient라고 합니다.)

그렇다면, 보어와 목적어를 지정해 주는 불완전 '자동사'와 '타동사'의 구분도 무효가 됩니다. 그렇습니다! 영어의 동사는 자동사-타동사 연속체continuum입니다.

독자 여러분께서 알고 있는 2형식과 3형식은, 사실 하나의 모형입니다.

S-V-O'(=보어*목적어) or Agent-V-Patient

많은 동사가 이렇게 쓰입니다. '자동사-타동사 연속체'로 말이죠. 같은 문단의 다음 문장에 나오는 offer도 살펴봅시다.

2ND PARAGRAPH

Yet the speed with which he acknowledged the setbacks, and rolled out a 90-day plan to fix them, offers a case study of a leader who tries to learn from his mistakes.

주어부와 대상어부가 길긴 합니다만, 기본적으로 S-offers-O'입니다. 이때 S와 O'은 전체 문장의 하위 구조이기 때문에, 종속'구'라고 칭합니다. (관계사절에서 동사가 활용conjugation이 되지만, 이런 이유로 '절'이 아니라 종속'구'라고 하지요.)

74

이 책의 여러 문장에서 거듭 해설 중인 '구-동사-구'의 패턴인 셈입니다.
주어부: "그는 곧바로(with speed) 문제점을 인정하고, 시정하겠다는 90일 계획안을 발표했다."
대상어부: "실수에서 교훈을 얻으려는 리더의 사례 (연구)."
offer가 '제공하다'는 뜻에서 be 동사 '이다'로 전환되었음을 깨달으셨을 겁니다. 주어부의 핵어核語, head, 구의 중심 단어가 speed이고, 대상어부의 핵어가 case study여서, 다음과 같은 결론이 마뜩잖은 분들도 계실 겁니다.
speed-offers-(case) study. 또는 speed=(case) study.
우리가 단어의 끄트머리들을 조금씩 다듬어서 이어붙어야 하는 이런 상황을, '호응 미흡, 탈구, 변위, 결 어긋남'이라고 부릅니다. 이 책에서는 이를, 콜로케이션collocation, 연어과 대비해, 디스로케이션dislocation이라고 지정하고 있습니다. 시쳇말로 아귀가 맞지 않는 거지요.
저는 주어부의 핵어가 acknowledging과 rolling이라고 봅니다. 대상어부의 핵어는 study가 아니라 case이고요.
acknowledging and rolling offers(=) case.
이 책 여러 곳에서 '과정의 물체화'thingification of the processes 얘기를 했습니다. '구글의 역사'를 다룬 글에서는 other bets를 '다른 부문들'로, offering을 '제품'으로 옮기기도 했고요. 이제 한 걸음 더 나아가도록 하겠습니다. 우리의 인지가 수행되는 가상의 정신 공간에서 과정과 물체는 동일 실체의 다른 국면이자, 사실상 하나입니다. 현대 물리학의 '파동-입자 이중성'이 언어를 매개로 수행되는 우리의 인지 현상에도 그대로 적용되는 듯합니다. 수십 년의 영어 공부 과정에서 가졌던 내밀한 궁금증, 하지만 누구도 설명해 주지 않아 좌절스러웠을 경험을 털어내셨으면 좋겠습니다.

But Mr Yuan, an American citizen, has a more intractable problem. It concerns his country of birth, China.

3RD PARAGRAPH

두 번째 문장을 보실까요. It은 '(더) 다루기 힘든 문제'죠. concern은 be about 의 의미를 갖고 있습니다. "문제는 그가 태어난 나라 중국과 관련돼 있다." 또는, 이런 해석도 가능해집니다. "문제는 그가 태어난 나라 중국이다." concern이란 동사가 두 버전의 해석문 사이를 점진적으로 매개하고 있음이 보이실 겁니다. 바로 이 경관을 2형식과 3형식의 점이 지대transitional zone라고 합니다.

    2형식과 3형식이 외따로 존재하는 것이 아니고, 이렇게 '점이 지대'로 연결되기 때문에, 근본적 수준에서 하나의 모형인 것입니다. S-V-O'. 사실 저는 대문자 O 오른쪽 위에 붙은 프라임prime 기호를 떼버리고 싶습니다.

    앞에서 '동일성 추구 연산'이란 용어를 소개했습니다. 진정한 독해는, 바로 이 '같음'(동일성)을 염두하면서(intended), '2형식과 3형식의 점이 지대' 경관을 감연히 탐험하는 것입니다. 표층 문법을 뚫고 들어가, 글쓴이가 펼쳐보이는 인지의 경관을 살펴야 한다는 것이죠. 통계학 따위의 수업에서 "상관 관계correlation와 인과 관계causal relation를 혼동해서는 안 된다"는 말을 들어보았을 것입니다. 위의 문장에서 우리는 '상관'에서 '인과', 그러니까 '원인과 결과'를 부상시켰습니다. 고전 물리학의 또 다른 대전제, 시간적 선과 후가 대당항으로 여기에 결합하죠. 우리는 '동일성 추구 연산', '같음 추구 연산'을 통해, 다음과 같은 결론도 얻게됩니다. (원인)=(결과), (시간적 선)=(시간적 후).

    같은 문단에 바로 연습 문제가 있습니다.
This poses an acute business risk for Zoom.
"이는 줌에게 상당한 경영 위험 요소이다."

6TH PARAGRAPH

Yet its activities in China mean it falls under laws that require companies to co-operate with the state and its intelligence services.

mean(의미하다)을 중심으로 종속'구'가 연결돼 있고, S-V-O 모형입니다.
    S: 줌이 중국에서 영업을 하다

O': 기업들에게 국가 및 정보 기관과의 협력을 강제하는 법에 (줌이) 따르다.
(원인, 시간적 후)-means(=)-(결과, 시간적 선)
종속구들이 내용상 절로 풀이됨으로, 동사 means는 절과 절을 연결해 주는 접속사, 결국 연결구connective입니다. 2형식과 3형식의 점이 지대 개념을 바탕으로, 한 번 더 진화해, 동사가 접속사로 형질전환을 하고 있습니다.
위의 도해에서 '시간적 선후'가 뒤바뀌어 있음을 보실 텐데, 사실이 그렇죠. 의미론적semantics 검토를 통해, 보정을 한 사례입니다. 영어가 '좌우 대칭의 언어' 여서, 에이전트가 저글링되기 때문입니다.
"결국 줌이 중국에서 영업을 하면, 중국 국가 및 정보 기관과 협력할 것을 요구하는 법을 따라야 한다."

6TH PARAGRAPH

That raises security and free-speech concerns not just within China but beyond it, too.

지시 대명사 that은 앞 문장 전체의 내용입니다. 3인칭 중성 대명사 it과 they가 앞에 나온 명사를 '구체적'으로 지정하는 반면, 지시 대명사 this/that은 더 포괄적이고, 모호합니다. 흐리마리하죠. 그래도 한 단어로 지정해야 한다면, 저는 this=meaning이라고 하겠습니다. 그런 다음 concerns와의 관계를 '측정'해 보면, 탈구와 변위 상황을 보정했을 때, this=meaning=concerns라고도 할 수 있겠죠. 요컨대, raises도 2형식과 3형식의 점이 지대 동사입니다. 이 결론을 받아들인다면, 영어의 많은 문장에서 '디스로케이션' 현상이 일어남을 알 수 있습니다. 사실 이는 영어가 고립어라는 특성에서 비롯하는 것입니다. 저 역시도 한동안 고립어적 특성에서 비롯한 '디스로케이션', 그러니까 '호응 미흡과 탈구와 변위와 결 어긋남'이 어찌나 답답하던지요! 물어볼 사람이 주변에 없었다는 사실은 더 갑갑했고요. 영어가 '모자란' 언어가 아니라는 건 먼 훗날에나 스스로 깨우칠 수 있었답니다. 대명사도 불필요한 반복인 리던던시redundancy이기 때문에 번역은 한 단계 더 나아가 보았습니다.

"중국 내부는 물론이고, 그 외 지역에서까지 보안과 언론 자유에 대한 걱정과 근심이 제기되는 이유다."

7TH PARAGRAPH

Academics note that Chinese students at American universities may be particularly at risk if their inability to travel to America for covid-related reasons means they have to attend lectures in China via Zoom.

이 문단에도 같은 일을 하는 mean이 또 나옵니다.
 their inability=they have to attend lectures in China via Zoom입니다. 수학적으로 '같고', 의미론적으로 '원인, 시간적 선'='결과, 시간적 후'죠. 이렇게 mean은 애초의 '의미하다'란 뜻을 아주 약간만 간직한 채로, '논리 연산자'로서 기능을 수행합니다. 모든 단어는 '내용-기능 다양체'content-function manifold입니다. 사전의 풀이가 다 이 내용적 측면semantics과 기능적 측면syntax을 분류해서 설명하고 있지요. 요컨대, 단어가 문장 안에서 수행하는 역할function과 의미content를 저울질하면서 종합 판단해야 하는 것입니다.
 근본 모형으로 분해하고, 연결사 기능어들을 바탕으로 적층해 가면 다음과 같은 해석문을 얻게 됩니다.
 "학계 인사들은, 미국 대학에 재학 중인 중국 학생들이, 코로나 때문에 미국에 복귀할 수 없고, 하여 중국에서 줌으로 수업을 들어야 할 경우, 매우 위험해질 수도 있다고 지적한다."
 이 문장에서는 that, if, means가 논리 연산자로서 기능적으로 사용되고 있네요.

End-to-end encryption to protect privacy may provide some reassurance.

provide가 2형식과 3형식의 점이 지대 동사입니다. '안심을 제공한다'는 엉터리 번역은 더 이상 하면 안 되겠죠? "종단간 암호화 기술을 통해 개인 정보를 보호하면, 좀 안심이 되기는 한다."
앞에서 '과정의 물체화'를 설명했습니다. 이를 품사 수준에서 다시 진술하면, 동사와 명사가 상호 전환하는 현상이기도 하죠. encryption›encrypt(암호화 기술을 쓰다), protect(보호하다), reassurance›be reassured(안심이 되다). 본서의 다른 부분에서 여러 차례 얘기한 상 전이$^{phase\ transition}$의 기예를 발휘한 것입니다.

That leaves Zoom with two unpalatable options.

이제 leaves도 2형식과 3형식의 점이 지대 동사임이 보였으면 좋겠습니다. 패러프레이즈를 해보면 다음과 같습니다. And Zoom is left with two unpalata-

79

ble options.

The first is the route that ByteDance, a privately held Chinese tech giant, is taking to ensure its short-video app, TikTok, is trusted in America. This means replacing some engineers in China with ones in America, and perhaps cutting off the Chinese business from the rest of the world.

두 번째 문장의 지시 대명사 This는 앞문장 전체이기도 하고, the first route로 지정해도 좋겠습니다. the first route=replacing and cutting인 것이죠.

Such a rearrangement is hard to swallow for a firm like Zoom, whose mission is to foster global communication. It would cost time and money.

cost도 2형식과 3형식의 점이 지대 동사입니다. It은 rearrangement죠. rear-rangement=time and money.
 구가 많은 경우 절이라고 말씀드렸는데, It도 절로 전환할 수 있으므로, 구입니다. 분석의 단위를 단어^{word}, 구^{phrase}, 절^{clause}로 획정할 수 있는데, 구의 확장성이 매우 큽니다. 단어의 영역으로까지 넓어집니다. 여기서 대명사 It을 절로 획정하는 것이 중요합니다.
 It: 줌이 구조 조정을 하다(절)
 형태소(의미소)를 중심으로, 단어의 끄트머리를 다듬어 디스로케이션 상황을 보정하면, 이 문장의 구조는 다음처럼 파싱^{parsing}됩니다. (S)-(V-O').
 "줌이 구조 조정을 하려면, 시간과 돈이 들 것이다."

"ugh". The word for that is not "wow". It is

'줌의 비애'(Zoom's gloom)를 소개하는 이 글에서, '2형식과 3형식의 점이 지대'란 새로운 개념을 소개했고, 관련된 여러 특징들도 부가적으로 살펴보았습니다. 마지막 두 문장이 수미쌍관법으로 재치를 보여주고 있습니다. 그 결과는 번역 샘플에서 확인하시기 바랍니다.

1ST PARAGRAPH
kowtow: 굽실거리다, 조아리다,
  고두(叩頭)의 예를 올리다(=bow=kneel
  before=worship)
do well: 선전하다, 잘 하다, 성공하다,
  실적이 좋다(=perform well=be
  successful=achieve)
coterie: 집단, 동인, 패, 무리(=group)
staggering: 엄청난, 믿기 어려운(=astounding=astonishing=amazing)
make clear(plain): 명료하게 하다, 밝히다
year-on-year: 전년 대비의(=compared
  with the last year)
balloon: 부풀다, 커지다 cf) soar: 급증하다,
  솟구치다, 날아오르다(=surge)
let rip: 열광하다, 거침없이 표출하다(=be
  enthusiastic=be fanatical=go
  zonkers=flip out)
Holy Cow: 이런! 오오!

2ND PARAGRAPH
lucre: 돈, 재물,
  수익(=money=wealth=profit)
video conferencing: 화상 회의
intuitive: 직관적인, 직감에 의한, 이해하기
  쉬운(=instinctive=easy to use)
work(ing) from home: 재택 근무, 원격
  근무(=remote working)
clunky: 투박한, 거추장스러운 cf) chic: 멋진,
  세련된(=stylish)
founder: 창립자, 설립자
intriguing: 아주 흥미로운(=
  interesting=strange=fascinating)
adulation: 아첨, 칭찬,
  격찬(=acclaim=praise=uncritical
  admiration)
scathing: 준엄한, 가차없는,
  통렬한(=withering)
Zoom bombing: 줌 폭탄, 줌 폭격(원치 않는
  사람들이 화상 회의에 난입해 훼방을 놓는
  것)(=Zoom raiding)
setback: 차질, 문제점, 잘못
roll out: 내놓다, 제시하다, 보여주다(=put
  out=publish=say)
End-to-End Encryption: 종단간 암호화

3RD PARAGRAPH
citizen: 시민, 시민권자 cf) netizen: 네티즌,
  인터넷 사용자
intractable: 다루기 힘든(=very difficult to
  deal with)
market capitalization: 시가 총액(=발행
  주식의 총수*주당 시가=market cap)
record high: 최고치, 최고의 기록, 사상
  최고의
devastating: 굉장한, 대단히
  인상적인(=impressive)
chasm: 아주 깊은 틈, 큰 차이, 균열, 단절,
  공백, 격차(=gap=gulf=difference)
pose: 제기하다, ~이다
acute: 예리한, 극심한

4TH PARAGRAPH
meagre: 메마른,
  빈약한(=lean=thin=poor=small)
base: 근거지를 두다, 본사를 두다
geo(-)fence: 지정학에 기반해 담장을
  두르다, 경계를 획정하다
breach: 위반하다, 어기다,
  저버리다(=break=violate)
abide by: 따르다, 준수하다,
  지키다(=comply with=observe=obey)
suspend: 유예하다, 연기하다, 일시
  정지시키다, 걸어두다
massacre: (대)학살, 대패
Tiananmen Square: 천안문 광장
go too far: 정도가 지나치다, 도를 넘다
tackle: 씨름하다, 다루다,
  해결하다(=wrestle with=deal
  with=solve)

5TH PARAGRAPH
at odds with: 불화하다, 충돌하다,
  상충하다(=conflict=not in agreement
  with)
surveillance: 감시(=careful watching)
tread a fine(thin) line: 아슬아슬한
  곡예를 하다, 줄타기를 하다, 위험한 일을
  하다(=walk a fine line)
obey: 준수하다, 지키다,
  복종하다(=submit=surrender=yield
  to)
ring fence: 용도 지정 조치를 하다,

82

제한하다(=geofence)
Great Firewall: 중국 당국의 인터넷 검열
프로그램 cf) Great Wall: 만리장성

6TH PARAGRAPH
fence off: 울타리로 구분하다,
　분리하다(=enclose=sever)
integral: 필수적인, 일부로
　들어가 있는, 통합된(=basic=
　fundamental=essential)
fall under: 아래로 들어가다, 영향 하에
　놓이다(=give in=surrender)
intelligence service: 정보부, 정보국,
　첩보 기관(=intelligence agency=spy
　agency)
not just A but B, too: A뿐만 아니라
　B도(=both A as well as B)

7TH PARAGRAPH
repercussion: 파급, 영향
　(효과), 결과(=consequence=
　effect=result=outcome)
reportedly: 전하는 바에
　의하면(=supposedly=allegedly)
hawk: 매, 매파, 강경파 cf) dove: 비둘기,
　온건파
answer questions: 질문에 답하다, 청문회에
　응하다, 청문회에 나가다 cf) (public)
　hearing: 공청회, 청문회
attend: 참가하다, 참석하다(=be present
　at)
chill: 오싹하게 만들다, 꺾다, 위축시키다
Plan B: 제2안, 대안(=alternative
　solution)
reassurance: 안심, 안심이 되는 것

8TH PARAGRAPH
unpalatable: 싫은,
　불쾌한(=unpleasant=difficult to
　accept)
privately held company: 비공개 회사,
　비상장 기업
replace A with B: A를 B로
　교체하다(=substitute A with(by) B)
cut off: 잘라내다,
　차단하다(=sever=ring fence=break
　off=separate=divide=isolate)

rearrange: 재배치, 재구조화,
　재조정(=restructure=reorganize)
swallow: 삼키다, 받아들이다,
　채택하다(=adopt)
foster: 증진하다(=enhance=increase)

9TH PARAGRAPH
bestride: 버티고 서다, 지배하다,
　양다리를 걸치다(=play a double
　game=try to have both ways=sit on
　the fence)
arguably: (거의) 틀림없이, 이론의 여지 없이
at the mercy of: ~의 수중에 있는, ~의
　처분대로, ~에 휘둘리는
bore sb to death: 진절머리나게
　하다(=make sick of)
eavesdrop: 엿듣다,
　도청하다(=overhear=tap)
wary: 경계하는, 조심하는,
　신중한(=cautious)
prevail: 만연하다, 승리하다,
　우위를 점하다(=be
　dominant=triumph=weigh)
snoop: 기웃거리다,
　염탐하다(=overhear=tap)

10TH PARAGRAPH
kerfuffle: 야단법석, 난리,
　(대)소동(=commotion=fuss)
split: 쪼개다, 나누다, 분열되다(=divide)
invidious: 미움을 살, 부당한

SCIENCE & TECHNOLOGY: Artificial intelligence

A new AI language model generates poetry and prose

GPT-3 can be eerily human-like—for better and for worse

AUG 8TH 2020 EDITION

The SEC said, "Musk,/your tweets are a blight./ They really could cost you your job,/if you don't stop/all this tweeting at night."/...Then Musk cried, "Why?/The tweets I wrote are not mean,/I don't use all-caps/and I'm sure that my tweets are clean."/"But your tweets can move markets/and that's why we're sore./You may be a genius/and a billionaire,/but that doesn't give you the right to be a bore!"

THE PRECEDING LINES—describing Tesla and SpaceX founder Elon Musk's run-ins with the Securities and Exchange Commission, an American financial regulator—are not the product of some aspiring 21st-century Dr Seuss. They come from a poem written by a computer running a piece of software called Generative Pre-Trained Transformer 3. GPT-3, as it is more commonly known, was developed by OpenAI, an artificial-intelligence (AI) laboratory based in San Francisco, and which Mr Musk helped found. It represents the latest advance in one of the most studied areas of AI: giving computers the ability to generate sophisticated, human-like text.

새로 개발된 인공 지능 언어 모형을 사용하면
시도, 산문도 다 생산할 수 있다

GPT-3은, 좋은 쪽으로든 나쁜 쪽으로든 인간이랑 너무 비슷해서, 등골이 오싹할 지경이다.

1ST PARAGRAPH 세크(SEC)가 말했다. "[엘론] 머스크,/ 당신 트윗은 문제가 심각해요./ 그러다가 지금 하는 일 못 하게 될 수도 있습니다./ 그만 하세요./ 한밤에 뭐 하는 짓입니까!" / …… 그러자 머스크Musk가 받아쳤다. "왜 안 되는데요?/ 난 지금 중요한 얘기를 하고 있단 말입니다!/ 화를 내는 것도 아닌 데다,/ 자신 하는데, 내 트윗은 아무 문제가 없습니다." / "하지만 당신 트윗 내용에 시장이 요동한단 말입니다./ 당연히 기분이 좋을 리 없죠./ 당신, 똑똑하고, 부자인 거 알아요./ 하지만, 그렇다고 해서 당신이 막 아무렇게나 말해도 되는 건 아닙니다."

2ND PARAGRAPH 미국 금융 시장을 관리 감독하는 증권 거래 위원회Securities and Exchange Commission, SEC와 엘론 머스크Elon Musk의 언쟁을 그린 앞의 문단은, 21세기형 닥터 수스Dr Seuss가 지어낸 내용이 아니다. (엘론 머스크는 테슬라Tesla와 스페이스엑스SpaceX의 설립자다.) 이 대목은, GPT-3Generative Pre-Trained Transformer 3 (사전 입력 방식의 변형 생성기 3)라는 소프트웨어를 가동하는 컴퓨터가 쓴 시에서 가져왔다. 흔히 GPT-3이라고 하는 이 소프트웨어의 개발자는 오픈AI 사OpenAI다. 오픈AI는 샌프란시스코 소재의 인공 지능 연구소다. (그런데 이 회사를 또, 머스크가 세웠다.) AI는 가장 널리 연구되는 분야 중의 하나로, 이 분야의 최신 성과가 바로 GPT-3이다. 요컨대, GPT-3이 탑재된 컴퓨터는 인간처럼 정교한 텍스트를 만들어 낼 수 있다.

The software is built on the idea of a "language model". This aims to represent a language statistically, mapping the probability with which words follow other words—for instance, how often "red" is followed by "rose". The same sort of analysis can be performed on sentences, or even entire paragraphs. Such a model can then be given a prompt—"a poem about red roses in the style of Sylvia Plath", say—and it will dig through its set of statistical relationships to come up with some text that matches the description.

Actually building such a language model, though, is a big job. This is where AI—or machine learning, a particular subfield of AI—comes in. By trawling through enormous volumes of written text, and learning by trial and error from millions of attempts at text prediction, a computer can crunch through the laborious task of mapping out those statistical relationships.

The more text to which an algorithm can be exposed, and the more complex you can make the algorithm, the better it performs. And what sets GPT-3 apart is its unprecedented scale. The model that underpins GPT-3 boasts 175bn parameters, each of which can be individually tweaked—an order of magnitude larger than any of its predecessors. It was trained on the biggest set of text ever amassed, a mixture of books, Wikipedia and Common Crawl, a set of billions of pages of text scraped from every corner of the internet.

Statistically speaking
The results can be impressive. In mid-July OpenAI gave an early version of the software to selected individuals, to allow them to explore what it could do. Arram

3RD PARAGRAPH 소프트웨어 GPT-3은 언어 모형 language model 이라고 하는 개념을 토대로 만들어졌다. 언어를 통계적으로 구현하는 것이 이 소프트웨어의 목표다. 이 말이 무슨 소리냐 하면, 단어가 다음 단어에 이어붙을 확률을 좇는다는 얘기이다. 예를 들어, 장미(rose)는 얼마나 빈번하게 빨간(rose) 뒤에 붙는지와 같은 가능성을 따지는 것이다. 문장에서도, 나아가 문단 전체에서도, 같은 종류의 분석을 수행할 수 있다. 그런 다음에는 이 모형에 프롬프트 prompt 라고 하는 '길라잡이'를 주면 된다. 가령, "실비아 플라스 Sylvia Plath 문체로 빨간 장미를 읊는 시를 써주세요." 그러면, GPT-3이 내장된 통계 관련성 집합을 훑고, 지시 사항과 일치하는 텍스트가 도출된다.

4TH PARAGRAPH 하지만 이런 언어 모형을 실제로 구축하는 일은 커다란 과제다. 그리고 바로 여기서 AI가 등판한다. 더 구체적으로 말하면, AI의 특정 하위 분야인 기계 학습 machine learning 이 등장하는 것이다. 방법은 이렇다. 기 旣 작성된 엄청난 양의 텍스트를 저인망식으로 훑고, 수백만 번의 텍스트 예측 시도를 하면서 시행착오 학습을 하는 것이다. 컴퓨터는 이런 식으로 단어들이 이어 붙는 통계적 관계성을 지도화하는 까다로운 작업을 처리할 수 있다.

5TH PARAGRAPH 알고리즘을 더 많은 텍스트에 노출시킬수록, 또 알고리즘을 더 정교하게 짤수록, 컴퓨터의 수행 능력이 향상된다. 기실 GPT-3이 눈에 띄는 지점은 전대미문의 규모다. GPT-3이 기대고 있는 모형은, 1750억 개의 '매개 변수'를 자랑한다. (매개 변수니까, 1750억 개의 항목을 다 수정 변경할 수 있다는 말이다.) 이 규모는 기존 알고리즘들보다 자릿수가 더 크다. 그렇게 탄생한 GPT-3이 사상 최대 규모로 축적된 텍스트로 훈련까지 받았다. 각종 도서, 위키피디아 Wikipedia, 커먼 크롤 데이터 Common Crawl, 인터넷 구석구석에서 찾은 수십억 페이지의 자료가 텍스트 집합을 구성한다.

6TH PARAGRAPH 통계를 활용해 말하기

그 결과 내용이 인상적일 것 같다. 오픈AI 사가 7월 중순 신청자들을 선별해 소프트웨어 초기 버전을 나눠줬다. 배포받은 사람들이 GPT-3의 성능을 확인해 볼 수 있도록 말이다. 예술가 아람 사베

Sabeti, an artist, demonstrated GPT-3's ability to write short stories, including a hard-boiled detective story starring Harry Potter ("Harry Potter, in ratty tweed suit, unpressed shirt and unshined shoes, sits behind the desk looking haggard, rumpled and embittered..."), comedy sketches, and even poetry (including the poem with which this article opens, titled "Elon Musk by Dr Seuss"). Elliot Turner, an AI researcher and entrepreneur, demonstrated how the model could be used to translate rude messages into politer ones, something that might be useful in many of the more bad-tempered corners of the internet. Human readers struggled to distinguish between news articles written by the machine and those written by people (see chart).

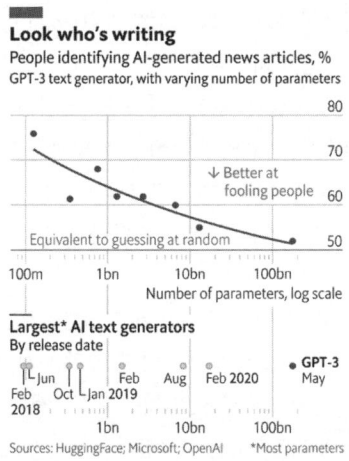

Given that OpenAI wants eventually to sell GPT-3, these results are promising. But the program is not perfect. Sometimes it seems to regurgitate snippets of memorised text rather than generating fresh text from scratch. More fundamentally, statistical word-matching

티Arram Sabeti가 GPT-3의 단편 소설 창작 능력을 실증해 보였다. 해리 포터Harry Potter가 나오는 하드 보일드 탐정 이야기가 대표적이다. ("해리 포터가 책상에 앉아 있다. 트위드 양복은 추레하고, 셔츠는 다림질이 안 됐으며, 구두도 광을 낸 것과는 거리가 멀었다. 초췌한 인상에 단정치 못하며, 적의까지 품고 있는 듯하다. ……") 이게 다가 아니다. 짧은 희극, 심지어 시도 문제가 없었다. (이 기사의 서두를 장식하고 있는 시편 '닥터 수스의 엘론 머스크' Elon Musk by Dr Seuss를 보라.) AI 연구자이자 사업가인 엘리엇 터너Elliot Turner도, 이 모형을 어떻게 쓰면 무례할 수도 있는 메시지를 점잖은 내용으로 바꿀 수 있는지 증명해 보였다. 화가 나 있는 다수의 인터넷 공간에서 유용하게 써먹을 수 있지 않을까 싶다. 또 보면, 인간 독자들은 기계가 써낸 뉴스 기사와 사람이 쓴 '실제' 기사를 구별해 내려고 애써 왔다. (표를 보라.)

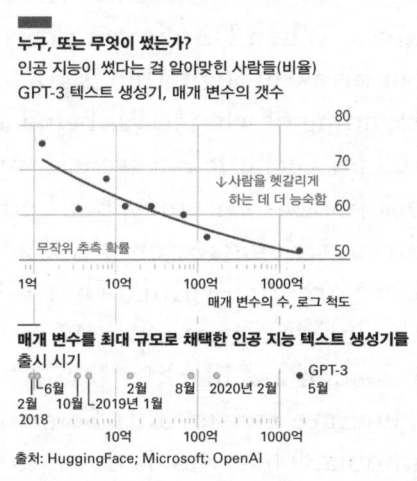

누구, 또는 무엇이 썼는가?
인공 지능이 썼다는 걸 알아맞힌 사람들(비율)
GPT-3 텍스트 생성기, 매개 변수의 갯수

매개 변수를 최대 규모로 채택한 인공 지능 텍스트 생성기들
출시 시기
출처: HuggingFace; Microsoft; OpenAI

7TH PARAGRAPH

오픈AI는 최종적으로 GPT-3을 팔려고 하기 때문에, 이들 결과는 상당히 고무적이다. 그렇다고 프로그램이 완벽한 것은 아니다. 가끔씩 보면, GPT-3이 새로운 텍스트를 산출하는 게 아니라, 입력된 텍스트의 스니펫들을 그저 반복하는 것 같다. 더 근본적인 차원에서 얘기해 보면, 통계적 단어 맞추기가 세계를 일관성 있게 파악하고

is not a substitute for a coherent understanding of the world. GPT-3 often generates grammatically correct text that is nonetheless unmoored from reality, claiming, for instance, that "it takes two rainbows to jump from Hawaii to 17". "It doesn't have any internal model of the world—or any world—and so it can't do reasoning that requires such a model," says Melanie Mitchell, a computer scientist at the Santa Fe Institute.

Getting the model to answer questions is a good way to dispel the smoke and mirrors and lay bare its lack of understanding. Michael Nielsen, a researcher with a background in both AI and quantum computing, posted a conversation with GPT-3 in which the program confidently asserted the answer to an important open question to do with the potential power of quantum computers. When Dr Nielsen pressed it to explain its apparent breakthrough, things got worse. With no real understanding of what it was being asked to do, GPT-3 retreated into generic evasiveness, repeating four times the stock phrase "I'm sorry, but I don't have time to explain the underlying reason why not."

There are also things that GPT-3 has learned from the internet that OpenAI must wish it had not. Prompts such as "black", "Jew", "woman" and "gay" often generate racism, anti-Semitism, misogyny and homophobia. That, too, is down to GPT-3's statistical approach, and its fundamental lack of understanding. Having been trained partly on text scraped from the internet, it has noted that words like "woman" are often associated with misogynistic writing, and will mindlessly reproduce that correlation when asked.

This problem is a hot topic in AI research. Fa-

있지 않다는 점이다. GPT-3이 흔히는 문법적으로 정확한 텍스트를 산출한다. 하지만 그럼에도 불구하고, 실제와 유리돼 있다. 가령, 이런 식이다. "하와이에서 17까지 점프하는 데에는 두 개의 무지개가 필요하다(It takes two rainbows to jump from Hawaii to 17)." 산타페 연구소Santa Fe Institute의 컴퓨터 과학자 멜라니 미첼Melanie Mitchell 은 이렇게 말한다. "GPT-3은 세계에 대한 내적 모형이 전혀 없습니다. 당연히 이런 모형이 전제되는 추론을 할 수가 없는 겁니다."

8TH PARAGRAPH

교묘한 속임수들을 몰아내고, 녀석의 통찰력 결여를 발가벗기려면, 여러 질문에 답을 하도록 강제하는 게 필요하다. 마이클 닐슨Michael Nielsen은 인공 지능과 퀀텀 컴퓨팅quantum computing을 둘 다 전공한 연구자다. 그가 GPT-3과의 대화 내용을 게시했다. 거기서 이 프로그램은, 양자 컴퓨터나 있어야 해결할 수 있는 중요한 미해결 난제의 답을, 그것도 자신 있게 주장했다. 닐슨이 어떤 돌파구를 열어젖힌 거냐고, GPT-3에게 설명을 요구하자, 상황이 더욱 난처해졌다. GPT-3은 뭘 해달라고 요구받는지에 대한 진정한 이해가 없었고, 대충 얼버무리기 '신공'을 발휘했다. 판에 박힌 문구를 네 번이나 반복한 것이다. "안 됐지만, 왜 그런지 그 저변의 이유를 설명해 줄 시간은 없다구."

9TH PARAGRAPH

오픈AI 사가 안 그랬으면 하고 바랐겠지만, GPT-3이 인터넷에서 배운 것도 있다. '흑인', '유대인', '여성', '동성애자' 같은 길(라)잡이 어들이 많은 경우 인종 차별, 반유대주의, 여성 혐오, 동성애 혐오를 낳았다. 이것 역시도 GPT-3이 채택한 통계적 분석 때문이다. 물론 근본적 이해 결여도 빼놓을 수 없겠다. GPT-3은 인터넷에서 스크랩된 텍스트를 바탕으로 부분적으로만 훈련을 받았고, '여자' 같은 말이 흔히는 여성 혐오적 글과 결부된다는 사실에 주목했다. 그러니 누가 물어보면 그 상관 관계를 아무 생각 없이 되풀이하는 것이다.

10TH PARAGRAPH

이 사안은 AI 연구의 뜨거운 쟁점이다. 얼굴 인식 시스템을 예로 들

cial-recognition systems, for instance, notoriously do better with white faces than black ones, since white faces are more common in their training sets. AI researchers are trying to tackle the problem. Last year IBM released a set of training images that contained a more diverse mix of faces. OpenAI itself was founded to examine ways to mitigate the risk posed by AI systems, which makes GPT-3's lapses all the more noteworthy. GPT-2, its predecessor, was released in 2019 with a filter that tried to disguise the problem of regurgitated bigotry by limiting the model's ability to talk about sensitive subjects.

Here, at least, little progress seems to have been made. GPT-3 was released without a filter, though it seemed just as ready to reproduce unpleasant prejudices as its predecessor (OpenAI added a filter to the newer model after that fact became obvious). It is unclear exactly how much quality control OpenAI applied to GPT-3's training data, but the huge quantity of text involved would have made any attempt daunting.

It will only get harder in future. Language has overtaken vision as the branch of AI with the biggest appetite for data and computing power, and the returns to scale show no signs of slowing. GPT-3 may well be dethroned by an even more monstrously complex and data-hungry model before long. As the real Dr Seuss once said: "The more that you read, the more things you will know." That lesson, it seems, applies to machines as well as toddlers.

© The Economist Newspaper Limited, London (Aug 8th 2020)

어보자. 얼굴 인식 체계가 흑인보다 백인의 얼굴을 더 잘 구별하는 것은 악명 높은 사실이다. 왜 그럴까? 훈련을 받는 데이터 집합에 백인의 얼굴이 더 많기 때문이다. AI 연구자들은 이 문제를 해결하려고 애쓰고 있다. 작년에 아이비엠[IBM]이 내놓은 훈련용 이미지 집합에는 더 다양한 얼굴이 담겼다. 오픈AI도 사실, AI 체계가 제기하는 위험을 어떻게 해야 완화할 수 있을까 하는 문제 의식 속에서 세워졌다. 그래서 GPT-3의 실수와 과실들이 더욱 주목을 받는 것이다. 선행 프로그램 GPT-2는 2019년 공개됐는데, 여기에는 민감한 주제의 경우 아예 언급을 못 하게 함으로써, 편견을 반복하는 행위를 차단하는 필터, 그러니까 일종의 여과 장치가 있었다.

11TH PARAGRAPH

GPT-3의 경우는 어떨까? 아쉽게도 별 진전이 없는 것 같다. GPT-3은 여과 장치 없이 공개됐다. 그리고 전술한 바와 같이, GPT-2만큼이나 불쾌한 편견을 냅다 쏟아내는 것 같다. (오픈AI는 이 사실이 명백해지자 더 새로운 모델에는 필터를 추가했다.) 오픈AI가 GPT-3의 훈련 데이터를 정확히 어느 정도 품질 관리했는지는 불분명하다. 아무튼 추측해 보건대, 들어간 텍스트의 양이 엄청났고, 그로 인해 여하한 시도조차 벅찬 과제가 됐을 것이다.

12TH PARAGRAPH

앞으로도 이 사안은 더 골치아플 것이다. 언어는, AI의 한 분야로서, 이미 시각 처리[vision]를 추월했다. 엄청난 데이터 식욕과 연산 능력이 바탕이 됐음은 물론이다. 실제로, 규모에 따른 수확[returns to scale] 속도가 느려질 기미는 전혀 보이지 않는다. GPT-3이 훨씬 더 복잡하고 데이터에 환장한 괴물 같은 모형에 의해 머잖아 왕좌를 뺏기는 것도 어쩌면 당연한 일일 터다. 실제로 수스 박사가 말한 것처럼, "읽은 게 많을수록, 아는 것도 많아진다"는 법이다. 걸음마를 배우는 아이뿐만 아니라 기계한테도 이 교훈이 적용되는 것 같다.

Artificial Intelligence(AI). 한국에서도 '인공 지능'에, 많은 사람이 관심을 갖고 있을 겁니다. 본문은 샌프란시스코 소재의 인공 지능 연구소 오픈AI 사^(OpenAI)가 개발한 GPT-3이란 언어 모형^(language model) 소프트웨어를 소개하고 있습니다.

영어권은, 과학 도서를 위시해, 신문과 잡지에 실리는 '과학과 기술'(science & technology) 분야의 글도 매우 알찹니다. '알차다'고 했는데, 초심자라도 집중해서 읽으면, 기본 원리를 파악할 수 있고, 해당 분야의 전반적인 상을 그릴 수 있을 만큼, 친절하고 체계적으로 쓰여 있습니다. 지식의 대중화와 관련해서, 한국어의 과학 글쓰기는, 제 판단에, 여기에 못 미치고, 그래서 아쉽습니다. 인공 지능에 관심을 가진 분이라면, 이 글이 여러 모로 유익할 것입니다.

1ST PARAGRAPH

But your tweets can move markets

아주 간단한 문장입니다. 두 가지 번역 시나리오를 써보겠습니다. 첫째, "너의 트윗이 시장을 움직일 수 있다." 둘째, "네 트윗 때문에 시장이 요동할 수도 있다." 어느 쪽을 지지하시나요? 저는 두 번째가 옳다고 생각합니다. 주어와 대상어를 고급 영문법에서는 에이전트^(agent)라고 합니다. 지금 해설하는 문장의 구조를 추상적으로 진술하면, 이렇게 적을 수 있습니다. "에이전트들^(agents)은 동사의 목소리^(voice)를 바탕으로 대상 관계^(nexus)를 구축한다." 간단히 얘기해, 두 에이전트가 can move에 의해 관계를 맺고 있는 거죠. 이때 여러분이 관심을 둬야 할 핵심은 '대상 관계'와 '행위의 주체성'입니다. 정말로, tweets에 move의 행위 주체성이 있나요?

2ND PARAGRAPH

It represents the latest advance in one of the most studied areas of AI: giving computers the ability to generate sophisticated, human-like text.

It은 GPT-3인데, represent(나타내다)의 목소리voice를 바탕으로, advance와 동치 관계임을 알 수 있습니다. '비둘기는 평화'(A dove represents peace)란 문장에서도 이를 확인할 수 있지요. represent가 be 동사인 것입니다. '같다'는 논리 연산에 의해서, 개념 명사 advance를 좀 더 구체화할 수도 있겠습니다. "AI는 가장 널리 연구되는 분야 중의 하나로, 이 분야의 최신 성과가 바로 GPT-3이다." 학교 문법에서 2형식과 3형식을 배웠을 것입니다. 큰 차이가 있는 줄 알았는데, 아니죠! 보어는 목적어의 특수한 형태입니다.
인공 지능에는 여러 하위 분야가 있습니다. GPT-3이란 물건은, 그 중에서도 '기계 학습'을 매개로 언어를 처리하지요. 과거 한때는 시각 정보 처리가 유행했지만, 기사의 내용에 의하면 언어가 이를 추월했다고 합니다.

This aims to represent a language statistically, mapping the probability with which words follow other words—for instance, how often "red" is followed by "rose". The same sort of analysis can be performed on sentences, or even entire paragraphs. Such a model can then be given a prompt—"a poem about red roses in the style of Sylvia Plath", say—and it will dig through its set of statistical relationships to come up with some text that matches the description.

3RD PARAGRAPH

GPT-3이 구현한 언어 모형은 최적 확률을 도모하는 통계 처리입니다. 기사 본문은 '빨간'(red) '장미'(rose)의 예를 들어서, 쉽게 이해하도록 돕고 있습니다. 여러 해 전 많은 관심을 모았던 알파고AlphaGo와 이세돌의 바둑 대결을 기억하시나요? 알파고의 작동 원리도 최적 확률을 도모하는 통계 처리였다는 점에서, 두 소프트웨어는 동일합니다. 이렇듯, 시각 처리, 언어 처리, 게임 등 분야를 막론하고 두루 활용될 수 있는 인공 지능을, 과학자들은 개발하려고 노력하고 있습니다. 이걸 보편 AI, 또는 범용 AI$^{AGI, Artificial General Intelligence}$라고 합니다.

다시 GPT-3 얘기로 돌아와 봅시다. 언어는 감정과 생각을 교류하는 소통의 수단이자, 정보 처리 도구입니다. 기라성 같은 언어학자들이 이 '언어'의 구조를 이산 조합 체계$^{system\ of\ discrete\ combinations}$로 봅니다. 스티븐 핑커나 노움 촘스키가 대표적이지요.

그런데, 이 이산 조합 체계에는 문제가 있습니다. 경우의 수가 폭발적으로 늘어나는데, 인간은 그 경우의 수를 다 검토할 수가 없기 때문입니다. 전 우주의 모든 원자의 갯수를 능가할 지경이고, 이를 조합적 폭발$^{combinatorial\ explosion}$ 상황이라고 부릅니다.

경우의 수, 그러니까 폭발적으로 늘어나는 문장 시나리오의 갯수를 어떻게 줄일 수 있을까요? 사람과 기계의 방법이 다릅니다. 사람의 경우, 많은 학자가 진화를 그 답안으로 제시합니다. 인간한테는, 문화권을 초월해서, 이 세계를 이해해 구조화한 내적 모형$^{internal\ model\ of\ the\ world\ without}$이 다듬어져 있다는 것입니다.

인간은 경우의 수를 대폭 줄이기 위해, 더불어서 연산의 효율성을 위해, 인지가 수행되는 정신 공간을 위계적^{hierarchy}으로 조직한 것 같습니다. 개념의 핵심은 위계인 것이죠. 여기에, 인간이 사회적 존재로서 진화해 왔기에, 정념을 바탕으로 한 도덕 감정의 체계$^{system\ of\ moral\ emotions}$가 가세합니다. '이래야 한다, 저래야 한다'는 당위 명제를, 우리는 사실 명제와 뒤섞어서 말하길 좋아합니다. 바로 이 제각각의 도덕 감정 체계를 바탕으로, 다시 한 번 제각각의 '인간적 가치와 의미의 세계'가 부상하고요. 개성과 인격인 것이죠.

반면, 기계한테는 인간이 잘 못하는 엄청난 능력이 있습니다. 무지막지한 연산력$^{brute\ force}$이 바로 그것이죠. 컴퓨터는, 전기만 공급되면, 쉬지 않고 돌릴 수 있습니다.

하지만, 핵심은 위계입니다. 경우의 수를 줄여야 하니까요. 그래서 GPT-3의 프로그래머들은 이 '위계'를 짜기 위해 매개 변수를 1750억 개나 사용했다고 합니다.

It was trained on the biggest set of text ever amassed, a mixture of books, Wikipedia and Common Crawl, a set of billions of pages of text scraped from every corner of the internet.

새로운 정보를 접할 때, 우리는 범주적 사고를 통해, 개념을 위계적으로 조직하는 굉장히 수고스러운 활동을 하지요. 첫 번째 문단의 a computer running a piece of software called Generative Pre-Trained Transformer 3과 one of the most studied areas of AI. 두 번째 문단의 첫 문장 The software is built on the idea of a "language model". 세 번째 문단의 AI—or machine learning, a particular subfield of AI, 또 네 번째 문단의 다음 문장이 대표적입니다. (Common Crawl=a set of billions of pages of text scraped from every corner of the internet)+Wikipedia+a mixture of books=the biggest set of text ever amassed죠.

The results can be impressive. In mid-July OpenAI gave an early version of the software to selected individuals, to allow them to explore what it could do. Arram Sabeti, an artist, demonstrated GPT-3's ability to write short stories, including a hardboiled detective story starring Harry Potter ("Harry Potter, in ratty tweed suit, unpressed shirt and unshined shoes, sits behind the desk looking haggard, rumpled and embittered…"), comedy sketches, and even poetry (including the poem with which this article opens, titled "Elon Musk by Dr Seuss").

그 결과가 사뭇 인상적입니다. 소설도 쓰고, 시도 쓰고, 심지어 코딩도 한다고 합니다. 하지만 그 성능이 인상적인 만큼, 한계도 분명합니다. 제가 거듭 강조한, 위계를 구축하는 사안 때문에 연산 복잡성이 발생하거든요. 연산 복잡성 이론theory of computational complexity은 현대 정보 처리 이론 중에서도 가장 난해하다고 알려져 있습니다. 그리고 바로 이 연산 복잡성이 한계로 작용해, 현재와 같은 기계식 컴퓨터로는 범용 AI가 불가능하다고 보는 연구자도 일부 존재합니다. 이 기사에 퀀텀 컴퓨팅 얘기가 두 문단 나오는 이유이기도 합니다.

사실, 1750억 개의 매개 변수가 어떻게 상호 작용해서 결과를 산출하는지는, 프로그램을 짠 오픈AI 사의 공학자들도 모릅니다. 물론, 알고리즘의 작동 과정을 살피는 연구 분야가 있긴 하지만, 일종의 블랙박스 같은 것이죠.

> Human readers struggled to distinguish between news articles written by the machine and those written by people (see chart).

글의 흐름을 고려할 때, 이 문장이 이질적이고, 시쳇말로 '뜬금 없다'고 느끼실 수 있습니다. 실제로 그렇습니다. 속보성이 중시되는 정기 간행물에서 종종 이런 미흡함이 관찰됩니다. 저는, '또 보면'이란 연결사를 보태서 처리해 보았습니다. "또 보면, 인간 독자들은 기계가 써낸 뉴스 기사와 사람이 쓴 '실제' 기사를 구별해 내려고 애써 왔다. (표를 보라.)"

7TH PARAGRAPH

> Sometimes it seems to regurgitate snippets of memorised text rather than generating fresh text from scratch. More fundamentally, statistical word-matching is not a substitute for a coherent understanding of the world. GPT-3 often generates grammatically correct text that is nonetheless unmoored from reality, claiming, for instance, that "it takes two rainbows to jump from Hawaii to 17". "It doesn't have any internal model of the world—or any world—and so it can't do reasoning that requires such a model," says Melanie Mitchell, a computer scientist at the Santa Fe Institute.

독자 여러분 중에 a substitute가 '걸리는' 분이 계실 수도 있겠습니다. 그런 분들이라면, 다음과 같은 변형된 문장들을 제안해 봅니다. Statistical word-matching is not for a coherent understanding of the world. 또는 Statistical word-matching is not a whole substitute for a coherent understanding of the world. 관련 지식과 정보가 부족한 독자들의 이해를 돕기 위해, 호흡을 느리게 가져가는, 소위 '느즈러진'prolonged 표현을 썼다고 진단할 수 있습니다. 사실, 이 글에는 그런 '느즈러진' 표현이 많습니다.

프로그램을 돌린 결과값이 오싹할 정도로 인상적인가 하면, 참으로 바보같기도 한데, 기사 본문에 제시된 예를 함께 음미해 봅시다. It takes two rainbows to jump from Hawaii to 17. 'It ~ to 부정사' 구조이고, 문법적으로 아무런 문제도 없습니다. 하지만 '인간적 가치와 의미의 세계'에서는 성립할 수 없는 문장이죠. "하와이에서 17로 도약하는 데는 두 개의 무지개가 필요하다"니요? 산타페 연구소 멜라니 미첼의 평가는 엄중합니다. '세계에 대한 내적 모형이 없고, 이런 모형이 전제되는 추론도 당연히 할 수가 없'는 것이죠. 우리는 이런 걸 넌센스라고 부릅니다. 알파고는 이세돌을 격파하고도 기쁨과 환희를 느끼지 못했습니다. 다음 수의 최적 확률을 계산하는 일만 했을 뿐입니다. 물론 여기서 '인간적 가치와 의미의 세계' 무용론이 등장할 수도 있겠지만, 그 얘기는 이 해설의 범위를 벗어나니 각자 숙고해 보시기 바랍니다.

노움 촘스키가 앞 문단의 예시와 비슷한 문장을 이미 제시했다는 것을 아시나요? 그 유명한 문장은 다음과 같습니다. "색깔 없는 녹색의 생각들이 맹렬하게 잠을 잔다." Colorless green ideas sleep furiously.

본문에서 주의해야 할 문장을 몇 가지 정리해 보도록 하겠습니다.

artificial intelligence(AI), software, program, algorithm, language model, machine learning, computer, GPT-3 등의 어휘를 독자 여러분 마음의 '가상의' 정신 공간mental space에서 위계적으로 조직하는 일이 매우 중요하다고 할 수 있겠습니다. 철학이란 오래 된 학문 분야는 이를 '범주론'(cathegory theory)이라고 하지요. 범주 착오를 일으키면, 독해가 망합니다. 거듭 말하지만, "개념의 핵심은 위계"입니다.

이 아티클의 해설문에서 개념의 핵심이 위계 구조임을 강조하고 있는데, 이를 거듭 확증해 볼 수 있는 문장입니다. 영어 문장이 왼쪽에서 오른쪽으로 '납작하게', 그러니까 '평면적으로' 쓰여 있지만, 두 개의 관계대명사 that을 통해 우리는 나무 구조, 위계 체제를 그려냅니다. 두 번째 관계대명사 that의 선행사가 한참 멀리 떨어져 있지요. 이를 '분리 관계대명사'라고도 부를 수 있겠습니다.

There are also things that GPT-3 has learned from the internet that OpenAI must wish it had not.

9TH PARAGRAPH

보충 논의를 좀 해두자면, 인간의 두뇌는 이 위계 구조를 그리 잘 짜지 못합니다. 제 경험에 의하면, 4단 내지 5단을 넘어가면, 흔히 와해돼 버립니다. 본서의 수많은 문장에서 확인할 수 있듯이, 대등 구조(등위절)와 위계 구조(종속절)가 서로에게 틈입해 무화돼 버리는 것이죠.

1ST PARAGRAPH
blight: 장애, 황폐
mean: 심술궂은, 야비한
all-caps: 모든 철자가 다 대문자인(특별히 무언가를 강조하거나 화가 난 경우 문장 등을 모두 대문자로 표현)
sore: 화가 난, 짜증스러운(=annoyed)
bore: 지겹게 말을 많이 하는 사람

2ND PARAGRAPH
preceding: 이전의, 상기의, 바로 앞의
founder: 창립자, 설립자
run-in: 언쟁, 싸움(=quarrel)
Securities and Exchange Commission(SEC): (미국) 증권 거래 위원회(금융 규제 기관)
aspiring: 장차 ~가 되려 하는
Dr Suess: 미국의 작가이자, 엄청난 인기를 누린 아동 도서들의 삽화가. 의미 없는 말, 재미 있는 운율, 특이한 존재를 창안한 것으로 유명하다.
laboratory: 연구소, 실험실
found: 세우다(=establish=set up)

3RD PARAGRAPH
statistically: 통계적으로
map: 발견하다, 보여주다
probability: 확률, 가능성(=likelihood) cf)
function: 함수
prompt: 즉각적인, 촉발하다, (연극에서) 대사를 일러줌
style: 문체
Sylvia Plath: 미국의 여류 시인(1932~1963)
say: 가령(=for instance)
dig through: 파다, 샅샅이 훑다(=scour=comb through)
set: 집합
come up with: 내놓다, 생산하다(=produce=generate)
match: 맞다(=fit=equal)

4TH PARAGRAPH
machine learning: 기계 학습
subfield: 하위 분야
trawl: 샅샅이 훑다, 대대적으로 조사하다(=examine thoroughly)

trial and error: 시행착오(법)
prediction: 예측
crunch: 대량의 정보를 고속으로 처리하다 cf)
number crunching: 대량 고속 처리
laborious: 힘겨운, 인내를 요하는
map out: 상세히 계획하다

5TH PARAGRAPH
algorithm: 알고리즘 cf) flow chart: 흐름도
expose: 드러내다, 노출하다
complex: 복잡한(=complicated)
set sth apart: 돋보이게 만들다(=distinguish)
unprecedented: 전례 없는
underpin: 뒷받침하다, 보강하다(=support=back)
parameter: (수학, 컴퓨터) 매개 변수, 패러미터
tweak: (기계, 시스템을) 수정하다, 변경하다(=change=tune)
order of magnitude: 자릿수
predecessor: 전임자, 이전 모델 cf)
successor: 후임자, 계승자
amass: 모으다, 축적하다, 대량으로 수집하다(=gather=accumulate=collect massively)
Common Crawl: '커먼 크롤'은 비영리 단체로, 웹을 훑으면서 데이터를 수집하는 일을 한다.
scrap: 스크랩하다

6TH PARAGRAPH
demonstrate: 증명하다, 실증하다, 입증하다, 보여주다
short story: 단편 (소설)
hard boiled: 하드보일드의
detective story: 형사물, 추리 소설
star: 연기하다, 출연하다(=feature)
Harry Potter: J. K. 롤링(J. K. Rowling)이 쓴 7부작 소설 시리즈에 나오는 주요 캐릭터
ratty: 추레한, 지저분한(=shabby)
tweed suit: 트위드 소재의 양복
unpressed: 다림질을 하지 않은
unshined: (구두를) 닦지 않은
haggard: 초췌한(=drawn)
rumpled: 극도로 지친(creased), 단정치 못하고 어수선한(untidy)

embitter: 원통하게 하다, 쓰라리게 하다(=make sb resentful or bitter)
title: 제목을 붙이다
entrepreneur: (흥행) 사업가
bad-tempered: 화가 나 있는, 성미가 까다로운
distinguish between A and B: A와 B를 구별하다(=distinguish A from B)

7TH PARAGRAPH
regurgitate: (별 생각 없이) 반복하다

8TH PARAGRAPH
dispel: 없애다, 제거하다(=get rid of)
smoke and mirrors: 교묘한 속임수
lay bare: 발가벗기다, 백일하에 드러내다
post: 게시하다, 올리다
assert: (단호하게 사실임을) 주장하다
open question: 미해결 문제
quantum computer: 양자 컴퓨터(양자 역학의 원리로 작동하는 컴퓨터)
apparent: 겉모양의, 외견상의
breakthrough: 돌파구
retreat: 물러서다, 퇴각하다(=recede)
generic: 일반적인, 포괄적인(=general)
evasive: 회피하는, 얼버무리는, 둘러대는
stock phrase: 판에 박힌 문구(=hackneyed phrase=trite phrase)
underlying: 근본적인, 저변의

9TH PARAGRAPH
anti-Semitism: 반유대주의
misogyny: 여성 혐오 cf) philogyny: 여성 숭배
homophobia: 동성애 혐오(공포)
be down to: ~의 책임이다, ~로 소급되다, ~ 때문이다
partly: 부분적으로, 어느 정도
note: ~에 주목하다
mindless: 아무 생각이 없는, 의식이 없는
correlation: 연관성, 상관 관계 cf) causation: 인과 관계(=causal relationship)

10TH PARAGRAPH
notorious: 악명 높은(=infamous)
tackle: 다루다, 해결하다(=deal with=solve=wrestle with)
release: 공개하다, 배포하다
mitigate: 완화하다, 경감하다(=alleviate=ease)
lapse: 실수, 과실, 탈선
all the more: 더욱 더, 오히려
noteworthy: 주목할 만한, 특기할 만한
disguise: 숨기다(=conceal=hide)
bigotry: 편견, 편협성(=prejudice=bias)
sensitive: 민감한

11TH PARAGRAPH
unpleasant: 불쾌한, 무례한(=disagreeable)
prejudice: 편견(=bias)
quality control(QC): 품질 관리
apply: 적용하다
daunting: 벅찬, 주눅이 들게 하는(=intimidating)

12TH PARAGRAPH
overtake: 따라잡다, 추월하다, 앞지르다(=outstrip)
computing power: 연산 (능)력
returns to scale: 규모에 따른 수확
sign: 징후, 조짐, 기미(=trace=indication)
may well: 당연하다, 무리가 아니다, 아마 ~일 것이다
dethrone: 퇴위시키다, 권좌에서 몰아내다
monstrous: 가공할, 괴물 같은, 무시무시한
before long: 머잖아, 이윽고(=soon)
toddler: 아장아장 걷는 아이, 걸음마를 배우는 아이

BUSINESS: Schumpeter

What open-source culture can teach tech titans and their critics

Firefox and friends

JUL 20TH 2019 EDITION

THE GREATEST fear of an ambitious technology firm is to be condemned to "legacy", tech speak for irrelevance. Its products may still be used, but out of inertia. The damning judgment could apply to Mozilla, the maker of the Firefox browser. Even on personal computers, where it used to excel, its market share has dropped steeply over the past ten years, from 30% to 10%, at a time when browsers have been losing ground to apps on smartphones. You could argue that Mozilla is kept alive by its main competitor, Google, whose Chrome browser accounts for 60% of the market and which provides most of Mozilla's revenue in exchange for the privilege of being Firefox's default search engine.

Put all this to Mitchell Baker, Mozilla's intense but approachable chairwoman and spiritual leader, and she is unfazed. Quite the opposite: more than ever, she counters, the digital realm needs an organisation that "puts people first and doesn't squeeze every last penny out of the system"—unlike most of today's tech giants.

거대 기술 기업은 물론이고 이들의
비판자들도 오픈 소스 문화에서 배울 게 있다

파이어폭스와 친구들

1ST PARAGRAPH   야심찬 기술 기업이 갖는 가장 커다란 공포는, 낡아서 그 의미가 미미하다는 뜻의 기술 용어 '레거시'legacy로 전락하는 일일 테다. 레거시 제품이 여전히 사용될 수는 있다. 하지만 그 제품의 관성이 더 이상 존재하지 않는 것이다. 파이어폭스Firefox란 인터넷 브라우저를 만든 모질라Mozilla한테도 이런 혹평을 퍼부을 수 있다. 두각을 나타냈던 개인 컴퓨터 분야에서조차 파이어폭스의 시장 점유율이 지난 10년 사이 30퍼센트에서 10퍼센트로 가파르게 하락했다. 브라우저들이 스마트폰 앱들에 설 자리를 잃고 있는 시절이란 사실도 보태자. 주요 경쟁사인 구글Google이 모질라를 계속 살려둘 거라고 주장할 수도 있을 것이다. 크롬Chrome 브라우저로 시장의 60퍼센트를 장악하고 있는 구글이 모질라가 벌어들이는 매출액의 대부분을 제공하는데, 이는 파이어폭스에 기본으로 내장된 검색 엔진이란 특혜의 대가이다.

2ND PARAGRAPH   모질라 회장 미첼 베이커Mitchell Baker를 소개한다. 치열하면서도 사근사근한 그 정신적 지도자에게 이런 같은 사실을 들이대더라도, 그녀는 전혀 동요하지 않는다. 오히려 그 정반대이다. 그녀는 이렇게 반박한다. 디지털 세계에 필요한 조직은, "사람을 우선시하고, 시스템에서 마지막 한 푼까지 모두 쥐어짜내려는 태도를 버려"야 합니다. 그 어느 때보다 더 그렇습니다. 오늘날의 거대 기술 기업 대다수와

105

Is Ms Baker right? And if she is, what does the 20-year Mozilla experiment mean for the penny-squeezing parts of Big Tech?

Mozilla has always been a strange beast. It began life in 1998 after the "browser war" of the first dotcom boom, between Microsoft's Internet Explorer and Netscape's Navigator. Even though the fight got Microsoft into deep trouble with competition authorities, which nearly broke it up, Netscape, an internet pioneer, had to capitulate. But as a parting shot it released the Navigator's source code, so that an alliance of volunteer developers could keep the browser alive—and fight the "borg", as Microsoft was called then, referring to a universe-conquering alien group from "Star Trek".

Even compared with other such open-source projects, Mozilla remains an unusual hybrid. It boasts a volunteer workforce of nearly 23,000 that mostly catches bugs and helps with customer service in exchange for little more than recognition from their peers and the satisfaction of chipping in to a project they believe in. But it also has 1,100 paid employees, two-thirds of them programmers. It chiefly develops software, but offers services, too, including things like file transfer. And it is two organisations in one: the Mozilla Foundation and the Mozilla Corporation, both based in Silicon Valley. The first is a charity, which owns the second and makes sure that it does not stray from its mission. The corporate arm is in charge of products and gets the cash that search engines pay for appearing on Firefox's start page. Together Google, China's Baidu, Russia's Yandex and a host of smaller firms forked out $542m for the

는 분명 다른 태도이다. 과연 베이커의 말이 옳은가? 그리고 베이커의 말이 옳다면, 20년 된 모질라의 실험이 기대 기술 기업들의 쥐어짜내려는 그 행태에는 무얼 시사하는가?

3RD PARAGRAPH 모질라는 언제나 이상한 짐승이었다. 최초의 닷컴 붐dotcom boom, 인터넷 기반 기업들의 활황 때, 마이크로소프트Microsoft의 인터넷 익스플로러Internet Explorer와 넷스케이프Netscape의 내비게이터Navigator가 소위 '브라우저 전쟁'을 치렀고, 이후 1998년 모질라가 태어났다. 마이크로소프트는 그 싸움으로 독점 규제 당국과 심각한 마찰을 빚으면서 거의 분해될 뻔했다. 그렇다고 인터넷을 개척한 넷스케이프가 온전했을까? 이 회사도 파괴를 면하지 못했다. 그런데 넷스케이프가 사업을 접으면서 '괴이한' 짓을 했다. 석별의 정이라면서, 내비게이터의 소스 코드source code를 '까버린' 것이다. 개발자들이 자진해서 동맹을 결성했고, 브라우저가 살아남아 '보그'borg와의 전투를 속개했다. 당시 마이크로소프트가 보그라고 불렸는데, 보그는 텔레비전 쇼 〈스타 트렉Star Trek〉에서 우주를 정복하려는 외계 집단 이름이다.

4TH PARAGRAPH 이런 류의 다른 오픈 소스 프로젝트들과 비교해 보더라도, 모질라는 여전히 색다른 혼종이다. 자원 봉사자만 약 2만 3천 명이라고 하는데, 이 인력은 주로 버그를 잡아내고 고객 서비스를 담당한다. 대가라고는 주변 동료들의 인정과, 자신들이 믿는 프로젝트에 참여 중이라는 만족감뿐이다. 자원 봉사자 말고도, 모질라에는 유급·직원이 1100명 있다. 이 가운데 3분의 2가 프로그래머다. 그들이 주로 하는 일은 소프트웨어 개발이지만, 가령 파일 전송과 같은 서비스도 제공한다. 모질라는 또, 두 조직이 하나로 편성돼 있다. 모질라 재단Mozilla Foundation과 모질라 코퍼레이션Mozilla Corporation이 그 두 조직인데, 둘 다 본부가 실리콘 밸리에 있다. 모질라 재단은 자선 단체로, 모질라 코퍼레이션을 보유하며, 모질라가 천명한 임무와 사명에서 벗어나는 것을 감시하고 막는다. 두 번째 기업 부문은 각종 제품을 담당하고, 검색 엔진들이 파이어폭스 시작 페이지에 뜨는 대가로 지불하는 수수료를 챙긴다. 구글Google, 중국의 바이두Baidu, 러시아의 얀덱스Yandex, 그 외 수많은 소규모 회사들이 2017년 파이어폭스를 통해 받은 트래픽을 대가로 총 5억 4,200만 달러를 납입했다. 2017년은 데이터가 확보된 최신 년도이고, 전술한 금액은 모질라의 경상비 4

traffic they got from Firefox in 2017, the last year for which data are available, more than Mozilla's expenses of $422m.

The set-up is less than optimal. Firefox's falling market share is partly down to slow decision-making, which must involve the volunteers. It took years to begin collecting data about how its software is used, which helps improve it but raised privacy concerns that were only allayed recently. Mozilla was slow to kill an ill-fated mobile operating system, which cost it hundreds of millions of dollars. It has yet to find sources of revenue beyond the browser; details of plans to charge for add-on services, such as secure storage or virtual private networks, are scarce. And, in an echo of founder-dominated tech firms, too much responsibility rests on Ms Baker, who chairs both the foundation and the corporation.

Yet Mozilla turns out to be much more consequential than its mixed record and middling numbers would have you believe. There are three reasons for this.

For one thing, Mozilla has shown that the open-source approach can work in consumer software, which even its champions doubted when the outfit got going. Some studies have shown that Firefox now beats Chrome in terms of speed, for instance. Second, an oversight board that looks beyond the narrow business can help tech firms live up to Google's original credo, abandoned last year, of "Don't be evil"—potentially useful when the likes of Google and Facebook stand accused of monopolising markets, playing fast and loose with user data, even undermining democracy.

억 2,200만 달러보다 더 많은 액수이다.

5TH PARAGRAPH 이 구조 내지 체제가 결코 낙관적이지 않다. 파이어폭스의 시장 점유율이 하락하고 있는데, 의사 결정의 속도가 느린 것이 한 원인이다. (그도 그럴 것이, 자원 봉사자들이 의사 결정에 참여하기 때문이다.) 소프트웨어를 개선할 요량으로, 파이어폭스 이용 양상 자료를 수집하기로 하고 개시하는 데 여러 해가 걸렸다. (당장에 프라이버시 우려가 제기됐고, 최근에야 겨우 그 두려움이 가라앉았다.) 모질라는 불행하게 끝나버린—결국 버리게 되는— 모바일 운영 체제를 종료하는 데서도 굼떴다(수억 달러가 들어간 사업이다). 결국 현 상황의 모질라는 브라우저 이외의 수익원이 없다. 부가 서비스가 있기는 하다. 하지만 보안 스토리지나 가상 사설 통신망VPN 등에 과금을 하겠다는 세부적인 계획도 거의 없다. 재단과 회사 둘 다를 관장하는 베이커가 너무 많은 책임을 떠안고 있는데, 사실 이는 설립자의 입김이 매우 센 기술 회사들의 특징이기도 하다.

6TH PARAGRAPH 허나 이런 부정적 관측이 다가 아니다. 실적은 뒤죽박죽이고, 인력은 일류에 못 미치는 이류다. 그런데 이를 바탕으로 떠올리지 않을 수 없는 비관보다, 모질라가 훨씬 더 중요하다는 사실이 드러났다. 그 세 가지 이유를 보자.

7TH PARAGRAPH 우선 첫째로, 모질라는 오픈 소스라는 기조와 방법이 소비자 대상 소프트웨어에서 먹힌다는 걸 입증했다. 모질라가 프로젝트를 시작하던 당시에는 오픈 소스 옹호자들조차 회의적이었다는 사실을 감안하면, 이는 놀라운 일이다. 예컨대, 파이어폭스가 현재는 속도 면에서 크롬을 능가한다는 연구 결과가 여럿 있다. 둘째, 협소한 사업 활동 너머를 살피는 관리 감독 위원회oversight board가 있으면, 기술 기업들이 그 도움을 받아, 구글 사의 애초 모토인 "사악해지지 말자"Don't be evil를 실천할 수도 있다는 점이다(구글은 작년에 이 사훈을 내팽개쳤다). 구글이나 페이스북Facebook 같은 기업들이 시장을 독점하고, 이용자 데이터를 무책임하게 취급하고, 나아가 민주주의의 기반을 약화한다며 고발당해 있는 작금의 상황을 떠올리면, '사악해지지 말자'도 쓸모가 있을 것이다.

Lastly, like Linux, an open-source operating system, and to an extent Android, Google's semi-open software that powers mobile devices, Mozilla has demonstrated that a non-commercial alternative minded to defend users' interests is good for consumers in digital markets. Although Mozilla is not solely responsible for the widespread adoption of open standards for browsers, even rival firms concede that it helped to chivvy them along. Firefox was the first browser to block pop-up ads and allow users to surf anonymously, prompting commercial browsers to offer similar features. Google's plans to make it harder for other firms to track Chrome users on the web may have been precipitated by Firefox's decision last month to turn on anti-tracking features as the default setting.

Don't expect Silicon Valley to transform itself into an agglomeration of Mozillas anytime soon. But tech giants are toying with some Mozilla-esque ideas. Last month Facebook announced another step towards an independent "oversight board"—not unlike the board of the Mozilla Foundation—to make the tough calls on what content should be allowed on the site. Earlier this year Google convened an expert group to ponder the ethics of its artificial-intelligence endeavours (it was disbanded after employee protests over its composition).

Outfoxing Big Tech

To rivals and critics of dominant tech firms Mozilla shows a way to keep them honest. Hints of what it has done to browsers can be discerned in other corners of cyberspace, from open-source wallets where people can

8TH PARAGRAPH 마지막 세 번째도 보자. 리눅스Linux는 오픈 소스 운영 체제이다. 모바일 장비를 구동하는 구글의 안드로이드Android도 절반쯤 개방된 소프트웨어다. 모질라도, 바로 이 리눅스와, 어느 정도는 안드로이드처럼, 사용자의 이익을 지키겠다는 비영리적 마음가짐이 디지털 시장의 소비자들에게 유익하다는 것을 증명했다. 물론 브라우저에서 개방형 표준open standards이 광범위하게 채택된 게 모질라 때문만은 아니다. 아무튼 그럼에도 불구하고 경쟁사들조차 이 과정에서 자기들도 어느 정도는 영향을 받았다고 실토한다. 불쑥불쑥 튀어나오는 팝업 광고pop-up ads를 차단한 최초의 브라우저가 파이어폭스였다. 파이어폭스 이용자들은 익명으로 웹 서핑을 할 수 있다. 결국 상업용 브라우저들도 어쩔 수 없이 유사한 기능을 구현해 제공하고 있음을 떠올려보라. 타사가 웹에서 크롬 사용자들을 추적하기가 더 어려워지도록 하겠다는 구글의 계획은, 아마도 파이어폭스의 지난 달 결정에 자극받았을 가능성이 있다. 파이어폭스가 추적 차단 기능을 기본 설정값으로 제공하기로 한 것이다.

9TH PARAGRAPH 실리콘 밸리가 조만간에 모질라들의 연합체로 변모하리라고 기대할 수는 없을 것이다. 그렇기는 해도, 거대 기술 기업 역시 모질라스런 발안들을 만지작거리고는 있다. 페이스북이 지난 달 독립성이 담보된 '관리 감독 위원회'oversight board를 구성해, 컨텐츠의 사이트 게시 여부를 심사하도록 하겠다고 발표했다. 모질라 재단의 위원회와 다르지 않은 기구이다. 올해 초 구글은 자사 인공 지능 개발 활동의 윤리적 측면을 고민하고자 전문가단을 소집했다. (구성 문제를 놓고서 직원들의 항의가 빗발쳐, 결국 해산하고 말았지만.)

10TH PARAGRAPH 거대 기술 기업을 압도하는 여우
압도적 우위를 뽐내는 기술 기업들의 경쟁자와 비판자 모두에게, 모질라는 계속해서 그들이 정직할 수 있는 방법을 알려준다. 모질라가 각급 브라우저들에 무슨 일을 했는지는 사이버스페이스의 이런저런 다른 영역에서 그 흔적을 찾을 수 있다. 대중이 자신의 디지털 ID

keep their digital identities to social networks that are not controlled by one company. Mozilla itself is working on Common Voice, a rival to digital assistants like Amazon's Echo and Apple's Siri. Breaking up the tech giants is a satisfying war cry—but probably futile. Perhaps it would be better to breed more Firefoxes instead.

Correction (July 24th 2019): A bug snuck into this piece. We said that volunteers contribute half of Mozilla's computer code. In fact, they mostly help with software patches and customer service. Sorry.

© The Economist Newspaper Limited, London (Jul 20th 2019)

를 지킬 수 있는 오픈 소스라는 지갑은 물론이고, 한 회사가 통제하지 못하는 소셜 네트워크에 이르기까지 말이다. 모질라가 개발 중인 음성 인식 소프트웨어 커먼 보이스Common Voice가 아마존Amazon의 에코Echo 및 애플Apple의 시리Siri 같은 디지털 비서들과 경쟁할 것이다. 거대 기술 기업들을 해체해야 한다는 주장은, 들으면 기분이 좋아지는 함성이긴 하다. 하지만 헛될 공산이 크다. 차라리 더 많은 '불여우'를 키우는 게 나을 수도 있다.

기사 수정(2019년 7월 24일): 이 기사에 못된 벌레가 들어 있었다. 자원 봉사자들이 모질라 코드의 절반을 담당한다고 써버렸다. 그들이 주로 하는 일은 소프트웨어 패치 작업과 고객 서비스 활동이다. 사과 드린다.

파이어폭스와 모질라로 대표되는 오픈 소스 문화를 살펴보는 글입니다.
FAANG, 그러니까 페이스북, 아마존, 애플, 넷플릭스, 구글만 있는 건 아니라는
얘기죠. 본서에는 인터넷 초창기의 이상주의와 관련해, 텔레그램과 위키피디아
를 소개하는 글도 함께 실려 있습니다.

1ST PARAGRAPH

You could argue that Mozilla is kept alive by its
main competitor, Google, whose Chrome browser accounts
for 60% of the market and which provides most of Mozilla's
revenue in exchange for the privilege of being Firefox's default
search engine.

관계대명사 두 개가 나옵니다. 관계부사까지 포함해, 관계사는 여섯 개의 연결사
Connectives 중 하나죠. 현대 영어에서는 거의 대부분이 계속적 용법으로 사용된다고
봐도 무방합니다. 영어가 보이스를 중심으로 에이전트가 연결되는, 좌우 대칭의
언어여서, 관계사도 같은 논리에 입각해 사용됩니다. 확장해 보면, 연결사의 개
념도 그렇습니다. 여기서 수렴convergence과 발산divergence의 디스로케이션 경관을 살
펴야 하고, 시맨틱스적 위계hierarchy of semantics를 점검하는 절차가 보태져야 하죠. 정
교한 독해와 번역을 하려면, 상 전이의 기예Art of Phase Transition를 발휘하는 것도 필
수입니다. You could argue that은 (S-V) 연결사(기능어)로 볼 수도 있겠습니
다. could의 법성만 종속절로 가져오면 되죠.
    "주요 경쟁사인 구글Google이 모질라를 계속 살려둘 수도 있을 것이다. 크롬
Chrome 브라우저로 시장의 60퍼센트를 장악하고 있는 구글이 모질라가 벌어들이
는 수입의 대부분을 제공하는데, 이는 파이어폭스에 기본으로 내장된 검색 엔진
이란 특혜의 대가이다."

Is Ms Baker right? And if she is, what does the 20-year Mozilla experiment mean for the penny-squeezing parts of Big Tech?

명사는 동사화할 수 있고, 또 구체적으로 파악해야 합니다. 이 두 가지 지침이, 8개의 품사 중 50퍼센트의 비율을 차지하고 있는 명사란 품사를 마스터하는 열쇠입니다. '미즈 베이커의 전 존재가 옳은' 것이 아닙니다. '미즈 베이커의 말, 신념, 철학'입니다. 고유 명사도 구체적으로 파악할 수 있습니다. 영작할 때, 쓸데 없는 말 쓰지 않으려면 명사를 꾸준히 관찰해 두어야 합니다. she도 마찬가지입니다. 대명사도 명사니까요.

"과연 베이커의 말이 옳은가? 그리고 베이커의 말이 옳다면, 20년 된 모질라의 실험이 거대 기술 기업들의 쥐어짜내려는 그 행태는 무얼 시사하는가?"

Mozilla has always been a strange beast. It began life in 1998 after the "browser war" of the first dotcom boom, between Microsoft's Internet Explorer and Netscape's Navigator.

구의 연접 4번 '명사-전치사(연결사)-명사' 구조를 반복해서 강조하고 있습니다. 대개는 절이고, 근본 모형 Two Fundamental Models에 입각해 절의 요소들을 복원할 수 있고, 육하 원칙의 내용도 보태면 됩니다. 물론, 단어로 응축하는 경우도 있지만요. 앞에서 수렴과 발산을 얘기했는데, 다음의 구가 발산형입니다. the

115

"browser war" of the first dotcom boom, between Microsoft's Internet Explorer and Netscape's Navigator. 여기서 of the first dotcom boom을 시간 배경으로 설정하는 것이 가장 합리적입니다. 이러한 정션형 연결사 말고, 수준을 확대해서 넥서스형 연결사로 사용될 때에도 '수렴과 발산'의 관점에서 디스로케이션 넥서스를 획정해야 합니다. 수준을 달리해서, 같은 원리가 반복된다는 점에서 '프랙탈'fractal적입니다. 근본 모형들에서도 그렇습니다.

"최초의 닷컴 붐 때, 마이크로소프트Microsoft의 인터넷 익스플로러Internet Explorer와 넷스케이프Netscape의 내비게이터Navigator가 소위 '브라우저 전쟁'을 치렀고, 이후 1998년 모질라가 태어났다."

3RD PARAGRAPH

But as a parting shot it released the Navigator's source code, so that an alliance of volunteer developers could keep the browser alive—and fight the "borg", as Microsoft was called then, referring to a universe-conquering alien group from "Star Trek".

so that ~ can ...을 '~할 수 있도록'으로 풀이하면, '행위 주체성'agency 측면에서 a parting shot과 의미가 충돌하게 됩니다. so 앞에 쉼표가 찍혔고, '결락의 변증법' 속에서 행위 주체성이 무화되었다고 보는 게 좋을 겁니다. 디스로케이션 넥서스의 풍경인 것이죠. refer to는 2형식과 3형식의 점이 지대 동사이고, 등호(=) 연산이 가능합니다.

"그런데, 넷스케이프가 사업을 접으면서 '괴이한' 짓을 했다. 석별의 정이라면서, 내비게이터의 소스 코드source code를 '까버린' 것이다. 개발자들이 자진(自進)해서 동맹을 결성했고, 브라우저가 살아남아 '보그'borg와의 전투를 속개했다. 당시 마이크로소프트가 보그라고 불렀는데, 보그는 텔레비전 쇼 〈스타 트렉 Star Trek〉에서 우주를 정복하려는 외계 집단 이름이다."

4TH PARAGRAPH

It boasts a volunteer workforce of nearly 23,000 that mostly catches bugs and helps with customer service in exchange for little more than recognition from their peers and the satisfaction of chipping in to a project they believe in. But it also has 1,100 paid employees, two-thirds of them programmers.

앞에서 You could argue that을 '연결사'적 기능어로 볼 수도 있다고 제안했는데, It boasts도 마찬가지입니다. 활용된 동사가 있는 주절을 과연, 매번, 중시해야만 하는 것일까? 하는 문제 의식을 가지시기를 권합니다. 이는 주종 관계를 역진시키는 시도이기도 하지요. 언어 현상에서 발견되는 이 구조-기능주의적 위계에서, 의미론적으로 끊임없이 반란이 일어난다는 것이 저의 판단입니다. 다음 문장의 it has는 어떤가요?

"자원 봉사자만 약 2만 3천 명이라고 하는데, 이 인력은 주로 버그를 잡아내고 고객 서비스를 담당한다. 대가라고는 주변 동료들의 인정과, 자신들이 믿는 프로젝트에 참여 중이라는 만족감뿐이다." 자원 봉사자 말고도, 모질라에는 유급 직원이 1100명 있다. 이 가운데 3분의 2가 프로그래머다.

5TH PARAGRAPH

It took years to begin collecting data about how its software is used, which helps improve it but raised privacy concerns that were only allayed recently.

등위접속사 but을 중심으로, took과 raised가 배치되어 있는 구조입니다. 그렇다면, raised의 주어가 가주어 it일까요? but 앞에, 쉼표를 찍고 raising(분사 구문)으로 고쳐써야 합니다. 위계 구조를 4~5단으로까지 짜다보니, 그 체계가 와해되고 말았습니다.
"소프트웨어를 개선할 요량으로, 파이어폭스 이용 양상 자료를 수집하기로 하고 개시하는 데 여러 해가 걸렸다. (당장에 프라이버시 우려가 제기됐고, 최근에야 겨우 그 두려움이 가라앉았다.)"

Mozilla was slow to kill an ill-fated mobile operating system, which cost it hundreds of millions of dollars.

두 가지 분석법을 제안하오니, 음미해 보시기 바랍니다. 첫째, to kill을 to 부정사의 명사적 용법으로 '강체화'rigidified하는 것입니다. 그러면, '형용사-전치사-명사'의 구조로, 구의 연접 4번의 확장팩에 해당하고, 절을 하나 만들 수가 있습니다. 이때 주어 자리의 Mozilla는 주제어가 되지요. 두 번째 방법은, was slow to kill을 하나의 서술어'군'으로 취급하는 것입니다. 거칠게 바꿔 표현하면, killed slowly인 거지요. 이런 의미에서도 전치사는 연결사입니다.
"모질라는 불행하게 끝나버린—결국 버리게 되는— 모바일 운영 체제를 종료하는 데서도 굼떴다(수억 달러가 들어간 사업이다)."

And, in an echo of founder-dominated tech firms, too much responsibility rests on Ms Baker, who chairs both the foundation and the corporation.

글쓴이는 Ms Baker를 중심으로 2단으로 정보를 조직할 요량이었고, 영어에는 관계(대명)사 연결사라는 —위계 구조를 '조금쯤' 납작하게 눌러버리는— 멋진 방편이 있습니다. too much responsibility rests on Ms Baker, who chairs both the foundation and the corporation이 보이시나요? 한국어라면, 행위 주체성agency을 담보하는 사람 주어 Ms Baker를 중심으로 정보를 조직할 수 있을 듯합니다.

앞에 나오는 전치사 구는 넥서스형 연결사 용법입니다. echo는 hint로 바꿔 쓸 수 있겠네요. 주절=an echo of founder-dominated tech firms. 내용을 검토해 보면, (전체)=(부분)입니다.

"재단과 회사 둘 다를 관장하는 베이커가 너무 많은 책임을 떠안고 있는데, 사실 이는 설립자의 입김이 매우 센 기술 회사들의 특징이기도 하다."

Yet Mozilla turns out to be much more consequential than its mixed record and middling numbers would have you believe.

6TH PARAGRAPH

number에 '집단, 무리, 인물'이란 뜻이 있습니다. 본서에 여러 번 나오죠. 가정법 미래의 법성Mood과 사역의 보이스Voice가 인상적입니다. 행위 주체성을 기준으로 자연스런 한국어를 도모한다면, (원인)—›(결과)로 취급하면 되겠습니다.

"허나 이런 부정적 관측이 다가 아니다. 실적은 뒤죽박죽이고, 인력은 일류에 못 미치는 이류다. 그런데 이를 바탕으로 떠올리지 않을 수 없는 비관보다, 모질라가 훨씬 더 중요하다는 사실이 드러났다."

For one thing, Mozilla has shown that the open-source approach can work in consumer software, which even its champions doubted when the outfit got going.

앞에서 Ms Baker를 중심으로, 관계(대명)사란 연결 장치가 동원돼, 두 개의 절이 조직되었음을 기억하시나요? 이 문장에서는 그 역할을 that 절이 수행하고 있습니다.
"우선 첫째로, 모질라는 오픈 소스라는 기조와 방법이 소비자 대상 소프트웨어에서 먹힌다는 걸 입증했다. 모질라가 프로젝트를 시작하던 당시에는 오픈 소스 옹호자들조차 회의적이었다는 사실을 감안하면, 이는 놀라운 일이다."

Some studies have shown that Firefox now beats Chrome in terms of speed, for instance.

Some studies=Firefox now beats Chrome in terms of speed이므로, show가 2형식과 3형식의 점이 지대 동사입니다. 바로 앞문장에서도, show가 나오고 that절이 이어졌는데, 이 show가 2형식과 3형식의 점이 지대 동사가 되지 못하는 이유는, 주어 Mozilla가 '강체성'rigidity이 매우 강하기 때문입니다. 반면,

some studies는 명사를 동사화할 수 있고, '연구 내용' 정도로 지정할 수 있지요. "예컨대, 파이어폭스가 현재는 속도 면에서 크롬을 능가한다는 연구 결과가 여럿 있다."

Lastly, like Linux, an open-source operating system, and to an extent Android, Google's semi-open software that powers mobile devices, Mozilla has demonstrated that a non-commercial alternative minded to defend users' interests is good for consumers in digital markets.

8TH PARAGRAPH

세 가지 이유가 있다고 했고, 차례로 다음과 같은 접속부사가 등장합니다. For one thing, Second, Lastly. 독해의 맥을 놓치지 않으려면, 이런 접속부사들을 꼼꼼히 챙기셔야 합니다. 형용사와 부사를 같은 지위로 보기 때문에, Secondly도, Last도 다 가능합니다. 접속부사 역시 여섯 개의 연결사 가운데 하나죠.

that 절 안의 주부 a non-commercial alternative minded to defend users' interests에서는 minded가 눈길을 끕니다. '마음가짐의'란 보이스Voice를 '힘주어 말하고' 싶었던 듯합니다. 연결사이기도 하네요. 결국 '느즈러진'prolonged 표현인 셈입니다. 없어도 되거든요.

"마지막 세 번째도 보자. 리눅스Linux는 오픈 소스 운영 체제이다. 모바일 장비를 구동하는 구글의 안드로이드Android도 절반쯤 개방된 소프트웨어다. 모질라도, 바로 이 리눅스와, 어느 정도는 안드로이드처럼, 사용자의 이익을 지키겠다는 비영리적 마음가짐이 디지털 시장의 소비자들에게 유익하다는 것을 증명했다."

Outfoxing Big Tech

outperform, outmanoeuvre에 이어서, outfox까지 나왔습니다. 말놀이^{Pun}입니다.

Mozilla itself is working on Common Voice, a rival to digital assistants like Amazon's Echo and Apple's Siri.

S-V를 종속적으로 취급해, 주종 관계를 역진시켜 보았습니다.

"모질라가 개발 중인 음성 인식 소프트웨어 커먼 보이스$^{Common\ Voice}$가 아마 존^{Amazon}의 에코^{Echo} 및 애플^{Apple}의 시리^{Siri} 같은 디지털 비서들과 경쟁할 것이다."

1ST PARAGRAPH

ambitious: 야심찬, 상승 지향의, 향상심이 있는, 성공과 출세를 도모하는(=aspiring)
condemn: 처하게 만들다, 전락하다(=reduce)
legacy: 하드웨어나 소프트웨어, 데이터가 낡은(아직 기능은 하나 최신 시스템과의 호환성에 잠재적 문제가 생길 수도 있음)
tech speak: 기술 용어(=technical jargon=online lingo)
irrelevance: 무관함, 현대성 결여, 중요하지 않음(=not important=out of inertia)
inertia: 관성, 타력, 중요성(=importance)
damning: 비판적인, 과오를 강력하게 시사하는, 혹독한(=guilty of a crime)
browse: 이것저것 느긋하게 훑어보다, 둘러보다, 대강 읽다, 인터넷을 돌아다니다 cf) (web) browser: 브라우저
excel: 뛰어나다, 탁월하다, 압도하다, 우세를 점하다(=be dominant=reign=rule=perform well=do well)
market share: 시장 점유율
lose ground: 후퇴하다, 나빠지다, 약세를 보이다, 진지(세력)을 잃다, 설 자리를 잃다, 지다, 패배하다
account for: 충당하다, 상당하다, 차지하다
revenue: 수익, 수입
in exchange for: ~를 대가로, 교환으로
default: 기본 내정값, 디폴트
search engine: 검색 엔진

2ND PARAGRAPH

intense: 열정적인, 진지한(=sincere)
approachable: 성격이 사근사근해 말 붙이기 쉬운(=friendly and easy to talk to)
spiritual: 정신적인
unfazed: 동요하지 않는(=not disconcerted=unperturbed)
counter: 반박하다, 반대 주장을 펼치다, 주장하다(=(counter)argue=argue against)
realm: 왕국, 영역, 범위, 부문(=area)
put sb/sth first: ~을 중시하다, 우선하다
squeeze: 짜내다, 뽑아내다(=extract)
penny: 페니, 적은 돈, 푼돈
part: 부문, 부분(=subfield)

3RD PARAGRAPH

beast: 짐승, 야수 cf) Beauty and the Beast: 미녀와 야수
dotcom boom: 인터넷 기업 호경기(=dotcom bubble)
authority(authorities): 권위, 당국
break up: 박살내다, 분해하다, 부수다(=destroy)
capitulate: 항복하다, 굴복하다(=yield=surrender=give in)
parting shot: 떠나면서 내뱉는 막된 말(=Parthian shot)
release: 공개하다, 풀어주다(=open to the public=let go=let loose=unleash)
source code: 소스 코드(인간이 판독 가능한 언어, 즉 고급 언어나 어셈블러로 작성된 프로그램의 명령문. 목적 코드(object code)와 대칭되는 용어다. 목적 코드는 컴파일러, 어셈블러, 인터프리터(interpreter) 등의 프로그램으로 번역한 기계가 판독 가능한 형태의 명령문이다.)
alliance: 연합, 동맹
refer to: ~를 가리키다, ~를 나타내다(=stand for=mean)

4TH PARAGRAPH

hybrid: 혼종, 잡종(=crossbreed=mixture)
boast: 뽐내다, 자랑하다, 가지다
workforce: 노동 (인)력, 노동자
in exchange for: ~를 대가로
little more than: ~에 지나지 않는, ~에 불과한(=only=nothing more than)
peer: 동료, 또래, 동배
chip in: 끼어들다, 나서다, 합류하다(=join)
file transfer: 파일 전송, 파일 이전
charity: 자선 단체, 자선 기관
stray: 제 위치를 벗어나다, 타락하다, 길을 잃다
arm: 부문
in charge of: ~을 책임지다, ~을 맡다(=responsible for)
fork out: 돈을 내다, 지불하다(=pay with reluctance)

5TH PARAGRAPH
setup: 배열, 조직, 구조(=structure)
less than: 오히려 ~이 아니다, 결코 ~ 아닌
be down to: ~의 책임이다, ~ 때문이다
decision making: 의사 결정
privacy: 프라이버시, 사생활
allay: 가라앉히다, 누그러뜨리다(=calm=mitigate=alleviate)
ill-fated: 불행한 운명의(=unfortunate)
operating system: 운영 체제
have yet to: 아직 하지 않았고, 그래서 해야만 하다
charge: 과금을 하다, 청구하다
add-on: 부가의, 추가의(=additional=extra)
virtual private network(VPN): 가상 사설 통신망
scarce: 부족한, 드문
echo: 자취, 흔적, 상기시키는 것
rest on: ~에 의지하다, 의존하다(=depend on=rely on=bank on)
chair: 의장을 맡다, 이끌다, 지휘하다(=direct)

6TH PARAGRAPH
turn out to: ~로 드러나다(=prove to)
consequential: 중요한(=important=significant)
middling: 보통의, 중간의, 2류의(=average =moderate=unremarkable)
number: 집단, 무리(=group)

7TH PARAGRAPH
for one thing: 우선 첫째로(=first)
open source: 오픈 소스. 지적 재산이랄 수 있는 컴퓨터의 소스 코드를 개발자가 일반 대중에게 무상으로 공개해 자유롭게 이용할 수 있도록 하는 조치이자 태도(approach).
champion: 옹호자, 대변인(=advocate=fighter)
outfit: 팀, 그룹, 집단, 기업, 회사
get going: 착수하다, 시작하다, 본격 행동에 돌입하다(=begin=launch)
oversight board: 관리 감독 위원회, 감시 위원회
live up to: ~에 맞춰 살아가다, 준수하다, 부응하다, ~에 따라 행동하다(=honor=fulfill=put into practice)
credo: 신조(=belief=faith=creed)
like: 류, 같은 것, 비슷한 것, 동류(=kind=sort)
monopolise: 독점하다
play fast and loose: 아무렇게나 대하다, 막 대하다
undermine: 약화시키다, 훼손하다(=damage)

8TH PARAGRAPH
Linux: 개인용 컴퓨터에서 사용되는 오픈 소스의 비영리 운영 체제(operating system)
to an extent: 얼마간, 어느 정도는(=to some extent)
minded: 마음가짐의, 태도의, 명심하는
good for: 유익한, 도움이 되는(=helpful)
open standard: 개방형 표준
concede: 인정하다, 실토하다(=accept=acknowledge)
chivvy: 채근하다, 재촉하다(=prompt)
pop-up ad: 팝업 광고
surf: 웹브라우징을 하다, 인터넷을 여기저기 돌아다니다
anonymous: 익명의, 작자 불명의
feature: 특징, 기능(=function)
precipitate: 몰아넣다, 촉발하다, 불러 일으키다(=bring on=spark off)
turn on: 켜다(=activate=switch on)
default setting: 기본 설정값(컴퓨터)

9TH PARAGRAPH
agglomeration: 집합체, 복합체, 덩어리(=accumulation)
anytime soon: 조만간에(=soon after)
toy with: 만지작거리다, 궁리하다(=ponder)
touch call: 힘든 결정(=choice or judgement which is difficult to make)
convene: 소집하다, 회합하다(=gather)
ponder: 숙고하다(=consider=think carefully)
ethics: 도덕, 윤리
artificial intelligence(AI): 인공 지능, AI
enedeavour: 노력, 활동,

시도(=attempt=effort)
disband: 해산하다
composition: 구조, 구성(=structure)

10TH PARAGRAPH
out-: 능가하다,
  압도하다(=surpass=outdo=be
  superior to) cf) outperform,
  outmanoeuvre, outfox
dominant: 우세한, 압도적인(=pre-eminen
  t=superior=powerful=influential)
hint: 흔적, 자취(=trace)
discern: 식별하다, 확인하다,
  알아차리다(=make out=detect)
identity: 동일성, 정체성, 신원
Common Voice: 커먼 보이스(모질라가 추진
  중인 음성 인식 소프트웨어 프로젝트)
break up: 때려부수다, 파괴하다,
  해체하다(=destroy)
war cry: 전쟁 구호, 함성,
  표어(=slogan=rallying cry)
futile: 헛된, 소용없는,
  무익한(=useless=pointless)
breed: 재배하다, 기르다(=raise)

BUSINESS: The Hastings doctrine

Can Reed Hastings preserve Netflix's culture of innovation as it grows?

The streaming giant's curious management style faces challenges on several fronts

SEP 10TH 2020 EDITION

THE BEST way to stay innovative, many bosses will tell you, is to hire the best people and let them get on with it. Few take this as literally as Reed Hastings of Netflix. The video-streamer's employees can take as much holiday as they fancy and put anything on the company's tab so long as, to cite the entirety of its corporate expense policy, they "act in Netflix's best interest". Anyone may access sensitive information like a running tally of subscribers, which Wall Street would kill for. Executives seal multimillion-dollar deals without sign-off from top brass. High-achievers are rewarded with the plushest salaries in the business—whether their business is writing computer code or film scripts. Underperformers are unceremoniously cut loose.

It sounds like a recipe for expensive anarchy. But managing "on the edge of chaos", as Mr Hastings mischievously puts it, has served Netflix well. Most of its 7,900 full-time workers seem happy being treated like professional athletes, paid handsomely as long as no one

리드 헤이스팅스가 넷플릭스의 혁신 기풍을 계속해서 지켜낼 수 있을까?

거대 스트리밍 서비스 업체 넷플릭스의 흥미로운 경영 방식이 몇몇 분야에서 도전에 직면했다.

1ST PARAGRAPH 꾸준히 혁신을 하는 가장 좋은 방법은 뭘까? 아마도 많은 기업가들 말할 것이다. 최우량 인력을 고용해, 그들에게 일을 맡기는 것이라고. 넷플릭스Netflix의 리드 헤이스팅스Reed Hastings만큼 이 말을 진지하게 받아들이는 사람도 없을 것이다. 이 동영상 스트리밍 서비스 업체 직원들은 원하는 만큼 휴가를 쓸 수 있다. 영업비 사안은 더 가관이다. 회사의 비용 정책을 그대로 인용하자면, 직원들의 "활동이 넷플릭스의 최대 이익에 부합하"는 한, 그 어떤 비용도 품의 신청을 할 수 있다. 서비스 가입자 누계 같은 민감한 정보도 누구든지 접근할 수 있다. 월 스트리트Wall Street라면 바라마지않을 일이다. 넷플릭스의 경영 간부들은 최고위층의 서명 승인 없이도 수백만 달러 규모의 거래를 확정짓는다. 업무 고과가 좋은 직원은 업계 최고 연봉으로 보상을 해준다. 하는 일이 컴퓨터 코드를 짜는 것이든, 영화 각본을 쓰는 것이든 상관이 없다. 반면 저성과자의 경우는, 인정사정 없이 잘라 버린다.

2ND PARAGRAPH 이것은 마치 돈이 많이 드는 난장판을 도모하는 방법 같다. 하지만 헤이스팅스가 짓궂게 얘기하듯, "혼돈의 최전선"에서 경영을 해도, 넷플릭스는 잘 굴러왔다. 상근직 근로자 7900명 대다수가 프로 운동 선수 같은 이런 처우를 반기는 듯하다. 담당 업무를 본인보다 잘 하는 사람이 없는 한 보수도 후하다. 직원 각각이 연간 평균 수익

127

can do their job better. Each generates $2.6m in annual revenue on average, nine times more than Disney employees, and $26.5m in shareholder value, three times more than a Googler does.

Investors lap it up as hungrily as Netflix binge-watchers, who now number 193m worldwide. Since going public in 2002 the firm's share price has risen 500-fold (see chart 1), in the top ten 18-year runs in America Inc's history, as Mr Hastings points out with a hint of pride in his voice. This year it briefly overtook Disney to become the world's most valuable entertainment company.

125 reasons why

This track-record has earned Mr Hastings kudos. A PowerPoint "culture deck" outlining his management philosophy has been viewed 20m times since he posted it online 11 years ago. Sheryl Sandberg, Mark Zuckerberg's right-hand woman at Facebook, has called it the most important document ever to emerge from Silicon Valley. A new book in which Mr Hastings fleshes out

260만 달러, 주주 가치로 환산하면 2,650만 달러를 산출한다. 전자의 경우, 디즈니 직원 생산성의 아홉 배고, 후자는 구글보다 세 배 더 많다.

3RD PARAGRAPH

투자자들은, 넷플릭스에 가입하고 '몰아보기'binge-watch에 열중하는 시청자들만큼이나 이 사태를 즐기고 있다. (넷플릭스 가입 시청자는 전 세계적으로 현재 1억 9300만 명이다.) 2002년 상장 이래 넷플릭스의 주가는 500배 상승했다(표1을 보라). 미국 법인 기업 역사상 18년 연속으로 상위 10위 안에 드는 실적인바, 헤이스팅스의 말에서는 자부심마저 느껴진다. 넷플릭스는 올해 잠깐이었지만 디즈니Disney를 추월해, 전 세계에서 가장 값비싼 엔터테인먼트 회사로 등극하기도 했다.

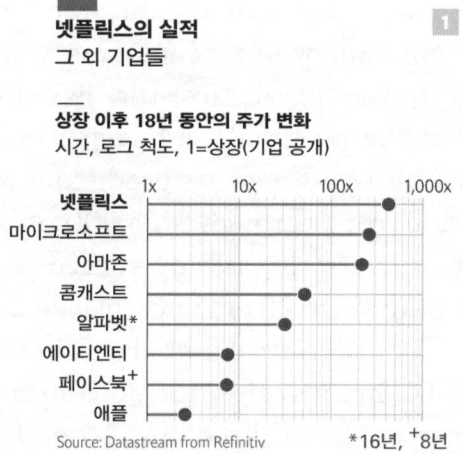

넷플릭스의 실적
그 외 기업들

상장 이후 18년 동안의 주가 변화
시간, 로그 척도, 1=상장(기업 공개)

Source: Datastream from Refinitiv *16년, +8년

4TH PARAGRAPH

125가지 이유

헤이스팅스는 이런 실적을 바탕으로 엄청난 명성을 얻었다. 파워포인트로 그의 경영 철학을 요약 제시한 일명 '컬처 덱'culture deck은, 11년 전 온라인에 게시된 이래 무려 2천만 번 열람되었다. 페이스북에 재직 중인 마크 저커버그의 오른팔 셰릴 샌드버그Sheryl Sandberg는 실리콘밸리에서 여태 나온 것 중 가장 중요한 문서라고 평가했다. 그 125개의 슬라이드에 본인이 직접 살을 붙인 신작 도서 『규칙 없음』은 당연히 대박이 날 것이다. 그러나 이 책을 읽다보면 한 가지 의문이 들지

those 125 slides is destined for the bestseller list. But it raises a question: are the "No Rules Rules" of the title the right set as Netflix metamorphoses from California startup into global show-business colossus?

It is easy to put too much stock in corporate culture, which can be a story triumphant companies tell themselves after the fact. GE's rise in the 1990s had more to do with financial engineering than with the much-aped habit introduced by Jack Welch, the conglomerate's CEO at the time, of ranking employees and "yanking" the bottom 10%. Netflix would not be where it is without its boss's uncanny foresight to bet on streaming in the late 2000s, or the uncannily flat-footed response from Hollywood incumbents, which took a decade to grasp the threat. Investors have displayed deep reserves of cheap capital, and deeper ones of patience. Over the past year the firm's prodigious revenue-generators each burned through $123,000 of cash (see chart 2); this year quarterly cashflow turned positive for only the first time since 2014. Luck played a role, as when cut-price DVD players debuted just in time for Christmas in 2001, months after the dotcom crash forced Mr Hastings to lay off a third of his 120-odd workers, from what was then a DVD-by-mail rental service.

5TH PARAGRAPH

않을 수 없다. 바야흐로 넷플릭스란 기업은 캘리포니아의 작은 신생 기업에서 전 세계를 호령하는 쇼 비즈니스 거인으로 변모했다. 이런 마당에 책 제목의 '규칙 없음의 규칙들'No Rules Rules이 과연 여전히 올바른 행동 지침일까? 하는 의문 말이다.

기업 문화랍시고 이런저런 얘기를 잔뜩 하는 것은 쉽다. 크게 성공해 득의만면한 회사라면 사후에 스스로한테 무슨 얘기를 못 할까? 1990년대에 제너럴 일렉트릭GE이 부상했음을 기억하는가? 당시 이 복합 기업 CEO 잭 웰치Jack Welch가 소개해 많은 이들이 따라했던 금융 공학적 조치가 GE의 부상에 더 많은 역할을 했다. 허나, 인구에 회자된 건 주로 전자였는데, 그 내용은 직원들을 평가해, 최하위 10퍼센트를 해고한다는 거였다. 넷플릭스도 마찬가지이다. 총수의 기이할 정도의 선견지명과, 왕좌를 차지하고 있던 할리우드의 역시 기이할 정도의 수수방관이 없었다면, 넷플릭스가 지금의 자리에 서지는 못했을 것이다. 전술한 문장의 두 요소를 더 자세히 얘기해 보자. 넷플릭스 총수는 2000년대 후반 예지력을 발휘했고, 스트리밍 분야에 판돈을 걸어버린다. 둘째, 엔터테인먼트 업계의 최강자 할리우드가 넷플릭스의 위협을 알아차리는 데 무려 10년을 허비하는 기이한 일이 벌어졌다. 이게 다가 아니다. 투자자들이, 싼 금리로 돈을 쓸 수 있게, 깊은 저수지 역할을 충실히 수행해 줬다. 게다가 그들이 발휘한 인내심은 더 깊은 저수지였다고 해야 할까! 작년 한 해 동안 이 회사의 비범한 수익 창출원들은 1인당 12만 3,000달러의 현금을 까먹었다(표2를 보라). 올해에야 분기 현금 유동성이, 2014년 이래 처음 플러스로 전환했을 뿐이다. 운도 따랐다. 예컨대, 2001년 크리스마스를 앞두고서, 딱 알맞은 때에 매우 저렴한 가격의 DVD 플레이어가 출시됐다. 무슨 말인고 하면, 그 몇 달 전에 닷컴 붕괴가 일어났고, 헤이스팅스는 어쩔 수 없이 120여 명 직원의 3분의 1을 해고했는데, 당시 그는 우편으로 DVD를 대여하는 서비스를 하고 있었다.

Binge on that
Selected companies

Financials, per employee, September 2020, latest 12 months available

Company	Market capitalisation Sep 7th 2020, $m	Revenue $'000	Net profit/loss, $'000	Free cashflow $'000
Netflix	26.5	2,631	311.8	-123.3
Apple	15.1	1,999	426.5	523.4
Microsoft	9.9	877.4	271.7	277.5
Alphabet	9.1	1,396	265.2	262.1
Amazon	2.1	403.2	16.5	33.8
Disney	1.1	312.8	-4.9	15.1
Comcast	1.1	555.5	60.6	86.0
AT&T	0.8	706.8	48.4	104.3

Sources: Bloomberg; Datastream from Refinitiv

Still, as Michael Nathanson of MoffattNathanson, a consultancy, observes, "Every time that Netflix faced a roadblock it found a clever way to work around it and emerge stronger." Most notably, when TV networks and studios at last woke up to the reality of streaming and began to hog content licences, Netflix started producing its own shows, and later feature films. The swivel might have taken longer with employees bogged down in chains of approvals. "Radical candour", whereby everyone's ideas, from Mr Hastings down, can be challenged by all-comers, helps weed out bad ones. "Sunshining", the stomach-churning spectacle of publicly explaining choices, helps not to repeat mistakes. Senior Netflixers' "ability to swallow their pride is truly exceptional", says Willy Shih of Harvard Business School, who has written two case studies on the firm.

Now this innovation-friendly culture is under fire on three fronts. The first two—the firm's growing size and scope—are internal to Netflix. The third source of pressure comes from the outside.

각급 실적
넷플릭스와 그 외 기업

직원 1인당 재무 성적, 2020년 9월 기준(최근 열두달 치 자료를 바탕으로 함)

기업	시가 총액, 2020년 9월 7일 단위: 백만 달러	매출액, 단위: 천 달러	순이익/순손실 단위: 천 달러	잉여 현금 흐름 단위: 천 달러
넷플릭스	26.5	2,631	311.8	-123.3
애플	15.1	1,999	426.5	523.4
마이크로소프트	9.9	877.4	271.7	277.5
알파벳	9.1	1,396	265.2	262.1
아마존	2.1	403.2	16.5	33.8
디즈니	1.1	312.8	-4.9	15.1
콤캐스트	1.1	555.5	60.6	86.0
에이티엔티	0.8	706.8	48.4	104.3

출처: Bloomberg

6TH PARAGRAPH 이렇게 말하기는 했지만, 컨설팅 기업 모팻네이션선MoffatNathanson의 마이클 네이션선Michael Nathanson은 넷플릭스를 다음과 같이 총평한다. "넷플릭스는 장애에 직면할 때마다 매번 꾀바른 방법으로 헤쳐나왔고, 더 굳건해졌다." 가장 눈여겨 봐야 할 시점은, 텔레비전 네트워크와 스튜디오가 마침내 스트리밍 업황의 실상을 깨닫고서, 컨텐츠 라이센스를 독차지하기 시작한 때다. 바로 그때 넷플릭스가 자체적으로 쇼를, 이어서 장편 극영화까지 제작하기 시작한다. 직원들이 연쇄 결재의 수렁에 빠져버렸다면, 이 정책 전환에는 더 많은 시간이 걸렸을 것이다. 넷플릭스는 소위 '과격한 솔직'radical candour 정책을 시행하는데, 여기서 모든 발안과 기획을 회의 참가자 전원이 문제 삼을 수 있다. (헤이스팅스도 예외가 아니다.) 넷플릭스는 이를 통해 안 좋은 아이디어를 솎아낸다. '선샤이닝'sunshining이란 조직 운영 방침도 보자. 여러 선택지를 공개적으로 설명하면서, 인상적인 구경거리가 돼야 해서, 그리 내키지 않는 광경인데, 이를 통해 실수가 반복되는 걸 막는다고 한다. 넷플릭스 선임들은 "자부심을 억누르는 능력이 정말 탁월하"다고, 윌리 시Willy Shih는 말한다. (이 하버드 경영 대학원 교수가 넷플릭스 사례 연구를 두 건 진행했다.)

7TH PARAGRAPH 그런데 요즘, 바로 이 혁신 친화적인 문화가 세 전선에서 맹비난을 받았다. 처음 두 요소는 넷플릭스 내부 사안으로, 규모와 범위이다. 세 번째 압력은 외부에서 오고 있다.

Start with size. The flat hierarchy and frankness that works in Silicon Valley, with its narrow range of temperaments and socioeconomic backgrounds, is harder to sustain in a global workforce that has swelled nearly fourfold in five years (more if you include temporary contractors, who now number over 2,200, up from fewer than 400 in 2015). Asians, Europeans and Latin Americans can find visitors from headquarters "exotic", in Mr Hastings's words. Negotiating "context", as Netflix managers and their subordinates do constantly in the absence of explicit rules, offers useful flexibility. But it takes time that could be spent perfecting a product—ever more of it as tacit cultural understanding is diluted by international expansion. Revenue per worker is down by 7% from 2015.

Many countries grant workers more protections than America does. This is a problem for the "keeper test", which requires managers constantly to question if they would fight to stop their underlings from leaving—and, if the answer is "no", immediately send the individual on their way with generous severance. These golden handshakes, which range from four months' salary in America to more than six months in the Netherlands, are "too generous" to reject, says Mr Hastings. Netflix has not been sued even in Brazil, where employee lawsuits are a national sport to rival football. The bonhomie may not last.

A larger workforce poses a separate risk to internal transparency. Even while the attrition rate hovers at around 10%, the number of ex-Netflixers with knowledge of the firm's finances and strategic bets is now

규모부터 따져보자. 수평적 위계와 솔직함은 실리콘 밸리에서 통한다. 실리콘 밸리 사람들의 기질과 사회 경제적 (출신) 배경의 폭이 좁기 때문이다. 넷플릭스는 지난 5년 사이 그 규모가 거의 네 배 성장하면서, 전 세계 인력을 끌어안게 됐다. 세계를 포괄하는 이렇게 큰 노동 인력 안에서 수평적 위계와 솔직함의 기풍을 계속 유지하기는 더 어렵다. (임시 계약직이 가세하면 더 난맥상이 되는데, 넷플릭스는 현재 임시직 계약 사원이 2200명을 넘으며, 이는 지난 2015년의 400명 미만에서 크게 늘어난 수치이다.) 아시아인, 유럽인, 라틴 아메리카인들은 본사에서 온 내방객을 "이국적"이라고 생각할 수 있다. 이는 헤이스팅스의 말을 그대로 옮긴 것이다. 넷플릭스의 경영자와 부하 직원들이 명시적인 규칙이 없는 속에서도 업무를 추진하는 것처럼, 컨텍스트, 그러니까 전후 사정과 맥락을 적절히 판단해 효과적으로 돌파하면, 그 유연성이 무척이나 쓸모가 있다. 하지만 과제를 완료하고 제품을 완벽하게 만드는 데, 시간이 많이 걸릴 수도 있다. 사세가 세계로 확장하면서 암묵적 사풍이 묽어지면, 이 과정이 훨씬 힘겨워진다. 실제로 노동자 1인당 벌어들이는 수익이 2015년부터 7퍼센트씩 하락했다.

많은 나라가 미국보다 노동자들을 더 많이 보호한다. 이 상황이 일명 키퍼 테스트keeper test에는 심각한 문제다. 넷플릭스의 관리자들은 키퍼 테스트를 통해 끊임없이 묻는다. 부하 직원의 이탈을 막을지 말지가 핵심이다. 그 대답이 '아니오'로 나오면, 관리자들은 당장에 그 대상자를 불러 두둑한 퇴직금과 더불어서 잘라 버린다. 이 '황금 악수' 라고 하는 관행의 고액의 퇴직금 액수가 미국은 넉 달치 월급이고, 네덜란드라면 여섯 달치 이상에 이른다. 헤이스팅스의 말을 빌리면, 이 황금 악수액이 "너무 후해서" 사람들이 거부하기가 힘들다고 한다. 넷플릭스는 심지어 브라질에서조차 소송을 당한 적이 없다. 브라질이 왜 문제냐 하면, 이 나라에서는 직원들의 소송과 고소건이 축구에 버금가는 전국민적 스포츠이기 때문이다. 넷플릭스가 자랑하는 온후한 친밀감의 문화가 지속되지 못할 수도 있다.

노동자의 수가 늘어났고, 내부 투명성도 위협해졌다. 감원률이 10퍼센트 정도 되기 때문에, 넷플릭스 퇴사자들의 수가 현재 매년 수백 명씩 늘고 있다. (그런데 이들은 당연하게도, 넷플릭스의 재무 상태와 전략적 계획을 잘 안다.) 달갑잖은 폭로가 거의 없었다고, 헤이

growing by hundreds each year. Unwanted disclosures have been rare and, says Mr Hastings, immaterial. But, he concedes, serious leaks may be "a matter of time".

The second challenge has to do with Netflix's sectoral girth. In its first decade it was primarily a firm of technologists like Mr Hastings, whom his co-founder, Marc Randolph (who left the firm in 2003), likened to the hyper-rational, emotionless Mr Spock in "Star Trek". That was never entirely fair—Netflix products are data-driven but Mr Hastings attaches as much weight to judgment in managing people as Captain Kirk ever did. Still, by the standards of Tinseltown, where he now spends a couple of days most weeks amid studio intrigues and moody showrunners, he and his firm can come across as robotic.

One producer who has worked with Netflix detects hints of its horizontal hierarchy permeating Hollywood "by osmosis". This can speed things along. But, she grouses, "sometimes you need a production assistant to assist, not commission scripts." At the same time, Netflix missed a chance to revolutionise other old studio ways. The $150m five-year deal it signed in 2018 with Shonda Rhimes, a star TV producer, may be more generous than most networks could afford. But it is Hollywoodian in its structure, says a former executive—and antithetical to the keeper test.

Moreover, Netflix may have no choice but to expand into new industries. This would be a departure from its laser focus on its core product: quality streamed entertainment. But show business is increasingly the preserve of conglomerates. Disney has theme parks, merchandising and TV networks. Comcast (the

스팅스는 말한다. 있었다고 하더라도 중요성이 떨어지거나 실체가 없었다는 말도 보태졌다. 하지만 그도 인정한다, 심각한 누설은 "시간 문제"일 뿐이라고 말이다.

11TH PARAGRAPH 두 번째 과제는 넷플릭스의 사업 범위다. 출범 후 첫 10년간 넷플릭스는 주되게 헤이스팅스 같은 기술 분야 전문가들의 기업이었다. 공동 창업자로, (2003년 넷플릭스를 떠난) 마크 랜돌프Marc Randolph는 헤이스팅스를, '스타 트렉'Star Trek에 나오는 스포크Spock에 비유했다. 무지막지하게 이성적이고, 감정이라고는 없는 외계인 말이다. 랜돌프의 평가는 그리 공정하지 않다. 넷플릭스의 제품이 데이터 처리를 바탕으로 만들어지기는 하지만, 헤이스팅스 자신이 커크 선장Captain Kirk만큼이나 경영진의 판단을 중시 여기기 때문이다. 그럼에도 불구하고, 번쩍이는 동네 할리우드의 기준으로 보자면, 헤이스팅스와 넷플릭스가 마치 로봇처럼 비칠 수도 있다. (아무튼 그가 현재는 거의 매 주 2-3일씩 할리우드를 찾아, 감정 기복이 심한 텔레비전 쇼 제작자를 만나거나 스튜디오의 이런저런 활동을 벌이고 있다.)

12TH PARAGRAPH 넷플릭스와 협업을 한 바 있는 한 프로듀서는, 수평적 위계의 문화가 할리우드에 스며드는 기미를 느낀다는 걸, "삼투 현상"이란 말로 표현했다. 그로 인해 일의 진행이 빨라지기도 한다. 하지만 그녀는 이렇게도 투덜댔다. "제작자 보가 가끔은 정말 도와야 할 때가 있단 말입니다. 각본이나 의뢰하는 게 아니라요." 넷플릭스가 그 외의 낡은 스튜디오 관행을 혁신할 기회를 놓치기도 했다. 숀다 라임스Shonda Rhimes란 유명 텔레비전 방송 제작자와 2018년 체결한 계약을 예로 들어보자. 넷플릭스가 서명한 1억 5천만 달러 규모의 그 5년짜리 계약은 대다수 네트워크가 감당할 수 있는 것보다 액수가 후했다. 하지만 전직 임원은 그 계약을 이렇게 평한다. 내용을 보면, 기본적으로 할리우드의 관행을 따른 것으로, 넷플릭스의 '키퍼 테스트' 원칙에 반한다는 것이다.

13TH PARAGRAPH 또 있다. 넷플릭스한테는 신 사업 영역으로의 확장 말고 다른 선택지가 없다. 이 선택지가 본격화하면, 핵심 상품에 주력하던 넷플릭스의 풍토에서 이탈하게 된다. 양질의 오락물을 스트리밍하는 활동에서 벗어나게 된다는 소리다. 그런데 쇼 비즈니스가 점점 더 복합 기업들의 전유물이 되어가고 있다. 디즈니Disney를 보라. 테마 파크가 있고, 물품 제작과 홍보, 광고와 판매가 통합적으로 이뤄지며, 텔레비전 네

cable giant that owns NBCUniversal) and AT&T (the telecoms group which controls HBO and WarnerMedia) possess the pipes along which content flows. Apple's and Amazon's Hollywood ambitions are tethered to their powerful technology platforms.

Disrupting sluggish behemoths is one thing. Competing with them head-on may require a different trade-off between flexibility and efficiency. It may also mean takeovers. Mr Hastings has no shopping plans. But a strong culture, he admits, "is a material weakness if you are going to make big acquisitions". Cultural sparks could fly when you integrate more than a few dozen people, as they flew when his first firm, Pure Software, bought rivals in the 1990s.

The third set of challenges is external. Covid-19 has muted the exchange of ideas. It is also harder to evaluate—and dismiss—people by Zoom; Netflix's 12-month rolling attrition rate has declined by a third, to 7%. This week Mr Hastings said he does not see "any positives" to home-working.

Dear White People

Then there is public pressure for corporate America to care more about diversity. Mr Hastings added inclusion to Netflix values in 2016 but it barely features in his investor letters or annual reports. He acknowledges a tension between the desire for diversity and Netflix's arch-meritocratic ideals (the firm eschews quotas, as it does all management metrics, in favour of that Kirkian judgment). Its corporate temperament screams "hypermasculine", as Erin Meyer, Mr Hastings's co-author and professor at IN-

트워크까지 보유한다. NBCUniversal을 보유한 케이블 업계의 강자 컴캐스트Comcast와 HBO와 워너미디어WarnerMedia를 지배하는 통신 기업 AT&T가 보유한 '파이프'로는 온갖 컨텐츠가 콸콸 흐른다. 애플과 아마존이 왜 할리우드에 진출하려는 야망을 품겠는가? 각자가 보유한 막강한 기술 플랫폼과의 결합 시너지가 엄청나기 때문이다.

14TH PARAGRAPH 실적이 부진한 거대 기업을 방해하는 것도 한 방법이다. 허나, 그들과 정면 충돌하는 방식으로 경쟁하려면, 유연성과 효율성 사이에서 이전과는 다른 균형이 필요할 것이다. 정면 충돌 경쟁은 인수 합병을 의미할 수도 있다. 헤이스팅스에게 아직은 기업 사냥 계획이 없다. 하지만 그도 인정한다. 조직 문화가 강력하면, "대규모 인수 합병을 시행하려 할 때, 그게 큰 약점으로 작용한다"고 말이다. 20~30명만 통합하려고 해도 사풍이 충돌해 불꽃이 튈 수 있다. 헤이스팅스의 첫 회사 퓨어 소프트웨어Pure Software가 경쟁사들을 매입한 1990년대에 실제로 그런 일이 일어났다.

15TH PARAGRAPH 세 번째 과제는 외적 요인이다. 코로나19 사태로 인해, 아이디어 교환이 약화되고 말았다. 줌Zoom으로는 직원들을 평가하고 내쫓기도 더 어렵다. 넷플릭스의 직원 감소율이 지난 12개월 동안 단계적으로 3분의 1 하락해, 7퍼센트까지 떨어졌다. 헤이스팅스는 이번 주에 재택 근무가 "전혀 긍정적"이지 않다고 말했다.

16TH PARAGRAPH 백인 선호

미국 재계가 다양성에 더 관심을 기울여야 한다는 공공의 압력도 있다. 헤이스팅스가 2016년 넷플릭스의 여러 가치 지향에 '인클루전'inclusion이라고 하는 각종 '통합 및 포섭 정책'을 보탰지만, 주주 서한이나 연례 보고서에 그 내용은 거의 실리지 않는다. 그도 다양성을 지향하는 바람과 넷플릭스의 초능력주의 이상 사이에 긴장과 갈등이 존재함을 인정한다. (넷플릭스는 채용 할당량을 기피한다. 그 유명한 러셀 커크의 견해Kirkian judgment를 선호해, 인사 관리 지표를 죄다 멀리하는 것과 동일하다.) 기업 법인으로서 넷플릭스의 기질을 "마초성"이 울부짖는다고 지적한 에린 마이어Erin Meyer의 평가는 아주 유명하다. 그녀는 프랑스 경영 대학원 인시아드INSEAD의 교수로,

SEAD business school in France, has herself noted. And one person's radical candour is another's micro-aggression.

Netflix shareholders and their representatives on the board have confidence that Mr Hastings can reconcile these strains. He has given them plenty of reasons to trust his own judgment. But he is fully aware that his position is safe only as long as he can keep the magic going. The keeper test applies to him, as well.

© The Economist Newspaper Limited, London (Sep 10th 2020)

헤이스팅스와 『규칙 없음』을 함께 썼다. 기실 누군가의 '과격한 솔직함'은 (의도한 것은 아니라고 해도) 다른 누군가를 미묘하게 차별하는 행위가 돼 버린다.

넷플릭스의 주주들과 이사진은 헤이스팅스가 이런 갈등을 화해시킬 수 있다고 자신한다. 그들에게는 헤이스팅스의 판단과 결정을 믿으면서 신뢰를 보낼 만한 이유가 많다. 하지만 헤이스팅스 본인도 잘 알고 있다. 계속해서 마법을 부릴 수 없다면 자신의 지위가 안전하지 못함을 말이다. 그도 '키퍼 테스트'를 벗어날 수 없는 것이다.

동영상 스트리밍 업체 넷플릭스Netflix 이야기입니다. Binge-watch, 그러니까 '몰아보기'란 말을 유행시킨 바로 그 회사죠. 이 넷플릭스가 유통업체에서, 이제는 컨텐츠 제작자로도 변신했는데, 그 전환 과정에서 과제에 직면한 사풍을 들여다봅니다. 본서에는 동종업계와 그 종사자, 디즈니와 밥 아이거Bob Iger에 관한 기사도 실려 있습니다. 경고: 스무 개의 아티클 중, 수사학적으로 가장 어렵게 읽힐 수도 있음.

1ST PARAGRAPH

Few take this as literally as Reed Hastings of Netflix. The video-streamer's employees can take as much holiday as they fancy and put anything on the company's tab so long as, to cite the entirety of its corporate expense policy, they "act in Netflix's best interest".

as ~ as ... 원급 비교가 두 번 나오는데, 분석할 줄 모르는 학습자가 의외로 많았습니다. 앞에 자리한 as는 부사이고, 뜻은 '그렇게'란 의미입니다. 뒤에 나오는 as는 '~처럼, 만큼'의 뜻을 지니고, 전치사나 접속사로 사용됩니다. 첫 번째 문장에서는 전치사이고, 두 번째 문장에서는 절을 이끌므로, 접속사죠. '리드 헤이스팅스만큼 이 말을 그렇게 진지하게 받아들이는 사람도 거의 없다'. '원하는 만큼 그렇게 많은 휴가를 쓸 수 있다'는 얘기입니다. 몇 번만 연습하면, 곧 익숙해집니다.

두 번째 문장의 to부정사 삽입구는 언급해 둘 만한 가치가 있겠습니다. to cite the entirety of its corporate expense policy. '회사의 지출 관련 정책 전반을 인용하자면'이 아닙니다. 여기서 entirety는 '온전히, 문자 그대로'란 뜻입니다. 뒤에 관련 내용이 큰따옴표로 직접 인용돼 있지요. 이 내용이 '명사-전치사-명사'의 구의 연접 4번형으로 조직돼 있음에도 유념하시기 바랍니다. 공교롭게도, 앞 문장에 대체어 literally가 나와 있습니다. to cite its corporate expense policy literally.

It sounds like a recipe for expensive anarchy.

앞 문단에서 구의 연접 4번을 공부했고, 이 문장에서는 3번을 연구하겠습니다. expensive anarchy가 형용사-명사의 구조네요. 보이스가 기본이죠. 심지어 왕이라고까지 했습니다. 서술어가 둘이므로, 절이 두 개 있는 것이나 마찬가지입니다. '돈을 많이 쓰다'(expensive)와 '난장판을 만들다'(anarchy)입니다. 네 가지 구의 연접 양상은 대학 노트 한 권을 따로 준비해, 그 다양한 관계상을 메모하면서 정리하는 것도 공부의 한 방법입니다.

Most of its 7,900 full-time workers seem happy being treated like professional athletes, paid handsomely as long as no one can do their job better.

한국어는 동사와 함께 형용사가 활용conjugation을 하며, 용언用言, predicate을 이룹니다. 나아가, 보편 문법적으로 이런 진술도 가능합니다. "체언substantive은 격변화 declension를 하고, 용언은 활용을 한다." 그런데 영어의 형용사는 독립적으로 서술어로 쓰이지 못합니다. 문장을 구성하려면, 반드시 동사가 가담해 활용되어야 합니다. 또, 세계를 더 확장적으로 진술하기 위해 대상어와 결합될 때에는, (동사가 아니라 형용사이기 때문에) 전치사를 연결사로 취하고, 대상어가 붙게 됩니다.

이 책에서 근본 모형$^{Two\ Fundamental\ Models}$을 두 개 제시했지요. S-V와 S-V-O' 말입니다. 여기서 V는 동사^{Verb}가 아니라, 보이스^{Voice}입니다. 따라서 형용사가 '보이스'를 담당할 때, 두 개의 기본 모형은 조금 복잡해지죠. 다음과 같을 겁니다. 1) S-(verb)-Adj. 2) S-(verb)-Adj.-(prep)-O'. (물론, 디스로케이션과 에이전트 저글링 상황이 가세하기 때문에, 실제로는 경우의 수가 더 많아집니다.)

seem happy 에서 happy라는 형용사가 '보이스'로서 제일 중요하고, 동사가 일정한 역할을 하고 있습니다(법성). 디스로케이션을 발생시킨 후, 위상을 맞춰 상세히 진술하고 있는 것에도 주목하시기 바랍니다. treated=paid. "상근직 근로자 7900명 대다수가 프로 운동 선수 같은 이런 처우를 반기는 듯하다. 담당 업무를 본인보다 잘 하는 사람이 없는 한 보수도 후하다."

3RD PARAGRAPH

Investors lap it up as hungrily as Netflix binge-watchers, who now number 193m worldwide.

as ~ as ... 원급 비교를 복습해 볼 수 있겠고, 관계대명사 연결사 이하의 number 동사는 '2형식과 3형식의 점이 지대 동사'입니다. Netflix binge-watchers = 193m.

3RD PARAGRAPH

Since going public in 2002 the firm's share price has risen 500-fold (see chart 1), in the top ten 18-year runs in America Inc's history, as Mr Hastings points out with a hint of pride in his voice.

144

전치사 in을 중심으로 살펴볼 수 있고, 이 방법을 '전치사의 넥서스형 연결사 용법'이라고 칭했습니다. 위계 구조가 역진해, 대등 구조가 되고, 부분과 전체가 같다는 논리에 입각해, 두 내용이 단단히 결합하는 경우가 많았습니다. 그런데 이 문장은 구조 형식은 그런데, 실제의 의미 내용은 '따로 노는' 나열입니다. '주가가 500배 상승한 것'과 '미국 법인 기업 역사상 18년 연속으로 상위 10권 안에 든 것'은 관련은 있지만, '명백한' 인과나 동치는 아닙니다.

제가 콜로케이션連語, collocation을 포괄한, 디스로케이션dislocation 개념을 제안하는 이유입니다. 문장이 물리적으로 '탈구'된 상황을 가리켰고, '호응이 미흡'하거나, 단어들의 위상이 맞지 않은 결어긋남decoherence을 지칭하기도 했죠. 이런 변위 상황을 '결락結落의 변증법'이란 말로도 언급했습니다. 고립어라는 영어의 본원적 특성이 근저의 원인인바, 저는 이 현상이 인간 인지의 특성이라고도 추론하고 있습니다. 개념이 지저분한 것은, 이 세상이 (지저분 한 것이 아니라) 풍요롭기 때문입니다. 우리는 계속해서, 이 디스로케이션 넥서스Dislocation Nexus의 경관을 탐험해 나가는 것입니다.

바로 이 풍요로운 디스로케이션 넥서스를 즐기도록, 절이 하나 더 붙어 있습니다. as Mr Hastings points out with a hint of pride in his voice. '18년 연속으로 상위 10권 밖으로 밀려난 적이 없다'는 말을 헤이스팅스가 했을 겁니다.

"2002년 상장 이래 넷플릭스의 주가는 500배 상승했다(표1을 보라). 미국 법인 기업 역사상 18년 연속으로 상위 10위 안에 드는 실적인바, 헤이스팅스의 말에서는 자부심마저 느껴진다."

A Power-Point "culture deck" outlining his management philosophy has been viewed 20m times since he posted it online 11 years ago.

4TH PARAGRAPH

부정관사가 쓰이고 있는 게 거슬립니다. 글쓴이는 '파워포인트'에 관심을 두고 있는 것 같습니다. 여러 파워포인트 문서 중의 하나라는 것이죠. 이보다는 정관사 The를 쓰는 것이 옳아 보입니다. 하지만 원어민의 문장을 함부로 틀렸다고 재단할 수는 없겠죠. 원어민은 모어이기 때문에, 즉각적인 생각의 율동 속에서 정관사를 쓰기도 하고, 부정관사를 쓸 수도 있습니다. 요점은, 우리가 문장을 통해 그네들의 유동하는 인지$^{\text{cognitive fluid}}$를 적절히 포착해 고정하는 것입니다. A new book도 마찬가지입니다.

5TH PARAGRAPH

It is easy to put too much stock in corporate culture, which can be a story triumphant companies tell themselves after the fact.

관계대명사 계속적 용법이지만, 제한적 용법의 위계를 반영해 보겠습니다. "기업이 성공하고나서 되뇌는 이야기가 될 수도 있는 사풍을 이러쿵저러쿵 칭찬(stock)하는 것은 쉬운 일이다." 제가 별도로 작성한 번역 대본은 이렇습니다. "기업 문화랍시고 이런저런 얘기를 잔뜩 하는 것은 쉽다. 크게 성공해 득의만면한 회사라면 사후에 스스로한테 무슨 얘기를 못 할까?"

첫 번째 해석에서는, corporate culture를 선행사로 파악해, =story로 취급했고, 두 번째 해석에서는 동명사 putting too much stock in corporate culture=story(telling)로 파악했습니다. 두 번째 시나리오에서는 '과정-물체 스펙트럼'에 기초해, 위상을 통일시켜야 합니다. 과정=과정.

5TH PARAGRAPH

Luck played a role, as when cut-price DVD players debuted just in time for Christmas in 2001, months after the dotcom crash forced Mr Hastings to lay off a third of his 120-odd workers, from what was then a DVD-by-mail rental service.

제너럴 일렉트릭의 예와 넷플릭스의 간략한 역사가 정리돼 있는데, 신정보가 많아서 인지 부하가 심합니다. 중간의 내용은 제 번역 샘플을 참고하시면 되겠고, 이 문단의 마지막 한 문장을 검토해 보도록 하겠습니다.

접속사 as 앞에 쉼표가 찍혀 있고, 글쓴이는 디스로케이션 경관을 구축하고 있습니다. 이하에서 예증하는 내용이 나옵니다. 그런데 문장이 엉성하기 짝이 없습니다. 하이픈으로 만든 형용사 DVD-by-mail을 보면, 어색해서 언짢을 지경입니다. a DVD rental service by mail이 가장 무난하지요. months after와 from what도 혼란을 초래합니다. '멋지게' 위계 hierarchy를 구축하려다가 말이 꼬인 것이지요. 제가 다음처럼 패러프레이즈해 두었습니다.

Luck also followed. For example, ahead of Christmas 2001, DVD players were released at just the right time at a very low price. In other

147

words, when the dot-com crash happened several months ago, Hastings was forced to lay off a third of his 120-plus employees, who at the time was running a DVD rental service by mail.

 "운도 따랐다. 예컨대, 2001년 크리스마스를 앞두고서, 딱 알맞은 때에 매우 저렴한 가격에 DVD 플레이어가 출시됐다. 무슨 말인고 하면, 그 몇 달 전에 닷컴 붕괴가 일어났고, 헤이스팅스는 어쩔 수 없이 120여 명 직원의 3분의 1을 해고했는데, 당시 그는 우편으로 DVD를 대여하는 서비스를 하고 있었다."

8TH PARAGRAPH

Negotiating "context", as Netflix managers and their subordinates do constantly in the absence of explicit rules, offers useful flexibility. But it takes time that could be spent perfecting a product—ever more of it as tacit cultural understanding is diluted by international expansion.

offer가 2형식과 3형식의 점이 지대 동사입니다. Negotiating "context"= (being) flexible이고, 그 flexibility가 useful하다는 말입니다. 대상어부에서 '형용사-명사'의 구의 연접 3번을 써서, 다시금 위계 구조를 짰습니다. context에 따옴표가 있는 것은, 그 의미를 맥락 결부적으로 파악하라는 주문입니다.

두 번째 문장의 첫 번째 it은 negotiating "context"입니다. 그런데 takes 동사와 be spent 동사가 중첩돼 얽혀 superposition and entanglement 있습니다. 아니면, 단순하게 가주어 it인지도 모릅니다. 두 번째 시나리오라면, 다음처럼 패러프레이즈할 수 있겠지요. But it could take too much time to perfect a product. 하지만 저는 it(=negotiating context)과 perfecting a product를 두 개의 에이전트 rigidity로 보고 싶습니다. 그렇다면 이렇게 패러프레이즈할 수 있겠지요. But, with negotiating "context," too much time could be spent (in) perfecting a product.

풀이표 다음의 구는 예증을 하고 있습니다. more of it은 구의 연접 4번이고, 구는 절입니다. it은 '시간 낭비'겠지요. "시간 낭비의 사례가 훨씬 많아졌다." culture가 아니라, cultural understanding인 것도, '과정-물체 스펙트럼'을 한 번 더 고민하도록 써놓은 것인데, 글쓴이의 인지가 이렇게 불확정적으로 유동하기 때문입니다.

9TH PARAGRAPH

Netflix has not been sued even in Brazil, where employee lawsuits are a national sport to rival football. The bonhomie may not last.

bonhomie는 프랑스어에서 온 말인데, 이 문단의 generous (severance) 및 golden (handshake)과 동계어^{cognate}입니다. "이런 온후함이 지속되지 않을 수도 있다"는데, 접속부사가 없는 게 눈에 띕니다. 바로 앞 문장만 하더라도, 관계부사 where를 통해, 서술의 밀도와 연속성, 또 논리 관계를 드러내고 있기 때문입니다.

독자들에 따라서는, 접속부사 but을 사용하고 싶은 분이 계실 수도 있습니다. 같은 문단의 처음 두 문장 사이에는 therefore나 and so를 삽입할 수도 있겠습니다. 하지만 글쓴이는 그렇게 하지 않았죠. '행간을 읽는다'Reading between the lines는 것은 바로 이런 의미입니다.

여섯 개의 연결사 Six Connectives를 분류하고, 언급했습니다. 이 연결사가 쓰였을 때, 올바르게 이해하는 것도 중요하지만, 없었을 때의 '호흡'과 '유동적 인지'를 가늠하는 것도 독해에서 꼭 필요한 과정입니다. 조금씩은 단속적이고, 그래서 연결의 밀도가 떨어진다고도 하겠습니다. 결국 디스로케이션 Dislocation이네요.

149

10TH PARAGRAPH

A larger workforce poses a separate risk to internal transparency.

pose가 be 동사로 바꿔 쓸 수 있는 '2형식과 3형식의 점이 지대' 동사입니다. 이전 문단의 다음 문장을 통해서도 그 사실을 확인할 수 있습니다. This is a problem for the "keeper test", ~. 여기서는 be 동사를 pose로 갈아끼울 수 있지요. '구-동사-구' 패턴도 연습해 보도록 합시다.

A larger workforce: The workforce of Netflix becomes larger. (원인)

a separate risk to internal transparency: Its internal transparency also is at risk. (결과)

separate가 also에 해당하는 '형용사 접속부사'임도 드러납니다. 규모 확장에 따른 문제점들을 '나열'하고 있으니까요.

11TH PARAGRAPH

That was never entirely fair—Netflix products are data-driven but Mr Hastings attaches as much weight to judgment in managing people as Captain Kirk ever did.

never entirely fair는 '부분 부정' 표현입니다. 풀이표 다음에는 그 이유를 적고 있네요. as ~ as ... 원급 비교이고, 이 아티클에서 반복해서 연습 중입니다. 눈에 띄는 대목은 managing people입니다. 왜, management나 managers라고 하지 않고, 구의 연접 3번인 '형용사-명사' 구조를 썼을까요? 아마도 글쓴이의 습관 같습니다. cultural understanding이나, strategic bets가 떠오르시나요? 구의 연접 3번과 4번은, 사실 조금쯤 '현학적' 뉘앙스가 있습니다. 글쓴이의 인지가 '과정-물체 스펙트럼'에서 암묵적으로 유동하고 있음도 느껴집니다. 이 불확정성을 획정, 고정하는 것이 독해이자 번역인 셈입니다.

12TH PARAGRAPH

But it is Hollywoodian in its structure, says a former executive—and antithetical to the keeper test.

대명사 it은 the deal입니다. 그리고, 주제어입니다. 동시대 영어는 이럴 때, 소유격을 안 쓰는 경향이 왕왕 있는데, 이 글의 필자는 썼습니다. '그 구조와 내용이 기본적으로 할리우드적이다'는 것이죠. But its structure is Hollywoodian, says ~.인 셈입니다. 이렇게 에이전트가 저글링되었으므로, '형용사-전치사-명사'(Hollywoodian in its structure) 구조가 독립적으로 파싱parsing되고—디스로케이션에 입각해—주제어가 포함된 '주어-동사'인 it is가 간투사filler로 '여분의 차원'이 돼 버립니다. S-V가 연결을 하는 기능어로 쓰이는 경우가 의외로 많습니다. 제 번역 샘플도 봅시다.

"하지만 전직 임원은 그 계약을 이렇게 평한다. 내용을 보면, 기본적으로 할리우드의 관행을 따른 것으로, 넷플릭스의 '키퍼 테스트' 원칙에 반한다는 것이다."

'하지만'을 보면, 한국어 번역에서 '디스로케이션'을 수행해 놓았습니다. 하지만 모국어여서 '아' 다르고 '어' 다르다며 따지기보다는, 그게 그거라고 다들 인정하실 겁니다.

151

13TH PARAGRAPH

This would be a departure from its laser focus on its core product: quality streamed entertainment. But show business is increasingly the preserve of conglomerates.

두 문장에 나오는 두 개의 be 동사를 이렇게 바꿀 수도 있겠습니다.
This means a departure from its laser focus on its core product: quality streamed entertainment. But show business is increasingly making the preserve of conglomerates.
2형식과 3형식의 점이 지대 동사로 바꿔보았습니다.
"이 선택지가 본격화하면, 핵심 상품에 주력하던 넷플릭스의 풍토에서 이 탈하게 된다. 양질의 오락물을 스트리밍하는 활동에서 벗어나게 된다는 소리다. 그런데 쇼 비즈니스가 점점 더 복합 기업들의 전유물이 되어가고 있다."

14T PARAGRAPH

Disrupting sluggish behemoths is one thing. Competing with them head-on may require a different trade-off between flexibility and efficiency. It may also mean takeovers. Mr Hastings has no shopping plans. But a strong culture, he admits, "is a material weakness if you are going to make big acquisitions". Cultural sparks could fly when you integrate more than a few dozen people, as they flew when his first firm, Pure Software, bought rivals in the 1990s.

이 문단 전체에서 '행간을 읽는'Reading between the lines 일이 온전한 독해를 위해 긴요합니다. 첫 번째 문장과 두 번째 문장 사이에 접속부사가 없는 것, 다섯 번째 문장의 But이 역접의 '그러나'가 아니라, 휴지pause를 둔 다음 전환 나열의 기능을 수행하는 것에서, 이 아티클이 독자를 그리 배려하지 않음을 깨달을 수 있습니다. 필

152

자가 글을 쓰면서, 자신의 생각을 정리하는 데 더 주안이 있습니다. Disrupting 이 정확히 무얼 의미할까요? 두 번째 문장에서 Competing - head-on으로 바뀌었는데, 다시금 세 번째 문장에서는 그게 takeover일 수도 있다고 합니다. 진술된 한 문장 한 문장이 '단속적'이고, 서술의 밀도가 떨어져서 그 빈 틈을 메우는 일이 독자로서 수고롭습니다. 이전 문단들에서도 확인했듯이, 이 아티클 전반이 그렇지요.

This week Mr Hastings said he does not see "any positives" to home-working.

해석을 해보면, "헤이스팅스는 이번 주에 재택 근무가 '전혀 긍정적이'지 않다고 말했다."입니다. 이 한국어 번역문을 구글 번역기에 집어넣어 봅시다. This week Mr Hastings said there is not "any positives" to home-working. 부정 부사 not 말고는, 종속절 내의 주어-동사가 큰 의미 없이 기능적으로 쓰였음에 주목하십시오. 오히려, 구의 연접 4번의 메시지가 중요하지요. 여기서도 주종 관계가 역진되었다고 할 수 있겠습니다. S-V가 기능적일 때가 꽤 많습니다.

Mr Hastings added inclusion to Netflix values in 2016 but it barely features in his investor letters or annual reports.

앞에 나온 Negotiating "context" ~.처럼, inclusion에 따옴표를 붙였다면 더 좋을 것 같습니다. 동시대의 사회 문화적 배경에 대한 지식이 필요하고, 번역 샘플에서 길게 풀어보았습니다.

"헤이스팅스가 2016년 넷플릭스의 여러 가치 지향에 '인클루전'(inclusion)이라고 하는 각종 '통합 및 포섭 정책'을 보탰지만, 주주서한이나 연례 보고서에 그 내용은 거의 실리지 않는다."

He acknowledges a tension between the desire for diversity and Netflix's arch-meritocratic ideals (the firm eschews quotas, as it does all management metrics, in favour of that Kirkian judgment).

Russell Kirk는 '미국 보수주의의 아버지'쯤 되는 인물입니다. 따라서 Kirkian judgment는 '보수주의'conservatism인 셈입니다. 이 글의 필자는 나열 또는 예증의 수단으로 접속사 as를 즐겨 사용하고 있네요. 앞에서도 두 번 나옵니다.

Its corporate temperament screams "hypermasculine", as Erin Meyer, Mr Hastings's co-author and professor at INSEAD business school in France, has herself noted. And one person's radical candour is another's microaggression.

154

Its corporate temperament="hypermasculine"이므로, screams가 '2형식 과 3형식의 점이 지대' 동사입니다. Scream의 보이스가 '절규하다, 비명을 지르다'로 외따로 노는 듯하지만, 주어와 대상어가 동치 관계입니다. 오히려, 생생하게 다가오지요. 고립어적 특성에서 기원하는 이 결락과 결어긋남이 폭넓게 인정됩니다. 우리 시대 영어의 특성입니다.

"기업 법인으로서 넷플릭스의 기질을 "마초성"이 울부짖는다고 지적한 에린 마이어Erin Meyer의 평가는 아주 유명하다. 그녀는 프랑스 경영 대학원 인시아드 INSEAD의 교수로, 헤이스팅스와 『규칙 없음』을 함께 썼다."

1ST PARAGRAPH

get on with sth/sb : sth을 해나가다/sb와 (사이좋게) 잘 지내다
literally: 문자 그대로, 말 그대로, 정말로, 진심으로(=seriously)
employee: 종업원, (피)고용인, 직원(=staff) cf) employer: 고용주, 사장, 사용자 (측)
fancy: 상상하다, 좋아하다, ~ 하고 싶다, 내키다, 원하다(=want=feel like)
(company's) tab: (회사의) 비용, 가격, 장부, 회계, 청구서, 품의서
cite: 인용하다(=quote)
so(as) long as: ~하는 동안, ~하는 한, ~하기만 하면, ~이기 때문에
sensitive: 민감한
tally: 득점, 계산, (총계를 계속 누적해 나가는) 기록
subscriber: 구독자, 후원자, 서비스 가입자
executive: 경영 간부, 경영진, 이사, 임원, 운영자 cf) CEO: 최고 경영자(chief executive officer)
seal: 직인, 도장, 바다표범, 봉랍, 봉인하다, 확정짓다
sign off: (서명) 승인하다, 승인
top brass: 최고위층(people with power and authority)
plush: 고급의, 사치스러운, 호화로운(=luxurious=sumptuous)
film script: 영화 대본, 시나리오(=scenario)
underperformer: 저성과자
unceremonious: 예의를 차리지 않는
cut loose: 관계를 끊다

2ND PARAGRAPH

recipe: 요리법, 방법, 방안(=formula=way)
anarchy: 무정부 (상태), 난장판
edge: 끝, 경계, 위기, 최전선(=front)
mischievous: 짓궂은, 말썽꾸러기의(=naughty)
serve well: 서브를 잘 넣다, 쓸모가 있고 유익하다(=be useful or beneficial to=promote=benefit)
full-time: 정규직의, 상근직의 cf) part-time: 임시직의, 시간제의, 파트 타임의
professional athlete: 프로 운동 선수
handsomely: 후하게
generate: 발생시키다, 만들어 내다,

산출하다(=produce)
revenue: 수익, 수입, 세입
shareholder value: 주주 가치

3RD PARAGRAPH

lap sth up: 먹고 마시다, 즐기다(relish or delight in), 무조건적으로 받아들이다(believe or accept eagerly and uncritically)
binge watch: 몰아보다(한꺼번에 여러 개의 에피소드를 집중 시청하는 행위)
number: (숫자가) ~이다
go public: 비밀을 공개하다, 주식을 공개(상장)하다 cf) IPO: 주식의 신규 상장(initial public offering)
share price: 주식 가격, 주가
-fold: ~배
run: (성공 실패 등의) 연속
Inc.(inc): 주식 회사, 법인 (기업)(=Incorporated), 유한 책임 회사
hint: 힌트, 암시, 징후
briefly: 짧게나마, 일시적이지만
overtake: 추월하다, 앞지르다, 능가하다(=outstrip=surpass)

4TH PARAGRAPH

track record: 육상 경기의 기록, 실적, 업적
kudo: 명성, 영예, 위신, 칭찬(=honour=compliment=praise)
management philosophy: 경영 철학
post: 게시하다
emerge: 나오다, 부상하다, 모습을 드러내다
flesh sth out: sth에 살을 붙이다, sth을 더 구체화하다(=give substance to an argument or description, etc.)
be destined: ~할 운명이다, 할 것이다
raise a question: 의문을 제기하다, 문제를 삼다
title: (책의) 제목
right: 올바른, 정당한
set: 집합, 묶음
metamorphose: 바뀌다, 탈바꿈하다, 변모하다, 변신하다(=transform) cf) metamorphosis: 변태, 변신
colossus: 거인, 대단히 중요한 사람(것)(=giant=behemoth)

5TH PARAGRAPH
stock: 인기, 평판, 지위, 신용(=credit)
triumphant: 크게 성공한,
　의기양양한(=successful=victorious)
after the fact: 사후에
have more to do with sth: sth과 더
　관련이 있다
financial engineering: 금융 공학
ape: 유인원 cf) primate: 영장류
conglomerate: 복합 기업, 대기업, 재벌
rank: 평가하다, 등급을 매기다(=assess)
yank: 확 잡아당기다, 해고하다(=lay off)
uncanny: 비정상적인, 이상한, 기묘한,
　위험한(=weird)
foresight: 선견지명, 예지력
flat-footed: 평발의, 서툰
incumbent: 재임자, 재임 중인
grasp: 움켜쥐다, 파악하다
prodigious: 엄청난, 비범한 cf) prodigy:
　천재, 신동, 비범, 경이
cash flow: 현금 유동(성)(수입과 지출의
　흐름)
play a role: 역할을 하다, 한몫을 하다(=play
　a part)
cut-price: 할인 상품을 파는, 할인된
　가격의(=inexpensive=cheap)
debut: 데뷔하다, 신상품으로 소개되다
just in time: 겨우 시간에 맞춰, 마침 좋은
　때에 cf) just-in-time(JIT): 무재고를
　추구하는 적시 공급 생산 방식(의)
dotcom crash: 닷컴 붕괴
lay off: 해고하다(=dismiss=fire)
-odd: (숫자 다음에) 여남은, 남짓한 cf)
-strong: (숫자 다음에) 명의, 규모의, ~에
　달하는
rental service: 임대업, 대여업

6TH PARAGRAPH
consultancy: 자문 회사, 고문(역), 컨설팅
　기업
roadblock: 바리케이드, 장애물(=hurdle)
　cf) speed bump: 과속 방지턱(sleeping
　policeman)
work around: 우회하다, 극복하다, 이겨내다
　(=bypass=circumvent=overcome)
wake up to: 알아차리다, 의식하게 되다
hog: 돼지, 게걸스럽게 먹다, 독차지하다

license: 면허, 인가, 법적 권리
feature film: 장편 극영화
swivel: 회전, (신속한) 전환
bog down: 교착 상태에 빠지다, 꼼짝 못하게
　하다(=cause to sink in a bog) cf) bog:
　늪지, 수렁(=quagmire)
cando(u)r: 솔직함(=frankness)
challenge: 이의를 제기하다
weed out: 잡초를 뽑다,
　제거하다(=dismiss=get rid of)
sunshining: '백일하에 드러내기'
stomach-churning: 속이 뒤틀리는,
　메스꺼운(=disgusting=nervous)
spectacle: 구경거리, 장관, (인상적인) 광경
publicly: 공개적으로
swallow: (감정을) 억누르다, (모욕 등을)
　참다, 삼키다
case study: 사례 연구

7TH PARAGRAPH
(be) under fire: 포격을 받다, 공격을 받다
size: 크기, 규모
scope: (사업) 범위

8TH PARAGRAPH
flat: 평평한, 납작한, 수평적인
hierarchy: 위계(제), 체계
temperament: 성정(性情), 기질
sustain: 계속하다, 유지하다
swell: 붓다, 부풀어 오르다, 팽창하다
temporary contractor: 임시직 계약 사원,
　계약직
headquarters: 본사, 본부 직원(들)
exotic: 이질적인, 이국적인(=foreign)
negotiate: 잘 통과하다, 헤쳐 나가다,
　뛰어넘다(=navigate)
context: (일이나 사태의) 맥락, 전후 사정
subordinate: 부하, 하급자(=inferior)
explicit: 분명한, 명시적인
flexibility: 유연성, 융통성, 적응성, 탄력성
perfect: 완벽한, 완벽하게 하다, 완성하다,
　개선하다
tacit: 암묵적인, 무언의(=implicit)
dilute: 희석하다, 약화시키다

9TH PARAGRAPH
grant: 승인하다, 인정하다, 부여하다

protection: 보호 조치
keeper: 책임자, 관리자
stop sb from ~ing: sb가 ~하는 것을
　막다(=prevent=keep=ban)
underling: 아랫 사람,
　부하(=minion=subordinate)
on one's way=leaving
generous: 후한, 넉넉한
severance: 단절, 고용 계약 해지, 해고
handshake: 악수
sue: 고소하다, 소송을 제기하다
lawsuit (suit): 소송, 고소
rival: 맞먹다, 필적하다, 비할
　만하다(=compare with)
bonhomie: 친밀함, 온후함

10TH PARAGRAPH
transparency: 투명성
(even) while: ~임에도 불구하고
attrition: 소모, 감소, 축소
hover: 맴돌다, 머물다
bet: 도박, 내기, 계획, 방책
unwanted: 원치 않는,
　달갑잖은(=undesirable)
disclosure: 폭로(=revelation)
immaterial: 중요하지 않은, 실체가 없는
concede: 인정하다, 실토하다, 고백하다
matter of time: 시간 문제(something
　that is bound to happen, an
　inevitable result)

11TH PARAGRAPH
have to do with sth: sth과 관계가 있다
sectoral: 전투 구역의, 지구의, 부문의,
　분야의
girth: 허리 둘레, 치수
technologist: 테크놀로지스트, 기술 분야
　전문가
cofounder: 공동 설립자
liken A to B: A를 B에 비유하다(=compare)
hyper-rational: 극도로
　합리적인(extremely rational)
Spock: 미국의 SF 드라마 ‹스타 트렉 Star
　Trek›에 나오는 캐릭터
fair: 공정한
data-driven: 데이터 처리를 바탕으로
　이루어지는

attach weight to: ~을 중요시하다, 비중을
　두다
Captain Kirk: 미국의 SF 드라마 ‹스타 트렉
　Star Trek›에 나오는 캐릭터
Tinseltown: 화려한 도시, Hollywood의
　속칭
studio: 아파트(=flat), 작업실, 스튜디오,
　제작사, 영화사
intrigue: 음모, 밀통, 흥미를 돋우다
moody: 기분 변화가 심한, 변덕스러운
showrunner: 텔레비전 쇼 제작을
　전반적으로 책임지는 사람
come across: 이해되다, 인상을 주다,
　우연히 마주치다(발견하다)

12TH PARAGRAPH
producer: (방송) 제작자
detect: 알아내다, 감지하다,
　발견하다(=discover)
horizontal: 수평적인(=flat) cf) vertical:
　수직의, 종적인
permeate: 스며들다, 침투하다(=osmose)
osmosis: 삼투 (현상)
grouse: 불평하다, 투덜대다(=grumble)
production assistant: 제작(자) 보, 제작
　조수 cf) 한국의 텔레비전 프로그램 제작
　관행에서는 에이디(AD)
commission: 위원회, 수수료, 의뢰,
　의뢰하다, 주문하다
miss: (기회를) 놓치다, 그리워하다
revolutionise: 혁신하다(=innovate)
sign: 징후, 조짐, 서명하다, 계약하다
afford: 여유(형편)이 되다, 제공하다, ~할 수
　있다
antithetical: 현저하게
　대조를 이루는, 정반대의,
　상반되는(=contrasted=opposite)

13TH PARAGRAPH
have no choice but to 부정사: ~하는 것
　외에 다른 선택지가 없다, ~하지 않을 수
　없다
departure: 떠남, 출발, 벗어남, 이탈
laser focus: 다른 일체의 것을 배제하고, 단
　하나의 대상, 개념, 사람, 활동에 집중(하기)
core product: 핵심 상품, 주력 제품
show business: 쇼 비즈니스, 연예

공연업(=entertainment industry)
preserve: 저장 식품, 전유물, 영역, 분야
theme park: 테마 파크, 놀이
공원(=amusement park)
merchandising: 상품 제작, 광고, 판매를 아우르는 활동
TV network: 텔레비전 방송망
ambition: 야심, 야망, 포부, 의욕
tether: 밧줄, 묶다(=associate)

14TH PARAGRAPH
disrupt: 붕괴시키다, 파괴하다, 분쇄하다
sluggish: 느릿느릿 움직이는, 부진한(=slow)
behemoth: 거대 기업(=colossus=giant)
head on: 정면으로, 똑바로
trade-off: (서로 대립되는 요소 사이의) 균형, (타협을 위한) 거래, 교환
takeover: 기업 인수, 탈취, 인수
합병(=M&A=merger and acquisition)
material: 구체적인, 중대한
spark: 불꽃, 스파크(=flame)
integrate: 통합하다

15TH PARAGRAPH
mute: 말을 못 하는, 잠잠한, 약화하다
evaluate: 평가하다(=rate=assess)
dismiss: 내쫓다, 해고하다(=fire=sack)
rolling: (장기간에 걸쳐) 단계적인
positive: 긍정적인, 플러스의, 양성 (반응)의
home working: 원격 근무, 재택 근무(=remote working)

16TH PARAGRAPH
corporate America: 미국 재계, 주식회사 미국
diversity: 다양성(=variety)
inclusion: 포함, 통합, 포용, 다양성 확보
feature: 특색, 특징, 이목구비, 특집 (기사, 방송), 특색을 이루다, ~이 나오다
acknowledge: 인정하다(=recognize=admit=concede=confess)
tension: 긴장, 갈등(=conflict)
meritocracy: 능력주의, 실적주의, 엘리트 계층
eschew: 피하다, 삼가(하)다(=avoid)
quota: (채용) 할당량, 인원 할당수

management metric(s): 노무 관리 측정표, 인사 고과, 관리 메트릭
in favo(u)r of: ~를 지지하여, ~을 위하여, ~의 이익이 되도록
scream: 비명을 지르다, 소리치다(=cry)
hypermasculine: 남성성 과잉의, 마초성이 넘치는
business school: 경영 대학원
noted: 유명한, 잘 알려져 있는(=famous)
microaggression: (작정하고 하는 것은 아닐지라도 생겨 버리는) 약한 공격, 미묘한 차별

17TH PARAGRAPH
representative: 대표자, 대의원, 하원의원
reconcile: 조화롭게 하다, 화해시키다
strain: 부담, 압박, 긴장, 갈등 상황
be aware of (that): 잘 알고 있다, 인식하다(=recognize)
as(so) long as: ~하는 한, ~하는 동안은, ~하기만 하면, ~하기 때문에

SPECIAL REPORT: Economics

Are data more like oil or sunlight?

The question highlights the many different faces of data

FEB 20TH 2020 EDITION

PASSIONATE GRAMMARIANS have long quarrelled over whether data should be singular or plural (contrary to common usage, this newspaper is sticking with the latter, for now). A better question is why are data so singularly plural? That is, why do they have so many different faces?

For an answer, start with the many metaphors used to describe flows of data. Originally they were likened to oil, suggesting that data are the fuel of the future. More recently, the comparison has been with sunlight because soon, like solar rays, they will be everywhere and underlie everything. There is also talk of data as infrastructure: they should be seen as a kind of digital twin of roads or railways, requiring public investment and new institutions to manage them.

The multiplication of metaphors reflects the malleable economics of data. First, they are "non-rivalrous": since they are infinitely copyable, they can be used by many people without limiting the use by others. But they are also "excludable": technologies like encryption can control who has access to them. Depending on where one sets the cryptographic slider,

데이터, 기름인가 햇빛인가?

이 질문을 곰곰 생각해 보면, 데이터의 여러 상이한 측면이 밝히 드러난다.

1ST PARAGRAPH   '데이터'란 단어는 단수인가, 복수인가? 이 문제를 놓고서 열정적인 문법학자들이 오랜 세월 다퉜다. (일반적인 용법과는 달리, 이 주간지는 현재 복수 쪽을 고수하고 있다.) '데이터는 왜 그렇게 단일하게 복수적인가?', 그러니까 다시 말해, '데이터는 왜 그렇게 이런저런 측면이 많은가?'가 실은 더 나은 궁금증이자 질문일 것이다.

2ND PARAGRAPH   그 해답을 찾기 위해, 데이터의 흐름을 묘사하기 위해 쓰이는 여러 은유로 시작해 보자. 데이터는 처음에 기름에 비유됐다. 데이터가 미래의 연료라는 것이다. 더 최근에는 햇빛 비유가 등장했다. 데이터가 머잖아 태양 광선처럼 만유하면서 모든 것의 기저를 이룰 터이기 때문이다. 데이터를 사회 기반 시설, 그러니까 인프라infrastructure라고 말하기도 한다. 도로나 철도처럼, 데이터를 디지털 세계에 존재하는 일종의 '쌍둥이'로 봐야 한다는 거다. 도로와 철도라면, 공공 투자와, 유지 관리를 위한 신규 기관도 필요하다는 논리까지 성립한다.

3ND PARAGRAPH   이런 여러 비유를 곰곰 생각해 보면, 데이터 경제가 매우 신축적임을 알 수 있다. 첫째, 데이터의 세계에는 경쟁자가 없다. 왜 그럴까? 데이터는 무제한으로 복제할 수 있고, 복수의 사람이 한꺼번에 사용할 수 있다. 남들이 사용한다고 해서 제한을 받지도 않는다. 하지만 데이터의 세계에서는 배제될 수도 있다. 암호화 같은 각종 기술이, 누가 데이터에 접근하고 또 이용할지를 통제한다. 보안(암호화) 기준을 어디까지로 설정하느냐에 따라, 데이터는 기름 같은 사유 재산

161

data can indeed be private goods like oil or public goods like sunlight—or something in between, known as a "club good".

This in turn means that there is not just one data economy, but three more or less distinct ones, each with its own ideology. And the big question is whether one will come to dominate, or whether the mirror world will be as much of a mixture as the real one.

If oil is still the most-used metaphor, it is because comparing data to the black stuff is easy. Like oil, data must be refined to be useful. In most cases they need to be "cleansed" and "tagged", meaning stripped of inaccuracies and marked to identify what can be seen, say, on a video. This has spawned a global industry employing hundreds of thousands of people, mostly in low-wage countries. Scale AI, a startup in San Francisco, employs 30,000 taggers around the world who review footage from self-driving cars and ensure the firm's software has correctly classified things like houses and pedestrians.

Before data can power AI services, they also need to be fed through algorithms, to teach them to recognise faces, steer self-driving cars and predict when jet engines need a check-up. And different data sets often need to be combined for statistical patterns to emerge. In the case of jet engines, for instance, mixing usage and weather data helps forecast wear and tear.

The oil metaphor also rings true because some types of data and some of the insights extracted from them are already widely traded. Online advertising is perhaps the biggest marketplace for personal data: clicks are bought and sold based on a detailed digital

이 될 수도 있고, 햇빛 같은 공공재가 될 수도 있다. 또는, 이 둘 사이 어디쯤에 존재하는 무엇도 가능하다. 이런 걸, 신조어로 '클럽 굿'club good, 그러니까 '집단재'라고 한다.

4TH PARAGRAPH 이 얘기는 결국, 데이터 경제가 하나가 아니라, 세 개 정도 구분되어 있다는 말이다. (각각에는 나름의 독자적 이데올로기가 있다.) 따라서 중요한 문제는 이거다. 하나의 데이터 경제가 주류를 이룰 것인가, 아니면 거울상에 해당하는 가상 세계 역시도 실제 세계만큼이나 뒤죽박죽 혼합 경제일까?

5TH PARAGRAPH 기름이 여전히 가장 많이 사용되는 은유라면, 데이터를 그 검정 물질에 비유하는 것이 쉽고 편하기 때문이다. 데이터도 기름처럼, 정련해야 쓸 수 있다. 데이터는 대개의 경우 정제cleansed해서 태그tag를 달아줘야줘야 한다. 부정확한 사실들을 제거하고, 표시를 해줘야 한다는 얘기이다. 가령 동영상이라면, 그래야 거기 뭐가 들어 있는지, 사전에 알 수 있을 것 아닌가. 세계적 규모로 성장한 이 산업이 수십만 명을 고용하고 있는데, 그들 대다수가 저임금 국가에 존재한다. ScaleAI란 스타트업은 본부가 샌프란시스코에 있는데, 3만 명의 태거tagger가 전 세계에 포진한다. 그들이 하는 일은, 자율 주행 자동차가 찍은 영상을 살펴보면서, 회사의 소프트웨어가 가옥과 보행자 같은 것들을 정확히 분류했는지 확인하는 것이다.

6TH PARAGRAPH 데이터가 AI서비스를 구동하려면, 데이터 역시도 알고리즘을 통해 (비유적으로 얘기해) '밥을 먹여 키워'야 한다. 데이터가 사람 얼굴을 인식하고, 자율 주행차를 몰고, 항공기 엔진을 언제 점검해야 할지 예측하도록 가르쳐야 한다는 소리다. 게다가, 데이터 집합이 각양각색이기 때문에, 통계를 바탕으로 패턴을 추출하려면, 많은 경우 합쳐야 한다. 가령, 아까 말한 제트 엔진의 경우, 사용 시간 데이터와 기상 정보를 결합해야, 감손과 마모 상태를 예측할 수 있다.

7TH PARAGRAPH 기름 비유가 사태의 진실인 것처럼 들리는 이유는, 특정 유형의 데이터와, 이를 바탕으로 추출된 특정 통찰 내용이 폭넓게 거래되고 있기 때문이기도 하다. 온라인 광고 분야야말로 아마도 개인 데이터가 거래되는 가장 큰 시장일 것이다. 개별 접속자의 상세한 디지털 이력을 바탕으로 매번의 클릭이 사고 팔린다. 컨설팅 기업 스트래터

profile of each viewer. It was worth $178bn globally in 2018, according to Strategy&, a consultancy. Data brokers, which can track thousands of data points for each individual, do brisk business with personal information, too. They sell it to everyone from banks to telecoms carriers, generating annual revenue of more than $21bn, says Strategy&.

Offering insights from mining data can be very profitable, too. On Kaggle, a website owned by Google that hosts machine-learning contests, thousands of teams of data scientists compete against each other to see who can come up with the best algorithms to predict a building's energy consumption or to detect "deepfake" videos, with prizes sometimes exceeding $1m. That is also Facebook's and Google's way to make money. They hardly ever sell data, but they do sell insights about who is the best target for advertising.

Yet data have failed to become "a new asset class", as the World Economic Forum, a conference-organiser and think-tank, predicted in 2011. Most data never change hands, and attempts to make them more tradable have not taken off. To change this, especially in Europe, manufacturers are pushing to secure property rights for the data generated by their products. Others want consumers to own the data they create, so they can sell them and get a bigger cut from their information.

Again, economics gets in the way. Although data are often thought of as a commodity, corporate data sets, in particular, tend not to be fungible. Each is different in the way it was collected, and in its purpose and reliability. This makes it difficult for buyers and sellers to agree on a price: the value of each sort is hard

지앤드Strategy&에 따르면, 2018년 전 세계 온라인 광고 시장 규모가 1,780억 달러였다. 데이터 거래업체들은, 개별 인터넷 이용자의 특성을 알려주는 데이터 포인트data point 수천 개를 일일이 추적해, 그 개인 정보를 바탕으로 활발히 사업 중이기도 하다. 은행과 통신 회사 등 온갖 구매자들이 이 정보를 사간다. 역시 스트래터지앤드에 의하면, 여기서 매년 발생하는 수익이 210억 달러를 상회한다.

8TH PARAGRAPH 데이터를 채굴하고, 이를 바탕으로 얻은 통찰 내용을 제공하는 사업이 수지맞는 활동이 되기도 한다. 구글Google이 보유한 웹사이트 캐글Kaggle이 기계 학습 경진 대회를 주관하는데, 여기서 데이터 과학자 수천 팀이 경쟁을 펼친다. 이를 통해 누가 개발한 알고리즘이 최고인지를 알아내는 거다. 건물의 에너지 소비량을 예측하거나, 딥페이크deepfake 비디오를 가려내는 알고리즘을 예로 들 수 있는데, 상금이 100만 달러를 넘어가는 때도 가끔 있다. 페이스북Facebook과 구글이 돈을 버는 방법도 이거다. 그들은 데이터를 절대로 그냥 팔지 않는다. 광고의 최적 타겟이 누구인지 알려주는 통찰 내용, 즉 정보를 파는 것이다.

9TH PARAGRAPH 그렇다고 해서 데이터가 '자산 목록'에 '새로이' 등재되지는 못했다. 대회 조직위이자 싱크 탱크인 세계 경제 포럼World Economic Forum이 2011년 그렇게 예측했지만 말이다. 대다수 데이터가 주인이 바뀌는 법이 없다. 데이터를 거래가 더 빈번히 이뤄지는 상품으로 전환하려던 여러 시도는 지지부진하기만 하다. 이런 현실을 바꾸기 위해, 구체적으로 유럽의 제조업체들은 자사 제품이 만들어낸 데이터의 재산권을 확보하려고 애쓰는 중이다. 하지만 산출된 데이터는 소비자 것이어야 한다고 보는 측도 있다. 소비자들이 자기가 생산한 데이터를 팔아, 더 많은 몫을 차지하도록 하자는 것이다.

10TH PARAGRAPH 다시금 경제적 이해 관계가 방해꾼으로 등장한다. 데이터가 상품으로 여겨지는 일이 많음에도 불구하고, 가령 구체적으로 기업의 데이터 집합은 대체가 불가능하다. 기업의 데이터 집합은 그 각각이 수집되는 방식이 다르고, 목적도 다르며, 신뢰성도 천차만별이다. 그렇기 때문에, 판매자와 구매자가 가격 합의를 하기가 힘들다. 각각의 가치를 비교하기가 어려운 데다가, 시간이 흐르면 가치가 또 변

to compare and changes over time. A further barrier to trading is that the value of a data set depends on who controls it. What might simply be data exhaust to one firm could be digital gold to another. "There is no true value of data," says Diane Coyle of the University of Cambridge.

As for personal data, defining property rights is tricky, because much information cannot be attributed to one person. Who, for instance, owns the fact that a dating site has matched a couple? The couple themselves? Or the service? Complicating matters, data have plenty of externalities, both positive and negative, meaning that markets often fail. Why should a social network, say, buy the data of an individual if it can make quite accurate predictions about him by crunching data from other users?

Although data are unlikely ever to be traded as widely as oil, tech firms keep trying to make this easier. Amazon Web Services (AWS), the cloud-computing arm of the e-commerce giant recently launched a marketplace that aims to make trading in data as easy as possible. It works a bit like an online store for smartphone apps: buyers subscribe to feeds, agree to licensing conditions, and AWS processes the payment.

> Light stuff not black stuff
> **Champions of the "open-data" movement push organisations to give away their data**

As the oil metaphor is seen as increasingly problematic, the comparison to sunlight or similar resources, such as air and water, has risen in favour. Many people who prefer this metaphor ask if data do not really lend

해 버리기 때문이다. 거래를 막는 또 다른 장벽이 존재한다. 데이터 집합의 가치가 그걸 누가 통제하느냐에 따라 좌우된다는 점도 문제인 것이다. 어떤 기업에게는 말이 데이터지 폐기물일 뿐이 정보가, 다른 기업에게는 디지털 세계의 금광일 수도 있다. 케임브리지 대학교의 다이앤 코일Diane Coyle이 한 말을 들어보자. "데이터에는 사실 진정한 가치가 없습니다."

11TH PARAGRAPH 개인 데이터의 경우, 재산권을 규정하기가 상당히 골치 아프다. 많은 정보가 개인한테 귀속되지 않기 때문이다. 예를 들어, 데이트 주선 사이트가 커플을 매칭한 사실을 누가 가질 것인가? 커플이? 아니면, 서비스 제공자가? 데이터에 긍정적이든 부정적이든, 외부성 externality이 많아서, 상황이 더 복잡하다. 무슨 말인고 하면, 시장이 성립되지 못하고 와해해 버리기 십상이란 뜻이다. 까놓고 얘기해 보자. 여기 소셜 네트워크 사업 주체가 있다. 다른 이용자들의 데이터를 분석해도, 누군가를 꽤 정확하게 예측할 수 있는데, 그 개인의 데이터를 왜 사겠다고 나서야 할까?

12TH PARAGRAPH 데이터가 기름처럼 폭넓게 거래될 가능성이 없음에도 불구하고, 기술 기업들은 이 거래가 더 쉬워지도록 애쓰고 있다. 아마존 웹 서비스Amazon Web Service, AWS는 같은 이름의 전자 상거래 기업이 운영하는 클라우드 컴퓨팅 서비스 업체이다. 이 아마존 웹 서비스가 최근 데이터 거래를 최대한 쉽게 하겠다면서 장터를 열었다. 이 시장은 그 작동 방식이 스마트폰 앱을 내려받을 수 있는 온라인 스토어랑 약간 비슷하다. 구매자들이 피드feed를 신청하고, 약관에 동의하면, 아마존 웹 서비스가 지불을 처리하는 식이다.

13TH PARAGRAPH 빛이 있으라
오픈 데이터open data 운동 지지자들이 각급 기관과 단체들에 지닌 데이터를 내놓으라고 압박 중이다.
데이터를 기름에 비유하는 것이 점점 더 문제시되면서, 햇빛이나 기타 유사 자원, 가령 공기나 물에 비교하는 접근법이 부상했다. 이 비유를 선호하는 많은 이가 묻는다. 데이터가 사실상 상품으로서 거래될 수 없다면, 그런 노력을 왜 해야 하는가? 데이터가 최대한 많이

themselves to be turned into a tradable good, then why even try? Would it not instead be better to ensure that data are used as much as possible? After all, this will maximise social wealth. In other words, nobody puts up curtains and tries to charge for sunlight.

This line of argument has already given birth to what is known as the "open-data" movement. Its champions push organisations and universities to give away their data so they can be widely used, for instance by startups. Today, most governments, national or otherwise, boast an open-data project, although the quality of the data made available varies greatly.

More recently, companies have started to publish their data, too. Several firms that work on self-driving cars have shared some of the information collected by their vehicles. "For researchers to ask the right questions, they need the right data," according to Dragomir Anguelov, principal scientist at Waymo, a firm owned by Alphabet, Google's parent, that is one of the companies that has done this. Others are working on technology to make such data-sharing easier: Microsoft and other software makers will soon start to implement what it calls the "open-data initiative".

Some see such efforts as the beginning of an open-source movement for data, much like the approach that now rules large parts of the software industry. And Microsoft, in particular, is keen to see this happen. "We need to democratise AI and the data on which it relies," writes Brad Smith, the firm's president and chief legal officer in his recently published book, "Tools and Weapons". Unsurprisingly, this position also smacks of self-interest: Microsoft does not make much money

활용되도록 보장하는 게 더 낫지 않을까? 어쩌면 이를 통해서 사회의 부가 극대화될 수도 있을 것이다. 커튼을 치고서 햇빛에 과금을 해서는 안 된다는 얘기인 셈이다.

14TH PARAGRAPH 이런 노선에 입각해, 오픈 데이터open data 운동이란 것이 이미 탄생했다. '오픈 데이터' 옹호자들이 각급 기관과 대학에 가진 데이터를 내놓으라고 압박 중이다. 가령 스타트업들이, 그렇게 공개된 데이터를 폭넓게 활용할 수 있다면서. 국가든 기타 수준이든, 오늘날 대다수 정부는 오프 데이터 사업을 자랑스럽게 뽐낸다. 활용할 수 있는 데이터의 품질이 천차만별이긴 하지만.

15TH PARAGRAPH 최근에는 기업들까지 자사 데이터를 공개하기 시작했다. 자율 주행 자동차를 개발하는 몇몇 회사가 차량으로 수집한 정보를 일부 공유했다. 웨이모Waymo의 수석 과학자 드라고미르 앙글로브Dragomir Anguelov는 이렇게 말한다. "연구자들이 질문을 제대로 하려면, 제대로 된 데이터가 있어야 한다." (구글의 지주 회사 알파벳Alphabet이 보유한 웨이모도 데이터 공유에 나선 기업 중의 하나다.) 이 데이터 공유를 더 쉽게 해주는 기술을 개발 중인 회사도 있다. 마이크로소프트Microsoft와 기타 소프트웨어 제조업체들이 소위 오픈 데이터 이니셔티브open-data initiative 사업을 조만간 시행할 예정이다.

16TH PARAGRAPH 이런 노력과 활동을 데이터의 오픈 소스 운동이 시작된 것으로 보는 사람도 있다. 현재 소프트웨어 업계의 상당수가 채택하고 있는 접근법 및 태도와 크게 유사한 셈이다. 특히 마이크로소프트가 이 안건에 열심이다. 마이크로소프트 회장이자 최고 법률 책임자CLO인 브래드 스미스Brad Smith가 최근 출간한 책 『도구와 무기 Tools and Weapons』[한국어판 제목은 '기술의 시대'이다]에서 어떻게 쓰고 있는지 소개한다. "우리는 사회가 의존하고 있는 AI와 데이터를 민주화해야 한다." 이런 입장에서 자기 이익의 낌새가 보인다는 것 역시 놀라운 일은 아니다. 마이크로소프트가 데이터를 가지고 직접 버는 돈은 얼마 안 되고, 그

from data directly, but does from tools and services that handle data.

Like the oil comparison, however, the data-as-sunlight analogy breaks down: open data, too, can go only so far. For personal data, the main limitation is increasingly strict privacy laws, such as the EU's General Data Protection Regulation (GDPR), as well as the California Consumer Privacy Act (CCPA), which will start being enforced in July. For corporate data, the checks are economic in nature: generating good data is expensive and they can reveal too much about a firm's products. "Companies will make very strategic decisions about what data sets they will make public and which ones they will keep to themselves," explains Michael Chui of the McKinsey Global Institute, a consultancy think-tank.

Separating what can be safely shared from what should be closely guarded will be tricky, but technology should, in time, make such decisions easier. Something called "differential privacy", for instance, replaces one data set with another that includes different information, but has the same statistical patterns. "Homomorphic encryption" allows algorithms to crunch data without decrypting them. And blockchains, which are the special databases of the sort that underlie many digital currencies, enable people and companies to manage in minute detail who is allowed to access what data and to track who has done so.

Slowly these technologies are being deployed. DECODE, an initiative financed until last year by the European Union, has used a combination of them to create tools that allow people to control the data they

데이터를 다루는 도구와 서비스에서 돈을 벌기 때문이다.

17TH PARAGRAPH
하지만 기름 비유와 마찬가지로 데이터를 햇빛으로 강조하는 유비 추리 역시 문제가 많다. 오픈 데이터 역시 한계가 있기 때문이다. 개인 데이터를 예로 들어보면, 점점 더 엄격해지는 개인 정보 보호법이 주된 제약으로 작용한다. 가령, 유럽 연합 EU의 일반개인정보보호규정General Data Protection Regulation, GDPR이 있는가 하면, 캘리포니아 주에서는 소비자 개인 정보 보호법California Consumer Privacy Act, CCPA이 [2020년] 7월 발효될 예정이다. 기업 데이터의 경우는, 그 제약이 사실상 경제적 이해 관계에 좌우된다. 좋은 데이터를 생산하는 데 비용이 많이 들 뿐만 아니라, 회사가 내놓은 제품과 관련해 너무 많은 정보가 드러나 버릴 수 있기 때문이다. "기업들은 어떤 데이터 집합을 일반에게 알리고, 어떤 데이터 집합은 꽁꽁 숨긴 채 자기들만 갖고 있을지와 관련해서, 매우 전략적으로 판단할 겁니다." 컨설팅 그룹 맥킨지 글로벌 인스티튜트McKinsey Global Institute의 마이클 추이Michael Chui의 말이다.

18TH PARAGRAPH
속편하게 공유할 데이터와 단단히 지켜야 할 데이터를 구분하고 나누는 일은 골치가 아플 것이다. 하지만 시간이 흐르면 기술의 도움을 받아, 판단 결정이 쉬워질 테다. 이런 기술의 대표적 사례로, '차등적 프라이버시(개인 정보)'differential privacy라고 하는 것이 있다. 여기서는 어떤 데이터 집합이 다른 데이터 집합으로 대체된다. 다른 데이터 집합에는, 말 그대로 다른 정보가 담겨 있다. 하지만 통계 패턴은 동일하다. '준동형 암호화'homomorphic encryption란 기술을 쓰면, 알고리즘들이 해독 절차를 생략하고 데이터를 분석해 낸다. 사실 블록체인blockchain도, 이런저런 암호 화폐의 저변을 이루는 특수한 형태의 데이터베이스이고, 이 블록체인 기술을 활용하면, 누가 어떤 데이터에 접속해도 되는지를 아주 상세하게 관리하고, 또 접속 이용자의 이력까지도 추적할 수 있다.

19TH PARAGRAPH
이들 기술은 배치 확산이 느리게 이루어지고 있다. 유럽 연합이 작년까지 자금을 댄 디코드DECODE 사업을 보도록 하자. '디코드'가 이들 기술을 접목해 만든 도구들을 활용하면, 사람들은 자신이 발생시키고, 주변 환경에서 수집한 데이터—소음 양이나 공기의 질 같

generate and collect about their environment, for instance, on noise levels and air quality. They are being tested in Amsterdam and Barcelona. Oasis Labs, another startup in San Francisco, has built something similar for health data. Its first service, which will launch soon, will let users donate genetic information to research projects.

Such data-dividing technologies are also grist to the mill of those who liken data to infrastructure. You have to travel many digital roads—and combine many data sets and streams—to get to new insights, says Jeni Tennison, who heads the Open Data Institute, a research outfit based in Britain. Some will be private toll roads, others public multi-lane highways, but many need to be operated as shared digital resources managed in a "club" by users.

Yet technology alone will not be enough to create these "club goods". They also need institutions that provide what Ms Tennison calls "data stewardship". Data trusts, data co-operatives, personal data stores—all are different in detail, but the idea is essentially the same: they provide a governance structure to organise access to data in a way that takes into account the interests of those producing and using a particular sort of data.

It is early days, but such data clubs have started to pop up in many places. MIDATA is a Swiss co-operative that collects and manages members' health-care data. In Taiwan Audrey Tang, the digital minister, has created an ongoing "Presidential Hackathon" to set up "data collaboratives", including several for environmental data. In Finland, Sitra, a policy outfit, has launched a similar competition to help get "fair data exchanges" off the ground.

은—를 통제할 수 있다. 이 도구들이 암스테르담과 바르셀로나에서 시험 중이다. 샌프란시스코의 스타트업 오아시스 랩스Oasis Labs도 보자. 그들도 비슷한 방식으로 헬스 데이터를 구축했다. 곧 출시될 이 회사의 첫 번째 서비스를 통해, 사용자들은 각종 연구 프로젝트에 자신의 유전자 정보를 기증하게 된다.

20TH PARAGRAPH
데이터를 사회 기반 시설로 보는 사람들한테도, 이런 데이터 분할 기술이 유용하다. 영국의 연구소 오픈 데이터 인스티튜트Open Data Institute 소장 제니 테니슨Jeni Tennison은 말한다. "디지털 세계에는 길이 많고, 해서 두루 다녀봐야, 새로운 통찰을 얻을 수 있어요. 여러 데이터 집합과 흐름을 결합할 줄 알아야 하는 거죠." 어떤 길은 민자 유료 도로일 테고, 공공의 다중 차선 고속도로도 있을 것이다. 그러나 많은 길이, 다시 말해 많은 데이터는 사용자들이 집단으로 관리하는 공통의 디지털 자원으로 운영되어야 한다.

21TH PARAGRAPH
그러나 기술만으로는 소위 이 집단재club goods를 창출하기가 쉽지 않을 것이다. 테니슨이 데이터 관리 책임data stewardship이라고 부르는 것을 시행할 수 있는 제도와 기관도 필요하다. 데이터 트러스트, 데이터 협동 조합, 개인 데이터 스토어, 이 모든 것은 세부 사항이 다르지만, 근본에 있어 발안과 기조는 동일하다. 이것들은 데이터 활용(권)을 조직하는 거버넌스 구조로, 구체적인 데이터를 산출하고 사용하는 사람들의 이해 관계를 신중하게 고려한다.

22TH PARAGRAPH
바야흐로 초창기일 뿐이지만, 이런 '데이터 집단'들이 여러 곳에서 생겨나기 시작했다. 스위스의 협동조합 미다타MIDATA는 회원들의 헬스 케어 데이터를 수집해 관리한다. 대만의 디지털부 장관쯤인 오드리 탕Audrey Tang은 총통 직속의 해커톤Presidential Hackathon을 진행 중인데, 이는 '데이터 협력체'들을 수립하겠다는 목표 하에서다. 가령, 환경 데이터를 추구하는 집단도 몇 있다. 정책 집단 시트라Sitra가 있는 핀란드도 보자. 시트라도 비슷한 경진 대회를 시작했는데, 이는 공정한 데이터 교환 풍토를 조성하려는 목적에서다.

New thing on the old continent
Most projects are still small and live on the public dime, which raises doubts about whether they will ever be a big part of the data economy. But whether they are successful or not is a question of political will, says Francesca Bria, the founder of the DECODE project. Cities in particular, she argues, need to create alternatives to the big online platforms, which treat data they collect as their own. A former chief technology officer of Barcelona, she turned the city into a model of what is possible, which is now copied elsewhere in Europe. Not only can Barcelona's citizens control the data the city holds on them, but its suppliers must add the information they gather while delivering services to the municipal data commons.

Given their respective limitations, none of the three sorts of data economies will dominate, but they are likely to have strongholds. In America data are treated like oil: whoever extracts them owns them. China—although it, too, has data-hungry online platforms of its own, including Alibaba and Tencent—is an extreme example of a place where data are public goods. They are ultimately controlled by the government, which is pushing firms to pool certain types, such as health data. In Europe, many regulators have come to see data as infrastructure. The new European Commission in Brussels has big plans to support the creation of data trusts.

This sounds as if the EU is about to condemn itself to remaining a tech laggard. But this need not be the case. A "fair data-economy"—one that takes into account the interests of citizens and consumers, who will generate much of the fuel of the future—may prove to

23TH PARAGRAPH   구대륙의 신문물

사실 대다수 프로젝트는 소규모인 데다가, 공공 자금으로나 겨우 명맥을 유지하는바, 과연 이것들이 데이터 경제의 큰 축을 담당할 수 있을지 의구심이 든다. 하지만 프로젝트들이 성공할지 여부는 정치적 의지의 사안이라고, 디코드 프로젝트 설립자인 프란체스카 브리아 Francesca Bria는 말한다. 가령 도시들의 경우, 대형 온라인 플랫폼들의 대안을 구축할 필요가 있다고, 그녀는 주장한다. 이들 대형 플랫폼이 수집한 데이터를 제 것처럼 취급하기 때문이다. 그녀는 바르셀로나 시의 최고 기술 책임자 출신으로, 이 도시가 그녀 덕택에 가능한 미래태의 모범적 사례로 거듭나면서, 현재 유럽의 다른 도시들이 바르셀로나의 선례를 따르는 중이다. 바르셀로나 시민들은 시 당국이 보유한 인적 데이터를 통제할 수 있다. 이게 다가 아니다. 공급 역을 맡는 사람 또는 업체들은 서비스를 행하면서 수집한 정보를 시립 데이터 공유지 data common에 보탤 의무를 진다.

24TH PARAGRAPH 각각의 한계를 고려하건대, 세 종류의 데이터 경제 중에 우위를 차지하리라고 볼 수 있는 것은 아무 것도 없다. 그럼에도, 이 셋이 거점이 될 가능성은 있다. 미국에서는 데이터가 기름처럼 취급된다. 추출하는 사람이 갖는 거다. 중국은 데이터가 공공재인 극단적인 사례 국가이다. (물론 중국에도 데이터에 기갈하는 알리바바 Alibaba, 텐센트 Tencent 등의 온라인 플랫폼들이 있기는 하다.) 공공재이므로 결국 정부의 통제를 받고, 기업들은 보건 데이터 같은 특정 유형의 데이터를 공동 활용을 위해 모아야 한다. 유럽에서는 많은 규제 당국이 데이터를 사회 기반 시설로 보고 있다. 브뤼셀에 신설된 유럽 집행위원회 European Commission는 데이터 트러스트 창설을 지원한다는 큰 계획을 갖고 있다.

25TH PARAGRAPH 이것은 마치, 유럽 연합이 계속해서 기술 굼벵이로 남으려는 계획처럼 들린다. 하지만 방금 한 말은 사실이 아닐 것이다. 데이터는 미래를 때는 연료이다. 그 미래 연료의 상당 부분을 생산하는 것이 시민과 소비자들이다. 그들의 이해 관계를 고려하는 것이 '공정한 데이터 경제'이다. 핀란드의 시트라 Sitra에 제출된 한 보고서의 공동 저자 루카

be quite competitive, says Luukas Ilves, the co-author of a report for Sitra in Finland. If people, as well as firms, can trust the continent's data infrastructure, they will be willing to share more and better data, which means better services for everyone. If such a "virtuous cycle" were to take off, it would be quite a reversal of the old world's fortunes.

© The Economist Newspaper Limited, London (Feb 20th 2020)

스 일베스Luukas Ilves는, "데이터 경제가 공정하다면," 어쩌면 꽤 경쟁력이 있을 수도 있다고 말한다. 기업은 물론이고 유럽의 시민이 이 대륙의 데이터 인프라를 신뢰하게 되면, 각 주체가 양질의 데이터를 더 많이 기꺼이 공유하려고 할 것이다. 모든 이가 더 나은 서비스를 누리게 된다는 의미이다. 이런 '선순환'이 이뤄지면 구세계의 운과 부, 나아가 성쇠까지 역전될 것이다.

데이터는 단수일까요, 복수일까요? 본문에서는 그보다 더 중요한 것이 있다고 합니다. 요컨대, 데이터는 기름 같은 사유 재산private goods일 수도 있고, 햇빛 같은 공공재public goods일 수도 있으며, 둘 사이의 중간쯤에 해당하는 집단재club goods일 수도 있다고 합니다. 관련해서, 데이터와 정보, 또 지식의 관계에 대해서도 한 번 궁리해 보시기를 권합니다. 위계적 체계라는 관점에서 말이죠. 이 글을 제대로 이해하기 위한 중요한 참조틀이기 때문입니다.

2ND PARAGRAPH

> Originally they were likened to oil, suggesting that data are the fuel of the future. More recently, the comparison has been with sunlight because soon, like solar rays, they will be everywhere and underlie everything. There is also talk of data as infrastructure: they should be seen as a kind of digital twin of roads or railways, requiring public investment and new institutions to manage them.

이하에서 논지가 길게 전개되는데, 글쓴이와의 정보 비대칭으로 인해 방향 감각을 상실하지 않으려면, 이 문단과 다음 문단의 '규정'을 음미하는 것이 필요합니다. 개념이 정의되고 있고, 그 범주들이 위계적으로 자리하고 있다는 것이 핵심이겠습니다.

orginally와 more recently를 통해, '역사적'으로 진술을 하고 있습니다. 일종의 서사이기도 하지요. 세 번째 문장에 사용된 유도 부사 there be ~ 형태는 전환과 나열의 뉘앙스를 지닙니다. (그래서 also가 있는 것인데, 이를 중복적이라고 보는 문법학자도 있습니다.) 아마도, 이 불균질적 진술이 다음 문단에서 더 체계화될 듯합니다. 이제 각각의 문장을 살펴봅시다.

첫 번째 문장의, suggesting을 통해, 이 문장이 결락結落의 변증법으로 조직돼 있음을 알 수 있습니다. 연결돼 있으면서 동시에 탈구돼 있지요. (그래서 변증법이란 말을 썼습니다.) 디스로케이션 넥서스dislocation nexus이고, 동사의 연결사적 용법입니다. they는 data인데, suggesting의 주어일까요? 문법적, 다시 말해 신택스적으로는 그렇게 쓰여 있(는 듯 보이)지만, 의미론적, 시맨틱스적으로는 그렇지 않습니다. "데이터는 데이터가 미래의 연료임을 알려준다"가 아니라, "기름 비유는 데이터가 미래의 연료임을 알려준다"겠죠.

suggesting은 분사이고, 종속구를 이끌었는데, 이런 의미론적 검토 속에서 대등 구조로 부상함을 깨달을 수 있습니다. Originally they were likened to oil = data are the fuel of the future입니다. '논리적 인과'가 추론됐고, suggest가 2형식과 3형식의 점이 지대 동사임을 확인할 수 있습니다. that 절이 타동사의 목적절인 줄 알았는데, 한정사 보어절로 전환된 셈입니다. 주절을 the fact나, 다음 문장에 나오는 단어를 이용해, the comparison으로 바꿔 쓸 수 있 겠지요. 그러면 다음과 같이 정리가 됩니다. The comparison (with oil) suggests that data are the fuel of the future.

여기서 명사 comparison이 동사성을 담보한 과정^{process}인지, 아니면 앞에 서 실격 처리된 data처럼 강체성을 지닌 물체^{thing}인지가 중요해집니다. 이때 우리의 인지는 품사 '상'을 뚫고 들어가 '물체-과정 스펙트럼'을 조사합니다. 명사 comparison은 '물체'가 아니라, '과정'으로서 이해해야 합니다. 그래야 아귀가 맞습니다.

한 가지만 더 설명하고자 합니다. 문장의 다섯 가지 형식은, 알아서 나쁠 건 없지만, 구식 개념입니다. 이 책에서 저는 2형식과 3형식이 사실상 한 모형임을, 여러 사례를 통해 입증해 보이고 있습니다. 두 개만 알면 되고, 그 두 가지 근본 모형$^{Two\ Fundamental\ Models}$은 S-V와 S-V-O입니다. 이 둘로 다 환원할 수 있습니다. 언어의 초기 발달을 연구하는 학자들도 이 두 모형을 상정하고 토론을 합니다. 앞엣 것을 holistic model(전체론적 모형), 뒤엣것을 compositional model(요소 분석적 모형)이라고 해요.

전체론적 모형의 철학적 의미가 중요합니다. 우리가 S와 V를 국면적으로 나눌 수 있지만, 이 둘이 사실상 융합되어 있다는 발상이 그러합니다. 수준을 달리해, 우리는 다음의 두 대립항을 상정할 수 있어요.

명사-동사
주어-서술어(형용사*동사)
에이전트-보이스(Agent-Voice)
물체-과정
thing-process
입자-파동

하지만 이게 하나로 존재한다는 사실을 깨달았으면 좋겠습니다. 애초의 they 로 돌아가 볼까요? 제가 data라고 했죠. 그런데 앞 문장에 flows of data(Data flows)로 나옵니다. 한 개 실체의 두 국면 같은 것이죠. 다음 문장의 they were likened도 구의 연접 2번을 써서 their likening (to oil)로 융합할 수 있습니다.

프랑스어 신조어로 zlataner란 동사가 있습니다. 즐라탄 이브라히모비치란 축구 선수가 하는 동사 행위를 말하는 것입니다. Zlatan과 zlataner는 과연 하나의 존재라고 할 수 있을 겁니다. 프랑스어만 그런 것도 아닙니다. 제도화된 규범적 축구 150년 정도의 역사에서 단연 최고 선수라 할 바르셀로나 소속의 리오넬 메시가 돋보이는 활약을 펼치면, 한국 사람들도 인터넷 토론 마당에서 이런 반응을 보입니다. "오늘도 메시가 메시했네!"

이제 두 번째 문장(More recently, the comparison has been with sunlight because soon, like solar rays, they will be everywhere and underlie everything.)에서는 에이전트들이 분리돼 있습니다. 인지가 수행되는 정신 공간은, 운동이 일어나는 실제 세계의 물리 공간을 자연 모방한 것입니다. 저글링도 그래서 이루어진 것인데, 우리가 이런 조작을 하면서 즐깁니다. 구의 연접 4번으로 묶을 수 있고, 그러면 세 번째 문장처럼 유도 부사 there be를 써서 There has been the comparison with sunlight because ~식으로 표현할 수도 있겠지요. 앞에서 suggesting이 인과 관계를 특정해 준다고 했는데, 여기서도 because가 나왔습니다. 두 번째 문장을 참조해, 첫 문장을 다시 써볼까요? Originally data were likened to oil, because they are the fuel of the future. 즉, 여기서 suggesting은 because입니다.

세 번째 문장에서 아껴뒀던 There be ~ 를 쓰고 있네요. talk of data as infrastructure를 참조하면, 두 번째 문장의 comparison with sunlight에 data란 에이전트가 빠져 있음을 깨달을 수 있습니다. 구에서는 문장의 모든 요소가 충분히 제공되지 않음을 알아야 합니다. 읽기를 할 때, 전후 상황을 바탕으로 에이전트 정보를 복원해야 하고, 구가 어려운 이유가 바로 소실된 정보 때문입니다.

긴 설명을 읽느라 수고하셨습니다. 마지막 분사 구문을 통해 배운 내용을 확인할 수 있을 듯합니다. requiring이 첫 번째 문장의 suggesting과 동일한 구조로 쓰였습니다. 그렇다면, 주어는 무엇일까요? 단순히 '데이터'^{data}일까요, 아니면 '일종의 쌍둥이로 봐야 한다는 태도 내지 접근법'^{talk}일까요? 물체일까요, 과정일까요?

roads or railways는 아닙니다. new 때문에 그렇습니다. 목적어 them은 data겠네요. 요즘 영어는 재귀 대명사를 잘 안 씁니다. require도 논리적 인과를 지정해 주는 '2형식과 3형식의 접이 지대 동사', 다시 말해 논리 연산자로 사용되고 있습니다.

The multiplication of metaphors reflects the malleable economics of data.

'반영하다, 비추다' 등의 뜻으로 사용되는 reflect 동사는 어렵습니다. '거울'이 개입되면, 어렵죠. 거울 자체가 상당히 골치 아픈 물건입니다. 거울의 상이 좌우는 바뀌는데, 위아래는 바뀌지 않는 이유가 뭘까요? 전 세계의 똑똑하다는 과학자들 중에서도 이 사실을 명쾌하게, 나아가 웅숭깊게 설명해 낼 사람이 별로 없습니다. 무튼, reflect는 2형식과 3형식의 점이 지대 동사입니다. '주어의 내용을 보면, 목적어의 내용을 알 수 있다'는 논리 구조를 가집니다. 그래서 논리 연산자, 그러니까 연결 동사로 사용됩니다. 구-동사-구 패턴도 활용할 수 있습니다. 앞뒤 항이 다 구의 연접 4번이니까요.

"비유들의 다각성은 데이터의 가단적 경제학을 반영한다."

이렇게 해놓으면, 뭔가 심오한 작업을 해놓은 듯하지만, (남들은 모르겠고), 아무튼 저는 무척 싫어합니다. 구는 절이죠.

주어부: the multiplication of metaphors=metaphors are multiple

대상어부: the malleable economics of data=economics of data is malleable

이 측정 결과를 바탕으로, 동일성 추구의 관점에서 저울질을 해보면, (결과)-reflect-(원인)으로 구조화할 수 있겠습니다.

"이런 여러 비유를 곰곰 생각해 보면, 데이터 경제가 매우 신축적임을 알 수 있다."

First, they are "non-rivalrous": since they are infinitely copyable, they can be used by many people without limiting the use by others.

be 동사가 연결 동사로 쓰이면서, 탈구된dislocated 문장입니다. Water is self-service처럼 말입니다. Water=self-service는, 절대 아니죠. 이때 주어부의 에이전트가 주제어가 되는 것입니다. 제가 관찰해 온 바로, 이렇게 에이전트로 묶을 수 있는 것은 네 개입니다. 주어, 주제어, 간접 목적어, 대상어(보어*목적어). 이 "에이전트들이 동사와 형용사의 보이스Voice, 태 지정 서술, 목소리에 의해 결합돼, 넥서스Nexus, 관계상를 구축한다"는 것이, 센텐스sentence, 그러니까 문장의 구조-기능주의적 정의입니다.

이렇게 구축되는 관계상, 곧 넥서스에는 두 종류가 있습니다. 기(既) 확립된 관계상을 콜로케이션 넥서스collocation nexus라고 하고, 새롭게 이 세계를 확장적으로 구조화할 때 동원되는 것이 디스로케이션 넥서스dislocation nexus입니다.

콜로케이션 넥서스와 디스로케이션 넥서스가 딱 부러지게 구분되지는 않습니다. 통계적 빈도로 나뉘기 때문입니다. 진정으로 중요한 것은 디스로케이션 넥서스죠. 그 탈구 상황, 호응 미흡, 결 어긋남에도 불구하고, 동일성 추구 연산의 관점에서 다수 대중의 지지를 받으면, 언중 사이에서 확립된 지식 또는 명제로 인정을 받게 되는 것이기 때문입니다. 비둘기란 생물은 전혀 간여하지 않았지만, 그 '비둘기'가 '평화'가 되기 위해서, 사람들은 많은 노력을 했습니다.

they are "non-rivalrous"가 냉큼 '접수'되지 않는 이유도, 디스로케이션 넥서스이기 때문입니다. 콜론은 원인과 이유를 제시하는 규범화된 구둣점입니다. '데이터는 무제한으로 복제할 수 있고, 남들한테 그 사용을 제한받지 않으면서 다수가 이용할 수 있'으니, ...

> But they are also "excludable": technologies like encryption can control who has access to them.

역시 같은 구조입니다. Second를 쓰지 않고, But ~ also를 썼습니다. '암호화 보안 같은 기술들을 쓰면, 데이터 이용자를 통제할 수 있'으므로, ... non-rivalrous와 excludable의 품사가 형용사입니다. 영어의 형용사는 활용을 하지 않지만, 문장에서 동사와 더불어 서술어 역할을 합니다. 이를 간언어적 문법 용어로 보이스Voice라고 합니다. 수동태, 능동태의 '태'를 가리키는 말이기도 하죠. 보이스에는 중요한 역할이 있습니다. 자신의 말뜻을 바탕으로, 좌우로 팔을 내뻗어 에이전트들을 붙잡는 기능이 있습니다. 암묵지이긴 하지만, excludable에서 우리는 누구 또는 무엇이 배제되고, 누구 또는 무엇이 배제하는지를 아는 것입니다. 그렇게 문장이 완성되는 것입니다. 에이전트가 중요할까요, 보이스가 중요할까요? 바꿔 말해, 주어가 중요할까요, 동사가 중요할까요? 저명한 언어학자 스티븐 핑커는 이렇게 말했습니다. "동사는, 누가 누구에게 뭘 했는지를 문장이 어떻게 전달할지, 통어(관장, 제어)하기 때문에, 동사를 살펴보지 않으면 문장에서 각 에이전트가 맡는 역할을 알 수 없다. 이런 이유로, 당신의 (영)문법 교사가 문장의 주어는 "행위 (수행)자"라고 알려줬다면, 틀리게 가르쳐준 것이다.. ...... 문장의 주어가 주로 행위자이긴 하지만, 동사가 그렇게 명령할 때만 그렇다." 보이스가 절대적으로 중요한 것이죠.

"첫째, 데이터의 세계에는 경쟁자가 없다. 왜 그럴까? 데이터는 무제한으로 복제할 수 있고, 복수의 사람이 한꺼번에 사용할 수 있다. 남들의 사용이 제한을 받지도 않는다. 하지만 데이터의 세계에서는 배제될 수도 있다. 암호화 같은 각종 기술이, 누가 데이터에 접근하고 또 이용할지를 통제한다."

4TH PARAGRAPH

This in turn means that there is not just one data economy, but three more or less distinct ones, each with its own ideology.

mean(의미하다)은 직관적으로 이해할 수 있는 '2형식과 3형식의 점이 지대 동사'죠. 번역과 관련해, 한 단계 더 나아가 보겠습니다. redundancy, 그러니까 중복 회피는 학교 문법에서도 가르쳐 주지요. 이전 문단과의 연결성과 흐름을 적극적으로 반영하겠다면, 다음의 다섯 단어가 중복적이어서 쓸모가 없습니다. This in turn means that.
 학구적인 글이어서, 독자의 이해를 돕기 위해 느즈러진prolonged 표현을 사용한 것입니다. '느즈러졌'지만, 오히려 입말의 생생함을 느낄 수 있는 것이죠.

5TH PARAGRAPH

If oil is still the most-used metaphor, it is because comparing data to the black stuff is easy.

패러프레이즈를 해보겠습니다. 종속절의 If와 주절의 it is만 뗄 겁니다.
 Oil is still the most-used metaphor, because comparing data to the black stuff is easy.
 내용이 보존됐는데, 주절과 종속절의 지위가 바뀌었습니다. '주종 관계의 역진'이란 것입니다.

5TH PARAGRAPH

> In most cases they need to be "cleansed" and "tagged", meaning stripped of inaccuracies and marked to identify what can be seen, say, on a video.

meaning이 2형식과 3형식의 점이 지대 동사입니다. cleansed=stripped, tagged=marked, 즉 과거 분사형으로 '위상'을 맞춰주고 있습니다. 세련되게 썼고, 리듬감도 좋습니다.

6TH PARAGRAPH

> Before data can power AI services, they also need to be fed through algorithms, to teach them to recognise faces, steer self-driving cars and predict when jet engines need a check-up.

"에이전트, 보이스, 넥서스, 그 중에 제일이 보이스"라고 했습니다. be fed와 teach를 동사 서술어, 그러니까 보이스의 관점에서, 관련 에이전트들을 신속하게 복원할 수 있어야 합니다. be fed라면, 뭘 집어넣고, 어디에 집어넣고, 누가 집어넣고를 연산해 낼 수 있어야 한다는 말입니다. teach라면, 누가 누구에게 또는 무엇에게 무얼 가르치는지를 의식적으로 떠올려야 합니다. 영어 문장이 에이전트를 다 드러내 지정해 주지 않아요. 사실 단어 공부도 이렇게 하는 것입니다. to be fed=to teach임도 알 수 있지요. 쉼표가 결락의 변증법을 통해, 대등한 자격을 부여해 버린 것이죠. to 부정사의 부사적 용법의 목적이라든가, 조건을 부상시킬 수도 있겠고, 그렇다면 대등 구조와 위계 구조 사이에 확연한 구분선이 없다는 것도 증명이 됐네요.

And different data sets often need to be combined for statistical patterns to emerge. In the case of jet engines, for instance, mixing usage and weather data helps forecast wear and tear.

이렇게 마침표가 찍히고, 새로 시작하는 문장에 사용되는 And를 '접속사 기원의 접속부사'라고 합니다. 접속사의 한 정의가, '절과 절을 연결해 준다'이므로, 접속사는 아니죠. 여기서는 '나열'의 '그리고'가 맞습니다. 앞문단까지 포괄해서 살펴보면, 데이터는 '정제돼야 하고'(must be refined), 이 문단 앞문장에서처럼, '통과시켜야 하고'(also need to be fed), 또 '결합도 돼야 (often need to be combined)하니까요. '나열'이 맞습니다.

This in turn means that there is not just one data economy, but three more or less distinct ones, each with its own ideology. And the big question is whether one will come to dominate, or whether the mirror world will be as much of a mixture as the real one.

그런데, 위로 올라가 네 번째 문단에 나오는 '접속사 기원의 접속부사' And를 보도록 합시다.

And는 '그리고'이니까, 나열이기만 한 것일까요? 저는 다음처럼 옮겼습니다.

"이 얘기는 결국, 데이터 경제가 하나가 아니라, 확연히 구분되는 세 개 정도 있다는 말이다. (각각에는 나름의 독자적 이데올로기가 있다.) 따라서 중요한 문제는 이거다. 하나의 데이터 경제가 주류를 이룰 것인가, 아니면 거울상에 해당하는 가상 세계 역시도 실제 세계만큼이나 뒤죽박죽 혼합 경제일까?"

저는 이 문단의 접속부사 And에서 '인과' 관계를 부상시켜 놓았습니다. 뭐, '나열'로 해도 상관없다고 할 분도 계실 겁니다.

학교 문법에서 배운 '등위 접속사'와 '종속 접속사'에 확연한 구분선이 애초 존재하지 않습니다. 가령, '양보'를 지정하는 종속 접속사는 정도가 약한 역접으로, but과 다름 없는 등위 접속사거든요. 분석의 단위는 '단어-구-절'이라고 할 수 있습니다. 그리고 이 수준을 확장하면, 절과 절을 이어주는 '결합자'에 대한 정리도 필요하겠습니다. 접속사에서 출발하는 이 분석은, 영어의 다양한 문장을 바탕으로 정리할 때, 연결사connective란 확장적 개념을 동원할 수 있고, 이 연결사에는 여섯 개가 있다는 것이 저의 결론입니다. 1)접속사 2)접속부사 3)관계사 4)간투사 5)전치사(넥서스형 연결사 용법) 6)동사(연결사).

영어의 모든 품사는 '내용-기능 다양체'content-function manifold입니다. 자신의 말뜻meaning 보이스Voice를 바탕으로 이웃한 단어들과 통사론적으로 관계nexus를 맺으며 기능function을 수행한다는 점에서 말입니다. 우리는 이 두 요소를 항상 상보적으로 점검해야 하고, 신택스syntax, 구문, 문법, 통사론와 시맨틱스semantics, 의미론란 말도 그래서 있는 것입니다.

그런데, 연결사를 '연결사'라고 부르는 이유는, 연결해 주는 기능과 역할이 특별히 중요해졌다는 뜻입니다. 그러면서, 말뜻과 의미가 '형해화'되었다고 할 만큼, 희미해져 버렸습니다. 그 뜻을 파악하기가 힘든 것입니다. 전술한 사례인 접속부사 And가 그 예입니다.

The oil metaphor also rings true because some types of data and some of the insights extracted from them are already widely traded.

7TH PARAGRAPH

일곱 번째 문단의 첫 번째 문장이고, also란 '접속'부사가 사용되고 있습니다. 나열이죠. 이 문장은, 다섯 번째 문단의 첫 문장인, If oil is still the most-used metaphor, it is because comparing data to the black stuff is easy.와 견줄 수 있겠습니다. 그러니까 다섯 번째 문단 이하의 내용과 여섯 번째 문단은 일종의 '하위' 진술이었고, 일곱 번째 문단의 이 첫 문장은 다섯 번째 문단의 첫 문장과 같은 '수준'으로 상승해 있다고 할 수 있겠습니다. 개념의 위계, 서술의 구조화란 이런 것이죠.

8TH PARAGRAPH

On Kaggle, a website owned by Google that hosts machine-learning contests, thousands of teams of data scientists compete against each other to see who can come up with the best algorithms to predict a building's energy consumption or to detect "deepfake" videos, with prizes sometimes exceeding $1m.

to see의 의미상 주어가 주절의 주어와 일치하지 않습니다. 이 글의 해설에서 '보이스가 가장 중요하다'고 했습니다. 주어 에이전트가 없어도, 복원할 수 있어야겠죠. 그런데 to see의 의미상 주어가 꼬집어 지정하기도 애매한 게 사실입니다. 이럴 경우가 왕왕 있습니다. 굳이 지정하자면 '경진 대회 주최측'이겠죠.

9TH PARAGRAPH

Yet data have failed to become "a new asset class", as the World Economic Forum, a conference-organiser and think-tank, predicted in 2011.

말에는 문법을 넘어서는 습관이란 것이 있습니다. 이 문장을 구글 번역기로 돌리면, 다음과 같은 결과를 얻습니다. "그러나 회의 주최자이자 싱크탱크인 세계경제포럼이 2011년에 예측했듯이, 데이터는 '새로운 자산군'이 되지 못했습니다." 하지만, 실제는 그런 뜻이 아닙니다. 세계 경제 포럼은 2011년에 개인 데이터가 새로운 자산군이 되어 가고 있다고 진단했습니다.

그래서 연결사 as는 '예측한 대로'가 아니라, '예측한 것과는 달리 또는 예측했지만'으로 지정되어야 합니다. 연결사는 의미가 형해화되기 때문입니다. 한국어의 말 습관에서도 이를 찾을 수 있어요. '내가 전에 얘기했듯이'와 '내가 전에 얘기했지만'은 서로 바꿔써도 됩니다.

"그렇다고 해서 데이터가 '자산 목록'에 '새로이' 등재되지는 못했다. 대회 조직위이자 싱크 탱크인 세계 경제 포럼World Economic Forum이 2011년 그렇게 예측했지만 말이다."

Each is different in the way it was collected, and in its purpose and reliability.

에이전트가 저글링됐고, 주어 세 개가 다 뒤에 나옵니다. Each는 주제어죠.
"기업의 데이터 집합은 그 각각이 수집되는 방식이 다르고, 목적도 다르며, 신뢰성도 천차만별이다."
같은 문단의 마지막 문장 피인용문에서도 주제어와 주어를 획정할 수 있습니다.
"There is no true value of data," says Diane Coyle of the University of Cambridge.
"데이터는(주제어) 사실 진정한 가치가(주어) 없다."

A further barrier to trading is that the value of a data set depends on who controls it.

형용사를, 사실상 부사로 파악해야 하는 경우가 많습니다. 번역을 가르친다는 여러 책이, '형용사-명사'를 '부사-동사'로 옮기라고 조언합니다. further와 another도 여기서 출발합니다. 품사는 형용사인데, and나 too, also형 나열일 때가 많습니다. equal을 포함해, 이것들을 '형용사 접속부사'라고 할 겁니다.

"데이터 집합의 가격을 누가 통제하느냐에 따라 달라진다는 점 역시(further) 거래를 막는 장벽이다."

11TH PARAGRAPH

As for personal data, defining property rights is tricky, because much information cannot be attributed to one person.

주어 자리에 주제어를 쓰지 않을 경우, 주제어 에이전트를 노출하는 전형적인 패턴이 바로 as for ~ 입니다. "개인 데이터는(주제어) 재산권을 규정하기가(주어) 어렵다."

11TH PARAGRAPH

Complicating matters, data have plenty of externalities, both positive and negative, meaning that markets often fail.

쉼표가 세 개나 찍힌 역동적인 문장입니다. 말맛은 떨어지지만 고쳐보겠습니다.

Data have plenty of externalities—both positive and negative—, complicating matters, meaning that markets often fail.

190

이제, 왜 문장이 도치되었는지 아셨을 겁니다. 어찌 보면, '영어에도 주제어가 있다'는 명제를 가장 설득력 있게 제시할 수 있는 구조가 have 동사 문장이라고 생각합니다. data have plenty of externalities의 부분을 '데이터는 많은 외부성을 지닌다'보다 '데이터(에)는(주제어) 외부성이(주어) 많다(서술어)'라고 파악하는 것이죠.

Amazon Web Services (AWS), the cloud-computing arm of the e-commerce giant recently launched a marketplace that aims to make trading in data as easy as possible. It works a bit like an online store for smartphone apps: buyers subscribe to feeds, agree to licensing conditions, and AWS processes the payment.

두 문장에서 전치사의 넥서스형 연결사 용법을 확인해 보는 것도 좋은 연습이 될 듯합니다. 그 주인공은 to와 like인데요, 이 두 전치사를 중심으로 '같다'는 연산이 가능합니다.
'아마존 웹 서비스가 최근 출시한 마켓 플레이스의 목표는 데이터 거래를 최대한 쉽고 편리하게 하겠다는 것이다.'
'이 시장의 작동 방식은 스마트폰 앱이 팔리는 온라인 스토어와 비슷하다.'

Many people who prefer this metaphor ask if data do not really lend themselves to be turned into a tradable good, then why even try? Would it not instead be better to ensure that data are used as much as possible?

if를, 의문사가 없는 의문문을 종속절로 수합하는 접속사로 오해할 가능성이 있습니다. 비슷한 사례가 첫 번째 문단에도 나왔죠. Many people who prefer this metaphor ask 다음에, 쉼표를 찍고, 이하의 문장과 다음 문장까지를 따옴표로 묶는 것이 정칙입니다. 현대 영어에서 간접 화법과 직접 화법의 경계가 모호해지는 추세를 보여주는 한 사례입니다.
"이 비유를 선호하는 많은 이가 묻는다. 데이터가 사실상 상품으로서 거래될 수 없다면, 그런 노력을 왜 해야 하는가? 데이터가 최대한 많이 활용되도록 보장하는 게 더 낫지 않을까?"

Some see such efforts as the beginning of an open-source movement for data, much like the approach that now rules large parts of the software industry.

이 문장에서는 세 단어를 골라내서, 등호로 처리할 수 있습니다. efforts=movement=approach. as와 much like가 있으니까, 가능하지요. 세 단어 모두 명사이지만, '과정-물체 스펙트럼'에서 그 위상을 정확히 획정하는 노력을 하시기 바랍니다. 정밀한 독해에서 매우 중요하기 때문입니다.
"이런 노력과 활동을 데이터의 오픈 소스 운동이 시작된 것으로 보는 사람도 있다. 현재 소프트웨어 업계의 상당수가 채택하고 있는 접근법 및 태도와 크게 유사한 셈이다."

Unsurprisingly, this position also smacks of self-interest: Microsoft does not make much money from data directly, but does from tools and services that handle data.

이 글에서 주제어의 다양한 경관을 확인하고 있습니다. 이 문장에서 this position은 주제어가 아니라 주어입니다. 하지만 한국어 번역을 염두한다면, 주제어(this position)와 주어(self-interest)로 변신시킬 수도 있습니다.

"이런 입장에서 자기 이익의 낌새가 보인다는 것 역시 놀라운 일은 아니다."

18TH PARAGRAPH

        And blockchains, which are the special databases of the sort that underlie many digital currencies, enable people and companies to manage in minute detail who is allowed to access what data and to track who has done so.

세 가지 기술이 예시되고 있는데, And형 나열을 통해서 세 번째이자 마지막 기술을 소개하고 있습니다.

19TH PARAGRAPH

        DECODE, an initiative financed until last year by the European Union, has used a combination of them to create tools that allow people to control the data they generate and collect about their environment, for instance, on noise levels and air quality.

used a combination에서 보이스가 중첩되었음을 관측할 수 있습니다. use(사용하다), combination(combine, 결합하다)이니까 말이죠. 관계 대명사 that 이하의 내용이, (구조적으로야 종속구임에도 불구하고) 중요하게 부상합니다. 주종 관계가 조정됐으니, that을 연결사 순해 방식으로 파악해도 좋겠습니다.

193

"유럽 연합이 작년까지 자금을 댄 디코드DECODE 사업을 보도록 하자. '디코드'가 이들 기술을 접목해 만든 도구들을 활용하면, 사람들은 자신이 산출하고, 주변 환경에서 수집한 데이터—소음의 양이나 공기의 질 같은—를 통제할 수 있다."

You have to travel many digital roads—and combine many data sets and streams—to get to new insights, says Jeni Tennison, who heads the Open Data Institute, a research outfit based in Britain.

직접 화법과 간접 화법이 현대 영어에서 어떻게 뒤죽박죽 사용되는지를 확인할 수 있는 세 번째 사례입니다.
영국의 연구소 오픈 데이터 인스티튜트Open Data Institute 소장 제니 테니슨Jeni Tennison은 말한다. "디지털 세계에는 길이 많고, 해서 두루 다녀봐야, 새로운 통찰을 얻을 수 있어요. 여러 데이터 집합과 흐름을 결합할 줄 알아야 하는 거죠."
심지어는, 그 다음 문장도 테니슨이 직접 한 말일 수 있습니다.

Some will be private toll roads, others public multi-lane highways, but many need to be operated as shared digital resources managed in a "club" by users.

operated와 managed가 중첩돼 얽혀 있는데, 중첩과 얽힘은 전형적인 입말의 특성이기 때문입니다. 우리의 언어 생활을 잘 살펴보면, 메시지를 강조하기 위해, 반복 나열이 빈번히 이뤄짐을 알 수 있습니다.

"어떤 길은 민자 유료 도로일 테고, 공공의 다중 차선 고속도로도 있을 것이다. 그러나 많은 길이, 다시 말해 많은 데이터가, 사용자들이 집단으로 관리하는 공통의 디지털 자원으로 운영되어야 한다."

Data trusts, data co-operatives, personal data stores—all are different in detail, but the idea is essentially the same: they provide a governance structure to organise access to data in a way that takes into account the interests of those producing and using a particular sort of data.

all are different in detail에서 주어와 주제어를 추출해 낼 수도 있겠습니다. provide는 2형식과 3형식의 점이 지대 동사입니다. 묘하죠.
저는 이 책 전체에서 영어란 언어를, 구조-기능주의에 입각해 설명하고 있습니다. 구조-기능주의는 세계관으로서, 언어 말고도 다른 여러 대상에 적용할 수 있지요. 사회학을 위시해, 구조-기능주의 접근법은 거의 모든 대상과 학문에서 여전히 최고의 방법론으로 맹위를 떨치고 있습니다. 19세기와 20세기 학문이 거둔 위대한 승리입니다. 물론 구조-기능주의는 시간 함수를 충분히 포괄하지 못하고, 철학적으로 보수주의적이기 때문에, 자기 조직하는 복잡계self-regulating complex system란 사회 물리학 모형으로 대체되어야 할 겁니다. 격변, 붕괴, 회복 탄력성, 혁명이 구조-기능주의 패러다임에는 없습니다. 구조-기능주의는 변화를 제대로 설명하지 못합니다.
어쨌거나, 구조-기능주의와 관련해, 이 문단에 핵심어들이 여럿 나옵니다. institution, structure, organise(organization)이 바로 그것들입니다. 여기에 system과 establishment, hierarchy까지 보태놓으면 금상첨화죠. 이들 어휘가 제 번역 샘플에서 어떻게 처리되었는지 숙고해 보시기를 바랍니다.
in a way는 부사구입니다. 여기서 부사를 '준동사'로 취급할 수 있습니다. 위계 구조의 역진을 바탕으로, in a way that을 서술어화할 수 있다는 말입니다.
"데이터 트러스트, 데이터 협동 조합, 개인 데이터 가게, 이 모든 것은 세부 사항이 다르지만, 근본에 있어 발안과 기조는 동일하다. 이것들은 데이터 활용(권)을 조직하는 거버넌스 구조로, 구체적인 데이터를 산출하고 사용하는 사람들의 이해 관계를 신중하게 고려한다."

A "fair da-ta-economy"—one that takes into account the interests of citizens and consumers, who will generate much of the fuel of the future—may prove to be quite competitive, says Luukas Ilves, the co-author of a report for Sitra in Finland.

어렵지는 않은데, 정보의 시계열적 조직화를 궁리해 볼 수 있는 문장입니다. 단어 열을 재배치하는 사안이라고 볼 수도 있습니다. 제 번역 샘플을 참조하시기 바랍니다.

"데이터는 미래를 때는 연료이다. 그 미래 연료의 상당 부분을 생산하는 것이 시민과 소비자들이다. 그들의 이해 관계를 참작 고려하는 것이 '공정한 데이터 경제'이다. 핀란드의 시트라Sitra에 제출된 한 보고서의 공동 저자 루카스 일베스Luukas Ilves는, "데이터 경제가 공정하다면," 어쩌면 꽤 경쟁력이 있을 수도 있다고 말한다."

1ST PARAGRAPH
grammarian: 문법학자
quarrel: 다투다, 언쟁을 벌이다,
　옥신각신하다(=have an angry
　arguement=dispute)
data: 데이터, 자료, 정보(=information) cf)
　datum: data의 단수형
singular: 단수의 cf) plural: 복수의
contrary to: ~와 다르게, 반대로(=to the
　contrary)
stick (with): 고수하다
singularly: 남다르게, 유별나게,
　대단히(=remarkably)
that is: 그러니까, 다시 말해, 즉(=i.e.=that
　is to say=in other words=or)

2ND PARAGRAPH
liken: 비유하다(=compare)
underlie: 저변에 놓이다, 기저가 되다

3RD PARAGRAPH
multiplication: 증식
malleable: 변동성이 큰(=soft and can
　easily be made into different
　shapes)
encryption: 암호화
have access to: 접근권을 가지다, 사용하다,
　활용하다(=avail oneself of=use)
cryptography: 암호 작성술, 암호 해독술

4TH PARAGRAPH
more or less: 대략, 거의, 쯤
come to: ~하게 되다(=get to)
dominate: 가장 중요한 특징이 되다
mirror world: 거울상, 세계의 반영, 디지털
　세계, 가상 세계(=virtual world) cf) real
　world: 실제 세계, 현실(=reality)

5TH PARAGRAPH
refine: 정련하다, 세련되게 다듬다
　(=improve)
cleanse: 세척하다, 씻다
tag: 꼬리표를 부착하다, 태그하다 cf)
　tagger: 태깅(tagging)을 하는 사람
stripped of: ~을 빼앗긴, ~이 없는(=free
　from=free of)
identify: 알아보다,

확인하다(=recognize=distinguish)
say: 가령, 예컨대(=for
　example=including)
spawn: ~을 야기시키다
footage: 장면, 동영상(=clip=video)
self-driving car: 자율 주행
　자동차(=autonomous vehicle)

6TH PARAGRAPH
power: 구동하다
steer: 조종하다, 몰다(=drive)
jet engine: 제트 엔진
set: 집합 cf) intersection: 교집합
wear and tear: 감가, 마손, 소모 상태

7TH PARAGRAPH
ring true: 정말처럼 들리다, 진짜
　같다(=seem true)
profile: 개요, 윤곽, 이력(=career)
consultancy: 컨설팅 기업, 자문 회사
brisk: 활발한, 바쁜,
　번창하는(=busy=hectic=prosperous)
telecoms carrier: 통신 회사, 전화 기업

8TH PARAGRAPH
data mining: 데이터 마이닝, 데이터
　채굴(collecting information from
　data stored in a database, for
　example in order to find out about
　people's shopping habits)
host: 주최하다, 주관하다, 관리하다
machine learning: 기계 학습
contest: 시합, 경진 대회(=competition)
come up with: 제안하다,
　생산하다(=produce=supply)
deepfake: 심층 가짜, 인공 지능으로 합성한
　진짜 같은 가짜 영상 또는 이미지

9TH PARAGRAPH
think tank: 싱크 탱크, 두뇌 집단(a group of
　experts who are gathered together
　by an organization, especially by a
　government, in order to consider
　various problems and try and work
　out ways to solve them)
change hands: 주인이 바뀌다, 소유자가
　바뀌다(=change ownership)

tradable: 거래 가능한, 사고 팔리는, 시장성이 높은(=marketable)
property right: 재산권
cut: 몫, 배당(=share=fraction)

10TH PARAGRAPH
get in the way: 길을 막아 버리다, 방해하다(=impede=hinder)
fungible: 대체 가능한
reliability: 신뢰성, 믿을 만함
data exhaust: (데이터) 배기가스, 쓰레기, 배출물, 배출 데이터 cf) raw data: 미가공 데이터

11TH PARAGRAPH
attribute: ~의 것(탓, 책임)이라고 하다, 귀착시키다
externality: 외부성, 외부 효과
social network: 소셜 네트워크, 소셜 미디어(=social media)
crunch: 많은 양의 정보를 고속으로 처리하다(=process at a very high speed)

12TH PARAGRAPH
arm: (조직의) 부문(=wing)
marketplace: 장터
subscribe: 구독하다, 가입하다, 신청하다
licensing condition: 약관(=term)

13TH PARAGRAPH
champion: 옹호자, 지지자, 대변인(=advocate=supporter)
lend oneself to: ~에 적합하다, 감히 ~하다, ~에 도움이 되다
charge: 과금을 하다, 청구하다(=bill)

14TH PARAGRAPH
line: 노선, 입장, 태도(=approach)
give birth to: ~를 낳다, ~이 탄생하다(=produce)
vary: 다양하다, 천차만별이다(=differ)

15TH PARAGRAPH
principal: 가장 중요한, 제일의(=prime=premier=chief=leading) cf) principle: 원칙, 주의, 신조

implement: 시행하다, 실시하다(=carry out)
initiative: 계획

16TH PARAGRAPH
in particular: 예컨대, 구체적으로, 특히
keen to: 열렬히 ~하다, ~하는 데 열심이다(=eager to)
rely on: ~에 의존하다(=depend on=count on=bank on)
chief legal officer(CLO): 최고 법률 책임자
smack of: ~의 기미가 있다, ~의 조짐을 보이다(=hint)

17TH PARAGRAPH
analogy: 비유, 유추(=comparison)
break down: 와해되다, 붕괴되다, 힘을 잃고 쓰러지다(=collapse)
privacy law: 개인 정보 보호법, 프라이버시 보호법
enforce: 시행하다, 집행되다
check: 견제, 점검 사항, 확인, 억제 cf) checks and balances: 견제와 균형(=separation of powers)
in nature: 사실상, 현실적으로
make public: 공개하다, 발표하다(=announce=publish=reveal)

18TH PARAGRAPH
safely: 탈 없이, 무사히
in time: 때가 되면, 이윽고, 시간이 흐르면
differential: 차등적인
differential privacy: 차등 프라이버시, 차등적 개인 정보 보호
homomorphic: 이체동형의, 준동형의
encryption: 암호, 암호화
decrypt: 해독하다, 파해하다
underlie: 저변을 이루다, 토대를 형성하다
digital currency: 디지털 통화, 암호 화폐, 가상 화폐(=crypto-currency)
minute: 극미의, 대단히 상세한

19TH PARAGRAPH
deploy: 배치하다, 전개하다
finance: 자금을 지원하다, 재원을 출연하다(=fund)
noise level: 소음량, 소음 수준

20TH PARAGRAPH
grist to(for) the mill: 유용한 것, 이익이
　　되는 것(=sth used to good advantage)
stream: 흐름, 연속(=flow)
get to: ~에 도달하다, ~을 얻다
outfit: 조직, 회사, 집단, 무리(=group=team)
toll: 통행료 cf) toll road: 유료 도로
운명지우다(=reduce=doom)
laggard: 굼벵이, 느림보(=slacker=sloth)
reversal: 역전, 뒤집힘, 반전(=complete
　　change)

21TH PARAGRAPH
stewardship: 책무, 관리(=responsibility
　　of looking after property) cf)
　　steward: 간사, 담당자, 관리인
trust: 위탁 사업체, 트러스트
co-operative: 소비 조합, 협동 조합

22TH PARAGRAPH
pop up: 별안간 생기다, 튀어나오다
ongoing: 진행 중의(=continuing)
hackathon: 해커톤(hacking과
　　marathon의 합성어로, '프로그래밍
　　마라톤'이다)(event where
　　programmers and others meet
　　for collaborative software
　　development)
collaborative: 협력체, 협력 조직, 공동의
set up: 설립하다, 수립하다(=found)
get (sth) off the ground: 이륙시키다,
　　비상하다, 실행에 옮기다, 시작하다

23TH PARAGRAPH
dime: 다임, 10센트짜리 동전, 적은 액수의 돈
chief technology officer(CTO): 최고 기술
　　책임자
supplier: 공급자, 공급 업체
municipal: 시 자치체의, 시정의
data common: 데이터 공유지 cf)
　　common: 공유지

24TH PARAGRAPH
given: ~가 주어졌을 때, ~을 고려하면
stronghold: 강화 요새, 거점 cf) outpost:
　　전초 기지
pool: 모으다(=gather=collect)
regulator: 규제 당국, 규제 기관

25TH PARAGRAPH
condemn: 처하게 하다,

INTERNATIONAL: The other tech giant

Wikipedia is 20, and its reputation has never been higher

The crowdsourced encyclopedia is a welcome oddity on the modern internet

JAN 7TH 2021 EDITION

Lying drunk in a field outside the Austrian city of Innsbruck in 1971, inspiration struck Douglas Adams, a science-fiction writer. He looked at his copy of "The Hitchhiker's Guide to Europe", and then up at the stars, and came up with the idea for a "Hitchhiker's Guide to the Galaxy". It would be a (fictional) mixture of travel book and encyclopedia, but with an absurd-seeming twist: instead of being written by experts, anyone could contribute.

Adams played his idea for laughs. But today it looks as prescient as it was funny. On January 15th Wikipedia—"the free encyclopedia that anyone can edit"—will celebrate its 20th anniversary. It will do so as the biggest and most-read reference work ever. Wikipedia hosts more than 55m articles in hundreds of languages, each written by volunteers. Its 6.2m English-language articles alone would fill some 2,800 volumes in print. Alexa Internet, a web-analysis firm, ranks Wikipedia as the 13th-most-popular site on the internet, ahead of

위키피디아, 스무 살이고
현재 최고의 명성을 구가 중이다

현대 인터넷 환경에서 이 크라우드 소싱 백과사전은 기이하면서도 반가운 물건이다.

1ST PARAGRAPH 1971년 오스트리아 도시 인스부르크 교외. 한 사내가 술에 취한 채 벌판에 드러누워 있었다. 바로 그때 과학 소설 작가 더글러스 애덤스Douglas Adams한테 불현듯 생각이 하나 떠올랐다. 『유럽을 여행하는 히치하이커를 위한 안내서 The Hitchhiker's Guide to Europe』를 들여다 보다가 고개를 들고 하늘의 별을 바라봤는데, 『은하수를 여행하는 하치하이커를 위한 안내서 Hitchhiker's Guide to the Galaxy』의 아이디어가 떠오른 것이다. 그 소설은 여행 가이드북과 백과사전이 혼합된 형태였다. 그런데 거기에 우스꽝스런 변주가 가세했다. 내용을 전문가들이 쓰는 게 아니라, 누구라도 기고할 수 있는 것으로 착상한 거다.

2ND PARAGRAPH 애덤스는 웃자고 그런 거였다. 하지만 오늘날 돌이켜 보면, 우스운 만큼이나 선견지명이 있었다. [2021년] 1월 15일이면 "누구나 편집할 수 있는 자유로운 백과사전" 위키피디아Wikipedia가 탄생 20주년을 맞이한다. 여태껏 가장 많이 읽힌 최대 규모의 레퍼런스란 찬양도 함께할 것이다. 위키피디아는 언어가 수백 개고, 기사가 무려 5500만 개 이상이다. 그 모든 기사를 자원자들이 썼다. 영어로 작성된 620만 개의 기사만 인쇄하더라도, 책으로 약 2800권 정도 나온다. 웹사이트 분석 회사 알렉사 인터넷Alexa Internet은 위키피디아를 인터넷에서 인기 순위 13위의 누리집으로 선정했다. 이 순위는 레딧Reddit, 넷플릭스Netflix, 인스타그램Instagram을 앞서는 것이다.

201

Reddit, Netflix and Instagram.

Yet Wikipedia is an oddity. It defies the Silicon Valley recipe for success. The site has no shareholders, has generated no billionaires and sells no advertising. Today's aspiring tech giants burn vast quantities of investors' money subsidising taxi rides (Uber) or millennial messaging (Snap) in pursuit of "scale". Wikipedia grew organically, as more and more ordinary people decided to contribute. The site has its roots in the techno-optimism that characterised the internet at the end of the 20th century. It held that ordinary people could use their computers as tools for liberation, education and enlightenment.

Like most Utopian thinking, the idea of an amateur encyclopedia was, for many years, treated as a bit of a joke. "A few endorse Wikipedia heartily. This mystifies me," wrote a former president of the American Library Association in 2007. "A professor who encourages the use of Wikipedia is the intellectual equivalent of a dietician who recommends a steady diet of Big Macs with everything," he sneered. Even now, after numerous academic studies highlighting its reliability, Wikipedia still lacks the gravitas and authority of older encyclopedias like "Britannica", which are written by paid academic experts rather than amateurs. Schools, universities and *The Economist*'s fact-checkers frown on relying on it.

Wikipedia may not have vanquished its doubters in theory. But it has triumphed in practice. With over 20bn page views a month, it has become the standard reference work for anyone with an internet connection. As social-media sites are lambasted for censorship, "fake news", disinformation and conspiracy theories, its rep-

3RD PARAGRAPH 그런데, 위키피디아는 사실 이상한 물건이다. 위키피디아는 실리콘 밸리의 성공 방정식을 거부한다. 이 사이트는 주주가 없다. 여기서 억만장자들이 생긴 것도 아니고, 광고 영업도 전혀 하지 않는다. 오늘날 성공 지향의 거대 기술 기업들은 어떤 행태를 보이는가? 우버 Uber 같은 택시업이나 스냅 Snap 같은 메시징 업체 등에 대규모 자금을 대면서 투자금을 소진한다. '규모'를 키우겠다는 목적에서다. 하지만 위키피디아의 성장은 자발적이고, 또 자연스러웠다. 보통 사람들이 기여에 더욱 더 많이 참여해 왔다는 말이다. 이 사이트의 뿌리는 기술 낙관주의이다. 20세기 말의 인터넷을 지배했던 관념 말이다. 인터넷 낙관주의는, 보통 사람들이 컴퓨터를 해방과 교육과 계몽의 수단으로 활용할 수 있다고 믿었다.

4TH PARAGRAPH 대부분의 유토피아 사유처럼, 아마추어들이 쓰는 백과사전이란 개념은 다년간에 걸쳐 농담으로 취급받았다. 미국 도서관 협회 American Library Association의 전직 회장이 2007년에 이렇게 말할 정도였다. "위키피디아를 진심으로 지지하는 사람들이 소수 있다. 얼떨떨하고 혼란스럽다." 그는 계속해서 이렇게 조롱했다. "위키피디아 사용을 권장하는 교수는 매끼 맥도널드를 꾸준히 먹으라고 권장하는 영양사와 다름없는 지식인이다." 수많은 학술 연구가 그 신뢰성을 밝힌 현재조차도, 더 오래된 백과사전들의 권위와 무게가 위키피디아에 여전히 부족한 것은 사실이다. 가령 브리태니커 같은 경우는, 그 항목을 아마추어가 아니라 학계의 전문가가 돈을 받고 쓴다. 각급 학교, 대학, 『이코노미스트 The Economist』의 사실 확인 담당자들은 위키피디아 참조에 이맛살을 찌푸린다.

5TH PARAGRAPH 위키피디아가 이론상, 그 회의론자들을 완전히 제압하지는 못했을 수 있다. 하지만 실제에서 승리한 것은 위키피디아다. 한 달 페이지 뷰 200억 회를 넘기면서, 위키피디아는 인터넷이 접속되는 사람이면 그 누구에게라도 표준 참고서로 부상했다. 소셜 미디어 사이트들이 검열, '가짜 뉴스', 오정보 및 역정보, 음모 이론 등으로 맹폭을 당하는 상황이기 때문에, 위키피디아의 명성이 그 어느 때보다 드높

203

utation is higher than ever. Toby Negrin, chief product officer at the Wikimedia Foundation, the San Francisco-based charity that provides the site's infrastructure, describes the online encyclopedia as a "guardian of truth".

That sounds grandiose. But other tech behemoths now use it as a neutral arbiter. Conspiracy-theory videos on YouTube often come tagged with warning information from Wikipedia. Since 2018 Facebook has used Wikipedia to provide information buttons with the sources of news articles.

Others are also enthusiastic. In October the World Health Organisation (WHO) started working with Wikipedia to make information on covid-19 available via the site. It considered the collaboration vital to its efforts to prevent an "infodemic" of misinformation about the virus. Brewster Kahle, the founder of the Internet Archive, which preserves websites for posterity, describes Wikipedia as "a treasure of the internet".

Wikipedia's value and influence are hard to compute. Its revenues come from charitable grants and donations from its users. "Wikipedia is an example of what I like to call 'digital dark matter'," says Shane Greenstein, an economist at Harvard who has studied the site closely. Like parenting and housework, contributing to it is a valuable service that, because it is unpaid, remains mostly invisible to standard economic tools.

A few researchers have tried to guess. One study in 2018 estimated that American consumers put a value of about $150 a year on Wikipedia. If true, the site would be worth around $42bn a year in America alone. Then add indirect benefits. Many firms use Wikipe-

다. 샌프란시스코에 있는 자선 단체 위키미디어 재단Wikimedia Foundation이 이 사이트의 인프라를 제공하는데, 최고 제품 담당자 토비 네그린Toby Negrin은 이 온라인 백과사전을 다음과 같이 규정한다. 위키피디아는 "진실의 수호자"다.

6TH PARAGRAPH 이 말은 정말이지 거창하게 들린다. 그렇지만 이제는 다른 거대 기술 기업들도 위키피디아를 중립적인 판정자로 활용한다. 유튜브에 올라오는 많은 음모 이론 동영상에 위키피디아의 경고 정보가 태그된다. 페이스북Facebook은 2018년부터 위키피디아를 활용해, 정보 버튼information button에 뉴스 기사의 출처를 제공하고 있다.

7TH PARAGRAPH 위키피디아에 열의를 보이는 다른 집단도 더 보도록 하자. 작년 10월부터 세계보건기구World Health Organisation, WHO가 위키피디아와 협력하기 시작했다. 코로나19 정보를 위키피디아 사이트를 통해 이용할 수 있도록 한 것이다. 전술한 기관은 이 협력을, 코로나 바이러스와 관련해 오정보가 확산하는 이른바 '인포데믹'infodemic을 차단하려는 매우 사활적인 노력으로 자리매김했다. 후세를 위해 웹사이트를 보존하는 '인터넷 아카이브'Internet Archive의 설립자 브루스터 케일Brewster Kahle은 위키피디아를 "인터넷의 보물"이라고 말한다.

8TH PARAGRAPH 위키피디아의 가치와 영향력을 가늠하기는 쉽지 않다. 자선 단체의 교부금과 사용자들의 기부에서 위키피디아의 수익이 발생한다. "위키피디아는 말이죠, 제가 이렇게 부르길 좋아하는데, '디지털 세계의 암흑 물질'의 대표 사례예요." 이 말을 한 셰인 그린스타인Shane Greenstein은 해당 사이트를 자세히 연구해 온 하버드의 경제학자다. 위키피디아에 기여를 하는 행위도, 육아와 가사처럼, 가치 있는 서비스이다. 그런데 이 용역이 부불 노동이어서 표준화된 경제 도구에 비추어 볼 때 대부분 보이지가 않는 것이다.

9TH PARAGRAPH 그래도 추정이라도 해보겠다고 나선 학자가 몇 있다. 2018년의 한 연구는 미국의 소비자들이 한 해 약 150달러의 가치를 위키피디아에 부여한다고 계산했다. 이게 사실이라면, 위키피디아 사이트는 미국에서만 한 해 약 420억 달러의 값어치를 발생시킨다. 여기에 간접적 혜택까지 있다. 많은 기업이 위키피디아를 활용해서 수익을 내

dia in profitable ways. Amazon and Apple rely on it to allow Alexa and Siri, their voice assistants, to answer factual questions. Google uses it to populate the "fact boxes" that often accompany searches based on factual questions. Facebook has started to do something similar. This drives traffic to Wikipedia from those keen to learn more. AI language models of the sort employed by Google or Facebook need huge collections of text on which to train. Wikipedia fits the bill nicely.

The cult of the amateur
Its biggest power is its subtlest. Since it is the first resort of students, professors, journalists and any number of curious people, its contributors do much to make the intellectual weather. The WHO's decision to work with Wikipedia reflects research suggesting that the site is the most-read source of medical information in the world—for doctors as well as patients.

Its reach is clearest when things go wrong. In 2008 one user inserted a joke claiming that the South American coati, a small mammal, is sometimes known as the "Brazilian aardvark". By the time the jape was revealed, in 2014, it had found its way on to various websites and into news articles and a book published by a university press. In 2012 a senior British judge was caught out when, in a report on the shortcomings and criminality of parts of the British press, he named Brett Straub as one of the founders of the *Independent*, a newspaper. Mr Straub has nothing to do with the *Independent*. His friends had been adding his name to Wikipedia's pages as a joke.

고 있으니까. 아마존Amazon과 애플Apple이 위키피디아를 바탕으로, 자사의 음성 지원 서비스인 알렉사Alexa와 시리Siri를 구동한다. 그러니까, 사실 관계 질문들에 답할 때, 위키피디아가 동원되는 거다. 구글Google도 위키피디아를 활용해서, '팩트 박스'fact box를 덧붙인다. 사실 관계 질문'형' 검색을 하면, '팩트 박스'가 뜨는 걸 흔히 볼 수 있을 것이다. 페이스북도 비슷한 뭔가를 하기 시작했다. 더 알고자 하는 사람들이 이를 통해 위키피디아를 방문하는 트래픽이 늘어나게 되는 것이다. 구글이나 페이스북이 채택한 것과 같은 종류의 인공 지능 언어 모형들은, 이를 바탕으로 해서 훈련할 엄청난 양의 텍스트가 필요하다. 위키피디아가 그 요구에 산뜻하게 부합한다.

10TH PARAGRAPH

아마추어 숭배

위키피디아의 가장 커다란 힘은 그 최상의 절묘함에 있다. 학생들, 교수들, 기자들, 그리고 각급의 수많은 호기심쟁이들이 제일 먼저 찾는 곳이 위키피디아이기 때문에, 위키피디아에 글을 쓰는 사람들은 지식'장'의 분위기를 형성하는 데 큰 역할을 한다. 세계보건기구가 왜 위키피디아와 협력하기로 했을까? 연구에 의하면, 위키피디아가 전 세계에서 가장 많이 읽히는 의료 정보 사이트이기 때문이다. 환자와 의사 공히, 마찬가지이다.

11TH PARAGRAPH

일이 잘못 되었을 때, 위키피디아의 영향 범위가 가장 분명하게 드러난다. 두 가지 예를 들어보겠다. 2008년 한 사용자가 문서를 작성하면서 농담을 하나 집어넣었다. 남아메리카에 긴코너구리라고 소형 포유동물 종이 하나 있는데, 이 녀석을 '브라질 땅돼지'라고도 한다는 허위 정보였다. 문제의 장난이 밝혀진 것은 2014년이었는데, 그 즈음에는 이 허위 결합 정보가 여러 웹사이트와 뉴스 기사, 심지어 한 대학 출판부가 발행한 서적에까지 침투한 상황이었다. 2012년에는 한 영국인 고위 판사의 무지가 들통나기도 했다. 영국 언론의 문제점과 범죄성에 관한 보고서를 작성하면서, 이 판사가 브렛 스트롭Brett Straub을 『인디펜던트Independent』 신문의 설립자 가운데 한 명이라고 적은 것이다. 스트롭은 『인디펜던트』와 아무 상관이 없는 사람이다. 친구들이 위키피디아 페이지에 장난으로 그의 이름을 집어넣은 게 사달의 원인이었다.

Yet despite a string of notable embarrassments—and its own disclaimer that "Wikipedia is not a reliable source"—it is, on the whole, fairly accurate. An investigation by *Nature* in 2005 compared the site with "Britannica", and found little difference in the number of errors that experts could find in a typical article. Other studies, conducted since, have mostly endorsed that conclusion. Explaining exactly why Wikipedia's articles are so good is trickier. A common joke holds that it is just as well that Wikipedia works in practice, because it does not work in theory.

Deliberate decisions are one explanation. Wikipedia compares well with other reference works when it comes to honest mistakes, but it is uniquely vulnerable to vandalism and pranks. In an effort to combat them, says Mr Negrin, the site has developed algorithms that monitor articles for mischief. For America's recent presidential election, editing articles was restricted to accounts more than 30 days old, and with at least 500 edits to their name.

Other reasons are structural. The site's open nature and its popularity help ensure that errors in well-read articles are usually spotted and fixed quickly. (By the same token, mistakes in more obscure entries may languish for years.) Mr Greenstein notes that, unlike with a printed encyclopedia, "another paragraph doesn't cost anything". That means that ideological rows can often be defused simply by adding paragraphs outlining different views. The site's intimidating list of rules means that new editors face a steep learning curve. But it also helps to filter out dilettantes, ideologues and bores with an axe to grind.

12TH PARAGRAPH 하지만, 이런 눈에 띄는 여러 망신살에도 불구하고, 위키피디아의 기술 내용 전반은 상당히 정확한 편이다. (게다가 위키피디아에는 "위키피디아는 믿고 볼 수 있는 출처가 아니"라는 자체 경고문까지 있다.) 『네이처Nature』가 2005년에 위키피디아와 브리태니커를 비교 조사해 보았다. 전형적인 기사에서 전문가들이나 찾을 수 있는 오류의 수에서 차이가 거의 없었다. 이후로 수행된 다른 연구들도 보면, 대부분 이 결론을 지지한다. 위키피디아의 기사가 왜 그렇게 우수한지 정확하게 그 이유를 설명하는 일은 상당히 난해하다. 위키피디아가 이론상으로는 제대로 작동하면 안 되기 때문에 실제로는 제 역할을 다해서 얼마나 다행인지 모르겠다는 게, 관련해서 나도는 흔한 농담이다.

13TH PARAGRAPH 사려 깊은 판단과 결정이 그 이유에 대한 하나의 설명이다. 위키피디아는, 정직한 실수라면, 다른 참고서들과 쉽게 비교할 수 있다. 그렇지만 반달리즘과 장난질에는 대단히 취약한 것도 현실이다. 네그린은, 위키피디아가 기사들을 검토해 나쁜 짓을 걸러내는 알고리즘을 개발해 왔다고 말한다. 그러니까 악성 행위와 맞서 싸우는 노력을 지속해 왔다는 것이다. 최근 치러진 미국 대선을 예로 들어보자. 기사 편집이 30일 이상된 계정으로 국한되었고, 계정 명의로 이루어지는 편집 역시 500번으로 최소화했다.

14TH PARAGRAPH 다른 이유들은 구조적이다. 위키피디아는, 그 개방성과 인기로 인해서, 많이 읽히는 기사의 경우, 대개 오류가 신속하게 발견돼 교정된다. (같은 이유로 해서, 드물게만 읽히는 항목의 설명과 관련된 실수들은 수정되지 않은 채로 수년간 묻히게 된다.) 그린스타인은 말한다. 인쇄해 제본한 백과사전과 달리, "문단을 추가해도 비용이 한 푼도 안 든다"고. 결국, 다른 견해들을 소략하게나마 정리해 놓은 문단을 추가하기만 해도, 이데올로기적 다툼이 진정될 수 있다는 얘기이다. 이 사이트에 참여할 때 지켜야 하는 규칙 목록은 겁이 날 지경이다. 초보 편집자의 학습 곡선이 매우 가파르다는 얘기다. 하지만 그로 인해서 아마추어, 이데올로그, 다른 속셈이 있는 자들을 걸러낼 수 있다.

Wikipedia's not-for-profit structure, points out Mr Kahle, means it can focus on the interests of readers and editors without having to consider the (possibly conflicting) demands of advertisers. The site is unusual since it is run by humans, not algorithms. Though social-media sites rely on idiot-savant computer programs to maximise "engagement" (ie, to sell more advertising), Wikipedia's humans try to uphold woolly ideals such as accuracy, impartiality and arguing in good faith.

Much of its success, in other words, is because of the culture its users have created. It is evident in the discussion pages that accompany every article, as the site's contributors debate with each other the noteworthiness of a topic, the quality of its primary sources, what information to include and to leave out, and more. Rules of thumb gradually become more solid guidelines. The Wikipedia page outlining the "Neutral Point of View"—one of the most widely discussed and referred to—runs to 4,500 words. It includes recommendations on how best to describe aesthetic opinions, which assumptions count as necessary, and which must be justified. It also points out the risks of providing "false balance" about controversial subjects.

Cultures constantly change. Relying on Wikipedia's current one may, therefore, seem a risky strategy. Katherine Maher, the Wikimedia Foundation's executive director and CEO, says that if Wikipedia did not already exist it might not be possible to create it on today's fragmented, commercially minded internet. But given that it does, she is bullish about its prospects for survival. Much of the site's work appeals to human nature, she says: "People love to be right, to demonstrate their competence."

15TH PARAGRAPH 위키피디아는 수익을 도모하지 않는다. 케일은, 이 구조 덕택에 위키피디아가 광고주들의 요구(충돌할 가능성이 있는)를 신경쓸 필요 없이 독자와 편집자들의 관심사와 이해에만 충실할 수 있었다고 지적한다. 이 사이트는 알고리즘이 아니라 인간들이 운영한다는 점도 독특하다. 소셜 미디어 사이트들은 백치 천재형 컴퓨터 프로그램을 바탕으로 '참여'를 극대화하는 전략을 쓴다(가령, 광고를 더 많이 파는 식으로). 하지만 위키피디아를 관리하는 인간들은 정확성, 불편부당함, 선의 속에서 이루어지는 논쟁처럼 그리 뚜렷하다고 할 수 없는 이상을 부여잡고 있다.

16TH PARAGRAPH 달리 말해, 위키피디아가 거둔 성공의 상당 부분은 사용자들이 창출한 문화 내지 에토스(기풍) 때문이다. 모든 기사에 수반되는 토론 페이지를 보면, 이 사실이 자명해진다. 사이트에 참여하는 사람들은 주제의 중요도, 주요 출처 품질, 어떤 정보를 집어넣고, 또 어떤 정보는 빼야 할지 등에 관해 서로 토론한다. 일련의 경험칙들이 서서히 확고한 지침으로 자리를 잡았다. '중립적 관점'—가장 많이 토론되고 언급된 주제 중의 하나다—을 설명하는 위키피디아의 페이지는 그 내용이 무려 4500단어나 된다. 이 글을 보면, 견해를 아취 있게 기술하려면 어떻게 써야 가장 좋은지, 어떤 가정들이 필수적인지, 또 뭘 해명해야 하는지와 관련해 이런저런 권고 사항이 적혀 있다. 또 논란이 되는 주제의 경우, 소위 '그릇된 균형'을 견지하는 것이 여러 모로 위험하다는 것도 지적한다.

17TH PARAGRAPH 문화들은 항용 바뀐다. 그러므로 위키피디아의 현행 문화에 안주하는 것이 위험한 전략일 수도 있다. 위키미디어 재단의 집행 이사이자 CEO인 캐서린 메이어Katherine Maher는 말한다. 위키피디아가 진작에 망했다면, 이런 문화를 빚어내는 것이 어쩌면 불가능할 거라고. 파편적인 데다가, 돈벌이에만 혈안이 된 오늘날의 인터넷 환경을 한번 떠올려보라. 하지만 위키피디아는 잘 살아남았고, 그녀는 앞으로도 생존할 수 있다고 낙관한다. 위키피디아가 굴러가는 방식 상당수가 인간 본성에 부합한다고 그녀는 주장한다. "사람들은 똑바로 사는 걸 좋아하고, 자신의 경쟁 우위를 드러내 과시하기를 즐깁니다."

Even errors can be helpful. Ms Maher cites Cunningham's Law, which holds that "the best way to get the right answer to a question on the internet...is to post the wrong answer." She recalls meeting a committed Chinese editor who began contributing to the Chinese-language project because "a lot of what he saw was just wrong, and he felt he had to fix it!"

Keeping Wikipedia's culture healthy means moving with the times. "Wikipedia is a child of the desktop internet," says Mr Negrin. But "increasingly, when people talk about internet users, they're talking about smartphones." So the foundation is improving the site's mobile-editing tools. Typing long articles on a smartphone is inescapably awkward, so attention has focused on helping users to make "micro-edits", such as fixing spelling mistakes or correcting dates. The hope is that this will also act as a gateway drug for young editors and for those in poorer countries for whom smartphones are the standard or only way of getting online.

Attracting a steady supply of new editors is vital for Wikipedia's long-term survival. So is attracting new kinds of contributors. Ms Maher estimates around 80% of Wikipedia's editors are male, and skewed towards North America and Europe (see Graphic Detail). The encyclopedia itself is popular in America, Europe, Russia and Japan, but not much read in India and sub-Saharan Africa (see chart). Changing that, she says, is vital to the health of a project whose idealism remains undimmed. "Our vision is a world where every single human being can share in all knowledge," she says. This time, such Utopianism is harder

18TH PARAGRAPH 실수마저 도움이 될 수 있다. 메이어가 인용하는 커닝엄의 법칙$^{Cun-ningham's\ Law}$에 따르면, "인터넷에서 질문의 정답을 얻을 수 있는 가장 좋은 방법은 …… 오답을 게시하는 것이다." 그녀가, 막 중국어 프로젝트에 참여했던 열성적인 한 중국인 편집자와 만났던 얘기를 한다. "눈에 띄는 많은 내용이 틀렸고, 바로 잡아야겠다고 느꼈"기 때문이에요.

19TH PARAGRAPH 위키피디아의 문화를 건전하게 꾸준히 유지한다는 것은, 시대를 호흡하면서 함께 바뀐다는 의미이다. 네그린이 말한다. "위키피디아는 데스크톱 인터넷의 산물이에요." 그런데, "사람들이 인터넷 사용자를 떠올린다고 했을 때, 점점 더 스마트폰 얘기를 하는 형국이거든요, 현재는." 위키미디어 재단이 사이트의 모바일 편집 툴을 개량하고 있는 이유이다. 스마트폰으로 긴 기사를 타이핑한다고 한 번 생각해 보라. 상당히 난감하다. 이런 이유로, 사용자들이 '미소 편집'$^{micro\text{-}editing}$이란 걸 할 수 있도록 지원하는 것에 관심과 역량이 집중되고 있다. 그러니까, 철자 오류를 고친다든가, 날짜를 바로잡는다든가 하는 등속. 말하자면, 그런 활동이 미래의 젊은 편집자들과 빈곤국 거주민들에게 일종의 '미끼'로 기능하기를, 그들은 바라고 있다. 개도국 시민들에게는 스마트폰이 인터넷에 접속할 수 있는 유일한 방법이거나, 표준으로 자리를 잡아 버렸다는 사실을 부기해 둬야겠다.

20TH PARAGRAPH 위키피디아가 장기적으로 생존하려면 새로운 편집자가 꾸준히 공급되는 것이 매우 중요하다. 새로운 부류의 기여자들을 확보하는 것도 마찬가지로 필요하다. 메이어의 추정에 의하면, 위키피디아 편집자의 약 80퍼센트가 남성이고, 북아메리카와 유럽으로 편향돼 있기도 하다. 위키피디아 자체가 인기 있는 곳으로, 미국, 유럽, 러시아, 일본을 들 수 있고, 인도와 사하라 이남 아프리카인들은 위키피디아를 별로 읽지 않는다(표를 보라). 이상주의가 여전히 빛을 발하고 있는 프로젝트의 건전성을 유지하려면 이런 현실을 바꾸는 게 매우 중요하다고, 그녀는 말한다. "단 한 명의 인간이라도, 그러니까 이 세상의 모든 사람이 갖은 지식을 공유하는 세상이 우리가 꿈꾸는 미래입니다." 이번만큼은 그 유토피아주의를 묵살하기가 어렵다. 요컨대, 20년의 성공으로 뒷받침되고 있기 때문

to dismiss. After all, it is backed up by 20 years of success.

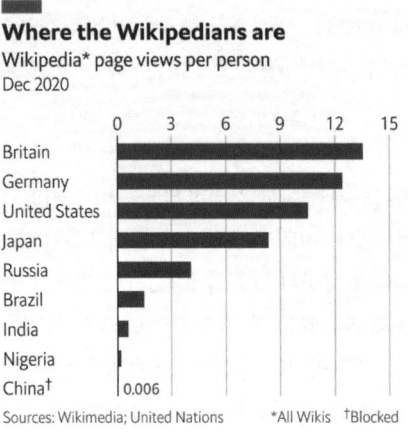

© The Economist Newspaper Limited, London (Jan 7th 2021)

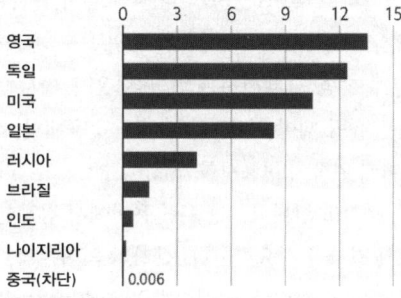

위키피디아 이용자들의 국적
1인당 페이지뷰 수(2020년 12월)

자료 출처: 위키미디어, 미국

*The crowdsourced encyclopedia is a welcome oddity
on the modern internet.*

이 책에서는 '형용사-명사'의 구조를, '네 가지 구의 연접 양상'Four Patterns of Junction in Phrase 가운데서 제3번이라고 부르고 있습니다. 학교 문법에서는 형용사가 앞에 위치하면 '제한적 용법', 뒤에 위치하면 '서술적 용법'으로 가르칩니다. 문법학자들은 영어의 역사를 두루 살폈고, 제한적 용법의 '형용사-명사' 구조를 표준으로 지정합니다. 뭐, 요즘은 유럽 제어(諸語)의 영향을 수용해서, 서술적 용법도 많이 쓰지만요. 아무튼, 이때 왼쪽의 형용사를 qualifier^{장식어, 수식어}라고 하고, 오른쪽 명사를 head^{核語, 구의 중심 단어}라고 합니다. '헤드'란 용어에서 짐작할 수 있듯이, 문법적 syntax으로야 오른쪽의 명사가 중요합니다. 하지만 의미론적, 내용적으로는 그렇지 않다는 걸 명심하시기 바랍니다. 시맨틱스적semantics으로 말이죠. 흔히는 세 가지 풍경을 그립니다. 개념의 핵심이 위계라고 했으므로, 헤겔 변증법을 원용해서 '주인'과 '노예'란 술어를 써보겠습니다.

    1) 노예-주인, 2) 주인-노예, 3) 어떤 요소도 주인이나 노예가 아님: 부분들의 총합 이상

    제 얘기는, welcome oddity를, '반가운 이상한 물건'이라고 하지 말란 소리입니다. 해석을 해보죠.

    "현대의 인터넷에서 위키피디아란 크라우드소싱 백과사전은 ~~."

    반갑다(be welcome), 그리고 이상하다(be odd)겠죠? 제가 be 동사를 붙여서 '절'처럼 보이게 조작을 해놨는데, 사실 형용사만으로도 절이 되지요(한국어와 영어의 큰 차이 중의 하나입니다).

    구조 분석은 끝났고, 우리는 지금 의미론적 검토를 하고 있는데요, ... 두 내용이 충돌합니다. '이상해서 반가운'게 아니고, '이상함에도 불구하고 반가운' 것이죠.

    겉으로 보면, '형용사-명사'의 단순한 '수식-피수식' 구조^{syntax}인데, 의미론적 실상은 절 두 개가 양보 내지 역접으로 연결돼 있습니다. 이게 구의 연접 3번의 실상 가운데 하나입니다. 이외에도 엄청나게 다양한 풍경이 그려집니다.

    두 개만 예를 들어보겠습니다. 가브리엘 가르시아 마르케스의 『백 년의 고독』이란 작품은 흔히 '마술적 리얼리즘'이란 말로 요약되지요. Magical realism. 외에도 비슷한 말이 많습니다. Hallucinatory realiasm, Surrealistic realism.

216

마술과 현실은 의미상 충돌하지요. '마술적인데도 현실감이 넘친다'는 뜻입니다. 넌센스인데, 넌센스가 아님을 우리는 알고 있습니다. 그리고 바로 이 지점이 '인간적 가치와 의미의 세계'인 것입니다. 의미론적 위계는 어떨까요? 그렇습니다! 부분 요소들의 총합 이상이지요. 어느새 '핵어'가 그 지위를 잃고 말았네요.

본서에는 전자 상거래 기업 아마존이 팬데믹 시기에 어떤 활약을 했는지 소개하는 기사가 있습니다. 해당 기사 본문에 creative disruption이란 구의 연접 3번형이 나옵니다. 제가 어떻게 분석하고 처리했는지, 직접 확인해 보시기 바랍니다.

같은 문단의 (fictional) mixture도 살펴보겠습니다. 두 단어의 의미를 검토하면, mixed fiction이어도 됩니다. 의미론적 주종 관계를 조절했습니다. 네 번째 문단에 나오는 Utopian thinking도, 주종 관계의 관계점에서 궁리해 보십시오. 마지막 문단에는 Utopianism이 나옵니다.

Today's aspiring tech giants burn vast quantities of investors' money subsidising taxi rides (Uber) or millennial messaging (Snap) in pursuit of "scale".

3RD PARAGRAPH

일단 해석을 해보겠습니다.

"오늘날 성공을 갈망하는 거대 기술 기업들은, 가령 택시업(우버)이라든가 메시징 서비스 업체(스냅) 등에 자금을 대면서 투자금을 대량으로 소진한다. 이는 소위 말해 '규모의 경제'를 추구하는 것이다."

이런 결론에 이른 절차를 살펴보도록 하죠. 형용사와 동사가 문장에서 서술어로 사용되니까, 두 개의 절을 획정할 수 있습니다. 두 절의 주어도 동일하지

요: Today's aspiring tech giants.
1) Today's aspiring tech giants burn vast quantities of investors' money.
2) Today's aspiring tech giants subsidise taxi rides(Uber) or millennial messaging(Snap).

절을 하나 더 만들 수 있습니다, in pursuit of "scale"을 바탕으로 해서 말입니다. 부사구이기 때문입니다. 다른 계열의 부사도 많지만, 부사는 Adverb입니다. ad란 접두사가 전치사 to이기 때문에, Adverb는 준동사로 파악할 수 있습니다. 절을 만들 수 있는 것이죠.

3) Today's aspiring tech giants (are) in pursuit of "scale".

물론 더 파고 들면, 주부를 바탕으로 네 번째 절을 만드는 것도 가능합니다.

4) Today's tech giants (are) aspiring.

이 네 개의 절을 의미론적으로 검토해, 한국어를 위계적으로 조직하면 되는 것이죠. 그리고 그러려면, 관련 지식이 뒷받침되어야 합니다. 의미론적 검토는 이쯤 하고, 구조-기능주의적 접근법을 하나만 더 소개해 드리고자 합니다.

예시 문장을 전치사 in을 중심으로 살펴볼 수도 있습니다. in 앞의 모든 단어열을 대문자 A로, 뒤의 모든 문자열을 대문자 B로 치환해 보지요.

A in B

A가 '절'이고, B가 '구'여서 비대칭적이긴 하지만, 영어는 이런 위계 구조를 무척 자주 씁니다. 구의 연접 4번이 '명사-전치사-명사'였지요. 구의 연접 4번이 '단어-by-단어', 그러니까 연접連接, junction 양상이었음과 대비해, A(절) in B(구)의 양상을 포괄적으로 넥서스nexus라고 합니다. 전치사 in이 상위 구조에서 '넥서스형 연결사'로 쓰이는 셈입니다. '부분과 전체는 같다'란 공리에 의해 A=B라는 결론도 얻게 됩니다. 품사를 조정해서, 매끄럽게 이어붙이면, Burning=(is in) pursuit of "scale"이죠.

Wikipedia grew organically, as more and more ordinary people decided to contribute.

organic(ally)의 의미를 분명히 지정해 두고자 합니다. '유기적'이란 말이 학술용어로야 근사한데, 감이 잘 안 오지요. '생물적'이란 말입니다. 생물의 생장처럼 '서서히'(slow) 이루어진다는 말입니다. 그리고 '저절로'(simultaneous) 발생하는 것이기 때문에 '자연스럽다'(natural)는 뜻으로까지 나아갑니다. 다음의 패러프레이즈도 음미해 보시기 바랍니다. Wikipedia's growth has been organic.

The site has its roots in the techno-optimism that characterised the internet at the end of the 20th century.

'동일성 추구 연산'과 '2형식과 3형식의 점이 지대' 개념은 줌^{Zoom}을 소개하는 기사에서 자세히 설명한 바 있습니다. 동사의 보이스^{Voice}를 바탕으로 techno-optimism과 the internet at the end of the 20th century를 나란히 놓고 측정해 보면, 둘이 '같다'는 걸 알 수 있습니다. characterise(규정하다)란 동사가 2형식과 3형식의 점이 지대 동사입니다. 두 에이전트가 어떻게 같은지를 추상화해 보면, (부분)=(전체)이거나 '형질전환'$^{metamorphosis\ or\ transformation}$, ^{은유법}, 또는 둘 다입니다.

It
held that ordinary people could use their computers as tools for liberation, education and enlightenment.

대명사 It이 techno-optimism인데, that이 이끄는 종속절의 내용과 '동일'합니다. 여기서 held가 2형식과 3형식의 점이 지대동사죠. 동사 have로도 바꿔쓸 수 있습니다. It allowed ordinary people to use their computers as tools for liberation, education and enlightment. 열두 번째 문단과 열여덟 번째 문단에서도 hold 동사가 똑같이 사용되니, 확인 점검하시기 바랍니다.

4TH PARAGRAPH

"A few endorse Wikipedia heartily. This mystifies me," wrote a former president of the American Library Association in 2007.

This mystifies me. 대상 관계와 행위 주체성이란 테마를 궁리해 볼 만한 문장이라고 생각됩니다. 영어는 동사에게 '말을 시키는 방법'Voice이 한국어와 다르죠. 사물이나 개념 명사가 주어로 많이 사용되고, 그런 문장을 '직역'해 보면, 어색한 경우가 많습니다. 이때 '직역'直譯, literal translation을 '정역'正譯이라 우기고 돌아서는 것이 바른 태도는 아닌 것 같습니다. 영어는 동사 서술어를 중심으로 에이전트들이 괴수에 포진한, 좌우 내닫 언어입니다. 자유롭게 저글링juggling을 하시면서 대상 관계와 행위 주체성을 탐구하시면 됩니다. 그 결론이 "이게 나를 혼란스럽게 한다"일 수도 있고, "이런 상황을 보고 있자면, (저는) 정말 당황스러워요"도 좋다고 생각합니다. 요점은, 어떤 결론에 이르든, 글쓴이의 머릿속 생각의 지형을 대상 관계와 행위 주체성의 관점에서 살펴보는 것이죠.

저는 '대상 관계'와 '행위 주체성'이란 개념으로 인지 경관을 탐구해야 한다고 주장하는데, 기존의 문법 용어를 들먹이자면, 이 주제는 태態, voice입니다. 능동태, 수동태 말이에요. 여기에, 주동, 피동, 사동 따위가 보태지죠. 결국 태는, 에이전트들 사이의 대상 관계를 지정하는 문법적 기능인 것입니다. 일상어로 얘기하자면, 누구 또는 무엇의 목소리냐 하는 사안이에요. 이 책에서는 주로 '보이스'Voice라고 얘기를 하고 있습니다. 제 식의 정의를 하나 보태놓지요. 보이스는 '대상 관계 지정자'입니다.

I evny you는, 내가 (능동적으로) 부러워하는 걸까요? 아니면, 내가 부러워하기는 하는데, 실상 상대방이 나에게 그런 감정을 불러일으킨 걸까요?

관련해서, 첫 번째 문단의 Inspiration struck Douglas Adams도 검토해 봅시다. '영감이 더글러스 애덤스를 쳤'네요. 한국어도 '불현듯 생각이 떠오른다'고 표현하지요. 개념 명사나 사물이 주어인 경우가, 행위 주체성을 담보할 때가, 한국어에도 있습니다.

4TH PARAGRAPH

Wikipedia still lacks the gravitas and authority of older encyclopedias like "Britannica", which are written by paid academic experts rather than amateurs.

에이전트와 보이스는 상보적인 요소들입니다. 보이스 없이 에이전트 없고, 에이전트 없이 보이스가 없지요. 학교 영문법에 따르자면, Wikipedia가 주어고, the gravitas and authority가 목적어입니다. "위키피디아는 여전히 진지함과 권위를 결여하고 있다." 그런데, 상위의 개념들인 에이전트와 보이스 개념을 동원하면, 훨씬 자연스런 한국어를 조어할 수 있습니다. "위키피디아(에)는 진지함과 권위가 없거나 부족하다." 한국어 문법에 따르면, '위키피디아(에)는'은 장소 부사, 또는 주제어(topic)고, '진지함과 권위가'는 주어입니다. feature(~가 나오다)란 동사도 보면, 그 다음에 나올 목적어 에이전트를, 한국어에서는 주어로 획정할 수 있지요. 앞에서 '보이스'를 '대상 관계 지정자'라고 정의했으니, 에이전트도 그 하위 범주를 통해 좀 더 분명히 해두지요. 바로, 주어, 대상어(보어와 목적어), 간접 목적어가 에이전트들인 겁니다. 그리고 여기에 '주제어'가 보태집니다. 영어에도 주제어가 있습니다. 이야기가 길어졌습니다. 주제어는, 본서의 다른 부분에서 좀 더 상세히 알려드리겠습니다.

_{8TH PARAGRAPH}

Like parenting and housework, contributing to it is a valuable service that, because it is unpaid, remains mostly invisible to standard economic tools.

어렵지 않은 문장입니다. 해석을 해보죠. "위키피디아에 기여하는 것은, 육아나 가사처럼, 가치 있는 소중한 일이다. [하지만] 그 서비스가 부불 노동이어서, 표준화된 경제 측정 도구로는 거의 파악되지 않는다." 이 한국어 문장을, 구글 번역기를 사용해 영작을 해보도록 하겠습니다.

Contributing to Wikipedia, like parenting and housework, is a valuable service. [But] it is unpaid labor, so it is rarely captured by standard economic measures.

약간의 베리에이션^{variation, tweak}이 있지만, 동일하게 의미가 전달되고 있습니다. (아직 영작에 익숙하지 않다면, '구글 트렌슬레이트'^{Google Translate}를 능동적으로 활용하는 것도 영어 공부의 한 방법입니다.)

여기서 제가 드리고자 하는 말씀은, '위계 구조와 대등 구조의 길항' 사안입니다. 애초 문장의 that은 주격 관계 대명사로, 위계 구조를 짜는 데 쓰이는 기능어입니다. 그런데도 저는 (비록 꺽쇠묶음표를 쓰긴 했지만) 문장의 내용을 대등 구조로 전환해 버렸죠. 의미론적 관점^{semantics}과 통사론적 관점^{syntax}을 둘 다 염두해야 하겠습니다.

사실 위계 구조는 쉽게 와해해 버립니다. 인간의 지력은, 언어라는 이산 조합 체계를 위계 구조로 적층하는 데에 그리 능숙하지 못합니다. 기껏해야 4-5단이에요. 그럼에도, 문장을 위계 구조로 조직하면, 세련되고 멋져 보입니다. 애초의 출발이 정확성과 효율을 위해서였기도 하고요. that을 쓴 이유입니다. 물론, 시맨틱스적으로 검토할 때, 이 문장은 '임에도 불구하고'나 '그러나'의 요소가 없어서 복원을 해야 합니다만. 본서에서 이런 글쓰기를 무수히 발견할 수 있지요.

One study in 2018 estimated that American consumers put a value of about $150 a year on Wikipedia.

estimate(추정하다) 좌우의 에이전트 내용이 동일합니다. One study = American consumers put a value of about $150 a year on Wikipedia. 한 정사 보어란 개념에 익숙해지시도록, 한 번 더 거론합니다. 실은, study와 estimate도 같지요. 두 가지 내용을 더 설명해야 하는데, 그것은 본서의 다른 부분에 적어두었습니다.

Its biggest power is its subtlest.

저는 이 문장을 읽는 게 상당히 어려웠습니다. subtle이란 형용사의 심상도 냉큼 떠오르지 않는 데다가, be 동사로 연결된 두 요소를 관계 맺기가 쉽지 않았거든요. 이럴 때는, 사전에서 찾은 subtle의 의미를 염두하면서, 이하에 상술된 내용을 검토해 보는 수밖에 없죠. 그런데 이하의 내용이 딱 부러지는 실증이 아닙니다.

다시 원래의 문장으로 돌아와 보면, 두 형용사가 다 절대 최상급으로서, '위키피디아는 막강한 힘을 갖고 있'(Its biggest power)고, '위키피디아는 그 행태가 매우 영리하고, 처한 상황이 또한 대단히 절묘하다'(its subtlest)는 뜻입니다. 상술된 부분에서 길어올릴 핵심은, 위키피디아가 기여자들과의 상호 작용 속에서 '자가 발전'을 한다는 내용입니다. 그런데 고전 논리학의 논증에서 '자가 발전', '자체 순환'은 완벽한 논증으로 쳐주지 않습니다. '스스로의 원인과 이유를 스스로'라고 주장하는 명제에 설득될 사람은 많지 않죠. 그래서 '미묘한'(subtle) 겁니다. 그래서 저는 be 동사를 쓰는 게 마음에 들지 않아요. 이럴 때는, 확실한 '이퀄(equal)'인 be 동사가 아니라, 2형식과 3형식의 점이 지대 동사(구)를 써주면 좋습니다.

Its biggest power comes from its subtlest. 또는 Its biggest power lies in its subtlest.

10TH PARAGRAPH

The WHO's decision to work with Wikipedia reflects research suggesting that the site is the most-read source of medical information in the world

(The WHO's decision to work with Wikipedia) reflects (research suggesting that the site is the most-read source of medical information in the world.)

'구-동사-구' 패턴이 또 나왔으니, 연습을 해봅시다. 구는 절이죠.
주어부: 세계보건기구가 위키피디아와 협력을 하기로 했다.
대상어부: (여러) 연구는, 위키피디아 사이트가 전 세계에서 가장 많이 읽히는 의료 정보의 출처임을 밝혔다.
동사 연결사 reflect는 영어권 화자들 사이에서 '논리 연산자'로 빈번히 사용됩니다. 여기 동원되는 가장 중요한 논리 구조는 '논리적 인과'와 '시간적 선후'입니다.

"세계보건기구가 왜 위키피디아와 협력하기로 했을까? 연구에 의하면, 위키피디아가 전 세계에서 가장 많이 읽히는 의료 정보 사이트이기 때문이다. 환자와 의사 공히, 마찬가지이다."

In 2008 one user inserted a joke claiming that the South American coati, a small mammal, is sometimes known as the "Brazilian aardvark".

11TH PARAGRAPH

두 가지 버전의 해석을 소개해 보겠습니다. 첫째, "2008년 한 이용자가, 소형 포유동물인 남아메리카산 코아티(긴코너구리)를 '브라질 땅돼지'로 알고 있는 사람도 있다고 주장하는 농담을 삽입했다." 두 번째 버전, "2008년 한 이용자가 써 놓은 장난질의 내용은 이렇다. '소형 포유동물인 남미산 코아티(긴코너구리)를 일부는 "브라질 땅돼지"로 알고 있다.'"

앞에서 동사 estimate를 관찰한 내용이 기억나세요? claiming이 정확히 동일하게 사용되었습니다. joke=claiming=that ~. 이때 여러분의 인지가 수행되는 정신 공간에서, joke를 '농담'으로 파악할지, '농담을 하다'로 파악할지를 정해야 합니다. '과정의 물체화' 사안인데, 두 항을 수준을 달리해서 다양하게 진술할 수 있습니다.

농담-농담을 하다
명사-동사
주어-서술어
에이전트-보이스
물체-과정
입자-파동
thing-process.

비유하자면, 러시아 인형 마트료시카처럼 동일한 본질의 대립 국면이 불확정적으로 진동하고 있는 것입니다. 하지만 이 대립 국면은 결국 하나죠. 따라서 이 불확정성을 고정하는 것이 독해입니다.

An investigation by Nature in 2005 compared the site with "Britannica", and found little difference in the number of errors that experts could find in a typical article.

2005년에 『네이처』가 '비교를 했'고, '찾아냈'다고 하면 무척 간명하겠죠? 하지만, 이 문장에 의하면, 『네이처』는 2005년에 '조사'란 걸 했고, 그 개념 명사 '조사'의 구체적 내용이 '비교'와 '발견'입니다. 이 책에서 중요하게 취급하는 개념인 '보이스의 중첩과 얽힘'Superposition and Entanglement of Voices이 일어났습니다. investigation=comapred*found. 우리가 수행하는 인지가 이런 특성을 보입니다. 『네이처』가 2005년에 위키피디아와 브리태니커를 비교 조사해 보았다. 전형적인 기사에서 전문가들이나 찾을 수 있는 오류의 수에서 차이가 거의 없었다."

Deliberate decisions are one explanation.

explanation(설명하다, 설명)을, 상 전이의 기예에 입각해, reason으로까지 시맨틱스적으로 바꿀 수 있으면 좋을 것 같습니다. 다음 문단의 첫 문장이 Other reasons are structural이므로, 우리의 판단이 바르다는 것이 확증됩니다. Deliberate decisions are one reason. 과정이 물체화되었습니다.

In an effort to combat them, says Mr Negrin, the site has developed algorithms that monitor articles for mischief.

여기서도 전치사의 넥서스형 연결사 용법을 확인할 수 있습니다. 전치사 in을 중심으로 살펴볼 수 있다는 말이죠. 요컨대, effort=developing입니다. develop를 동명사화한 것은, 상 전이를 통해 '결 어긋남'을 보정한 것이지요.
"네그린은, 위키피디아가 기사들을 검토해 나쁜 짓을 걸러내는 알고리즘을 개발해 왔다고 말한다. 그러니까, 악성 행위와 맞서 싸우는 노력을 지속해 왔다는 것이다."

For America's recent presidential election, editing articles was restricted to accounts more than 30 days old, and with at least 500 edits to their name.

at least 때문에 의외로 어려울 수 있습니다. at least를 '적어도, 최소한'으로 파악하는 순간 망합니다. 구의 연접 4번형 '명사-전치사-명사' 구조와, 연결사구 and with를 중심에 놓고 파악해야 합니다. least 500 edits to their name를 해석하면 다음과 같습니다. '계정 명의로 이루어지는 편집 횟수는 가장 적은 500번이다.' at은 원문의 필자가 restricted가 생각나서 집어넣은 것입니다. 첨언하면, 이는 문법을 뛰어넘는 의미론적 접근을 통해 얻은 결론입니다. 문법에는 한계가 있습니다.
"최근 치러진 미국 대선을 예로 들어보자. 기사 편집이 30일 이상된 계정으로 국한되었고, 계정 명의로 이루어지는 편집 역시 500번으로 최소화했다."

The site's open nature and its popularity help ensure that errors in well-read articles are usually spotted and fixed quickly.

help (to) ensure를 복합 명사처럼 '복합 동사'로 취급할 수 있습니다. 본서에 나온 예로, let rip의 사례가 있었지요. 2형식과 3형식의 점이 지대 동사로 볼 수도 있습니다. (원인)과 (결과)를 매개해 주고 있으니까요. '개방적이고 인기가 많아서'(원인), 많이 읽히는 기사의 경우 오류가 흔히는 신속하게 발견돼 수정된다(결과). 탁월한 읽기 방법입니다.

덧붙여서, 법성mood, mode 문제를 조금 언급하고자 합니다. 동사와 형용사가 어우려져 서술어부를 구성할 때, 검토해야 할 사안은 세 가지입니다. 대상 관계 지정자로서의 보이스Voice, 시제 표현Tense & Aspect, 그리고 법성Mode이죠. 학교 문법은 가정법만 주로 가르쳤던 것 같습니다. 그런데 직설법과 명령법도 있지요. 이 셋을 '법'이라고 하여 가르치고 배웁니다. '법성'의 요점은, '무드를 잡는' 것입니다. 분위기를 조성한다는 말입니다. 그리고 여기에는 크게 두 가지 방법이 더 있습니다. (화)법 조동사도 법성을 표현하는 방법입니다. 둘째, 형용사와 또 다른 동사가 가세해 서술어군을 형성하는 것도 법성을 표현하는 방법입니다. ensure 앞에 help가 붙으면서 주부의 행위 주체성 정도를 떨어뜨리고 있습니다. 이게 바로 법성 표현의 요점입니다. 같은 문단의 마지막 문장도 help to filter out을 통해 덜 직설적으로 표현하고 있네요. 번역 샘플을 통해 두 문장이 어떻게 처리됐는지 살펴보시기 바랍니다.

By the same token, mistakes in

more obscure entries may languish for years.

이 글에서 전치사 in을 두 번 '넥서스형 연결사'로 분석해 보았습니다. the same token을 A로, 이하의 주절을 B로 치환하면, B by A로 구조화됩니다. 여러 차례 얘기한 정신 공간상에서 A와 B의 위치 관계는 '나란히 함께 포진'합니다. 왜 그런지 꼬집어서 이유를 얘기할 순 없지만, 동일성 추구 연산이 가세합니다. 생명의 '욕동' 같은 것이라고 봅니다, 저는. 그래서 B=A가 됩니다. by가 '같음'을 지정해 주는 논리 연산자로 동원되었습니다. 글로서리의 해설처럼 부사구로 취급해도 문제가 없지만, 이렇게 관점을 달리해서 접근해 보는 것도 좋은 방법입니다. token의 의미가 더 분명하게 드러나는 면도 있으니까요. token과 languishing의 디스로케이션(결 어긋남) 경관이 조금 아쉽기는 하네요.

That means that ideological rows can often be defused simply by adding paragraphs outlining different views. The site's intimidating list of rules means that new editors face a steep learning curve.

두 번 나오는 동사 mean(의미하다)은 앞뒤의 에이전트들이 '같다'는 논리 연산자로 사용되었습니다.

"결국, 다른 견해들을 소략하게나마 정리해 놓은 문단을 추가하기만 해도, 이데올로기적 다툼이 진정될 수 있다는 얘기이다. 이 사이트에 참여할 때 지켜야 하는 규칙 목록은 겁이 날 지경이다. 초보 편집자의 학습 곡선이 매우 가파르다는 얘기다."

Wikipedia's not-for-profit structure, points out Mr Kahle, means it can focus on the interests of readers and editors without having to consider the (possibly conflicting) demands of advertisers.

포합 구조의 최상단에 있는 points out Mr Kahle을 빼버리고 분석해 봅시다. 구-means-절이네요. 구는 절이니까, 주부는 Wikipedia's structure is not for profit(위키피디아는 이윤을 추구하지 않는다)입니다. 대상어 '절'의 내용은 다음과 같습니다. "위키피디아는 (상충할 수도 있는) 광고주들의 요구를 신경쓰지 않고서, 오직 독자와 편집자들의 관심사와 이해에만 집중할 수 있다." means가 (원인)과 (결과)를 구획 지정해 주는 '2형식과 3형식의 접이 지대' 동사입니다.

Though social-media sites rely on idiot-savant computer programs to maximise "engagement" (ie, to sell more advertising), Wikipedia's humans try to uphold woolly ideals such as accuracy, impartiality and arguing in good faith.

engagement란 어휘에 따옴표가 붙은 이유는, 독자의 오해를 막기 위해서입니다. 필자가 글을 작성하면서, 더 적당한 단어가 마음의 어휘 사전에서 냉큼 인출되지 않았다고 진단할 수도 있습니다. engagement에 여러 가지 뜻이 있는데, '연결'(connection), '상호 작용'(interaction), '결합'(combination), '관계'(relationships) 정도를 연상할 수 있겠지요. 맥락상, 이윤 추구 집단의 활동이므로, '광고 파는 일'이 예로서 제시되었습니다.

물론 arguing은 동명사이고, 그래서 명사입니다. 따라서 accuracy 및 impartiality와 같은 자격으로 잘 조직되었다고 할 수도 있습니다. 하지만 이 세 항의 나열이 뭔가 석연치 않은 분들도 조금씀은 있을 수 있습니다. 만약 그렇게 느끼신다면, 인지가 수행되는 정신 공간에서 세 항의 강체성^{rigidity}에 여러분이 불만을 느끼기 때문입니다. 두 개는 단단한 고체인데, 세 번째는 액체 같은 거죠. 그렇다고 명사형 argument를 쓸 수도 없습니다. 그러면, 개별적인 주장, 곧 '명제'가 돼버리니까요. 여기서는 '주장하는 행위'여야합니다.

그렇습니다. 사실은, 앞의 두 항이 being accurate와 being impartial로 지정돼야 합니다. 세 항이 '물체'$^{강체, thing}$보다는 '과정'^{process}인 것이죠. 여기서 보듯, '과정의 물체화'란 테마는 상당히 골치 아픕니다.

arguing in good faith는 구의 연접 4번형인데, 전치사가 지도화하는 위계 속에서 우리는 연결사란 개념을 확보하고 있습니다. '선의를 가지고 주장하기'가 아니라, '주장의 선의'(순해 방식)도 구획해 볼 수 있는 것입니다. 카리브해의 아이티란 나라에 지진이 났습니다. 미국 방송 CNN의 현지 리포트에 이런 자막이 순차적으로 뜨더군요. Haiti in Crisis/Crisis in Haiti.

> Much of its success, in other words, is because of the culture its users have created. It is evident in the discussion pages that accompany every article, as the site's contributors debate with each other the noteworthiness of a topic, the quality of its primary sources, what information to include and to leave out, and more. Rules of thumb gradually become more solid guidelines. The Wikipedia page outlining the "Neutral Point of View"— one of the most widely discussed and referred to—runs to 4,500 words. It includes recommendations on how best to describe aesthetic opinions, which assumptions count as necessary, and which must be justified. It also points out the risks of providing "false balance" about controversial subjects.

16TH PARAGRAPH

아래는 제 번역문입니다.

"달리 말해, 위키피디아가 거둔 성공의 상당 부분은 사용자들이 창출한 문화 내지 에토스(기풍) 때문이다. 모든 기사에 수반되는 토론 페이지를 보면, 그 문화를 또렷하게 확인할 수 있다. 사이트에 참여하는 사람들은 주제의 중요성 정도,

주요 전거의 품질, 어떤 정보를 집어넣고, 또 어떤 정보는 빼야 할지 등에 관해 서로 토론한다. 일련의 경험칙들이 서서히 확고한 지침으로 자리를 잡았다. '중립적 관점'—가장 많이 토론되고 언급된 주제 중의 하나다—을 설명하는 위키피디아의 페이지는 그 내용이 무려 4500단어나 된다. 이 글을 보면, 견해를 아퀴 있게 기술하려면 어떻게 해야 가장 좋은지, 어떤 가정들이 필수적인지, 또 뭘 해명해야 하는지와 관련해 이런저런 권고 사항이 적혀 있다. 또 논란이 되는 주제의 경우, 소위 '그릇된 균형'을 견지하는 것이 여러 모로 위험하다는 것도 지적한다."

'주제'란 말이 세 번 나오고, 밑줄을 쳐놨습니다. 영어 단어는 어떨까요? 차례대로, topic, rules(guidelines), 그리고 subjects죠. 영어의 위계 지형에서 제 나름으로 정확한 어휘들이 동원되었습니다. 두 번째 '주제'는 policy, approach, attitude(방침)로 이해할 수도 있겠네요. 번역 샘플의 세 번째 '주제'의 경우, '사안'으로 바꿔도 좋을 듯합니다. 첫 번째 '주제'는 entry(항목, 표제어)일 겁니다. 이렇듯, 범주적 사고는 매우 중요합니다. 개념의 위계를 통해 경관학적 지형을 구축하는 일은 쉬운 과제가 아니죠. 제 번역은 그대로 두겠습니다.

It includes recommendations on how best to describe aesthetic opinions, which assumptions count as necessary, and which must be justified.

aesthetic opinions는 이 아티클의 서두에서 설명했듯, 구의 연접 3번입니다. 형용사-명사의 구조죠. 아쉽게도, '미학 견해'가 아닙니다. 명사를 동사화할 수 있다는 것은 여러 번 강조했고, 이제는 그 원리도 납득하셨을 것이라고 봅니다. opinions가 (물체가 과정화돼) '견해를 표명하다'는 뜻의 서술어입니다. 하여, aesthetic은 '견해를 아퀴 있게(aesthetically) 표명하다'로 수합되는 부사입니다. 사실, 이는 한국어에서도 관찰되는 현상이죠. describe과 opinions가 동사

232

서술어로서 중첩돼 있네요. 보이스의 중첩과 얽힘 현상입니다. 하지만 동사 서술을 두 번 다 하는 해석도 좋아 보입니다. '견해를 우아하게 표명하려면 어떻게 기술해야 가장 좋은지'로 말입니다. 다음 문장의 false balance 역시, 신택스적 차원에서 aesthetic opinions와 완전히 일치합니다.

Much of the site's work appeals to human nature, she says: "People love to be right, to demonstrate their competence."

앞에서 organically란 단어를 해설했습니다. 이 문장의 human nature와 궤를 같이하고 있네요. 이처럼 계통이 비슷한 유의어들을 챙기면서, 독해의 맥을 놓치지 않도록 집중하시기 바랍니다. 또, appeal to가 2형식과 3형식의 점이 지대 동사입니다.

She recalls meeting a committed Chinese editor who began contributing to the Chinese-language project because "a lot of what he saw was just wrong, and he felt he had to fix it!

project는 '프로젝트, 사업'thing이면서, 동시에 '프로젝트를 수행하'는 '정신 공간상의 과정'process이지요. 이를 더 분명한 형태로 고정해 보자면, '중국어 위키피디아', 그러니까 the Chinese wikipedia가 됩니다. 과정의 물체화에 해당하지요.

Keeping Wikipedia's culture healthy means moving with the times.

means(의미하다)가 2형식과 3형식의 점이 지대 동사입니다. keeping=moving. 게다가 keeping과 moving의 결도 어긋나 있지 않죠. 아귀가 딱 맞는, 좋은 호응입니다. 하지만 다음 문장은 어떻습니까?

But "increasingly, when people talk about internet users, they're talking about smartphones."

마지막 단어 smartphones 다음에 users가 있어야 제대로 된 호응이겠죠? 그러니까, 탈구가 일어난 디스로케이션^{dislocation} 상황입니다. 하지만 이 정도는 보통 눈감아 주지요.

19TH PARAGRAPH

Typing long articles on a smartphone is inescapably awkward, so attention has focused on helping users to make "micro-edits", such as fixing spelling mistakes or correcting dates.

attention(관심)과 focus(초점을 맞추다, 집중하다)가 중첩돼 얽혀 있습니다. 기실 '집중'의 주체는 the foundation이지요. 이 '파운데이션'(재단)이 attend(관심을 기울이다)하고, focus(집중하다)도 하는 것이니까요. 이러한 인지의 중첩과 얽힘, 그에 따른 상 전이 현상을 이 글에서 주되게 살피고 있는 중입니다. 그래서일까요? 이 문단은 계속해서 과정을 지칭하는 명사들이 주어로 쓰이고 있습니다. Keeping, Typing, attention, The hope로 말이죠.

20TH PARAGRAPH

Attracting a steady supply of new editors is vital for Wikipedia's long-term survival. So is attracting new kinds of contributors.

so의 용법을 확인하면서, 이 글을 마칩시다. 아주 잘 썼습니다. vital을 대신하는 대형용사 내지 대부사입니다. 강조하고 싶은 것은, 접속부사 And나, also 또는 too를 쓰지 않았다는 점입니다. 언어 인플레이션 현상 때문에, 전술한 세 기능어가 병기된 문장들이 종종 보이는데, 제대로 쓴 문장이 아닙니다. 다음의 예문을 상기하면 좋을 듯합니다.

Brookes was here. So was Red.
"브룩스가 여기 있다 간다. 레드도."
So was Red. = Red was here, too.

명절만 되면 케이블 방송에서 틀어준다는 영화 '쇼생크 탈출'에 나오는 말입니다. 정확히는 칼로 새기죠. 아마도 스티븐 킹이 원작 소설에서 그렇게 썼을 것으로 추정해 봅니다.

1ST PARAGRAPH
inspiration: 영감, 기발한 생각(=insight=good idea)
strike: 갑자기 떠오르다(=come up with=hit)
science fiction(SF): (공상) 과학 소설, 영화(=sci-fi)
copy: 권(=volume)
come up with: ~을 가지고 나타나다, 떠올리다, 생산하다, 제시하다(=produce=supply)
travel book: 여행 책자, 여행 안내서(=guidebook)
encyclopedia: 백과사전
absurd: 우스꽝스러운, 터무니없는(=ridiculous=make no sense)
twist: 변주, 비틀기, 개작(=variation=difference)
contribute: 기여하다, 기고하다, 이바지하다

2ND PARAGRAPH
prescient: 선견지명이 있는, 예지력이 발휘된(=clairvoyant)
edit: 편집하다
celebrate: 기념하다, 축하하다, 찬양하다
reference work: 참고서(=compendium)
host: 관리하다, 갖고 있다(=have)
article: 기사(記事), 조항, 항목(=entry)
ahead of: ~ 앞의, ~보다 앞선(=in front of)

3RD PARAGRAPH
oddity: 이상함, 특이함(=peculiarity)
defy: 거부하다, 도전하다, 저항하다(=resist=refuse)
recipe: 방안, 비결(=way=formula=method)
shareholder: 주주
advertising: 광고 cf) public relation(s): 홍보
aspiring: 성공과 출세를 도모하는
subsidise: 보조금을 주다, 자금을 출연하다, 투자하다(=fund=finance)
in pursuit of: ~를 좇아서, ~을 추구하여
organic: 자발적인, 저절로 생기는, 자연스러운(=spontaneous)
ordinary people: 보통 사람, 일반인(=commons)
characterize: 특징짓다, ~을 특징으로 하다, 규정하다
hold: 견지하다, 갖다
enlightenment: 계몽, 깨달음

4TH PARAGRAPH
endorse: 지지하다, 보증하다 (=support=assure=guarantee=espouse)
heartily: 실컷, 열심히, 진심으로(=wholeheartedly=sincerely)
mystify: 혼란스럽게 만들다, 당혹스럽게 하다(=baffle=bewilder=confuse)
equivalent to: ~에 상당하는, ~과 같은, 등가물(=same=equal)
dietician: 영양사(=nutritionist=dietitian)
sneer: 비웃다, 조롱하다(=mock=ridicule=make fun of)
reliability: 신뢰성, 믿을 만함
gravitas: 진지함, 엄정함(=seriousness and intelligence)
frown on: 눈살을 찌푸리다, 못마땅해 하다(=disapprove of=express disapproval of)

5TH PARAGRAPH
vanquish: 격파하다, 패배시키다, 정복하다(=defeat= onquer= overcome)
page view: 페이지 뷰
lambast: 통상 공개적으로 심하게 비난하다, 비판하다(=criticise)
censorship: 검열
fake news: 가짜 뉴스
disinformation: 허위 정보, 역정보(=false information) cf) misinformation: 오보(=wrong information)
conspiracy: 음모, 모의, 음모단(=secret planning)
chief product officer(CPO): 최고 제품 책임자
charity: 자선 단체, 구호 기구
guardian: 수호자(=custodian)

6TH PARAGRAPH
grandiose: (너무) 거창한, 과장된

behemoth: 거대 기업 (giant=titan=big business=conglomerate)
arbiter: 결정권자, 권위자, 중재인, 조정자(=adjudicator)
tag: 꼬리표를 붙이다, 표시를 하다, 부가하다, 덧붙이다(=label)
warning information: 경고 표시, 반론(=disclaimer)
news article: 뉴스 기사

7TH PARAGRAPH
enthusiastic: 열렬한, 열의를 보이는(=excited)
make sth available: 이용토록 하다, 사용할 수 있게 만들다
collaboration: 공동 작업, 협력(=working together)
vital: 사활적인, 매우 중요한(=essential= crucial=indispensable=necessary)
infodemic: information(정보)과 epidemic(전염병, 유행병)의 합성어. 잘못된 정보나 악성 루머가 빠르게 확산되는 현상
preserve: 보존하다, 보전하다(=conserve)
posterity: 후세, 후대, 자손

8TH PARAGRAPH
revenue: 수익, 수입(=profit)
charitable: 자선 (단체)의, 자비로운
grant: 교부금, 지원금, 보조금
donation: 기부, 기부금
dark matter: 암흑 물질
housework: 가사 (노동), 집안일
unpaid: 무보수의, 부불인, 무급의
invisible: 보이지 않는, 비가시적인

9TH PARAGRAPH
estimate: 추정하다, 계산하다(=guess)
worth (of): ~의 가치가 있는
profitable: 수익을 내는, 이득이 되는
voice assistant: 음성 비서
factual: 사실 관계의, 사실의
populate: 식민하다, (컴퓨터) 데이터를 덧붙이다
accompany: 동반하다, 동반되다, 덧붙다, 따라나오다
traffic: 트래픽, 정보의 소통(량)

keen to: 열망하는, 열렬한(=eager=enthusiastic)
fit:부합하다, 들어맞다(=go with)
bill: 청구서, 계산서, 기소장, 조서

10TH PARAGRAPH
subtle: 영리한, 절묘한, 솜씨 좋은
resort: 자주 드나들기, 의지, 의뢰
contributor: 기고자, 작성자
weather: 날씨, 분위기(=mood=atmosphere)
reflect: 반영하다, 비추다, 담고 있다
A as well as B: B뿐만 아니라 A도(=both A and B)

11TH PARAGRAPH
reach: 도달 거리, 영향 범위
coati: (중남미산의) 긴코너구리
aardvark: 땅돼지
jape: 농담, 장난(=joke=silly trick=prank)
find one's way: 도달하다, 애써 나아가다
catch sb out: ~를 곤란하게 만들다, ~의 무지를 들추어내다
shortcoming: 결점, 단점(=defect)
criminality: 범죄성, 범죄적 요소, 유죄, 범죄 행위
have nothing to do with: 아무 관련이 없다, 전혀 관계가 없다

12TH PARAGRAPH
notable: 주목할 만한, 눈에 띄는, 유명한(=striking)
embarrassment: 낭패, 당혹, 골칫거리, 망신살(=problem)
disclaimer: 경고 문구, 부인, 경고(=warning)
tricky: 까다로운, 힘든(=difficult)
hold: 갖고 있다, 유지하다, 보유하다, ~이다(=have)
It is just as well that: (~여서) 다행이다(=It is a good thing that=It is lucky that)

13TH PARAGRAPH
deliberate: 찬찬한, 신중한, 사려 깊은
when it comes to: (사안이) ~에 이르면, ~에 관해 말하자면(=as for=about)
vulnerable: 취약한, ~하기

237

쉬운(=susceptible)
vandalism: 반달리즘, 공공 기물 파손 행위
mischief: 장난, 나쁜 짓, 비행, 악행
to one's name: 아무의 이름으로, 누구 명의로

14TH PARAGRAPH
structural: 구조적인
spot: 발견하다, 알아채다(=mark=find)
fix: 고치다, 바로잡다, 수정하다(=repair=amend=correct)
by the same token: 같은 이유로, 마찬가지로(=for a similar reason)
obscure: 눈에 띄지 않는, 세상 사람들이 잘 모르는(=unknown)
entry: 항목, 표제(=headword=title)
languish: 미뤄지다, 방치되다(=be forced to remain and suffer in an unpleasant situation)
row: 의견 대립, 다툼, 언쟁(=quarrel=dispute=serious disagreement)
That means that: 결국(=ultimately)
defuse: 진정시키다, 완화하다 (=calm=mitigate=alleviate=ease)
intimidate: 겁을 주다, 위협하다(=frighten)
learning curve: 학습 곡선(실수를 통해 배우면서 수완을 개발하는 과정. 학습 곡선이 가파르다는 것은, 아주 신속하게 배운다는 얘기이다.)
filter out: 걸러내다(=eliminate=weed out)
dilettante: 비전문가, 아마추어, 취미로 하는 사람(=amateur)
bore: 지겨운 인간, 사람
an ax(e) to grind: 불평불만, 사욕, 딴 속셈

15TH PARAGRAPH
interest: 관심사, 이해
conflicting: 갈등하는, 상충하는, 모순되는(=clashing=contradictory)
advertiser: 광고주
unusual: 특이한, 독특한(=uncommon=unique)
idiot-savant: 백치 천재
ie.(id est): 즉, 다시 말해(라틴어)
maximise: 극대화하다

---

uphold: 옹호하다, 들어올리다, 선양하다(=support=champion=hold up)
woolly: 털이 북슬북슬한, 흐릿한, 희미한, 분명하지 않은(=confused=obscure)
impartiality: 불편부당, 공명정대, 정대광명(=fairness=nonpartisanship)
good faith: 선의(=good will)

16TH PARAGRAPH
in other words: 다시 말해, 곧, 즉, 바꿔 말하면(=that is to say=expressed in a different way)
evident: 분명한, 자명한, 눈에 띄는(=obvious)
notheworthiness: 주목할 만한 정도, 중요성(=significance)
primary: 주된, 주요한, 제1의, 1차적인(=main)
rule(s) of thumb: 어림수, 경험 법칙, 대충이지만 실제에 근거한 방법
solid: 확고한, 단단한, 알찬, 견고한(=hard=firm=rigid)
guideline: 지침, 가이드라인(=official advice)
outline: 설명하다, 개요를 제시하다(=sketch=explain sth in a general way)
recommendation: 권고, 충고, 권장 사항(=advice)
aesthetic: 심미적인, 미학의, 미학
justify: 정당화하다, 옹호하다, 해명하다, 타당함을 보이다
false balance: 그릇된 균형, 부정의 저울
controversial: 논쟁적인, 논란이 많은, 쟁점이 되는

17TH PARAGRAPH
fragmented: 파편화된, 분열된(=reduced to fragments=disorganized=disunified)
given that: ~를 고려할 때
bullish: 희망에 찬, 낙관적인(=optimistic)
prospect: 전망, 가능성(=possibility)
appeal to: ~에 호소하다(=try to persuade sb to do sth by reminding them that it is a good, reasonable thing to do)

right: 바르게 사는, 착한 일을 하는
demonstrate: 발휘하다, 보여주다,
　과시하다(=display)
competence: 경쟁 우위, 능력, 잘 하는
　일(=ability to do sth weel or
　effectively)

18TH PARAGRAPH
helpful: 도움이 되는, 유용한(=useful)
cite: 인용하다(=quote)
committed: 헌신적인, 열성적인
　(=enthusiastic=devoted=dedicated)

19TH PARAGRAPH
healthy: 건전한, 건강한(=in good shape)
when people talk about: ~에
　관하자면(=when it comes
　to=about=as for)
inescapably:
　필연적으로(=inevitably=unavoidably)
awkward: 어색한, 곤란한,
　불편한(=difficult=inconvenient)

20TH PARAGRAPH
supply: 공급, 비축 물자, 공급하다, 제공하다
skewed: 편향된, 치우친(=biased)
undimmed: 밝게
　빛나는(=shining=bright)
share in: 나누다, 공유하다
dismiss: 묵살하다, 일축하다,
　내치다(=fire=wave aside)
back up: 뒷받침하다, 지지하다(=support)

BRIEFING: Big tech and free speech

Social media's struggle with self-censorship

Tech giants are removing more content, but are they making the right choices?

OCT 24TH 2020 EDITION

WITHIN HOURS of the publication of a *New York Post* article on October 14th, Twitter users began receiving strange messages. If they tried to share the story—a dubious "exposé" of emails supposedly from the laptop of Hunter Biden, son of the Democratic presidential nominee—they were told that their tweet could not be sent, as the link had been identified as harmful. Many Facebook users were not seeing the story at all: the social network had demoted it in the news feed of its 2.7bn users while its fact-checkers reviewed it.

If the companies had hoped that by burying or blocking the story they would stop people from reading it, the bet did not pay off. The article ended up being the most-discussed story of the week on both platforms—and the second-most talked-about story was the fact that the social networks had tried to block it. The *Post* called it an act of modern totalitarianism, carried out "not [by] men in darkened cells driving screws under the finger-

소셜 미디어의 자가 검열

거대 기술 기업들이 컨텐츠를 점점 삭제하고 있다.
과연 이게 올바른 선택과 결정일까?

1ST PARAGRAPH [2020년] 10월 14일 『뉴욕 포스트New York Post』 기사 하나가 발행되고 서 몇 시간이 채 되지 않아서였다. 트위터Twitter 이용자들한테 이상한 메시지가 날아오기 시작했다. 그들이 기사 내용을 공유하려 하자, 관련 트윗을 전송할 수 없다는 대꾸가 돌아온 것이다. (해당 링크가 유해한 것으로 확인되었는데, 그리 좋다고는 할 수 없는 폭로 기사였기 때문이다.) 기사는 헌터 바이든Hunter Biden의 것으로 추정되는 노트북에서 발견된 이메일 내용을 다뤘는데 그가 바로 민주당 대선 후보의 아들이었던 것이다. 페이스북Facebook 이용자 다수는 그 기사를 아예 보지도 못했다. (페이스북의 팩트 점검자들이 해당 기사를 살피는 동안, 27억 명이 이용하는 뉴스 피드에서 사라졌기 때문이다.)

2ND PARAGRAPH 두 기업이 해당 기사를 묻어 버리거나 차단하는 방식으로 사람들의 열독을 막고 싶었는지는 모르겠지만, 그 시도는 성공하지 못했다. 두 플랫폼 모두에서 그 주에 가장 많은 얘기가 오간 기사가 바로 그거였다. 그리고 두 번째로 많이 회자된 얘기는 소셜 네트워크 서비스가 문제의 기사를 차단하려고 했다는 거였다. 『뉴욕 포스트』는 이 에피소드를 우리 시대에 자행된 전체주의라고 규정하며 그 주체는, "밀실에서 반체제 인사들을 고문하는 자들이 아니라, 실리콘 밸리의 샌님들"이라고 했다. 공화당 상원의원들이 보수주의를 적대하는 편견과 관련해 마크 저커버그Mark Zuckerberg와 잭 도시Jack Dorsey를 청문

nails of dissidents, but Silicon Valley dweebs." Republican senators vowed to extract testimony on anticonservative bias from Mark Zuckerberg and Jack Dorsey, the dweebs-in-chief of, respectively, Facebook and Twitter.

The tale sums up the problem that social networks are encountering wherever they operate. They set out to be neutral platforms, letting users provide the content and keeping their hands off editorial decisions. Twitter executives used to joke that they were "the free-speech wing of the free-speech party". Yet as they have become more active at algorithmically ranking the content that users upload, and moderating the undesirable stuff, they have edged towards being something more like publishers. Mr Zuckerberg says he does not want to be an "arbiter of truth". The Post episode fed the suspicion of many that, willingly or not, that is precisely what he is becoming.

America's fractious election campaign has only made more urgent the need to answer the unresolved questions about free expression online. What speech should be allowed? And who should decide? Rasmus Nielsen of the Reuters Institute at Oxford University describes this as a "constitutional moment" for how to regulate the private infrastructure that has come to support free expression around the world.

Social networks have been on the mother of all clean-ups. Facebook's removal of hate speech has risen tenfold in two years (see chart 1). It disables some 17m fake accounts every single day, more than twice the number three years ago. YouTube, a video platform owned by Google with about 2bn monthly users, removed 11.4m videos in the past quarter, along with

회에 세우겠다고 별렀다. 순서대로, 페이스북과 트위터의 수석 샌님들이다.

3RD PARAGRAPH
소셜 네트워크가 운영되는 곳 어디에서나 맞닥뜨리는 문제가 이 에피소드를 통해 요약적으로 드러난다. 그네들의 출발은 중립적인 플랫폼이다. 이용자들이 콘텐츠를 올리도록 방임하고, 자기들은 편집 판단을 하지 않겠다는 것이다. 트위터 경영자들은 한때 이런 농담을 하기도 했다. "[우리는] 언론 자유 당의 언론 자유 분파다." 그런데 사용자들이 업로드하는 컨텐츠를 두고 이제 그들이 알고리즘을 통해 순위를 매기는 일에 적극 나서게 되면서 점점 더 발행인 비스무리하게 바뀌어 버렸다. (기실 알고리즘 기반의 평가라는 것이, 바람직하지 않은 것을 관리한다는 얘기다.) 저커버그는 "진실의 결정권자"가 되고 싶은 생각이 없다고 말한다. 하지만 『뉴욕 포스트』 사건으로 많은 사람이 반신반의하게 됐다. 자진해서든 아니든, 그가 정확히 '진실의 결정권자'가 돼가고 있다는 혐의를 보내는 것이다.

4TH PARAGRAPH
온라인에서 자유롭게 의견을 표명하는 활동과 관련해 여러 미해결 문제가 있는데, 미국의 대선 캠페인이 파열음을 내면서, 이에 답변해야 할 필요성이 더욱 시급해졌다. 도대체 어떤 말을 허락해야 할까? 또, 그 결정은 누가 하는가? 옥스포드 대학교 로이터스 연구소Reuters Institute의 라스무스 닐센Rasmus Nielsen은 이 상황을 두고 "입헌적 순간"이라고 평가한다. 바야흐로, 세계를 무대로 자유로운 견해 표명을 지지해 온 민간 인프라를 어떻게 규제할 것인가의 순간이 온 것이다.

5TH PARAGRAPH
모든 정화 작업의 어머니 격은 소셜 네트워크다. 페이스북이 삭제한 혐오 발언의 양이 지난 2년 사이 열 배 늘었다(표1을 보라). 매일 약 1700만 개의 가짜 계정이 차단당하고 있다. 이것은 3년 전보다 두 배 이상되는 수치다. 구글Google이 보유한 동영상 플랫폼 유튜브YouTube는 월간 이용자 수가 약 20억 명인데, 지난 분기 동안 삭제한 비디오 갯수가 1140만 개다. 이 과정에서 댓글 21억 개도 같이 사라졌다. (2018년 2/4분기에 삭제된 댓글 수는 1억 6600만 개였다)

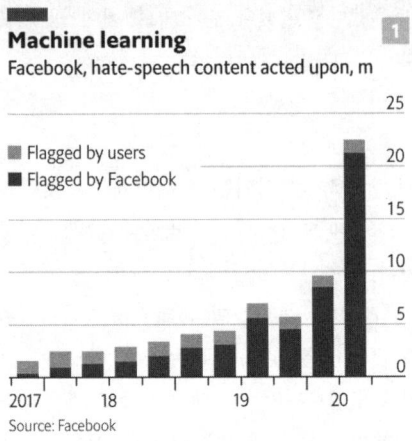

Machine learning
Facebook, hate-speech content acted upon, m
- Flagged by users
- Flagged by Facebook

Source: Facebook

2.1bn user comments, up from just 166m comments in the second quarter of 2018. Twitter, with a smaller base of about 350m users, removed 2.9m tweets in the second half of last year, more than double the amount a year earlier. TikTok, a Chinese short-video upstart, removed 105m clips in the first half of this year, twice as many as in the previous six months (a jump partly explained by the firm's growth).

Artificial intelligence has helped to make such a clean-up possible. Most offending content is taken down before any user has had a chance to flag it. Some lends itself readily to policing with machines: more than 99% of the child-nudity posts Facebook takes down are removed before anyone has reported them, but most of the bullying or harassment is flagged by users rather than robots. Two years ago Facebook's AI removed a post referring to "merciless Indian Savages", before human moderators realised it was a quote from the Declaration of Independence. Facebook now employs about 15,000 people to moderate content. In May the company agreed to pay $52m to 11,250 moderators who

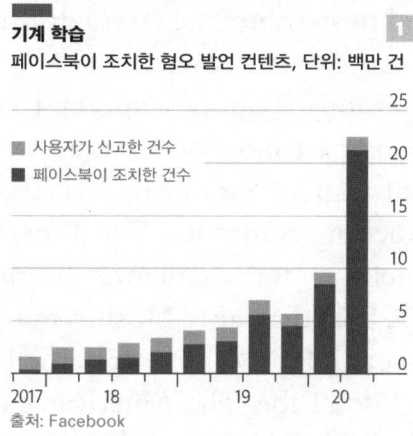

기계 학습
페이스북이 조치한 혐오 발언 컨텐츠, 단위: 백만 건
■ 사용자가 신고한 건수
■ 페이스북이 조치한 건수
출처: Facebook

이용자 기반이 약 3억 5천만 명으로 규모가 더 작은 트위터의 경우, 작년 후반기에 트윗 290만 개를 삭제했다. 이는 1년 전보다 두 배 이상 늘어난 양이다. 짤막한 동영상을 서비스하는 중국 신생 기업 틱톡TikTok은 올해 상반기에 1억 500만 개의 클립을 삭제했다. 이는 그 이전 6개월 사이보다 두 배 더 많은 양인데, (회사의 성장세가 어느 정도 이유로 작용한다).

6TH PARAGRAPH 이런 청소 작업이 가능한 것은, 어느 정도는 인공 지능 덕택이다. 매우 유해한 내용의 경우, 누가 태그를 달기도 전에 끌어 내려진다. 기계를 동원한 감시와 치안 유지에 적극 나서는 기업도 있다. 페이스북이 내리는 나체 아동 게시물의 99퍼센트 이상은, 누가 신고하기도 전에 기계가 없애버린다. 그럼에도 불구하고, 괴롭힘과 겁박의 대다수는 로봇이 아니라 이용자들이 찾아내는 실정이다. 2년 전 일이다. 페이스북의 AI가 "잔인하고 야만적인 인디언"(merciless Indian Savages)이라고 지적한 게시물을 삭제해 버렸다. 그런데 나중에 인간 관리자가 확인해 보았더니, 미국 독립 선언서에서 인용한 말이었다. 페이스북은 컨텐츠를 관리하기 위해 현재 약 1만 5천 명을 고용하고 있다. 5월에는 인터넷에 게시된 끔찍한 내용을 보면서 외상후 스트레스 장애(PTSD)를 앓게 된 관리자 1만 1250명에게 5,200만 달러를 지급하는 데 합의하기도 했다.

developed post-traumatic stress disorder from looking at the worst of the internet.

Discussions about free speech that may once have seemed abstract have become all too practical—the murder of Samuel Paty near Paris last week being the latest shocking reminder. Social networks tightened their policies on terrorism after Islamist attacks in Europe in 2015 and an anti-Muslim rampage in New Zealand last year, which was live-streamed on Facebook and shared on YouTube. The American election and Brexit referendum of 2016 forced them to think again about political communication. Twitter banned all political ads last year, and Facebook and Google have said they will ban them around the time of this year's election on November 3rd.

The companies have also improved their scrutiny of far-flung countries, after criticism of their earlier negligence in places such as Myanmar, where Facebook played a "determining role" in the violence against Rohingya Muslims, according to the UN. This week Facebook announced that it had hired more content-reviewers fluent in Swahili, Amharic, Zulu, Somali, Oromo and Hausa, ahead of African elections. Its AI is learning new languages, and hoovering up rule-breaking content as it does so.

The room where it happens
Some tech bosses have been rethinking their approach to the trade-offs between free expression and safety. Last October, in a speech at Georgetown University, Mr Zuckerberg made a full-throated defence of free speech, warning: "More people across the spectrum believe

7TH PARAGRAPH 과거에는 언론의 자유에 관한 토론이 추상적으로 비치기도 했다. 하지만 이제는 너무나도 실질적인 문제다. 지난 주 파리 근교에서 살해당한 사뮈엘 파티Samuel Paty야말로 이 사실을 충격적으로 상기해 주는 가장 최근의 사건일 테다. 2015년 유럽에서 이슬람주의자들의 여러 공격이 있었고, 작년에는 뉴질랜드에서 무슬림에 반대하는 격한 소동이 일어났다. (뉴질랜드 사태는 페이스북으로 생중계됐고, 유튜브에서 공유됐다.) 이후로 소셜 네트워크 서비스 회사들은 자사의 테러 관련 방침을 엄격하게 적용했다. 2016년의 미국 대선과 영국의 브렉시트 국민 투표를 통해 이들 기업은 정치 커뮤니케이션을 다시 생각하지 않을 수 없는 지경에 이르렀다. 트위터가 작년에 정치 광고를 전부 금지했다. 페이스북과 구글도, 11월 3일 대선 투표일을 전후한 기간에 정치 광고를 금지하겠다고 발표했다.

8TH PARAGRAPH 이들 기업은 이역만리 타국에 대한 조사도 강화했다. 일찍이 미얀마 같은 곳들에서 벌어진 사태를 등한시하고 방치했다는 비판이 나왔기 때문이다. 유엔에 의하면, 무슬림인 로힝야족을 겨냥한 폭력 사태에서 페이스북이 "결정적 역할"을 했다고 한다. 이번 주에 페이스북이 발표한 내용을 소개한다. 아프리카 각국의 선거를 앞두고서, 페이스북이 스와힐리어, 암하라어, 줄루어, 소말리어, 오로모어, 하우사어 능통자들로 컨텐츠 관리자들을 증원했다는 내용이다. 앞으로는 AI에게 각종 외국어를 가르쳐, 규칙 위반 컨텐츠를 가려낼 예정이라고도 한다.

9TH PARAGRAPH 사건 현장
표현의 자유와 안보가 주거니받거니 하는 균형을 어떻게 이해하고 접근해야 할지를 일부 기술 기업 임원들이 재고 중이다. 저커버그는 지난 10월 조지타운 대학교에서 행한 연설에서 자유 언론을 목놓아 옹호했다. "자기가 중요하다고 믿는 정치적 결과를 얻는 게, 모두가 목소리를 내는 것보다 더 중요하다고 믿는 사람들이 진영을 불문하

that achieving the political outcomes they think matter is more important than every person having a voice. I think that's dangerous." Yet this year, as misinformation about covid-19 flourished, Facebook took a harder line on fake news about health, including banning anti-vaccination ads. And this month it banned both Holocaust denial and groups promoting QAnon, a crackpot conspiracy.

The pressure from the media is to "remove more, remove more, remove more", says one senior tech executive. But in some quarters unease is growing that the firms are removing too much. In America this criticism comes mostly from the right, which sees Silicon Valley as a nest of liberals. It is one thing to zap content from racists and Russian trolls; it is another to block the *New York Post*, one of America's highest-circulation newspapers, founded by Alexander Hamilton (who admittedly might not have approved of its current incarnation, under Rupert Murdoch).

Elsewhere, liberals worry that whistle-blowing content is being wrongly taken down. YouTube removed footage from users in Syria that it deemed to break its guidelines on violence, but which was also potential evidence of war crimes. Until last year TikTok's guidelines banned criticism of systems of government and "distortion" of historical events including the massacre near Tiananmen Square.

Where both camps agree is in their unease that it is falling to social networks to decide what speech is acceptable. As private companies they can set their own rules about what to publish (within the confines of the laws of countries where they operate). But they have

고 많아졌습니다. 저는 이런 태도가 위험하다고 생각합니다." 하지만 올해 들어, 코로나19에 관한 오정보와 역정보가 넘쳐나자, 페이스북도 보건 관련 가짜 뉴스에 더 강경한 태도로 돌아섰다. 백신 반대 광고를 금지하기로 한 것이 대표적이다. 계속해서 페이스북은 이번 달 들어, 황당한 음모론 집단 큐어넌^{QAnon}을 선전하는 개인과 집단, 또 홀로코스트 부인론자도 금지했다.

10TH PARAGRAPH "더 없애라, 더 없애라, 더 없애라"고 미디어가 압력을 가해 온다고, 기술 기업의 한 고위 임원은 말했다. 그래서일까? 일부에서는 불만과 우려가 커지고 있다. 기술 기업들이 너무 많은 내용을 삭제하고 있다는 것이다. 미국에서는 이런 반발과 비판의 출처가 주로 우익이다. 그들은 실리콘 밸리를 리버럴들의 소굴이라고 본다. 인종 차별과 러시아 '떡밥'을 없애버리는 것과, 미국에서 발행 부수가 가장 많은 신문 가운데 하나인 『뉴욕 포스트』를 차단하는 행위는 차원이 다른 문제다. (물론, 설립자 알렉산더 해밀턴$^{Alexander\ Hamilton}$이라면, 루퍼트 머독$^{Rupert\ Murdoch}$ 소유 하에서 보이는 『뉴욕 포스트』의 현재 모습이 도저히 내키지 않겠지만 말이다.)

11TH PARAGRAPH 이 외에도 자유주의자들의 경우는, 양심적 내부 고발 컨텐츠가 부당하게 삭제되고 있는 현실을 우려한다. 유튜브가, 폭력 관련 지침을 어겼다고 판정하고는, 시리아 이용자들의 동영상을 삭제했다. 하지만 그 비디오는 전쟁 범죄를 고발하는 증거가 될 수도 있었다. 틱톡의 가이드라인도 보면, 이 회사는 작년까지 정부 조직 비판과 역사 '왜곡'을 금지했다. 천안문 광장 학살 사건을 예로 들 수 있겠다.

12TH PARAGRAPH 그래도 두 진영 모두가 동의하는 지점은 있다. 수용 가능한 말이 뭔지를 소셜 네트워크 회사가 판단하는 게 짜증나고 싫다는 거다. 소셜 네트워크 기업은 민간 회사이고, (영업을 하는 국가의 법 체계 하에서) 뭘 발행할지와 관련해 나름의 규준을 설정할 수는 있다. 그런데 그들이 공공 영역에서 커다란 역할을 하게 돼버렸다. 저커버그

come to play a big role in public life. Mr Zuckerberg himself compares Facebook to a "town square".

Rival social networks promising truly free speech have struggled to overcome the network effects enjoyed by the incumbents. One, Gab, attracted neo-Nazis. Another, Parler, has been promoted by some Republican politicians but so far failed to take off. (It is also grappling with free-speech dilemmas of its own, reluctantly laying down rules including no sending of photos of fecal matter.) Outside China, where Facebook does not operate, four out of ten people worldwide use the platform; WhatsApp and Instagram, which it also owns, have another 3bn or so accounts between them. "Frankly, I don't think we should be making so many important decisions about speech on our own either," Mr Zuckerberg said in his Georgetown speech.

Say no to this
Bill Clinton once said that attempting to regulate the internet, with its millions of different sites, would be "like trying to nail Jell-O to the wall". But the concentration of the social-media market around a few companies has made the job easier.

Twitter has faced steep growth in the number of legal requests for content removal, from individuals as well as governments (see chart 2). Last year Google received 30,000 requests from governments to remove pieces of content, up from a couple of thousand requests ten years ago (see chart 3). And Facebook took down 33,600 pieces of content in response to legal requests. They included a Photoshopped picture of President Emmanuel Macron in pink underwear, which

자신은 페이스북을 "마을 광장"에 비유한다.

13TH PARAGRAPH 진정한 자유 언론을 약속하며, 기존 기업들이 누리는 네트워크 효과를 따라잡겠다는 후발 주자들이 있다. 신나치가 열광하는 갭Gab이 있는가 하면, 팔러Parler는 일부 공화당 정치인이 나서서 선전까지 해줬다. 하지만 현재까지의 성적은 참담하다. (팔러는 독자적으로 수립한 언론 자유의 딜레마 때문에도 골치를 썩이는 중이다. 가령, 분변 사진 전송 금지 등의 규칙을 어쩔 수 없이 제정해야 했다. 페이스북이 영업을 하지 않는 중국을 빼면, 전 세계인 열 명 가운데 네 명이 이 플랫폼을 사용한다.) 또, 페이스북이 소유한 왓츠앱WhatsApp과 인스타그램Instagram의 교차 계정이 추가로 30억 개가량이다. 저커버그는 조지타운 연설에서 이렇게 실토했다. "솔직히 말해 저도 모르겠습니다. 말과 관련한 그렇게 많은 중요한 결정을, 우리가 독자적으로 해야 하고, 또 할 수 있는지를요."

14TH PARAGRAPH 아니라고 말해 봐
과거 인터넷 초창기에 빌 클린턴Bill Clinton이 한 말을 소개한다. 사이트가 수백만 개나 되는 인터넷을 규제하다니요? 그건 "마치 젤로Jell-O 젤리를 못으로 벽에 고정하겠다는 것과 다를 바 없"습니다. 하지만 [시간이 흘러], 소셜 미디어 시장이 몇몇 거대 기업으로 집중됐고, 그 과업이 한결 쉬워졌다.

15TH PARAGRAPH 트위터부터 보자. 개인과 정부를 막론하고 법률을 끼고서 내용 삭제를 요구한 건수가 가파르게 상승했다(표2를 보라). 구글은 작년에 각국 정부한테서 내용을 삭제해 달라는 3만 건의 요청을 받았다. 10년 전에는 2~3천 건에 불과했다(표3을 보라). 페이스북도 법률적 요청에 대응해 컨텐츠 3만 3600개를 내렸다. 한 예로, 포토샵된 프랑스 대통령 엠마뉘엘 마크롱Emmanuel Macron 사진이 있었는데, 프랑스 경찰은 분홍색 속옷을 걸친 걸로 돼 있는 그 사진이, 출판과 보도의 자유를 제한한 1881년 제정법을 어겼으므로 삭제해 달라고 요구했다.

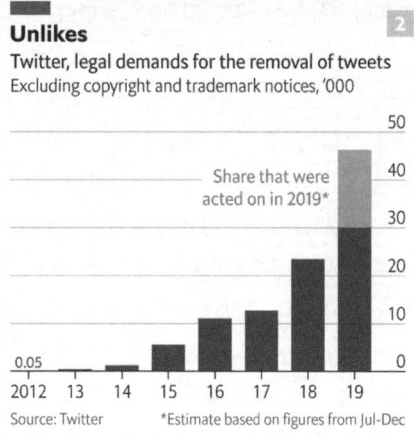

Unlikes
Twitter, legal demands for the removal of tweets
Excluding copyright and trademark notices, '000
Source: Twitter *Estimate based on figures from Jul-Dec

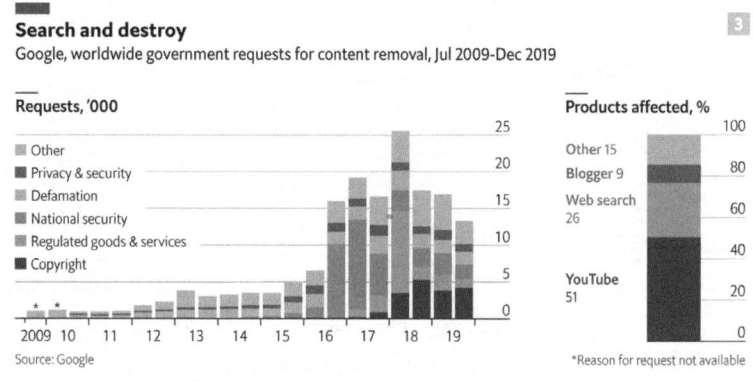

Search and destroy
Google, worldwide government requests for content removal, Jul 2009-Dec 2019
Source: Google *Reason for request not available

French police wanted removed because it broke a law from 1881 restricting press freedom.

In America the government is prevented from meddling too much with online speech by the First Amendment. Section 230 of the Communications Decency Act gives online platforms further protection, exempting them from liability for the content they publish. But carve-outs to this exemption are growing. Firms cannot avoid responsibility for copyright infringements, posts that break federal criminal law,

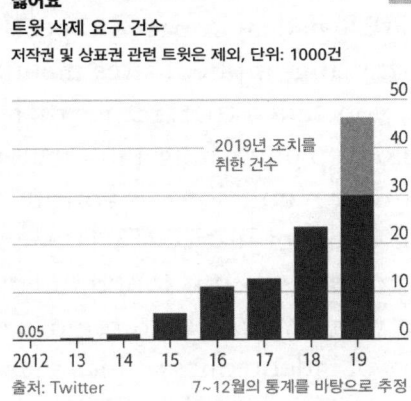

싫어요
트윗 삭제 요구 건수
저작권 및 상표권 관련 트윗은 제외, 단위: 1000건

출처: Twitter 7~12월의 통계를 바탕으로 추정

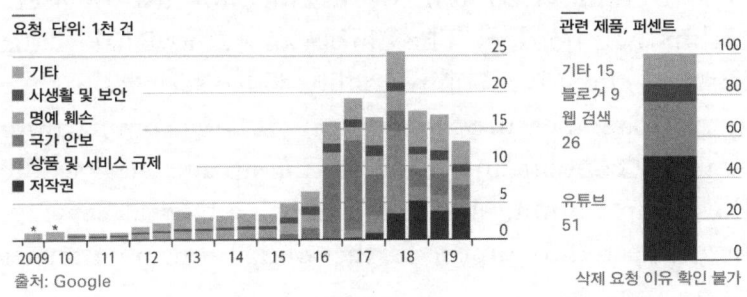

탐색 및 삭제
구글이 각국 정부로부터 받은 컨텐츠 삭제 요청 건수(2009년 7월~2019년 12월)

요청, 단위: 1천 건
- 기타
- 사생활 및 보안
- 명예 훼손
- 국가 안보
- 상품 및 서비스 규제
- 저작권

출처: Google

관련 제품, 퍼센트
기타 15
블로거 9
웹 검색 26
유튜브 51

삭제 요청 이유 확인 불가

16TH PARAGRAPH

미국에서는 헌법 수정 조항 제1조First Amendment에서 온라인 발언에 정부가 지나치게 간섭하는 걸 막고 있다. 온라인 플랫폼들은 통신품위법Communications Decency Act 230조에 의해 추가로 보호를 받는다. 발행되는 컨텐츠의 내용에 대해 법적 책임을 면제받는 것이다. 그러나 이 면제 범위가 점점 줄어들고 있다. 기업들은 저작권 침해 책임을 면할 수 없다. 연방 형사법 위반, 다시 말해 (성적) 인신 매매를 방조하는 포스트에 대한 책임도 피할 수 없다. 2018년 개정된 후자의 면책 조항은 그 파장이 상당했다. 애초의 법률 기안이 의도한 것보다, 표

or which enable sex trafficking. The latter exemption, made in 2018, had an impact on speech that was greater than its drafting implied: sites including Tumblr and Craigslist concluded that, rather than risk prosecution, they would stop publishing adult material of all sorts.

In Europe regulation has gone further. In 2014 the European Court of Justice (ECJ) established the "right to be forgotten" when it found in favour of a Spanish man who wanted Google to remove old references to his history of indebtedness. Since then Google has fielded requests for about half a million urls to be removed each year, and granted about half of them. Last year the ECJ ruled that European countries could order Facebook to remove content worldwide, not just for users within their borders. The European Audiovisual Media Services Directive requires online video services to take "appropriate measures" to protect viewers from harmful or illegal content, including setting up age checks. The European Commission is to publish a Digital Services Act, expected to impose further obligations on internet companies.

National governments have also set their own rules, notably Germany, whose Network Enforcement Act of 2017 threatens platforms with fines of up to €50m ($60m) if they fail to take down illegal content within 24 hours of notification. In response Facebook opened a new moderation centre in Germany. The trouble with privatising the enforcement of the law in this way, points out Mr Nielsen, is that the companies have big incentives to err on the side of caution. A judge may use discretion to ignore rules on speech that are seldom applied (such as a German law that until recently banned

현의 자유가 더 위축되는 쪽으로 플랫폼들이 반응한 것이다. 텀블러Tumblr와 크레이그스리스트Craigslist 등의 사이트가, 기소 위험을 감수하느니 차라리 각종 성인물을 아예 다 차단해 버리겠다고 방침을 정한 것이다.

17TH PARAGRAPH   유럽의 규제는 훨씬 더 심하다. 2014년 유럽사법재판소European Court of Justice, ECJ가 소위 '잊힐 권리'(right to be forgotten)라는 걸 선포했다. 구체적으로, 자신의 부채액과 채무 이력을 구글이 삭제해 주기를 원한다는 어떤 에스파냐 남성의 손을 들어주면서였다. 그 이후로 구글은 매년 약 50만 개의 url을 삭제해 달라는 요청을 받고 있으며, 그 가운데 절반을 승인해 왔다. 작년에 유럽사법재판소가 판시한 내용도 보자. 여기에 의하면, 유럽 각국이 페이스북에 이용자의 국가와 관련해서만이 아니라, 전 세계적으로 더 포괄적인 내용까지 삭제하도록 명령할 수 있다. 유럽 시청각 미디어 서비스 지침European Audiovisual Media Services Directive은 온라인으로 동영상을 서비스하는 업체들에 유해하거나 불법적인 내용으로부터 시청자를 보호하기 위해 연령 확인 설정 등의 "적절한 조치"를 취하도록 요구한다. 유럽 집행 위원회European Commission가 발표할 예정인 디지털 서비스 법Digital Services Act은 인터넷 기업들에게 추가 의무 조항을 부과할 것으로 여겨진다.

18TH PARAGRAPH   각국 정부 역시 독자적으로 규준을 세웠는데, 독일이 대표적이다. 2017년 제정된 네트워크 시행법Network Enforcement Act은, 플랫폼이 신고를 받고서 24시간 이내에 불법 컨텐츠를 내리지 않을 경우, 최대 5천만 유로의 벌금을 물리겠다고 한다. 독일 페이스북은 이 법 때문에 관련 대응 기관을 신규 개설해야 했다. 닐센은, 법 집행을 이런 식으로 민영화하면 문제가 발생한다고 지적한다. 기업들이 지나치다 싶을 정도로 조심을 하게 된다는 거다. 판사가 재량권을 발휘해, 거의 적용되지 않는 표현 관련 법률을 못 본 척해 줄 수도 있을 것이다 (예컨대, 독일의 한 법은 최근까지도 외국 국가 원수 모욕을 금지했다). 하지만 소셜 미디어 기업의 처지에서는 위험을 무릅쓰면서 법률을 무시할 하등의 이유가 없다.

insulting a foreign head of state). But a social-media company has no reason to risk ignoring a law.

Who tells your story
Some governments are leaning on social networks to remove content that may be legal. The social-media platforms have their own rules that go further than most governments'. A ban on material that could interfere with "civic integrity" may sound like something from communist China; it is actually in Twitter's rules. London's Metropolitan Police has a unit that scours platforms for terrorism-related content, which it "requests" be taken down for breaching the platform's terms of service—even though the material may not break any law.

"Authoritarian governments are taking cues from the loose regulatory talk among democracies," writes David Kaye, a former UN special rapporteur on free expression. Last year Singapore passed what it described as an anti-fake-news law, banning the online publication of lies that could harm the public interest. Thailand has enforced its *lèse-majesté* laws online, in August ordering Facebook to block a critical group called Royalist Marketplace, which with more than 1m members was one of the largest on the platform. (Facebook complied, but is suing the Thai government for breaking human-rights law.)

If neither governments nor executives make reliable custodians of free speech, what can be done to keep the internet a tolerable place while protecting freedom of expression? An increasingly common answer in Silicon Valley is to draw a distinction between freedom of speech and "freedom of reach": leave posts up, but

19TH PARAGRAPH

누가 당신 이야기를 하는가

합법적인데도, 컨텐츠를 제거해 달라며 소셜 네트워크 기업에 기대는 정부도 일부 있다. 소셜 미디어 플랫폼들의 독자 기준이 대다수 정부의 기준보다 더 엄격한 것이다. "성실한 국민성"을 저해하는 내용을 금지한다는 조항은, 공산당 치하 중국에서나 들을 수 있을 것 같지만, 사실 트위터가 제정한 규칙이다. 런던 경찰청Metropolitan Police 에는 웹에서 테러 관련 내용을 샅샅이 뒤지는 부서가 있다. 그런데 이렇게 찾아낸 내용을 바탕으로, 런던 경찰청은 해당 컨텐츠가 호스트 플랫폼의 서비스 약관을 위반했다며 내려달라고 공문을 보낸다. (물론 당해 컨텐츠가 그 어떤 법률도 위반하지 않았을 수도 있다.)

20TH PARAGRAPH

데이비드 케이David Kaye는 표현의 자유를 살피는 유엔 특별 보고관을 역임했다. "권위주의 정부들이 민주 국가들의 느슨한 규제 담론을 참고하면서 힌트를 얻는다"고 그의 보고서는 적고 있다. 작년에 싱가포르가 소위 '가짜 뉴스 금지법'을 통과시켰다. 이 법은 공익에 해를 입힐 수 있는 가짜 뉴스의 온라인 발행을 금지한다. 태국은 레제-마제스테lèse-majesté, 불경죄 법을 온라인 상에서도 시행해 왔다. 이 법을 근거로 8월에는 페이스북에 로열리스트 마켓플레이스Royalist Marketplace란 비판 세력을 차단하라고 명령을 내리기도 했다. 회원이 100만 명이 넘는 로열리스트 마켓플레이스는 태국 내 페이스북에서 규모가 가장 큰 집단 가운데 하나였다. (페이스북은 일단 따르기는 했지만, 태국 정부가 인권법을 어겼다며 소송을 제기한 상태다.)

21TH PARAGRAPH

정부도, 기업 경영자도 자유 언론의 믿을 만한 관리자가 될 수 없다면, 표현의 자유를 보호하면서도 인터넷 관용이 베풀어지는 그럭저럭 괜찮은 공간으로 유지해 나가기 위해, 뭘 어떻게 해야 하나? 실리콘 밸리에서 점점 더 보편화되고 있는 한 답변을 보자. 언론의 자유freedom of speech와 도달의 자유freedom of reach를 구분하자는 것이 바로 그 해법의 내용이다. 구체적인 방법은 다음과 같을 것이다. 뭐가 됐든 포스트들을 그대로 내버려

make them less visible and viral.

Last year YouTube changed its algorithm so that videos that were borderline cases for deletion were recommended less often. After the bombings of churches and hotels in Sri Lanka at Easter in 2019, Facebook prevented the resharing of posts by friends of friends, to stop inflammatory content travelling too far or fast; this rule is in place in Ethiopia and Myanmar. Twitter has tried to stop people from mindlessly sharing fake news by prompting them to read articles before they retweet them. Platforms are adding more labels to content, warning users that it is misleading.

Another idea gaining momentum is that firms should make their data available for audit just as listed companies must open up their accounts. Their internal processes could also be more transparent. At Facebook there is an odd tension between its earnest approach to policymaking, with fortnightly "mini-legislative sessions", and the fact that every month Mr Zuckerberg personally takes a handful of the hardest decisions on content moderation. Treating the big calls as "corner-office decisions" is a mistake, believes Mr Kaye: better for companies to say, "We have these rules, we're going to apply them neutrally. And we don't want that process to be corrupted by political pressure."

Facebook took a step towards such a system on October 22nd with the launch of its Oversight Board, a watchdog made up of 20 members of the great and good who will scrutinise its moderation decisions and issue binding rulings. The board's scope is narrower than some had hoped. It can consider only whether deleted posts should be reinstated. It merely applies

둔다. 허나, 가시성을 떨어뜨리고 유포 확산성도 줄인다. 작년에 유튜브가 개정한 알고리즘이 바로 그러했다. 삭제를 해야 할지 말아야 할지 애매한 동영상들은, 개정 알고리즘에서 추천 횟수가 감소했다. 2019년 부활절에 스리랑카에서 교회와 호텔들이 폭탄 공격을 받은 사건을 기억하는가? 페이스북은 친구의 친구가 관련 포스트를 재공유하는 걸 막았다. 강한 정서 반응을 일으키는 선동적 내용이 빠른 속도로 멀리까지 퍼지는 걸 차단한다는 취지였다. 에티오피아와 미얀마에서도 이 방침이 시행되고 있다. 트위터도 사람들이 몰지각하게 가짜 뉴스를 공유하는 걸 막기 위해 애써 왔다. 리트윗하기 전에 제발 기사 좀 읽으라고 간곡히 당부하는 방식이 쓰였다. 플랫폼들은 컨텐츠에 라벨도 더 많이 붙이고 있다. 이용자들에게 호도하는 내용임을 경고하는 차원에서 말이다.

지지세가 많은 발안을 하나 더 소개한다. 상장 회사들은 회계를 공개해야 해야 하는 것과 마찬가지로, 기업들이 자사 데이터를 공개해 감사를 받을 수 있어야 한다는 것이 그 발안의 내용이다. 이를 통하면 기업의 내부 과정 역시 더 투명해질 것이다. 페이스북을 보면, 이상한 긴장감이 존재한다. 페이스북은 성실하게 정책 방침을 정한다. 2주에 한 번씩 "미니 입법부를 열" 정도이다. 그런데 여기에 더해, 저커버그 자신이 컨텐츠 통제와 관련해 가장 어려운 결정들을 매달 직접 내린다. 긴장과 갈등이 있는 것이다. 이들 중요한 방침과 호소를 "중역의 결정"이라고 하면, 그건 잘못이라고, 케이는 생각한다. 기업이 다음처럼 발표하는 게 더 낫다는 것이다. "우리에게는 이런 방침이 있고, 그 방침을 중립적으로 적용할 것입니다. 우리는 이 과정이 정치적 압력으로 타락하는 것을 원치 않습니다."

10월 22일 자체 관리 감독 위원회$^{Oversight\ Board}$가 출범하면서, 페이스북이 이런 체계를 향해 한 걸음 내딛었다. 스무 명으로 구성된 이 감시 기구가 페이스북의 관리 결정을 면밀히 살피고, 구속력 있는 판결을 내릴 것이라고 한다. 그런데 관리 감독 위원회의 역할 범위가 일부의 바람보다 더 협소한 것으로 드러났다. 삭제된 포스트의 복원 여부나 심의하는 정도인 것이다. 이 기구는 페이스북의 규정과 방침을 수립하는 게 아니라, 적용할 뿐이다. 알고리즘이 삭제하지 않고

Facebook's rules, rather than setting them. It cannot consider posts that have been algorithmically demoted, as opposed to deleted. So some of the most prominent recent controversies—Facebook's decision to leave up a contentious post by Donald Trump, its removal of QAnon, its reversal on Holocaust denial and its demotion of the Post story—are outside the board's jurisdiction.

History has its eyes on you

Yet as Alan Rusbridger, a former *Guardian* editor and member of the new board, puts it, it is a "revolutionary thought". "A company that has notoriously been very reluctant to surrender control on anything has handed over...the power to make some pretty consequential decisions on its behalf," he says. He hopes the board will get more powers over time. Facebook says this is premature. But Sir Nick Clegg, its head of global affairs, hopes the board's remit might one day expand to consider cases submitted by other social networks.

Others have similar ideas. Article 19, a free-speech lobby group, has suggested that platforms could outsource their moderation decisions to non-governmental "social-media councils", something like the press watchdogs that in many countries hold newspapers to a voluntary code.

For now, the social networks have to get through perhaps the hardest fortnight in their short history. They face the possibility of having to deploy content-moderation tools developed for fragile, emerging democracies in their home country. Facebook removed 120,000 pieces of content aimed at voter suppression in America in the past quarter. The *New York Post* affair does not bode well for

강등된 포스트의 경우는, 살펴보지도 못한다. 최근 불거진 가장 현저한 갈등 몇 개가 이 관리 감독 기구의 심사 대상이 아니었던 이유다(도널드 트럼프Donald Trump의 논란이 분분한 포스트 한 개를 그냥 놔두기로 한 것, 극우 음모론 집단 큐어넌을 없애 버리기로 한 것, 홀로코스트 부인과 관련해 결정을 번복한 것, 앞서 나온 『뉴욕 포스트』 기사를 강등한 것).

25TH PARAGRAPH   역사가 보고 있다

그럼에도 불구하고, 『가디언』 편집인 출신으로 신규 위원회에 참여한 앨런 러스브리저Alan Rusbridger는 이 기구가 "혁명적 전환"이라고 얘기한다. "통제권을 전혀 넘겨주려 하지 않던 악명높은 기업이 …… 자신을 대리해 중대한 결정을 내릴 권한을 이양했단 말이에요." 그는 관리 감독 위원회가 시간이 흐르면서 더 많은 권한을 쥐게 되기를 희망한다. 페이스북은, 아직은 시기 상조라고 반응한다. 그럼에도, 국제 업무를 이끄는 닉 클레그Nick Clegg 역시 위원회의 소관 업무가 언젠가는 확대되기를 바란다. 그는 다른 소셜 네트워크 회사들이 올린 안건들도 살펴봤으면 한다는 소망을 피력했다.

26TH PARAGRAPH   다른 기관들도 생각이 비슷하다. 언론 자유를 도모하는 시민 단체 아티클 나인틴Article 19은 플랫폼들이 관리 감독 결정을 비정부 기구인 가칭 소셜 미디어 위원회social-media council에 아웃소싱 형태로 위임할 수 있다고 제안했다. 많은 나라에서 신문사들이 따르는 자율 규제 협약인 언론 감시 기구 정도로 생각하면 되겠다.

27TH PARAGRAPH   현 시점에서 소셜 네트워크 기업들은 그네들의 일천한 역사 속에서도 어쩌면 가장 혹독한 2주를 버텨야만 한다. 신생 국가의 취약한 민주주의에 대비해 개발된 컨텐츠 관리 도구들을, 자신들의 조국 미국에서 어쩌면 사용해야 할 수도 있다. 페이스북은 지난 분기에 미국에서 컨텐츠 12만 건을 삭제했는데, 결국 이는 유권자를 억압하는 행위였다. 기업들이 경쟁이 치열했던 선거의 좋지 못한 결과에 대응하는 방식과 관련해, 『뉴욕 포스트』 사건은 결코 징조가 좋다고 할 수 없다.

how the companies might handle the fallout from a contested election. "When they appeared to depart from their policies they opened themselves up to the very charges of bias that followed," says Evelyn Douek of Harvard Law School. As the election approaches, they need to "tie themselves to a mast" of clear rules, she says. A storm is coming.

Correction (October 27th 2020): An earlier version of this story said that Facebook employed 35,000 people to moderate content. That is the number of people it has working in safety and security; about 15,000 of them are moderators. Sorry.

© The Economist Newspaper Limited, London (Oct 24th 2020)

하버드 법학 대학원의 이블린 두크$^{\text{Evelyn Douek}}$는 말한다. "그들이 스스로 정한 정책 방침에서 이탈하는 듯하자, 이내 편견의 광풍이 그들을 집어삼키고 말았습니다." 대선이 다가오고 있고, 그들은 광명정대한 규칙의 "폿대에 자신을 묶어야" 합니다. 폭풍이 다가오고 있다.

기사 수정(2020년 10월 27일): 고치기 전의 기사는 페이스북이 3만 5천 명을 채용해 컨텐츠를 관리하고 있다고 적었다. 3만 5천 명은 페이스북이 안전과 보안 분야에 고용한 인력의 수다. 이 가운데 약 1만 5천 명이 컨텐츠 관리자이다.

소셜 미디어의 자가 검열과 언론 자유가 길게 논의되고 있습니다. 기사의 발행 일자가 2020년 10월 22일로 미국 대선을 몇 주 앞두고서였지요. 이 글의 이런저런 논평을 바탕으로 해당 사안을 고민해 보는 것도 좋을 듯합니다.

1ST PARAGRAPH

    If they tried to share the story—a dubious "exposé" of emails supposedly from the laptop of Hunter Biden, son of the Democratic presidential nominee—they were told that their tweet could not be sent, as the link had been identified as harmful.

번역학에서 다루는 신정보와 구정보 사안입니다. 인지 부하가 발생하고, 관련 내용을 조사해 보아야 할 수도 있습니다. 제가 번역 샘플을 어떻게 '개념적으로 조직화'하고 있는지 살펴보시기를 바랍니다. 스스로가 정확히 이해한 다음에는, 한국어 번역을 읽는 독자들에게 친절하기도 해야 합니다.
    "그들이 기사 내용을 공유하려 하자, 관련 트윗을 전송할 수 없다는 대꾸가 돌아온 것이다. (해당 링크가 유해한 것으로 특정되었는데, 그리 좋다고는 할 수 없는 폭로 기사였기 때문이다. 기사는 헌터 바이든[Hunter Biden]의 것으로 추정되는 노트북에서 발견된 이메일 내용을 다뤘는데 그가 바로 민주당 대선 후보의 아들이었던 것이다.)"

3RD PARAGRAPH

    Yet as they have become more active at algorithmically ranking the content that users upload, and moderating the undesirable stuff, they have edged towards being something more like publishers.

something more like publishers가 '명사-전치사-명사'로 구의 연접 4번입니다. '~인듯, ~아닌 ~같은'을 영어로 어떻게 표현할까요? something like sth이 좋은 수단입니다.

"그런데 사용자들이 업로드하는 컨텐츠를 이제 그들이 알고리즘을 통해 등위를 매기는 일에 적극 나서게 됐고 점점 더 발행인 비스무리하게 바뀌어 버렸다. (기실 알고리즘 기반의 평가라는 것이 바람직하지 않은 것을 관리한다는 얘기다.)"

Social networks have been on the mother of all clean-ups.

5TH PARAGRAPH

---

on이 걸리는 분이 계실 듯합니다. 이 문장은 구로 고칠 수 있지요. Social networks on the mother of all clean-ups.

"모든 정화 작업의 어머니 격은 소셜 네트워크이다."

Some lends itself readily to policing with machines: more than 99% of the child-nudity posts Facebook takes down are removed before anyone has reported them, but most of the bullying or harassment is flagged by users rather than robots.

6TH PARAGRAPH

some과 itself를 특정하는 사안이 골치아플 수가 있겠습니다. some은 의미상 some firms이고—뒤에 페이스북이 나오니까요—, itself는 themselves로 써야 합니다. 하지만 단수로 썼습니다.

"기계를 동원한 감시와 치안 유지에 적극 나서는 기업도 있다. 페이스북이 내리는 나체 아동 게시물의 99퍼센트 이상은, 누가 신고 하기도 전에 기계가 없애버린다. 그럼에도 불구하고, 괴롭힘과 겁박의 대다수는 로봇이 아니라 이용자들이 찾아내는 실정이다."

7TH PARAGRAPH

Discussions about free speech that may once have seemed abstract have become all too practical—the murder of Samuel Paty near Paris last week being the latest shocking reminder.

관계대명사 종속구—하위 구조여서, 편의상 '구'라고 부릅니다—가 문법적 세련됨을 뽐내고 있지만, 등위적으로 이해해도 전혀 문제가 없습니다. 신택스와 시맨틱스를 종합 판단해, 글쓴이의 인지 경관을 올바르게 구획하는 일이 요점인 셈입니다.

"과거에는 언론의 자유에 관한 토론이 추상적으로 비치기도 했다. 하지만 이제는 너무나도 실질적인 문제다. 지난 주 파리 근교에서 살해당한 사뮈엘 파티 Samuel Paty야말로 이 사실을 충격적으로 상기해 주는 가장 최근의 사건일 테다."

266

Elsewhere, liberals worry that whistle-blowing content is being wrongly taken down.

elsewhere가 '의미류 접속부사'입니다.
"외에도 자유주의자들의 경우는, 양심적 내부 고발 컨텐츠가 부당하게 삭제되고 있는 현실을 우려한다."

Where both camps agree is in their unease that it is falling to social networks to decide what speech is acceptable.

다섯 번째 문단의 첫 문장 기억하시나요? Social networks have been on the mother of all clean-ups. 이 기사의 필자는 전치사를 연결사로 쓰면서, 흐리마리하게 표현하는 특징^{Style}을 보이고 있네요. agree가 완전 동사(S-V형)여서, What을 쓰지 않았습니다.
"그래도 두 진영 모두가 동의하는 지점은 있다. 수용 가능한 말이 뭔지를 정하는 책임을 소셜 네트워크 회사가 지는 게 짜증나고 싫다는 거다."

Twitter has faced steep growth in the number of legal requests for content removal, from individuals as well as governments (see chart 2).

구의 연접 4번 steep growth in the number를 절로 구성하면, 주어 Twitter를 주제어로 삼는 것이 가능합니다. 명사 growth를 동사화할 수 있고, 그러면 동사 서술어 face를 소거하는 것도 가능하지요.

"트위터부터 보자. 개인과 정부를 막론하고 법률을 끼고서 내용 삭제를 요구한 건수가 가파르게 상승했다(표2를 보라)."

16TH PARAGRAPH

are growing.   But carve-outs to this exemption

이 문장이 직관적으로 이해되는 듯하다가도, 헷갈리는 분들이 계실 겁니다. 주부가 구의 연접 4번 '명사-전치사-명사'의 구조인데, carve-out이 우리의 정신 공간에서 과정과 물체 사이를 순식간에 '왔다갔다' 하면서 상호 전환하기 때문이라고, 저는 생각합니다. 현대 물리학을 원용하자면, 파동-입자 이중성인 셈입니다. 여기에 exemption의 이중성까지 가세하니, 이중성의 이중성인 것입니다.

"그러나 이 면제 범위가 점점 줄어들고 있다."

17TH PARAGRAPH

In 2014 the European Court of Justice (ECJ) established the "right to be forgotten" when it found in favour of a Spanish man who wanted Google to remove old references to his history of indebtedness.

시간 관계상을 드러내는 종속 접속사 when이, 의미상 for example로 쓰였습니다. 이런 면에서, 연결사란 개념이 중요해집니다. 의미가 형해화돼 새롭게 전용되었고, 주종 관계가 역진하면서 디스로케이션 넥서스를 구축하니까요.

found in favour of도 살펴볼 만한 대목입니다. found는, was로 바꿔쓸 수 있는데, 그렇다면 활용된^{conjugated} 동사보다, in favour of가 의미상 더 중요해지지요. be 동사는 기능적인 연결 동사이고요. 그런데 그 be 동사가 find로 되어 있으니, 보이스가 중첩^{Superposition of Voices}된 것입니다.

"2014년 유럽 사법 재판소^{European Court of Justice, ECJ}가 소위 '잊힐 권리'^{right to be forgotten}라는 걸 선포했다. 구체적으로, 자신의 부채액과 채무 이력을 구글이 삭제해 주기를 원한다는 어떤 에스파냐 남성의 손을 들어주면서였다."

17TH PARAGRAPH

The European Commission is to publish a Digital Services Act, expected to impose further obligations on internet companies.

고유 명사 Digital Services Act 앞에 부정 관사가 달려 있습니다. be to 부정사를 통해 법이 제정 중임을 알 수 있고, 하여 확립된 형태가 아니라는 점에서 부정 관사를 썼습니다. 묘하게도, 부정 관사가 쓰여서, 구체성이 확보되고 있기도 합니다. expected to impose를 서술의 중심으로 삼아도 좋을 것 같습니다. 주종 관계를 역진시키자는 제안입니다.
　"유럽 집행 위원회European Commission가 발표할 예정인 디지털 서비스 법Digital Services Act은 인터넷 기업들에게 추가 의무 조항을 부과할 것으로 여겨진다."

The trouble with privatising the enforcement of the law in this way, points out Mr Nielsen, is that the companies have big incentives to err on the side of caution.

trouble=that clause이지만, 지위가 격하된 주절 points out Mr Nielsen이 삽입돼 있기도 하고, be 동사가 연결 동사이기도 하기 때문에, 앞의 구와 뒤의 절을 '디스로케이션 넥서스'Dislocation Nexus에 입각해, 발산시켜도 좋을 것 같습니다. 구에서, 절에서, 문장과 문장 사이에서, 다시 말해 '다수준 선택'multi-level selection의 무대에서 이 메커니즘이 반복된다고 정리하면, 일목요연해집니다.
　err on the side of sth는 기억해 두어야 할 숙어입니다. '지나치다 싶게 -하다'
　"닐센은, 법 집행을 이런 식으로 민영화하면 문제가 발생한다고 지적한다. 기업들이 지나치다 싶을 정도로 조심을 하게 된다는 거다."

A ban on material that could interfere with "civic integrity" may sound like something from communist China; it is actually in Twitter's rules.

civic integrity와 communist China는 '형용사-명사'의 구조로, 구의 연접 3번입니다. 이어지는 문장의 be in은 2형식과 3형식의 점이 지대 동사이지요. 부분과 전체는 같습니다.
"성실한 국민성"을 저해하는 내용을 금지한다는 조항은, 공산당 치하 중국에서나 들을 수 있을 것 같지만, 사실 트위터가 제정한 규칙이다."

If neither governments nor executives make reliable custodians of free speech, what can be done to keep the internet a tolerable place while protecting freedom of expression?

make는 become으로 사용된 2형식과 3형식의 점이 지대 동사입니다.
"정부도, 기업 경영자도 자유 언론의 믿을 만한 관리자가 될 수 없다면, 표현의 자유를 보호하면서도 인터넷을 관용이 베풀어지는 그럭저럭 괜찮은 공간으로 유지해 나가기 위해, 뭘 어떻게 해야 하나?"

Article 19, a free-speech lobby group, has suggested that platforms could outsource their moderation decisions to non-governmental "social-media councils", something like the press watchdogs that in many countries hold newspapers to a voluntary code.

단체 이름이 '아티클 나인틴'Article 19인데, 세계 인권 선언 19조에서 따온 조직명입니다. 명사를 구체적으로 파악하자고 했었지요? newspapers는 '신문사'라는 인적 구성과 조직으로 파악해야 하겠습니다.

"언론 자유를 도모하는 시민 단체 아티클 나인틴Article 19은 각급 플랫폼들이 관리 감독 결정을 비정부 기구인 가칭 '소셜 미디어 위원회'social-media council에 아웃소싱 형태로 위임할 수 있다고 제안했다. 많은 나라에서 신문사들이 따르는 자율 규제 협약인 언론 감시 기구 정도로 생각하면 되겠다."

Facebook removed 120,000 pieces of content aimed at voter suppression in America in the past quarter.

aimed 앞에 쉼표가 찍혔다면 훨씬 좋았을 것입니다. 시간을 다투는 저널리즘의 특성에서 비롯한, 아쉬운 대목입니다. 서술의 중심을 (be) aimed at으로 옮겨야 문맥의 조리가 섭니다.

"페이스북은 지난 분기에 미국에서 컨텐츠 12만 건을 삭제했는데, 결국 이는 유권자를 억압하는 행위였다."

The *New York Post* affair does not bode well for how the companies might handle the fallout from a contested election.

for 전치사를 활용해, 에이전트를 저글링하고 있음을 알 수 있지요. 다음처럼 패러프레이즈하면 더 명확할 듯합니다.

When it comes to how companies respond to the fallout of a controversial election, the *New York Post* case never bodes well.

"기업들이 이론이 분분한 선거의 낙진에 대응하는 방식과 관련해, 『뉴욕 포스트』 사건은 결코 징조가 좋다고 할 수 없다."

1ST PARAGRAPH
dubious: 미심쩍은, 애매한, 좋다고 할 수 없다(=questionable=debatable)
exposé: 폭로 기사
supposedly: 아마, 추정상, ~라고들 하는(=allegedly)
laptop: 휴대용 컴퓨터, 노트북 (컴퓨터)
nominee: 지명된 사람, 후보
identify: 확인하다, 특정하다(=specify=discern)
demote: 강등시키다, 좌천시키다 cf) promote: 승진시키다, 진급시키다
news feed: 뉴스 피드
review: 살펴보다, 검토하다(=examine=re assess=reappraise)

2ND PARAGRAPH
bet: 도박, 내기, 시도, 활동(=attempt=effort)
pay off: 제값을 해내다, 성공하다(=be successful)
totalitarianism: 전체주의
cell: 지하실, 방
screw: 드라이버, 나사(못)
dissident: 반체제 인사, 정치적 반대자
dweeb: 샌님, 얼간이(=drip=nerd)
vow: 맹세하다, 서약하다(=pledge)
respectively: 각각, 제각기

3RD PARAGRAPH
sum up: 요약하다(=summarize)
encounter: 맞닥뜨리다, 조우하다(=meet with=run into=come across)
set out: 시작하다, 출발하다, 착수하다(=launch)
keep one's hands off: 손을 떼다, 간섭하지 않다
free speech: 언론(의) 자유, 사상 언론, 사상의 자유, 표현의 자유(=freedom of speech=free expression)
wing: 분파, 진영(=arm)
moderate: 조정하다, 관리하다
edge: 서서히 나아가다, ~이 되다(=become)
arbiter: 결정권자, 재결자, 권위자(=adjudicator)
episode: 에피소드, 사건(=anecdote=tale=incident)
suspicion: 의심, 의혹, 혐의, 불신

4TH PARAGRAPH
fractious: 말썽 많은, 괴팍한
unresolved: 미해결의
regulate: 규제하다, 통어하다, 관리하다

5TH PARAGRAPH
clean-up: 정화 (작업)
hate speech: 혐오 표현, 증오 발언
disable: 불능화하다, 실격시키다
fake account: 이중 장부, 가짜 계정
along with: ~과 더불어, ~에 따라
upstart: 신생 기업(=start-up)
clip: 클립, 짧은 동영상, 자료 영상(=footage=short video=skit)

6TH PARAGRAPH
artificial intelligence(AI): 인공 지능
offending: 불쾌한, 문제가 되는, 침해하는, 위험한, 공격적인, 괴롭히는(=bullying=harassing)
flag: 깃발을 꽂다, 표시를 하다(=tag)
lend oneself (readily) to: ~에 가담하다, 적극 나서다
police: 치안 유지를 하다
nudity: 누드, 나체, 알몸 상태
report: 신고하다(=declare)
harassment: 괴롭힘(=bullying=molestation) cf)
sexual harassment: 성적 괴롭힘
merciless: 무자비한, 용서를 모르는, 잔인무도한(=cruel)
savage: 야만인, 미개인 cf) noble savage: 고귀한 야만인(장 자크 루소의 이상화된 가치관)
moderator: 조정자, 중재인, 사회자, 감시인(=content-reviewer) cf)
moderate: 관리하다, 감시하다, 조정하다
develop: 병을 앓다
post-traumatic stress disorder(PTSD): 외상후 스트레스 장애

7TH PARAGRAPH
reminder: 상기해 주는 것
tighten: 강화하다, 조이다, 엄격하게 하다

rampage: 광란, 광포한 행동, 날뛰기
live-stream: 실시간으로 생중계하다
referendum: 국민 투표, 총선거
ban: 금지하다, 금제하다(=prohibit)

8TH PARAGRAPH
scrutiny: 조사, 철저한 검토(=inspection)
far-flung: 멀리 떨어진(=remote)
negligence: 소홀, 홀대, 무관심, 외면, 태만, 부주의
determining:
　결정적인(=critical=vital=crucial)
fluent: 능통한, 유창한(=eloquent)
hoover: 진공 청소기로 소제하다,
　청소하다(=vacuum)

9TH PARAGRAPH
trade-off: 교환, 균형, 상호 절충
full-throated: 크게 외치는, 목이 터질
　듯한(=loud)
misinformation: 오정보, 역정보, 가짜
　뉴스(=fake news=disinformation)
flourish: 번창하다, 융성하다(=thrive)
vaccinate: 예방 주사를 맞다, 백신 접종을
　하다(=immunize=inoculate)
crackpot: 괴짜, 별난
conspiracy: 음모단, 모의, 음모

10TH PARAGRAPH
quarter: 부문, 영역, 사람들
unease: 언짢음, 불편, 불안,
　우려(=anxiety=uneasiness)
nest: 둥지, 보금자리, 거점, 본거지
zap: 제압하다, 재빠르게 해치우다, 없애
　버리다(=remove=suppress)
troll: 장난질, 악행
circulation: 발행 부수, 판매 부수
admittedly: 인정하건대, 틀림없이
incarnation: 현현, 모습, 구현, 화신,
　행태(=embodiment)

11TH PARAGRAPH
whistle blow: 내부 고발을 하다 cf)
　whitstle-blower: 내부 고발자
deem: 생각하다, 여기다,
　간주하다(=reckon=consider)
war crime: 전쟁 범죄

guideline: 가이드라인, 지침, 방침(=official
　advice)
distort: 왜곡하다, 비틀다(=pervert)
massacre: 대학살

12TH PARAGRAPH
camp: 캠프, 진영, 측
confine: 범위, 영역, 한계
operate: 운영하다, 사업 활동을 하다(=run)
come to: ~하게 되다(=get to)
town square: 도시 광장, 마을
　광장(=community forum)

13TH PARAGRAPH
network effect: 네트워크 효과(서비스
　이용자가 늘고, 연결되면서 더 많은 가치가
　만들어지는 효과)
incumbent: 재임자, 수성 기업
promote: 판촉하다, 선전하다, 홍보하다
grapple with: 해결하려고 노력하다
　(=tackle=deal with=wrestle with)
dilemma: 딜레마, 곤경 (=predicament)
reluctant: 꺼리는, 마지 못해 하는,
　주저하는(=unwilling)
lay down: 정하다, 규정하다(=define=pres
　cribe=stipulate=specify)
fecal: 똥의, 배설물의
on one's own: 단독으로,
　자력으로, 자기 책임 하에,
　독자적으로(=alone=independently)

14TH PARAGRAPH
nail: 못을 박다, 못으로 고정하다
Jell-O: 젤로(과일 맛과 향이 나는 다양한
　색상의 젤라틴 디저트)
concentration: 집적, 집중

15TH PARAGRAPH
face: 맞닥뜨리다, 경험하다,
　직면하다(=meet)
legal request: 의법 요청
in response to: ~에 대응하여, ~에 응대해,
　~에 반응해
photoshop: 포토샵을 하다
restrict: 제한하다, 억누르다(=suppress)
press freedom: 출판과 보도의 자유

16TH PARAGRAPH
meddle: 간섭하다, 건드리다(=interfere)
First Amendment: 미 헌법 수정 조항 제1조
section: 조, 항
decency: 체면, 품위, 예절
exempt: 면제하다
liability: 법적 책임
carve-out: 별도 취급, 잘라낸 부분, 예외
infringement: 위반, 위배, 침해
criminal law: 형법, 형사법 cf) civil law: 민법, 민사법
trafficking: 밀거래, 불법 거래(=smuggling)
drafting: 기초, 기안
prosecution: 기소, 고발 cf) persecute: 박해하다, 괴롭히다
adult material: 성인물

17TH PARAGRAPH
right to be forgotten: 잊힐 권리
find: 판결을 내리다, 판시하다(=rule)
reference: 언급, 기록
indebted: 부채가 있는, 빚이 있는
field: 받아넘기다, 처리하다
grant: 승인하다, 허락하다
border: 국경, 경계
directive: 지시, 명령
appropriate: 적절한
set up: 수립하다, 설정하다
obligation: 의무 (조항)

18TH PARAGRAPH
notably: 대표적으로, 구체적으로(=especially=for example=such as)
fine: 벌금
notification: 고지, 알림, 신고, 통지
incentive: 유인, 동기, 장려책
err on the side of sth: 지나치다 싶을 정도로 ~하다
discretion: (자유) 재량(권), 신중함
insult: 모욕하다, 모독하다

19TH PARAGRAPH
go further: 더 나아가다, 엄격하다(=be stricter)
civic: 시민의(=public)

integrity: 성실성, 온전함, 진실함, 완전성(=unity=sincerity)
unit: 부서, 단위(=arm)
scour: 샅샅이 뒤지다(=comb)
breach: 어기다, 위반하다(=break)
terms of service: 약관, 서비스 조항

20TH PARAGRAPH
authoritarianism: 권위주의
cue: 힌트, 참작, 아이디어, 단서(=hint)
loose: 느슨한, 헐거운
rapporteur: 조사 위원, 보고자
public interest: 공중의 이익, 공익, 일반 대중의 관심
enforce: 시행하다, 강제하다, 집행하다(=implement)
lèse-majesté: 불경죄, 대역죄, 모독
comply: 순응하다, 따르다, 준수하다(=conform)
sue: 고소하다, 소송을 제기하다, 청구하다(=file a lawsuit=take legal action)

21TH PARAGRAPH
make: ~이 되다, ~이다(=become=be)
custodian: 관리인, 후견인, 보호자(=guardian=patron)
tolerable: 웬만큼 괜찮은, 견딜 만한, 참을 수 있는(=reasonable)
draw a distinction between A and B: A와 B를 구분하다(=distinguish between A and B=differentiate=discriminate)
reach: 도달, 거리, 범위
viral: 바이러스처럼 퍼지는, 확산성이 높은

22TH PARAGRAPH
so that: 그러자
borderline: 경계선, 이쪽도 저쪽도 아닌, 어느 쪽이라고 결정하기 어려운
deletion: 삭제(=removal)
Easter: 부활절
inflammatory: 선동적인, 강한 분노를 유발하는
in place: 시행되는, 가동 중인
mindless: 몰지각한(=senseless)
promote: 촉구하다(=encourage)

276

mislead: 오도하다, 호도하다(=deceive)

23TH PARAGRAPH
momentum: 기세
audit: 감사, 심사, 결산
listed company: 상장 회사(=listed enterprise)
earnest: 성실한, 진심 어린
fortnight: 2주간, 2주(=two weeks)
legislative: 입법의, 입법부의
call: 결정, 판단
corner office: 전망 좋은 사무실, 고급 경영자 방
corrupt: 부패하다, 타락하다

24TH PARAGRAPH
watchdog: 경비견, 감시 기구
the great and good: 현인(=wise people)
binding: 구속력이 있는
reinstate: 복귀시키다, 회복하다(=restore)
as opposed to: ~와 대조적으로, ~와 반대로, ~가 아니라
prominent: 눈에 띄는, 현저한, 중요한(=noticeable)
controversy: 논란, 갈등, 다툼
contentious: 논란이 분분한, 말썽이 있는
reversal: 역전, 돌려놓기, 반전, 전환
jurisdiction: 평결, 판정, 심판, 관할권, 재판권, 권한(=remit)

25TH PARAGRAPH
notorious: 악명 높은(=infamous)
reluctant: 꺼리는, 주저하는(=unwilling)
surrender: 항복하다, 굴복하다, 넘겨주다 (=hand over=relinquish=give up)
consequential: 중대한(=substantial)
on one's behalf: ~를 대신해, 대리해(=in place of)
premature: 때 이른, 시기상조의
remit: 소관(=jurisdiction)
case: 안건, 사례, 경우
submit: 제출하다, 상신(上申)하다

26TH PARAGRAPH
lobby group: 시민 단체, 압력 단체, 로비 단체(=pressure group=advocacy group)
outsource: 아웃소싱하다, 외부에 위탁하다
voluntary: 자발적인, 자진하는
code: 법규, 규정, 관례, 규칙, 협약

27TH PARAGRAPH
get through: 통과하다, 경과하다, 보내다
deploy: 전개하다, 배치하다, 효과적으로 사용하다
fragile: 부서지기 쉬운, 허술한, 연약한
bode well: 징조가 좋다
fallout: 좋지 못한 결과, 악영향
contested: 경쟁이 치열한
mast: 돛대

BRITAIN: Bagehot

How Princess Diana shaped politics

A populist in the palace

BRITAIN
NOV 12TH 2020 EDITION

NETFLIX'S FLAGSHIP series, "The Crown", has done a fine job of telling the story of post-war Britain through the prism of the monarchy. The previous series left viewers in the mid-1970s, mired in the miners' strike and the three-day week. The new one, which begins streaming on November 15th, introduces us to two women who were destined to change the country in profound ways—Margaret Thatcher and Lady Diana Spencer.

Lady Thatcher made it clear from the first that she was in the business of changing the nation. Lady Diana Spencer was a bird of a very different feather—a shy girl who had failed all her O-levels twice and had no interest in politics. She was brought onto the national stage for the sole purpose of producing (male) heirs to the throne. Yet the country is still living with her political legacy as surely as it is with Lady Thatcher's.

Princess Diana's genius was to mix two of the most profound forces of modern politics—emotion and

다이애너 왕세자비는 영국의 정치를 어떻게 바꾸었는가?

궁궐의 민중주의

1ST PARAGRAPH   넷플릭스가 야심차게 선보인 드라마 ‹크라운The Crown›은 전후의 영국 사회를 군주제란 프리즘을 통해 멋지게 풀어냈다. 지난 시즌은 1970년대 중반까지를 다뤘다. 광부 파업과 주3일 근무라니! 11월 15일 스트리밍을 개시하는 새 시즌에서는 두 여인을 만나게 된다. 영국을 심오하게 바꿀 두 여자, 마거리 대처Margaret Thatcher와 다이애너 스펜서 공작부인Lady Diana Spencer을 말이다.

2ND PARAGRAPH   대처 여사는 아예 시작부터, 자신이 영국을 완전히 바꿔놓을 작정임을 분명히 했다. 지체 높은 아가씨 다이애너 스펜서는 대처와는 깃털이 완전히 다른 새였다. 오-레벨 시험O-level을 두 번이나 전과목 낙제하고, 정치 따위에는 아무 관심이 없던 수줍은 소녀였으니 말이다. 그녀가 국내 무대에서 주목받게 된 이유는, (남성) 왕위 계승자를 낳아야 한다는 단 하나의 목적 때문이었다. 하지만 이 나라는 여전히 다이애너가 남긴 정치적 유산과 더불어서 살아가고 있다. 영국이 대처 여사의 유산과 함께 살아가는 것만큼이나 분명하게 말이다.

3RD PARAGRAPH   현대의 정치를 구동하는 가장 심오한 힘 두 가지, 그러니까 감성과 반엘리트주의를 잘 섞어 막강한 민중주의 칵테일로 만들어 낸 것

anti-elitism—into a powerful populist cocktail. She was one of the modern masters of the politics of emotion, feeling the people's pain just as they felt hers. She repeatedly outmanoeuvred Prince Charles during the long "War of the Waleses" because she was willing to bare her soul in public. Her interview with Martin Bashir of the BBC in November 1995 is now the focus of controversy, as her brother, Earl Spencer, claims that it was obtained under false pretences, using forged documents. Whatever the reason for giving it, the interview was a masterclass in emotional manipulation. At one pivotal moment Princess Diana acknowledged that she would never be queen but hoped that she would be "queen of people's hearts".

The princess used her mastery of the politics of feeling to turn herself into a champion of the people against the powerful—the "people's princess" in Tony Blair's phrase. She patronised charities that helped marginalised folk such as HIV patients, and kept company with pop stars and celebrities rather than with the usual royal waxworks. The most memorable music at her funeral was not an historic hymn but a song by Elton John, adapted for her but originally written about another icon-turned-victim, Marilyn Monroe.

Her anti-elitism was directed not at the monarchy's wealth—she happily lived in Kensington Palace and received a £17m ($23m) divorce settlement plus £400,000 a year—but at its stunted emotional state. The traditional deal to which royals signed up allowed them to behave as they liked in private—kings have almost always had mistresses because they marry for reasons of dynasty not compatibility—so long as they be-

이야말로 다이애너의 천재성이었다. 그녀는 감성의 정치를 마스터한 우리 시대의 대가 가운데 한 명이다. 사람들이 그녀의 고통을 느끼는 것과 꼭 마찬가지로, 그녀 역시 민중의 고통을 느꼈다. 그녀가 '웨일스 전쟁'War of the Waleses이 계속된 그 오랜 세월 남편 찰스 왕세자 Prince Charles를 거듭해서 압도한 것은, 자신의 영혼을 대중에게 기꺼이 드러냈기 때문이다. 1995년 11월 BBC의 마틴 바시르Martin Bashir가 한 인터뷰가 현재 논란이 되고 있다. 다이애너의 남동생 스펜서 백작Earl Spencer이 문제의 인터뷰는 서류를 날조해 사취된 것이라고 주장하고 있는 것이다. 다이애너가 어떤 이유에서 응했든, 이 인터뷰를 잘 뜯어보면, 단연코 최고의 정서 조작법을 배울 수 있다. 다이애너는 한 중요한 순간에 이렇게 실토한다. 자신이 여왕은 결코 못 되겠지만, "국민의 마음 속에서나마 여왕"이 되고 싶다고 말이다.

4TH PARAGRAPH   다이애너 왕세자비는 감정의 정치를 통달했고, 이를 바탕으로 권력자들에 맞서는 민중의 옹호자로 거듭났다. 토니 블레어Tony Blair의 말을 인용하자면, 그녀는 "민중의 공주"였다. 다이애너는, HIV 환자들처럼 소외된 사람들을 지원하는 자선 단체들을 후원했고, 통상적으로 왕실이 아니라 대중 문화 스타 및 명사들과 어울렸다. 그녀의 장례식에서 가장 기억에 남는 음악은 무슨 역사적인 찬가가 아니라, 엘튼 존Elton John이 부른 노래였다. (우상이었다가 희생자로 전락한 또 다른 인물 마릴린 먼로Marilyn Monroe를 주제로 쓰인 원곡을 엘튼 존이 다이애너를 개작하여 불렀다.)

5TH PARAGRAPH   엘리트주의에 반대하는 그녀의 태도는 왕실의 재산이 아니라—사실 그녀는 켄싱턴 궁Kensington Palace에서 사는 걸 즐겼고 1,700만 파운드의 위자료 외에도 매년 40만 파운드도 받았다—발달이 저해된 왕의 정서 상태를 겨냥했다. 왕족들이 서명 동의해 온 전통적인 혼인 계약을 한 번 생각해 보자. 결혼의 이유가 사이좋게 지내는 화합이 아니라 대를 잇는 것이기 때문에, 왕들은 거의 항상 정부를 둬왔다. 바로 이 거래 노선에 따라, 대중 앞에서 법도를 지키기만 하면, 그들은 사적 영역에서 내키는 대로 살 수 있었다. 다이애너 왕세자

haved with decorum in public. Princess Diana regarded this as humbug.

She succeeded in reconciling the most jarring of opposites. Despite being a top-tier aristocrat (her family, the Spencers, looked down on the Windsors as German carpetbaggers) she was universally known as "Di". Her death in a car crash won her a spectacular posthumous victory against the royal court. It produced the greatest outburst of public lachrymation Britain has ever seen and led to widespread demands that the royals should display more emotion, as if the damp cheek had replaced the stiff upper lip as the definition of Britishness. "What would really do the monarchy good, and show that they had grasped the lesson of Diana's popularity," an editorial in the Independent thundered, "would be for the Queen and the Prince of Wales to break down, cry and hug one another on the steps of the Abbey this Saturday."

Since her death, her emotional populism has threaded through politics. Tony Blair presented himself as the people's prime minister. He championed "Cool Britannia", surrounded himself with pop stars and urged his staff to "call me Tony". The next Conservative prime minister, "Call me Dave" Cameron—a distant relation of Princess Diana's—adopted this combination of compassion-signalling (hugging hoodies instead of cracking down on juvenile delinquents) and studied informality (chillaxing and kitchen suppers replacing previous Tory premiers' stiffness).

Both men were too responsible to let emotional populism interfere with the affairs of state. Domestic and foreign policy choices continued to be conducted

비가 바로 이 전통적 거래 윤리를 사기이자 협잡으로 몰아붙인 것이다.

6TH PARAGRAPH 다이애너는 조화되지 않고 상충하는 특성들을 탁월하게 결합했다. 그녀는 최상위 귀족이었음에도 불구하고, 많은 사람이 그냥 애칭 '디'(Di)로 불렀다. (그녀가 속한 스펜서 가문 The Spencers 은 윈저 가문 The Windsors 을 독일 출신 뜨내기라며 경멸했다.) 자동차 사고로 죽은 일도 득이 됐다. 죽어서까지 궁정을 상대로 극적인 승리를 거둔 것이다. 영국 사람들이 사상 최대 규모로 손수건을 쥐고 눈물을 훔쳤으며, 왕실에서는 좀 더 감정을 드러내야 한다고 많은 사람이 요구하기에 이르렀다. 영국의 국민성, 곧 불굴의 의연함을 상징한다고 할 수 있는 뻣뻣한 윗입술이 이제는 촉촉한 볼로 대체돼야 한다는 듯했다. 『인디펜던트 Independent』의 한 사설은 이렇게 포효했다. "정말이지 무엇이 왕실에 득이 될까? 윈저 가문이 다이애너의 인기에서 교훈을 배웠음을 알릴 수 있는 방법은 무엇일까? 바로 이번 토요일 웨스트민스터 사원 Westminster Abbey 계단에서 여왕과 찰스 왕세자가 몸을 가누지 못하며 울부짖고, 또 서로를 껴안는 것일 테다."

7TH PARAGRAPH 다이애너 사후, 그녀의 감성 포퓰리즘이 정계를 누볐다. 토니 블레어가 자신을 민중의 총리로 제시했다. 그는 대중 문화 스타들에 둘러싸여 "쿨 브리태니아"(Cool Britannia, 멋지고 근사한 영국)를 역설했다. 휘하 각료들에게는 "그냥 토니라고 부르"도록 시켰다. 다음 번 총리 데이브(데이비드) 캐머런 Dave Cameron 은 보수당적이었음에도, 구호가 아예 "콜 미 데이브"(Call me Dave, 데이브라고 부르세요)였다. (그는 다이애너 왕세자비와 먼 친척이다.) 비행 청소년을 비난하지 않고, 그들을 껴안았다. 주방에서 느긋하게 간단히 만들어 먹는 저녁이 보수당 출신 이전 수상들의 경직성을 대체했다. 요컨대, 그는 공감한다는 신호를 보냈고, 용의주도하게 짜긴 했지만 일상의 허물없는 편안함을 보여주었던 것이다.

8TH PARAGRAPH 두 총리 모두 책임이 너무나 막중해, 감성 포퓰리즘으로 국사를 망칠 수는 없었다. 국내 정책이든 대외 정책이든, 이성과 증거의 얼음장 같은 지령이 계속해서 상황을 주도했다. 그러나 브렉시트 지지자

according to the icy dictates of reason and evidence. Brexiteers, by contrast, followed the Diana-script. They appealed to the heart rather than the head; to win their arguments they used feelings of patriotism and resentment rather than facts about trade flows. They denounced the elites for trying to frustrate the wisdom of the people in much the same way as Dianaphiles had denounced the Palace for ignoring the people's emotions. They turned on the nation's core institutions—Parliament, the civil service, the Supreme Court—when they suspected attempts to frustrate their wishes. They succeeded in defeating the establishment in much the same way as Princess Diana had, by claiming to stand for emotion rather than reason and the people rather than the elite. Alexander Boris de Pfeffel Johnson has reconciled the opposites he embodies just as she did. A card-carrying member of the metropolitan elite, he has managed to sell himself as a man of the people. As she was Di, so he is Boris.

The first series of "The Crown" shows a young Queen Elizabeth studying Walter Bagehot's "The English Constitution" under the guidance of Sir Henry Marten, the vice-provost of Eton, who kept a pet raven in a cage and addressed the young princess as "gentlemen". Bagehot's great work distinguishes between the dignified branch of the constitution (the monarchy) and the efficient branch (elected politicians). Implicit in that distinction is Bagehot's perception that emotions pose a dangerous threat to the proper conduct of politics. The monarchy provides a controlled outlet for them, thus enabling responsible people to get on with the difficult task of running the country.

Brexiteer들은 다이애너의 전철을 밟았다. 그들은 머리가 아니라 가슴에 호소했다. 브렉시트 지지자들은 논쟁에서 승리하기 위해 교역 관련 팩트가 아니라, 애국심과 울분의 정서를 동원했다. 브렉시트 지지자들은 민중의 지혜를 배격한다며 엘리트들을 비난했다. 이는 다이애너를 사랑한 사람들과 완전히 동일한 방식이다. 궁정이 국민 감정을 무시한다고 비난했었음을 상기해 보라. 브렉시트 지지자들은 자신들의 바람을 꺾어 버리려는 시도가 있다고 의심할 때면 나라의 핵심 기관과 제도를 공격했다. 의회, 공무원 조직, 최고 법원 등이 성토의 대상이었다. 그리고 그들은 마침내 기성 체제를 패배시키는 데 성공했는데, 이것 역시 다이애너와 완전히 똑같았다. 요컨대, 브렉시트 지지자들은 이성이 아니라 감성, 엘리트가 아니라 민중을 대변한다고 주장했다. 알렉산더 보리스 드 페펄 존슨Alexander Boris de Pfeffel Johnson도, 다이애너와 꼭 마찬가지로 자신이 대표하는 정반대 세력들을 무리 없이 화해시켰다. 보리스 존슨은 정규 도시 엘리트임에도 불구하고, 자신을 민중의 대변자로 자리매김할 수 있었다. 다이애너가 '디'였듯이, 그는 보리스이다.

9TH PARAGRAPH

드라마 '크라운'의 첫 시즌에는 엘리자베스 여왕Queen Elizabeth의 어린 시절이 나온다. 소녀 엘리자베스가 헨리 마틴 경Sir Henry Marten의 지도를 받으며 월터 배젓Walter Bagehot의 『영국 헌정The English Constitution』을 공부하는 모습을 볼 수 있다. 까마귀를 애완용으로 기르는 이튼Eton의 그 부학장이 아직 어린 공주를 '젠틀멘'gentlemen이라고 부른다. 배젓의 위대한 저서 『영국 헌정』은 위엄과 품위를 담당하는 군주제 기구와 유능한 일처리를 구현한 실무 기구인 선출 정치인을 구분한다. 배젓이 이런 구분을 수행한 것은, 감정과 정서가 정치 과정을 적절히 수행하는 데 위험하다고 생각했기 때문이다. 군주제란 기제를 통해 감성을 세심하게 관리하며 배출할 수 있다. 요컨대, 책임자들은 군주제를 통해 국가 운영이란 어려운 과제를 계속 수행해 나갈 수 있는 것이다.

By using people's feelings as the fuel for her astonishing career, Princess Diana broke that safety valve. Britain will be living with the consequences of the emotional populism that she helped to release for years to come.

© The Economist Newspaper Limited, London (Nov 12th 2020)

10TH PARAGRAPH　다이애너 왕세자비는 자신의 믿기 힘든 성공과 출세를 위해 대중의 감정을 불쏘시개로 사용하면서, 그 안전 밸브를 망가뜨렸다. 다이애너 왕세자비가 촉발에 일조한 이 감성 포퓰리즘의 여러 결과가 향후 수년간 영국에 영향을 미칠 것이다.

한국 사람들은 포퓰리즘^{populism}에 대해 어떤 이미지를 갖고 있을까요? 이 책에서 얘기하는 각자의 '마음 극장'^{theater of mind}이 가동될 텐데, '긍정적/부정적' 이항 대립 중에서 고르라고 한다면, 어쩌면 '부정적'을 꼽을 비율이 더 많을지도 모르겠습니다. 그런데 말입니다. 그런 '부정적'(!) 포퓰리즘과 엘리트주의를 동렬에 놓고, 다시 한 번 가치 판단을 요구받는다면, …… 어쩌면 사람들의 태도가 또 달라질 것도 같습니다.

1ST PARAGRAPH

Netflix's flagship series, "The Crown", has done a fine job of telling the story of post-war Britain through the prism of the monarchy.

두 버전의 해석을 살펴보겠습니다. 첫째, "넷플릭스의 드라마 〈크라운〉이 전후의 영국 사회를 군주제란 프리즘을 통해 풀어내란 멋진 과업을 해냈다." 둘째, "넷플릭스의 드라마 〈크라운〉이 전후 영국 사회를 군주제란 프리즘을 통해 멋지게 풀어냈다."

동사 서술어가 중첩돼 얽혀 있고(has done a find job~과 telling the story of~), 주종 관계를 의미론적으로 검토하면, 두 번째 해석을 얻을 수 있습니다. "The Crown" has brilliantly told the story of post-war Britain through the prism of the monarchy.

동사 tell은 '(미처 알지 못했던 사실을) 알려주다', 또 '(이야기를) 해주다'란 뜻이 있어요. 요즘은 좀 뜸하지만, 1980년대 초까지만 해도 폭로 저널리즘 책 제목에 'Untold'란 어휘가 많이 들어간 이유입니다. 또, '(이야기를) 해주다'이기 때문에, tell은 storytelling입니다. 그래서 telling the story라고 돼 있는 겁니다. 보이스가 중첩돼 있는 셈이죠.

1ST PARAGRAPH

288

The new one, which begins streaming on November 15th, introduces us to two women who were destined to change the country in profound ways—Margaret Thatcher and Lady Diana Spencer.

introduce라는 동사를 살펴보면 사전에는 이런 예문도 나옵니다. The first lecture introduces students to the main topics of the course. (첫 강의에서는 학생들에게 강좌의 주요 주제를 소개한다.)
이렇게 한번 생각해 보겠습니다. 먼저 A to B를 '명사-전치사-명사'의 구의 연접 4번형으로 취급하고, 가운데 전치사를 (미끄럼 대칭에 입각해) 동사 연결사로 파악하는 것입니다. 여기에, introduce 동사의 보이스를 사역형으로 조정하면 되지요. 이제 introduce A to B는 'A로 하여금 B와 접하도록 (소개)하다'가 됩니다. 앞의 세 문장에서도 확인되듯이, A 자리에 something이 아니라 somebody가 많이 나오는 이유이기도 합니다.
어렵겠지만, 한 번 더 추상 수준을 끌어올려 봅시다. 제가 영어 소설을 한 권 번역하는데, 무척 재미있었습니다. 그래서 후기에 이렇게 적었습니다. "1장만 견디면, 이후로는 책에서 손을 뗄 수 없을 것이다." 그런데, 이 문장을 적으면서, 제가 혼란을 겪었습니다. '책에서 손을 뗄 수 없나? 손에서 책을 뗄 수 없나?' 그렇습니다.
영어에서도 A와 B가 자리바꿈을 합니다. '정신 공간'mental space과 '에이전트 저글링'이란 개념을 제안하는 이유입니다. 우리의 인지가 그렇게 작동을 합니다.

2TH PARAGRAPH

She was brought onto the national stage for the sole purpose of producing (male) heirs to the throne.

다음처럼 패러프레이즈하는 것도 가능합니다.

Her being brought onto the national stage was for the sole purpose of producing (male) heirs to the throne.

해석을 해보면, "그녀가 국가 무대로 끌려나와 주목받은 이유는, (남성) 왕위 계승자를 낳아야 한다는 단 하나의 목적 때문이었다."

Her being brought onto the national stage를 대문자 A로, the sole purpose of producing (male) heirs to the throne을 대문자 B로 치환해 보면, A (be) for B가 돼, 구의 연접 4번(명사-전치사-명사)임을 깨달을 수 있습니다. (be 동사는 문장을 성립시키기 위한 연결 동사일 뿐이죠.)

구의 연접 4번에서 이웃한 단어들 사이의 관계상을, 고급한 문법 용어로 연접(連接), 곧 정션junction이라고 합니다. 문장 수준에서 통사론적으로 맺는 관계상을 포괄적으로 넥서스nexus라고 하고요. 하지만 곰곰 따져보면, 수준을 달리하면서 같은 현상이 반복되고 있는 셈이죠. 이를 수학에서 프랙탈fractal이라고 합니다. 언어도 프랙탈적입니다.

애초의 문장을 처음부터 for를 중심으로 볼 수도 있을 겁니다. 이런 관점을, 이 책에서는 '전치사의 넥서스형 연결사 용법'이라고 부릅니다. 주종 관계가 역진하고 있으며, 디스로케이션dislocation, 탈구 내지 결어긋남을 보정하는 작업도 필요합니다.

produce가 기본적인 의미 '(자식을) 낳다'로 쓰였습니다. 다음 문단의 다음 문장도 구조 기능주의적으로 동일합니다.

She repeatedly outmanoeuvred Prince Charles during the long "War of the Waleses" because she was willing to bare her soul in public.

outmanoeuvre의 접두사 out-은 '보다 더'란 뜻입니다. 요컨대, '비교' 표현입니다. '대상어보다 어근의 내용을 더 ~하다'라고 새기면 됩니다. outperform 같으면, '퍼포먼스(수행 능력)가 대상어보다 더 뛰어나다'가 되겠죠.

"그녀가 '웨일스 전쟁'War of the Waleses이 계속된 그 오랜 세월 남편 찰스 왕세자Prince Charles를 거듭해서 압도한 것은, 자신의 영혼을 대중에게 기꺼이 드러냈기 때문이다."

The princess used her mastery of the politics of feeling to turn herself into a champion of the people against the powerful— the "people's princess" in Tony Blair's phrase.

champion에 '우승자, 챔피언'이란 뜻 외에, '옹호자, 투사'란 뜻도 있습니다. a champion of the people against the powerful이란 구절을 살펴봅시다. 미끄럼 대칭에 의해, against 전치사가 동사 서술어로 지정돼 있는데, 그 행위 주체 agent는 '민중'(the people)일까요? 아니면 다이애너(the princess)일까요? 계급 투쟁에 관한 글이 아니므로, 다이애너로 지정하는 게 좋을 듯합니다. 디스로케이션을 인정하는 것이죠. 그렇다면, 주어 the princess가 위계적으로 짜인 이 문장에서 동사 과정을 몇 개나 수행하고 있을까요? 일단, 감정의 정치학을 숙달합니다(mastery). 그렇게 습득한 기예를 활용합니다(used). 그런 다음, 권력자들에 맞서면서(against), 자신을 민중의 옹호자로 바꿔냅니다(turn). 네 개네요. champion이란 명사는 명사 이해 지침에 따라 동사화할 수 있고, 그렇다면 다섯 개인데, 온전한 다섯 개는 아니지요. '민중을 옹호하다'가 단순 진술이라면, '민중의 옹호자로 거듭나다'는 보이스(동사 서술어)가 중첩돼 얽혀 있다고 볼 수 있겠습니다. 이럴 때 수학적으로는 소숫점 이하를 사용해 구분할 수 있겠죠. 인공 지능 번역기를 이런 식으로 설계할 수 있을 거라고, 저는 생각하고 있습니다.[Superposition and Entanglement of Voices]

"다이애너 왕세자비는 감정의 정치를 통달했고, 이를 바탕으로 권력자들에 맞서는 민중의 옹호자로 거듭났다."

5TH PARAGRAPH

The traditional deal to which royals signed up allowed them to behave as they liked in private—kings have almost always had mistresses because they marry for reasons of dynasty not compatibility—so long as they behaved with decorum in public.

문장이 특별히 어렵지는 않습니다. 어떤 번역가는 독해가 탐정이 되어 추리를 하는 것과 비슷하다고 한 바 있는데, 어순에 관계 없이 지식 내용을 정리해 줄 필요가 종종 생깁니다. 시간적 선후와 논리적 인과를 바탕으로 정리를 하면 좋겠습니다.

"왕족들이 서명 동의해 온 전통적인 혼인 계약을 한 번 생각해 보자. 결혼의 이유가 사이좋게 지내는 화합이 아니라 대를 잇는 것이기 때문에, 왕들은 거의 항상 정부(情婦)를 둬왔다. 바로 이 거래 노선에 따라, 대중 앞에서 법도를 지키기만 하면, 그들은 사적 영역에서 내키는 대로 살 수 있었다."

6TH PARAGRAPH

She succeeded in reconciling the most jarring of opposites.

구의 연접 4번형(명사-전치사-명사 구조) the most jarring of opposites를 구의 연접 3번형(형용사-명사 구조) the most jarring opposites로 고쳐 쓸 수 있겠네요. 구의 연접 1, 2, 3, 4번은 적절한 변형을 통해 상호 전환이 가능합니다. 구 수준에서 독자 여러분이 영어다운 영어로 작문을 할 수 있는 기초 토대입니다. 덧붙일 사항은, jarring과 opposites의 보이스가 중첩돼 있다는 사실입니다. 기실, 시계열적으로 적힌 단어들은 중첩의 흔적일 뿐이고, 글쓴이의 인지가 중첩과 얽힘의 원리 속에서 작동했다는 사실이 중요합니다. 그 역동적인 두뇌 회전이 느껴진다면, 이 중첩 현상이 더 생생할 겁니다. succeeded in reconciling에서는 주종 관계를 역진해 보면 어떨까요? "다이애너는 조화되지 않고 상충하는 특성들을 탁월하게 결합했다."

Despite being a top-tier aristocrat (her family, the Spencers, looked down on the Windsors as German carpetbaggers) she was universally known as "Di".

universally란 부사에서 에이전트, 곧 동작주를 추출해 낼 수 있습니다. 'the 고유명사s(복수 접미사)'로 쓰면, '해당 고유명사의 집안 또는 가문'이란 뜻입니다.
"그녀는 최상위 귀족이었음에도 불구하고, 많은 사람이 그냥 애칭 '디'(Di)로 불렀다. (그녀가 속한 스펜서 가문The Spencers은 윈저 가문The Windsors을 독일 출신 뜨내기라며 경멸했다.)"

293

It produced the greatest outburst of public lachrymation Britain has ever seen and led to widespread demands that the royals should display more emotion, as if the damp cheek had replaced the stiff upper lip as the definition of Britishness.

the greatest outburst of public lachrymation Britain has ever seen이 구의 연접 4번이고, 절로 파악하면 되겠습니다. outburst와 lachrymation의 보이스가 중첩돼 있네요. "사상 최대 규모로 영국인이 공공 장소에서 울음을 터뜨렸고, 눈물까지 훔쳤다."
widespread에서 에이전트, 곧 행위자를 추출해 낼 수 있습니다. 전체적으로 '구-동사-구' 패턴입니다.
"영국 사람들이 사상 최대 규모로 손수건을 쥐고 눈물을 훔쳤으며, 왕실에서는 좀 더 감정을 드러내야 한다고 많은 사람이 요구하기에 이르렀다. 영국의 국민성, 곧 불굴의 의연함을 상징한다고 할 수 있는 뻣뻣한 윗입술이 이제는 촉촉한 볼로 대체돼야 한다는 듯했다."

7TH PARAGRAPH

The next Conservative prime minister, "Call me Dave" Cameron—a distant relation of Princess Diana's—adopted this combination of compassion-signalling (hugging hoodies instead of cracking down on juvenile delinquents) and studied informality (chillaxing and kitchen suppers replacing previous Tory premiers' stiffness).

문장이 굉장히 긴 데다가, 독자에게 친절히 설명하기보다는, 오히려(instead) 글쓴이가 자신의 생각을 열심히 정리하고 있습니다. 앞서 해설한 다섯 번째 문단의 두 번째 문장도 그랬죠. 요컨대, 이런 특성 속에서 저자의 개성과 문체를 파악할 수 있겠습니다.

어휘와 문법부터 정리해 보도록 하죠. 맞줄표 안은 구의 연접 4번인데, Princess Diana's는 소유격이 아니고 소유 대명사입니다. 부정관사와 소유격을 연달아 쓸 수 없기 때문에 취한 문법적 방편입니다. adopt와 combination(-combine)은, 보이스가 중첩돼 얽혀 있는 사례입니다. hoodie는 '모자 달린 운동복'으로, 비행 청소년을 상징하는 제유법적 표현입니다. chillax는 relax에서 왔겠네요. 두 괄호의 내용을 추상적으로 요약한 compassion-signalling과 studied informality도 찬찬히 들여다봐야 합니다.

"다음 번 총리 데이브(데이비드) 캐머런Dave Cameron은 보수당적이었음에도, 구호가 아예 "콜 미 데이브"(Call me Dave, 데이브라고 부르세요)였다. (그는 다이애너 왕세자비와 먼 친척이다.) 비행 청소년을 비난하지 않고, 그들을 껴안았다. 주방에서 느긋하게 간단히 만들어 먹는 저녁이 보수당 출신 이전 수상들의 경직성을 대체했다. 요컨대, 그는 공감한다는 신호를 보냈고(전자), 용의주도하게 짜긴 했지만 일상의 허물없는 편안함을 선보였다(후자)."

Domestic and foreign policy choices continued to be conducted according to the icy dictates of reason and evidence.

문장의 다양한 요소에서 행위 주체성을 발견할 수 있습니다. 앞서 확인한 universally와 widespread가 그랬죠. choices(choose)와 conducted의 보이스가 중첩돼 있는데, according to 이하의 부사구를 행위 주체로 삼는 것도 가능합니다.

"국내 정책이든 대외 정책이든, 이성과 증거의 얼음장 같은 지령이 계속해서 상황을 주도했다."

8TH PARAGRAPH

They denounced the elites for trying to frustrate the wisdom of the people in much the same way as Dianaphiles had denounced the Palace for ignoring the people's emotions.

in much the same way as 앞뒤의 절을 대문자 A와 B로 치환해 보지요. A in much the same way as B. 'A와 B가 상당히 유사하다'는 것입니다. 이 문단에 같은 구조가 한 번 더 나오면서, 점층적 강화가 이루어지고 있습니다. 그런데 여기서 한 번 생각해 봅시다. 영국이 유럽 연합을 탈퇴한 브렉시트란 사건과 다이애너 왕세자비의 행태를 동렬에 놓고 비슷한 점을 찾는다는 게, 무슨 의미가 있을까요? 서두에 '엉터리' 관념 연합 association of ideas 이란 말을 한 이유가 여기에 있습니다. 판단은 독자 여러분 각자의 몫이겠습니다.

9TH PARAGRAPH

The first series of "The Crown" shows a young Queen Elizabeth studying Walter Bagehot's "The English Constitution" under the guidance of Sir Henry Marten, the vice-provost of Eton, who kept a pet raven in a cage and addressed the young princess as "gentlemen".

고유 명사 신정보가 많이 나와서, 인지 부하가 큰 문장입니다. 문법 규칙에 입각해, 차근차근 대상 관계를 정리하는 게 정도입니다. 엘리자베스 여왕이 여성임에도, 남성 복수로 호칭했다는 사실을 잊지 마십시오.

"드라마 <크라운>의 첫 시즌에는 엘리자베스 여왕Queen Elizabeth의 어린 시절이 나온다. 소녀 엘리자베스가 헨리 마틴 경Sir Henry Marten의 지도를 받으며 월터 배젓Walter Bagehot의 『영국 헌정The English Constitution』을 공부하는 모습을 볼 수 있다. 까마귀를 애완용으로 기르는 이튼Eton의 그 부학장이 아직 어린 공주를 '젠틀멘'gentle-men이라고 부른다."

9TH PARAGRAPH

Implicit in that distinction is Bagehot's perception that emotions pose a dangerous threat to the proper conduct of politics.

도치된 문장입니다. "이런 구분에는 배젓의 인식이 내재되어 있다"는 말이지요. 이 글에서 '에이전트'의 원래 뜻에 집중해, 여러 문장을 살펴보고 있습니다. '동작주, 행위자'로 가장 적절한 것은 무엇일까요? Bagehot입니다. 그 배젓이 구분(distinction)도 하고, 인식(perception)도 합니다. 그러니까, 배젓은 속으로(implicit) 감정이 위협이 된다고 생각하면서(perception), 둘을 나눈(distinction) 겁니다.

that절 이하를 보면, 일단 '생각한 내용'(perception)이 적혀 있습니다. pose가 2형식과 3형식의 접이 지대 동사입니다. emotions are dangerous. dangerous와 threat의 보이스가 중첩돼 있고요.

"배젓이 이런 구분을 수행한 것은, 감정과 정서가 정치 과정을 적절히 수행하는 데 위험하다고 속으로 생각했기 때문이다."

> The monarchy provides a controlled outlet for them, thus enabling responsible people to get on with the difficult task of running the country.

provides 동사가 2형식과 3형식의 점이 지대 동사입니다. monarchy=outlet 입니다. 그렇다면, 분사 구문 enabling의 주어는 the monarchy일까요? 저는 정신 공간 상의 이 물체보다는, 과정이 더 낫다고 생각합니다. '감정의 적절한 배출'(controlled outlet for them) 말입니다. 다시 한 번 이런 등식이 성립합니다. monarchy(물체)=outlet(과정). 원문에 역동성을 가미해 옮겨봅시다.

"군주제를 통해 감정을 적절히 배출할 수 있고, 책임자들은 국가 운영이란 어려운 과제를 계속해서 수행해 나갈 수 있는 것이다."

그런데, 이렇게 아홉 번째 문단을 다 읽고 나면, 이 글 전체의 논지가 기괴하게 짜여 있음을 눈치챌 수 있습니다. 좋게 봐줘도, 아홉 번째 문단은 차라리 빼버리는 게 낫겠지요.

> By using people's feelings as the fuel for her astonishing career, Princess Diana broke that safety valve. Britain will be living with the consequences of the emotional populism that she helped to release for years to come.

첫 번째 문장에 나오는 단어 career에는 '생애, 이력'이란 뜻 말고도, '성공, 출세'란 뜻이 있습니다. 두 번째 문장에서는, 마지막으로 에이전트의 의미를 숙고해 봤으면 합니다.

298

"다이애너 왕세자비가 촉발에 일조한 이 감성 포퓰리즘의 여러 결과가 향후 수년간 영국에 영향을 미칠 것이다."

1ST PARAGRAPH
flagship: 주력 상품, 대표(작)(=the most important one)
monarchy: 군주제, 왕가 cf) republic: 공화국
viewer: 시청자, 보는 사람
mire: 진창, 수렁, 곤경, 진창에 빠뜨리다(=bog)
miner: 광부
three-day week: 주3일 노동
destined to: ~할 운명이다(=fated to=doomed to)

2ND PARAGRAPH
make clear: 분명히 하다
in the business of: ~할 작정이다, ~할 태세다
feather: 깃털
fail: 실패하다, 낙제하다
O-level(oridinary level): 오-레벨 시험(잉글랜드와 웨일스에서 16세 학생들이 치던 과목별 평가 시험으로, 1988년 GCSE로 대체됨), 교육 자격 검정 시험 cf)
A-level: 영국의 대입 준비생들이 18세 때 치르는 과목별 상급 시험(=advanced level)
heir: 상속자, 계승인, 후계자
throne: 왕좌, 왕위
legacy: 유산(=inheritance)

3RD PARAGRAPH
outmanoeuvre: 노련하게 압도하다, 허를 찌르다, 술책으로 이기다
bare: 드러내다, 공개하다
controversy: 논란, 다툼
earl: 백작(=count)
false pretence: 사기(죄)
forge: 위조하다(=counterfeit)
pivotal: 중추의, 결정적인(=critical)

4TH PARAGRAPH
mastery: 숙달, 습득, 장악력(=command)
champion: 옹호자, 대변자(=supporter=advocate=fighter)
patronise: 후원하다(=support)
charity: 자선 단체(=philanthropic institution)
marginalise: 주변화하다, 한계 상황으로

내몰다
folk: 사람, 서민, 민중(=commons=people =ordinary=little men)
keep company with: ~와 어울리다, 사귀다, 교제하다
celebrity: 명사, 유명 인사(=celeb)
waxwork: 밀랍 인형
memorable: 기억할 만한, 기억에 남는, 잊을 수 없는(=unforgettable)

5TH PARAGRAPH
direct: 향하다, 겨냥하다(=target)
divorce settlement: 이혼 소송, 위자료
plus: ~외에도, 추가로
stunted: 발달이 저해된
sign up: 계약하다, 서명 동의하다(=endorse)
mistress: 정부(情婦)
compatibility: 양립 가능성, 공존, 어울림, 화합
so long as: ~하는 한, ~하기만 하다면
decorum: 점잖음, 예의(=propriety=etiquette)
humbug: 사기, 협잡(=dishonest or insincere thing)

6TH PARAGRAPH
reconcile: 화해시키다, 조화시키다
jarring: 조화롭지 못한, 다투는, 알력의, 부딪히는(=confronting)
top-tier: 일류의, 최고(위)의(=top level=top rank=prestigious=elite)
aristocrat: 귀족
look down on: 경멸하다, 멸시하다, 업신여기다(=regard or treat sth inferior)
carpetbagger: 뜨내기, 연고가 없는 외래인
posthumous: 사후의
royal court: 궁정, 궁중
outburst: 폭발, 분출, 급격한 증가
lachrymation: 눈물을 흘리고 욺(=flow of tears=crying)
damp: 축축한, 촉촉한, 젖은(=wet)
stiff: 뻣뻣한, 뻑뻑한, 경직된
do sb good: 도움이 되다, ~에게 이롭다
grasp: 붙잡다, 파악하다, 이해하다(=know=understand=grip)

300

7TH PARAGRAPH
thread through: 누비다, 속속들이 배어들다(=osmose=infiltrate)
Cool Braitannia: 근사하고 멋진 영국(토니 블레어의 집권기 구호)
urge: 재촉하다, 강력 촉구하다
Conservative: 보수당, 보수당의(=Tory)
hoody: 모자 달린 옷(=hoodie)
hug: 껴안다, 포옹하다(=embrace)
crack down (on): 엄중 단속하다, 강력 탄압하다, 통렬하게 비난하다(=take severe measures against=become stricter with)
juvenile: 청소년, 청소년의
delinquent: 비행의, 범죄 성향의
chillax: 진정하다(=relax=take it easy=calm down)
premier: 최고의, 제1의, 수상(=prime minister)

8TH PARAGRAPH
affairs of state: 국가의 일, 국사, 국정(=matters of state)
dictate: 지령, 명령, 요구, 규칙
by contrast: 반면에, 대조적으로
script: 대본, 각본
appeal to: ~에 호소하다
resentment: 분노, 원한, 화(=bitterness and anger)
patriotism: 애국심, 애국주의 cf) chauvinism: 맹목적 애국주의(=jingoism)
denounce: 비난하다, 성토하다(=criticize severely and publicly)
frustrate: 좌절시키다, 방해하다, 배격하다(=thwart=dismiss)
in much the same way as: 대체로 똑같이(=in much the same fashion as=just as)
-phile: 애호가, 좋아하는(접미사)
turn on: ~을 겨냥하다, ~와 맞짱을 뜨다, ~과 싸우다, 대들다, 반항하다(=take on)
civil service: 공무원 조직, 행정 업무
establishment: 기득권, 지배층, 기성 체제(=institution)
stand for: ~을 지지하다, 대변하다, 옹호하다 (=advocate=support=represent)

embody: 구현하다, 체화하다, 대표하다(=represent)
card-carrying: 당원증을 지닌, 정식의
a man of the people: 민중의 대변자(=a man who understands and is sympathetic to ordinary people)

9TH PARAGRAPH
guidance: 지도, 안내(=help and advice)
constitution: 헌법, 헌정, 국체, 정체(政體)
provost: (영국 교육 기관의) 학장
pet: 애완 동물, 반려 동물
raven: 큰까마귀 cf) crow: 까마귀
address: 호명하다, 부르다, 호칭을 쓰다
distinguish between A and B: A와 B를 구분하다(=distinguish A from B=differentiate=discriminate)
dignify: 존귀하게 하다, 위엄 있어 보이게 하다
efficient: 효율적인, 유능한, 실무의
implicit: 암시적인, 내포된
pose: 제기하다, ~이다(=be)
outlet: 배출구, 발산 수단
get on with: ~을 해나가다(=manage to)

10TH PARAGRAPH
safety valve: 안전 밸브
release: 풀어주다, 해방하다, 촉발하다(=unleash)
for years to come: 앞으로 여러 해 동안, 장래에(=in the future=for years ahead)

LEADERS: The future of work

Is the office finished?

The fight over the future of the workplace

LEADERS
SEP 10TH 2020 EDITION

MOST PEOPLE associate the office with routine and conformity, but it is fast becoming a source of economic uncertainty and heated dispute. Around the world workers, bosses, landlords and governments are trying to work out if the office is obsolete—and are coming to radically different conclusions. Some 84% of French office workers are back at their desks, but less than 40% of British ones are. Jack Dorsey, the head of Twitter, says the company's staff can work from home "forever" but Reed Hastings, the founder of Netflix, says home-working is "a pure negative". As firms dither, the $30trn global commercial-property market is stalked by fears of a deeper slump. And while some workers dream of a Panglossian future without commutes and Pret A Manger, others wonder about the threat to promotions, pay and job security.

 The disagreement reflects uncertainty about how effective social distancing will be and how long it will take before a covid-19 vaccine is widely available.

사무실은 끝났는가?

작업장의 미래를 놓고서 투쟁이 벌어지고 있는 중.

1ST PARAGRAPH   사람들 대다수가 사무실을 판에 박힌 일상이자 정례적인 순응과 결부한다. 그런데 그 사무실이 경제 불확실성의 원천이자 열띤 논쟁의 대상으로 빠르게 부상하고 있다. 전 세계의 노동자, 사장, 임대 회사, 정부 등의 주체가 과연 사무실이 한물간 구식으로 더 이상은 쓸모가 없는지 여부를 파악하려고 애쓰는 중으로, 급진적이라 할 만큼 서로 다른 결론을 내놓고 있다. 프랑스는 사무실 근로자의 약 84퍼센트가 각자의 책상으로 돌아갔지만, 영국은 그 비율이 40퍼센트에 못 미친다. 트위터를 이끌고 있는 잭 도시(Jack Dorsey)는 자사 직원들이 "영원히" 재택 근무를 할 수 있다고 말하지만, 넷플릭스 설립자 리드 헤이스팅스(Reed Hastings)는 재택 근무가 "매우 부정적"이라고 대꾸한다. 기업들이 머뭇거리고 있고, 30조 달러 규모의 전 세계 상업 부동산 시장에는 더 깊은 추락에 대한 두려움이 어슬렁거린다. 통근과 프레타 망제(Pret A Manger)가 없는 팡글로스적 미래를 꿈꾸는 직장인이 일부 존재하는가 하면, 승진, 보수, 직업 안정성이 위협을 받을 거라며 회의적인 사람들도 있다.

2ND PARAGRAPH   이렇게 의견이 불일치하는 것은, 사회적 거리두기가 얼마나 효과적일지, 또 얼마나 걸려야 코로나19 백신을 광범위하게 접종할 수 있을지 잘 모르기 때문이다. 하지만 전술한 것보다 더 많은 것과 관련해 불일치와

303

But it is about more than that: the pandemic has revealed just how many offices were being run as relics of the 20th century, even as it triggered the mass-adoption of technologies that can transform white-collar work. As a result the covid calamity will prompt a long-overdue phase of technological and social experimentation, neither business as usual nor a fatal blow to the office. This era holds promise but also brings threats, not least to companies' cultures. Instead of resisting change, governments need to update antiquated employment laws and begin reimagining city centres.

Two hundred years ago steam power brought workers to factories where they could use new machines. As corporate giants emerged in the late 19th century, staff were needed to administer them. They held planning meetings and circulated memos, invoices and other paperwork to record what they had done. All this required workers to be close together and created the pattern of people commuting by car or train in order to meet in a central office.

This system always had glaring shortcomings, some of which have become worse over time. Most people hate the hassle and expense of commuting, which eats up over four hours a week for the average American worker. Some dislike the noise and formality of offices, or suffer from discrimination within them. Office-bound workers find it harder to look after their children, a growing issue as more families have two working parents.

You might think that new technologies would have shaken up this unsatisfactory status quo. After all, the PDF electronic document was born in 1991, the

다툼이 존재한다는 게 진실이다. 팬데믹으로 다음 사실이 드러나 버린 거다. 아주 많은 사무실이 운영되고 있었는데, 그게 실은 20세기의 유물일 뿐이었다는 것. 화이트칼라 직종 업무를 혁신해 줄 각종 기술이 대거 채택 적용되자 그 사실이 명약관화해졌다. 그런 고로 코로나 재앙이 한참 전에 행해졌어야 할 기술 및 사회 실험 국면을 촉진할 것이다. 이 기술 및 사회 실험은 평소처럼 하는 일도 아니고, 그렇다고 사무실이 치명타를 맞는 과정도 아니다. 이 기술 및 사회 실험은 평소처럼 하는 일도 아니겠지만, 그렇다고 사무실이 치명타를 맞는 과정도 아니다. 이 단계는, 구체적으로 기업들의 문화에 희망도 제시하지만, 동시에 위협도 제기한다. 각국 정부도 변화에 저항할 것이 아니라, 낡은 고용 관계법을 갱신하고, 도심부의 미래를 다시금 상상해야만 할 것이다.

3RD PARAGRAPH 200년 전에는 증기 동력이 노동자들을 공장으로 옮겼다. 그렇게 모인 사람들이 공장에서 새로운 기계를 사용했다. 거대 기업들이 부상한 19세기 말이 되자, 이제 관리 운영 인력이 필요해졌다. 기획 회의가 열렸고, 보고서와 청구서가 회람되었다. 자기들이 한 일을 기록하는 기타의 서류 작업은 말할 것도 없겠다. 이 모든 작업과 과정 때문에 노동자들이 밀집하지 않을 수 없었다. 그렇게, 사람들이 자동차나 기차를 타고 출근을 해, 본사에서 만나는 패턴이 만들어졌다.

4TH PARAGRAPH 이 체계는 언제고 단점들이 두드러졌다. 그리고 그 가운데 일부는 시간이 지나면서 더욱 악화했다. 통근은 비용이 들고 번거로워서, 많은 사람이 싫어한다. 미국 근로자 평균을 내보면, 통근에 허비하는 시간이 한 주에 4시간 이상이나 된다. 사무실의 공식성과 소음을 싫어하는 사람들이 있다. 일부는 그 안에서 일어나는 차별로 고통을 받기도 한다. 사무실에 얽매인 노동자들은 자녀를 돌보기가 더 어렵다. 부모가 둘 다 일하는 가정이 점점 많아지면서, 육아와 돌봄이 중요한 쟁점으로 부상했다.

5TH PARAGRAPH 각종 신기술로 이 불만족스런 현상태가 대대적으로 개혁됐을 거라고 독자 여러분이 생각할지도 모르겠다. 요컨대, PDF 전자 문서가 개발된 것이 1991년이고, 인터넷 비용은 2000년대에 대폭 줄었으

cost of bandwidth collapsed in the 2000s, and Zoom and Slack, two firms whose technology powers remote working, are both nearly a decade old. Yet inertia has allowed the office to escape serious disruption. Before covid-19 struck, for example, flexible-office companies (including the troubled WeWork) had a tiny global market share of under 5%. Most businesses were unwilling to switch wholesale to remote-working technologies before their clients did; or to write off sunk costs in the form of property assets and leases.

Covid-19 has upended all this. Before the pandemic only 3% of Americans worked from home regularly; now a huge number have tried it. Even Xerox, a firm synonymous with office printers spewing unread pages, has many of its staff working from home. As more people adopt remote-working technologies there is a powerful network effect, with each new customer making the service more useful. Together Microsoft Teams, Zoom, Google Meet and Cisco Webex now have well over 300m users. Bureaucratic hurdles to remote work have been blasted out of the way. Civil courts are operating remotely. Notaries have gone online and some banks have eliminated the need for new customers to enter a branch to confirm their identity and open an account.

How much of this change will stick when a vaccine arrives? The best available guide is from countries where the virus is under control. There the picture is of an "optional office", which people attend, but less frequently. In Germany, for example, 74% of office workers now go to their place of work, but only half of them are there five days a week, according to surveys by Morgan

며, 줌^{Zoom}과 슬랙^{Slack} 두 회사가 생긴 지도 거의 10년이다. (이 두 회사의 기술로 원격 근무 역량이 크게 증대했다.) 하지만 사람들은 관성의 지배를 받았고, 사무실은 대대적인 혁신으로부터 비켜서 있었다. 가령, 코로나19가 발발하기 전까지만 하더라도, (곤경에 처한 위워크^{WeWork}를 포함해) 유연 사무실$^{flexible-office}$ 제도를 채택 적용하는 회사가 전 세계에서 5퍼센트 미만으로 아주 극소수였다. 대다수의 사업체는 고객사가 그러기 전까지 원격 근무 기술로의 전면 전환을 저어했다. 또, 부동산 자산과 리스의 형태로 박아놓은 매몰 비용을 대손 처리하고 싶은 생각도 전혀 없었다고 해야 할 것이다.

6TH PARAGRAPH   코로나19가 이 모든 것을 뒤엎어 버렸다. 팬데믹 이전에는 정례적으로 재택 근무를 하는 미국인이 3퍼센트에 불과했다. 지금은 엄청난 이들이 재택 근무를 하고 있다. 읽지도 않을 문서를 토해내는 사무실 프린터 하면 떠오르는 기업 제록스^{Xerox}조차 직원 다수가 재택 근무 중이다. 원격 근무 기술을 채택하는 사람들이 늘면서 생겨난 네트워크는 그 효과가 강력하다. 신규 고객이 생겨날 때마다, 해당 서비스의 유용성이 증대한 것이다. 마이크로소프트 팀스$^{Microsoft Teams}$, 줌^{Zoom}, 구글 미트$^{Google Meet}$, 시스코 웨벡스$^{Cisco Webex}$를 다 합치면, 현재 그 사용자 수가 3억 명을 훌쩍 넘어선다. 원격 근무를 막던 관료적 장애물도 상당수 제거되었다. 민사 재판은 이제 원격으로 한다. 공증 업무가 온라인으로 옮아갔고, 신규 고객이 직접 지점을 방문해 신원 확인 후 구좌를 트던 절차를 아예 없애버린 은행마저 일부 생겨났다.

7TH PARAGRAPH   백신 접종을 하게 돼도, 이런 변화상 가운데 얼마나 많은 부분이 계속 유지될까? 바이러스를 통제하고 있는 국가들로부터 최소한의 힌트를 얻을 수 있다. '선택적 사무소'$^{optional office}$란 개념이 존재한다. 이 발안에서는 사람들이 사무실로 출근을 하긴 하는데, 그 횟수가 적다. 가령 독일을 보면, 지금은 사무실 노동자의 74퍼센트가 일터로 나간다. 하지만 주5일 출근하는 사람은 그 절반뿐이다(모건 스탠리 조사 결과). 정확히 어느 정도에서 균형을 이루는가는 업종과 도시에 좌우

Stanley. The exact balance will depend on the industry and city. In places with easy commutes more workers will go to the office; megacities with long, expensive journeys may see fewer.

Companies will have to adapt to this pattern of sporadic attendance in which the office is a hub, not a second home. There is a risk that over time a firm's social capital erodes, creativity flags, hierarchies ossify and team spirit fades, as Mr Hastings fears. The answer is more targeted staff interactions, with groups gathering at specific times to refresh friendships and swap information. New technologies that "gamify" online interactions to prompt spontaneity may eventually supersede the stilted world of Zoom. As they retool their cultures firms will need to rejig their property: sober investors expect a reduction of at least 10% in the stock of office space in big cities. With the typical corporate lease lasting at least half a decade, this will take time to play out.

For governments the temptation is to turn the clock back to limit the economic damage, from the collapse of city-centre cafés to the $16bn budget shortfall that New York's subway system faces. Britain's government has tried to cajole workers back to the office. But rather than resist technological change, it is far better to anticipate its consequences. Two priorities stand out.

First, a vast corpus of employment law will need to be modernised. Already the gig economy has shown that it is out of date. Now new prickly questions about workers' rights and responsibilities loom: can firms monitor remote workers to assess their productivity? Who is liable if employees injure themselves at home?

될 것이다. 통근이 편한 곳들이면, 사무실로 출근하는 노동자가 많을 것이다. 이동 시간이 길고, 비용이 많이 드는 메가 시티라면, 더 적을 수밖에 없다.

8TH PARAGRAPH
기업은 직원들이 산발적으로 출근하는 이런 양상에 적응해야만 한다. 이 체계에서는 사무실이 제2의 가정이 아니라, 허브hub의 역할을 하는 것이다. 시간이 지나면서 기업의 사회적 자본이 약화되고, 창조성이 시들해지며, 위계제가 경직되고 협동 정신이 퇴색할 위험이 있다고, 헤이스팅스는 두려워한다. 이에 대한 답은 무엇일까? 직원들의 상호 작용을 더욱 더 목표로 삼아야 한다. 그룹 모임을 구체적으로 기획해 친목을 다지고 정보를 교환해야 하는 것이다. 온라인 상호 작용에 '게임의 요소'를 적용해 자발성을 고무하는 신기술들이 결국에 가서는 지나치게 격식적인 줌의 세계를 대체할지도 모른다. 기업들은, 조직 문화를 개편하면서, 부동산 자산도 재조정해야만 할 것이다. 냉철한 투자자는, 대도시에서 사무 공간이란 저량(貯量, stock)이 최소 10퍼센트 감소할 것으로 내다본다. 전형적인 기업 리스가 최소 5년이기 때문에, 이렇게 되는 데에는 시간이 걸릴 것이다.

9TH PARAGRAPH
각국 정부는 경제 손실을 줄여야 하고, 시계를 거꾸로 돌리고 싶은 유혹이 굴뚝 같을 것이다. 도심의 카페들이 망하는 것부터, 뉴욕 지하철이 직면하고 있는 160억 달러의 운영 자금 부족분에 이르기까지, 그 피해가 다양하다. 영국 정부는 노동자들을 달래서 다시 사무실로 밀어넣으려고 애썼다. 그러나 기술 변화에 저항하기보다는, 그 결과를 내다보면서 대응하는 것이 훨씬 더 나을 것이다. 두 가지가 우선적으로 눈에 띈다.

10TH PARAGRAPH
첫째, 방대한 노동 관계법을 현대화해야 한다. '긱 이코노미'gig economy라고 하는 '단기 자유 계약 관행'이 이미 노동 관계법 일반이 구식임을 증명했다. 노동자의 권리와 책임에 관한 여러 문제들이 새로이 부상하고 있는데, 상당히 골치 아프고 다루기가 힘들다. 과연 기업들은 생산성을 평가하기 위해 원격 근로자들을 감시할 수 있는가? 직원이 집에서 다치면 법적 책임은 누가 져야 하나? 화이트칼라 노

Any sense that white-collar workers are getting perks will create simmering resentment in the rest of the workforce.

The second priority is city centres. For a century they have been dominated by towers filled with swivel chairs and tonnes of yellowing paper. Now complex urban-planning rules will need a systematic overhaul to allow buildings and districts to be redeveloped for new uses, including flats and recreation. If you step back into the office this month, sit down and log on to your computer—but don't get too comfortable.

© The Economist Newspaper Limited, London (Sep 10th 2020)

동자들이 특전을 누리고 있다는 모종의 인식이 가세하면, 다른 노동 인력의 분노가 부글거릴 테다.

11TH PARAGRAPH   두 번째 사항은 도시 중심부다. 한 세기 동안 도심부의 대종은 회전 의자와 수 톤의 누렇게 변색된 서류들로 가득한 고층 건물들이었다. 이제는 복잡하기 이를 데 없는 도시 계획 법령들을 체계적으로 점검해, 정비해야만 한다. 건물과 택지를 새로운 용도에 맞춰 재개발하려면 말이다. 새로운 용도라면, 아파트와 부대 시설이 얼른 떠오른다. 이 달 들어 다시 사무실에 출근하게 되면, 자리를 잡고 앉아 컴퓨터에 로그온해 보라. 그리 쾌적하지 않을 것이다.

코로나19 팬데믹으로 인한 봉쇄lockdown와 재택 근무 현상을 소개합니다. 더 나아가 사무실의 과거와 현재를 바탕으로 미래를 내다보고, 도시가 새로이 디자인되는 상황을 설명하는 후반부에 이르면, 감질나면서도(tantalising) 흥미롭게 내달리는 자신의 생각들에 놀랄지도 모르겠습니다.

1ST PARAGRAPH

Most people associate the office with routine and conformity, but it is fast becoming a source of economic uncertainty and heated dispute.

routine and conformity는 그리 좋다고는 할 수 없는 '부정적인' negative 정서 연산값입니다. 바로 '마음 극장'Theater of Mind에서 그려지는 인간적인 가치와 의미인 셈이죠. 저는 이 책 전반에서 개념의 핵심이 위계라고 강조했고, 2형식과 3형식의 점이 지대 개념이란 새로운 발안도 소개하고 있습니다. 이 개념의 핵심 절차는 대향intended과 동일성 추구 연산identity pursuing computation인데, 바로 그 과정을 알려주는 핵심 어구가 이 문장에 나옵니다. assocaite A with B 말입니다. A 에이전트와 B 에이전트 사이에 연결선을 긋고, 동일성 추구의 관점과 '같음'의 정도에 입각해 두 에이전트를 측정하는 것이죠. 당연히 진리값도 다투게 될 것이고, 그래서 디스로케이션Dislocation도 발생하는 것입니다. 부디 이 책이 조금씀 성공을 거두어서, 이런 내용을 더 체계적이고 웅숭깊게 소개할 수 있기를 바랍니다. source를 '원천'과 '대상'으로 변주해서 옮겨보았습니다.

"사람들 대다수가 사무실을 판에 박힌 일상이자 정례적인 순응과 결부한다. 그런데 그 사무실이란 장소이자 물건이 경제 불확실성의 원천이자 열띤 논쟁의 대상으로 빠르게 부상하고 있다."

1ST PARAGRAPH

As firms dither, the $30trn global commercial-property market is stalked by fears of a deeper slump.

as는 쉽지 않은 접속사입니다. 그 용도가 계속 계발 중이기 때문이라고 해야 할 겁니다. 기존 접속사들의 '논리 관계'가 마뜩찮을 때—또는 분명한 형태로 구획하지 못하겠을 때— 절과 절을 이어주는 용도로—아무튼 접속사는 써줘야 하니까—이때 as를 사용합니다. 꾸준히 관찰하면서 as의 용법을 정리하는 것도 흥미로운 영어 학습의 여정이 될 듯합니다.

"기업들이 머뭇거리고 있고, 30조 달러 규모의 전 세계 상업 부동산 시장에는 더 깊은 추락에 대한 두려움이 어슬렁거린다."

2ND PARAGRAPH

The disagreement reflects uncertainty about how effective social distancing will be and how long it will take before a covid-19 vaccine is widely available.

다른 아티클에서도 설명했지만, reflect 동사를 곧이곧대로 해석하면 망합니다. S-reflect-O'의 해석법은 다음과 같습니다. S의 내용을 보면, O'의 내용을 알 수 있다. 이 결론은 reflect 동사가 연결사로서 논리 연산자로 사용되고 있다는 사실에서 기인합니다. 이 문장의 경우, 논리 절차를 한 단계 더 밀어붙이면, (결론)-reflect-(원인)이네요.

"이렇게 의견이 불일치하는 것은, 사회적 거리두기가 얼마나 효과적일지, 또 얼마나 걸려야 코로나19 백신을 광범위하게 접종할 수 있을지 잘 모르기 때문이다."

2ND PARAGRAPH

But it is about more than that: the pandemic has revealed just how many offices were being run as relics of the 20th century, even as it triggered the mass-adoption of technologies that can transform white-collar work.

대명사가 그렇게 어려운 것은 아니지만, it과 that은 특정할 필요가 있겠습니다. it은 disagreement이고, that은 uncertainty입니다. that을 좀 더 섬세하게 특정하면, being uncertain about ~(과정)이라고 해야겠죠.

'20세기의 유물'(relics of the 20th century)은 '사무실'(office)일까요? 아니면, '사무실을 폭넓게 운용해 온 행태'일까요? 추상화해 보면, 정신 공간상의 물체일까요, 과정일까요?

"하지만, 전술한 것보다 더 많은 것과 관련해 불일치와 다툼이 존재한다는 게 진실이다. 팬데믹으로 다음 사실이 드러나 버린 거다. 아주 많은 사무실이 운영되고 있었는데, 그게 실은 20세기의 유물일 뿐이었다는 것. 화이트칼라 직종 업무를 혁신해 줄 각종 기술이 대거 채택 적용되자 그 사실이 명약관화해졌다."

314

All this required workers to be close together and created the pattern of people commuting by car or train in order to meet in a central office.

동사 require와 create가 (원인)과 (결과)를 매개하는 2형식과 3형식의 점이 지대 동사로 쓰였습니다. All this = workers to be close together. All this = pattern of ~. 상 전이의 기예를 발휘해서, 각 에이전트의 위상을 조정하는 것도 필수입니다. 모두 과정으로 파악해야겠죠. holding and circulating = being close and creating.
"이 모든 작업과 과정 때문에 노동자들이 밀집하지 않을 수 없었다. 그렇게, 사람들이 자동차나 기차를 타고 출근을 해, 본사에서 만나는 패턴이 만들어졌다."

Bureaucratic hurdles to remote work have been blasted out of the way.

이런 문장이 여전히 잘 독해되지 않는 분도 있을 수 있습니다. 두 문장의 곱집합이라고 할 수 있어요. hurdles have been blasted. (*) hurdles have been out of the way. 제 말은, 서술어 중첩, 다시 말해 보이스가 중첩돼 얽혀 있다는 얘기입니다.

"원격 근무를 막던 관료적 장애물도 상당수 제거되었다."

7TH PARAGRAPH

There the picture is of an "optional office", which people attend, but less frequently.

제가 강조하는 에이전트 저글링이란 개념과, 유도 부사 there가 섞여 있습니다. 그런데 There the picture가 주부를 구성하면서, be 동사가 연결 동사로 사용되고 있네요.

"'선택적 사무소'optional office란 개념이 존재한다. 이 발안에서는 사람들이 사무실로 출근을 하긴 하는데, 그 횟수가 적다."

9TH PARAGRAPH

Two priorities stand out.

이 문장을 구글 번역기로 돌리면, "두 가지 우선 순위가 두드러진다"로 번역됩니다. 저는 "두 가지가 우선적으로 눈에 띈다"로 옮겨보았습니다. priorities를 prior로 보고, 부사로 전용한 것입니다. 이 책에서는 이를 '상 전이의 기예'Art of Phase Transition라고 설명했지요. 독자 여러분의 생각은 어떠세요? 이번에는 제 번역문, "두 가지가 우선적으로 눈에 띈다"를 구글 번역기에 넣고 돌려보았습니다. 영문은 이렇습니다. Two things stand out first(ly). 각자 숙고해 보시면 좋을 것 같습니다. 기실, priority는 '우선적으로 다뤄야 할 시급한 과제'쯤 됩니다.

Any sense that white-collar workers are getting perks will create simmering resentment in the rest of the workforce.

구-동사-구 패턴을 활용하고, will create를 연결 동사로 파악하면 효과적으로 문장을 조직할 수 있습니다. 인과 관계죠.
"화이트칼라 노동자들이 특전을 누리고 있다는 모종의 인식이 가세하면, 다른 노동 인력의 분노가 부글거릴 테다."

Now complex urban-planning rules will need a systematic overhaul to allow buildings and districts to be redeveloped for new uses, including flats and recreation.

redeveloped의 접두사 re-와 new의 보이스가 중첩돼 있습니다. 영작을 제대로 하려면 단어를 파고 들어가, 어근과 형태소 수준에서도 분석할 수 있어야 합니다. recreation은, 명사를 구체적으로 이해하라는 지침을 상기해 조정하면 좋을 것 같습니다.
"이제는 복잡하기 이를 데 없는 도시 계획 법령들을 체계적으로 점검해, 정비해야만 한다. 건물과 택지를 새로운 용도에 맞춰 재개발하려면 말이다. 새로운 용도라면, 아파트와 부대 시설이 얼른 떠오른다."

1ST PARAGRAPH
associate A with B: A와 B를 결부하다,
　연상하다
conformity: (규칙, 관습 등에) 따름, 순응
work out: 계산하다, (답을) 알아내다(solve,
　understand)
obsolete: 더 이상 쓸모가 없는, 한물 간,
　구식의(=out-of-date), 진부한
dither: 망설이다, 안절부절 못하다, 당황하다
commercial property: 상업 용지, 상업
　부동산
stalk: 만연하다, (이성에게) 집요하게
　추근대다 cf) stalking: 스토킹 (범죄)
slump: 급락, 급감, 불황
Panglossian: 낙관주의자. 프랑스 계몽
　사상가 볼테르(Voltaire)의 소설 《캉디드
　Candid》에 나오는 낙관주의 캐릭터
　팡글로스(Pangloss)에서 비롯한 형용사형
　또는 명사.
Pret A Manger: 단어 대응 순서대로
　Ready to Lunch란 뜻의 프랑스어로,
　영국 런던에서 영업하는 샌드위치
　전문점. 빠른 시간 안에 양질의 식사를
　제공하겠다는 신개념 패스트 푸드 점으로,
　레스토랑과 일반 패스트 푸드 점의 장점과
　개념을 섞었다고 보면 된다. cf) pret-a-
　porter(ready to wear): 기성복

2ND PARAGRAPH
social distancing: 사회적 거리두기
relic: 유물, 유적
even as ~: ~하는 바로 그 순간(접속사구)
adoption: 입양, 채택
calamity: 재앙, 재난(=disaster)
long-overdue: 한참 전에 행해졌어야 할,
　오랫동안 기다려 온(미실행 내지 미구현
　상태)
business as usual: 여느 때와 다름없는
　태연함과 그 일처리, 무관심과 외면
fatal blow: 치명타, 치명상
not least: 특히
antiquated: 노후한, 구식인, 시대에
　뒤진(=outdated)
employment law(s): 고용 관계법, 근로
　계약법, 노동법
city centre: 도심(부), 시내
　(중심가)(=downtown=high

street=main street) cf) inner city:
　(사회적 문제가 많은 빈민 지역으로서의)
　도심(주로 미국)

3RD PARAGRAPH
administer: 관리하다, 운영하다(=manage)
　cf) administration: 행정
circulate: 돌(리)다, 유통하다, 회람하다
memo: 보고서
invoice: 송장(送狀), 청구서(=bill)
commute: 통근하다

4TH PARAGRAPH
glaring: 확연한, 두드러진, 눈에
　띄는(=flagrant=blatant)
hassle: 귀찮은 상황, 번거로운 일
discrimination: 차별, 구별
look after: (아이를) 돌보다

5TH PARAGRAPH
shake up: 흔들어 섞다, 대대적으로 개편하다
status quo: 현재의 상황, 현실, 현상(라틴어)
bandwidth: 대역폭, 광대역 무선 인터넷
remote working: 원격 근무, 재택
　근무(working from home)
inertia: 관성, 타력, 굼뜸, 무력증
flexible: 융통성 있는, 유연한, 신축적인,
　탄력적인
(market) share: (시장) 점유율
write off: (부채를) 탕감하다,
　대손상각(하다)[회수 불능 채권의 평가액을
　인하하는 것]
sunk cost: 매몰 비용(埋沒費用)(경제학)

6TH PARAGRAPH
upend: 뒤집다(=turn sth upside down),
　엉망으로 만들다
Xerox: 사무용 기기로 한 시대를 풍미한
　미국의 기업. 복사기로 유명해서, 기업명
　'제록스'가 아예 '복사하다'란 뜻으로
　정착함. cf) google: 검색하다, fedex:
　(특급) 배송하다
spew: 토해 내다, 분출하다, 퍼붓다
hurdle: 허들, 장애물(=obstacle) cf) red
　tape: (관공서의) 불필요한 허례와 요식,
　관료적 형식주의
blast: 발파하다, 폭파하다, 혹평하다

318

(get) out of the way: 방해가 안 되게 하다,
　　비키다, 치우다
civil court: 민사 재판소, 민사 법원 cf)
　　criminal court: 형사 법원
notary: 공증인, 공증 업무
branch: 지사, 분점, 지점
identity: 신분, 신원, 정체(성), 신분증
account: 은행 계좌

7TH PARAGRAPH
stick: 받아들여지다, 인정받다, 계속해서
　　유지되다(=hold on)
megacity: 메가 시티(인구 1천만 명이 넘는
　　거대 도시)

8TH PARAGRAPH
sporadic: 산발적인, 이따금씩
　　발생하는(=intermittent), 단속적인,
　　간헐적인
hub: 허브, 중추, 중심(=center), 축,
　　중핵(=core)
flag: 약해지다, 시들해지다
hierarchy: 계급, 계층, 체계, 위계 (제도)
ossify: 경화되다, 골화하다, 경직되다
team spirit: 협동 정신, 단체 의식, 공동체
　　의식, 연대 의식
swap: 바꾸다, (이야기 등을) 나누다,
　　교환하다
gamify: 게임화하다, 게임의 요소를 적용하다
spontaneity: 자발성
supersede: 대체하다, 바꾸다(=displace,
　　replace)
stilted: 부자연스러운, 지나치게 격식적인
retool, rejig: 변경하다, 재조정하다(=reset,
　　rearrange)
sober: 맑은 정신의, 냉철한
stock: 저량(貯量) cf) flow: 유량(流量)

9TH PARAGRAPH
temptation: 유혹, 광야의 시험(마태복음)
shortfall: 부족(분), 부족량, 결손(액),
　　적자(=deficit) cf) shortcoming: 결함,
　　단점(=defect)
cajole: 감언이설로 속이다, 회유하다,
　　달래다(=coax)
anticipate: 예상하다, 예측하다, 내다보다
priority: 우선권, 우선 사항, 상좌, 우위

10TH PARAGRAPH
corpus: 말뭉치, 코퍼스, (자료 등의) 전부,
　　일체
gig economy: 기그(gig)는 재즈 연주자가
　　단발성으로 계약하고 세션에 참여하는
　　공연을 말한다. 여기서 유래한 '기그
　　이코노미'는, 전통적인 노동 계약 관행을
　　따르지 않고, 프로젝트 별로 계약하기
　　때문에 임시적이란 속성을 띠게 된다. 노동
　　시장에서 단기 계약이 우선하게 되면서,
　　직업 안정성이 위협을 받게 되고, 보수도
　　천차만별이다. 이런 고용 관행을 기반으로
　　하는 노동 시장과, 그에 기반해 굴러가는
　　경제를 포괄적으로, '기그 이코노미'라고
　　한다.
prickly: 다루기 힘든, 골치 아픈(=tricky)
loom: 어렴풋이 보이다, 흐릿하게 나타나다,
　　곧 닥칠 듯하다
liable: 법적 책임이 있는, ~할 의무가 있는
perk: 특전, 특혜, 혜택(=perquisite=privile
　　ge=benefit)
simmer: (화가 나서, 속이) 부글부글
　　끓다(=seethe=fume)

11TH PARAGRAPH
swivel chair: 회전식 의자 cf) 회전문:
　　revolving door
yellowing paper: 황변지, 누렇게 변색된
　　서류
overhaul: 점검, 정비, 점검하다, 정비하다
comfortable: 쾌적한, 편(안)한(=easy)

BUSINESS: Bartleby
Slackers and Stakhanovites

How the lockdown has affected a classic dictum about work

JUL 11TH 2020 EDITION

AS LAWS go, the dictum devised by C. Northcote Parkinson, a naval historian, was admirably succinct: "Work expands so as to fill the time available for its completion." His essay, first published in The Economist in 1955, has stood the test of time, in the sense that people still refer to "Parkinson's law". But the experience of working life during the pandemic means that Bartleby would now like to suggest three corollaries to the theorem.

At the start of his essay, Parkinson cited the case of an elderly lady requiring a day to send a postcard to her niece. The process involved time spent searching for spectacles, postcard and umbrella, as well as composing the message. The details may be dated but the idea is still resonant—faced with a task, people procrastinate.

When it comes to office work, the incentives to dawdle are pretty clear. Finish an assignment quickly, and the employee will just be given another. That sec-

개미와 베짱이

노동과 관련한 오래된 금언은 봉쇄로 어떻게 바뀌었는가?

1ST PARAGRAPH   C. 노스코트 파킨슨C. Northcote Parkinson이란 해군 역사가가 말한 금언을 아시는지? 여느 법칙들이 그러하듯, 그의 이 금언도 감탄스러울 정도로 간단 명료하다. "일은 완료하는 데 쓸 수 있는 시간을 꽉꽉 채우는 쪽으로 늘어지고 확대되는 법이다." 1955년 『이코노미스트The Economist』지에 처음 발표된 그의 에세이는 세월의 시험을 견뎌냈다. 사람들이 여전히 이 '파킨슨 법칙'을 들먹이는 것이다. 그런데 우리가 팬데믹을 보내면서 경험한 직장 생활을 검토해 보지 않을 수 없게 됐다. 바야흐로 「바틀비Bartleby」는, 이 정리의 당연한 귀결로서 세 가지 부가 사항을 보고하고자 한다.

2ND PARAGRAPH   파킨슨은 앞서 언급한 에세이 서두에서 노부인의 사례를 인용했다. 그녀가 질녀에게 우편 엽서를 보내는데, 하루를 다 까먹는다. 그 과정은 이렇게 재구성된다. 우선 안경과 우편 엽서와 우산을 찾느라고 시간을 잡아먹는다. 전할 말을 쓰는 것은 말할 것도 없겠다. 세부 사항들은 달라졌을지 모르지만, 발안 자체는 여전히 깊은 울림이 있다. 사람들은 과제가 있어도, 미루면서 질질 끈다.

3ND PARAGRAPH   사무실 업무라면, 꾸물거릴 동기가 아주 분명하다. 맡은 업무를 신속하게 끝내보라. 당장에 또 일이 주어진다. 두 번째 과제가 첫 번째 업무보다 훨씬 안 내킬 수도 있다. 노동자는 결국 쳇바퀴를 타는 다람쥐 신세가 된다. 불필요한 활동을 끝없이 반복한다는 얘기다.

321

ond task may be even more unpleasant than the first. Workers may end up like a hamster on a treadmill, stuck in an endless cycle of needless effort.

Office workers know, however, that the mission itself is not the only thing. It is important to be seen to be working. This leads to "presenteeism"—being at your desk for long enough to impress the boss (and even turning up while sick). In the pre-internet era this would involve endless redrafting of memos, long phone calls, or staring meaningfully at documents. Thanks to the pioneering work of Tim Berners-Lee, presenteeism now requires less effort: many hours can be wasted on the world wide web.

When working at home, the boss is out of sight but not out of mind. Broadly speaking, the result is to divide workers into two factions. The first group, the slackers, has spent the lockdown working out the minimum level of effort they can get away with. They have no need to drag out each task; they do what is required and spend the rest of the day at leisure, submitting the work just before deadline. For this group, Parkinson's law can be amended as follows: "For the unconcerned, when unobserved, work shrinks to fill the time required."

The second group takes the opposite approach. Consumed by guilt, anxiety about their job security or ambition, they work even harder than before. Being at home, they find no clear demarcation between work time and leisure time. This group is the Stakhanovites (named after a heroically productive miner in the Soviet Union). They require their own amendment: "For anxious home workers, work expands to fill all their waking

4TH PARAGRAPH 사무직 근로자들은 일 자체가 다가 아님을 잘 알고 있다. 일하고 있다는 걸 보여주는 게 중요한 것이다. 결국 '프레즌티이즘'presenteeism이란 현상이 나타난다. 책상에 최대한 오래 죽치고 앉아서 상사에게 깊은 인상을 심어주는 행위가 바로 프레즌티이즘이다. (아픈데도 출근하면 금상첨화다.) 그래서 인터넷이 깔리기 이전에는, 다음과 같은 활동이 사무실을 수 놓았다. 끝도 없이 보고서를 재작성하기, 장시간의 전화 통화, 뭔가 대단히 중요하다는 듯 문서를 빤히 쳐다보기 등을 직장 생활을 오래 한 사람들은 떠올릴 것이다. 팀 버너스-리Tim Berners-Lee의 선구적 노력 덕분에, 이제 프레즌티이즘, 그러니까 '회사에서 죽때리기'는 별 노력이 필요 없다. 그가 발명한 월드 와이드 웹에서 '세월아 네월아' 할 수 있는 것이다.

5TH PARAGRAPH 재택 근무는 어떨까? 집에서 일하면, 상사가 안 보인다. 그렇다고 상사가 뇌리를 떠나는 건 아니다. 재택 근무를 하게 되면, 포괄적으로 얘기해, 노동자들이 두 그룹으로 나뉜다. 첫 번째 집단은 베짱이 파다. 이 게으름뱅이들은 교묘하게 모면할 수 있는 최저 수준의 활동을 생각해 내면서 봉쇄 기간을 보내왔다. 그들은 업무를 질질 끌 필요와 이유가 이제 전혀 없다. 그냥 요구받은 업무를 수행하고, 나머지 시간은 느긋하게 쉰다. 기한 전까지만 과제를 제출하면 되기 때문이다. 이 집단 때문에 파킨슨 법칙은 이제 다음처럼 수정돼야 한다. "상사 눈치를 안 보는 사원들은, 보는 이가 없을 경우, 필요한 만큼만 시간을 다 쓰는 형태로 업무가 단축된다."

6TH PARAGRAPH 두 번째 무리는 태도가 정반대다. 죄책감에 사로잡혔을 수도 있고, 고용 안정에 대한 불안 때문일 수도 있고, 또는 야심이 넘쳐서일 수도 있겠지만, 이 두 번째 집단은 팬데믹 이전보다 훨씬 더 열심히 일한다. 재택 근무를 하면서, 근무 시간과 여가 사이의 경계를 또렷하게 긋지 못하는 것이다. 이들 집단을 스타하노프Stakhanov라고 할 수 있겠다. (구 소련에서 스타하노프란 광부가 놀라운 생산성으로 영웅 칭호를 하사받았다.) 이들도 나름으로 파킨슨 법칙의 수정을 요구한다. "성격 불안의 재택 근로자들은, 일이 깨어 있는 시간 전부를

hours."

But Parkinson was making a much broader point than people's tendency to be dilatory. The bulk of his essay was concerned with the growth of bureaucracy in government. He warned that hiring more civil servants did not necessarily lead to more effective work.

This tendency resulted from two factors. First, officials want to multiply subordinates, not rivals. Second, officials tend to make work for each other. Any official who feels overworked will ask to be given two subordinates (asking for just one would create a rival). The senior official will then spend lots of time checking their subordinates' work.

How does this process apply in the lockdown? Like their staff, managers also want to appear useful. In the office, they can seem busy by walking around and talking to their teams. At home, this is more difficult; a phone call is more intrusive than a casual chat. The answer is to organise more Zoom meetings.

Bartleby has heard from a number of contacts in recent weeks that they spend their day going from one Zoom meeting to another. Just as Parkinson suggested, managers are making more work for each other. Hence the third amendment to his law: "In lockdown, Zoom expands to fill all of the manager's available time."

To the extent that these meetings are voluntary, this creates another divide between slackers and Stakhanovites. The first group will avoid such meetings and the latter group will sign up for all of them. Furthermore, in the pre-lockdown days, staff could earn brownie points by turning up for such gatherings, provided they caught the boss's eye. Mere attendance is insufficient for

7TH PARAGRAPH	잡아먹을 만큼 늘어난다." 그러나 파킨슨은 미적거리면서 지체하는 인간의 성향보다 훨씬 광범위한 얘기를 그 글에서 했다. 이 에세이를 읽어보면, 그 대부분이 정부 내의 관료주의 증가에 관한 내용이다. 그는 경고했다, 공무원을 많이 뽑는다고 해서 업무가 꼭 더 효율화되는 것은 아니라고 말이다.
8TH PARAGRAPH	두 가지 요인 때문에 이런 경향이 나타난다. 첫째, 관리들은 경쟁자가 아니라 하급자 수를 늘리기를 원한다. 둘째, 관리들은 서로에게 일을 던지면서 폐를 끼치는 경향이 있다. 자기가 혹사당한다고 느끼는 관리라면 누구라도 부하를 둘 달라고 요청한다. (한 명만 요구하면, 경쟁자를 만드는 셈이기 때문이다.) 이후에는 상급자가 많은 시간을 들여가며, 하급자들의 업무를 점검한다.
9TH PARAGRAPH	이 과정이 봉쇄에서는 어떻게 펼쳐졌는가? 관리자들도 직원들처럼 자기가 쓸모 있는 존재로 비치고 싶어 한다. 사무실에서라면 그들도 왔다갔다 하고, 휘하의 여러 팀들과 면담을 하면서 바쁜 척할 수 있다. 재택 근무 환경에서는 이런 활동이 더 어렵다. 면 대 면의 태평스런 한담보다 전화 통화가 더 부담스럽고 해서 거슬린다. 해결책은, 줌 회의를 더 많이 소집하는 것이다.
10TH PARAGRAPH	바틀비가 최근 몇 주 사이 여러 정보원으로부터 청취한 바에 의하면, 관리자들이 줌을 켜놓고 이 회의, 저 회의 하느라 하루 온 종일을 소비한다고 한다. 파킨슨의 말마따나, 관리자들이 서로를 도모한답시고서 폐를 끼치고 있는 것이다. 자 이제, 파킨슨 법칙 세 번째 수정 조항이다. "봉쇄기에는 줌 회의가 늘어나, 관리자들의 가용 시간을 몽땅 차지해 버린다."
11TH PARAGRAPH	이들 회의가 자발적이기 때문에, 그로 인해 개미와 베짱이 집단이 다시금 나뉜다. 게으름뱅이들은 줌 회의를 기피하는 반면, 개미들은 화상 회의란 회의는 모두 참여한다. 게다가, 봉쇄 이전 시기라면 직원들이 상사의 눈에 들어야 할 경우, 이런 회합들에 갑자기 나타나 '눈도장'을 받을 수도 있었다. 줌 회의에서는 그냥 참석하는 것만으로는 충분치 않다. 자기 얘기와 자기 모습이 들리고, 또 보여야만 하는 것이다. 결국 그 때문에 줌 회의가 더 길어진다. 관리자들과 그들의 충실

a Zoom meeting; one must be seen and heard. In turn, that makes Zoom meetings longer, further using up the time of managers and their Stakhanovite subordinates (many slackers have yet to learn how to use the "raise hand" button). It is a digital version of the paperwork shuffling described by Parkinson 65 years ago.

© The Economist Newspaper Limited, London (Jul 11th 2020)

한 부하 일개미들의 시간이 추가로 소진되는 셈이다. (반면, 많은 베짱이들은 손들기$^{\text{raise hand}}$ 버튼 사용법도 모른다.) 파킨슨이 65년 전 설명한 '질질 끄는 서류 업무'의 디지털 버전이 바로 이거다.

미국은 2차 대전을 승리로 이끈 1945년부터 1975년까지 30년 동안은 지구상 최고 강국이었습니다. 그 기반을 자본주의 생산 양식이랄 수 있겠는데, 더 정확히는 과학 기술이었고, 이를 구현한 광범위한 집단이 테크놀로지스트입니다. 바로 이 미국 테크놀로지스트들의 정신적 기풍과 문화를 짧은 경구 내지 금언으로 요약한 것들이 있는데, 소위 '머피의 법칙'Murphy's Law이라고들 하지요. 제가 제일 좋아하는 머피의 법칙을 하나 소개합니다. 세 개의 공리로 구성된 '긴즈버그의 정리'라고 하는 것인데요. 1. 승리란 있을 수 없다. 2. 무승부도 없다. 3. 중도 포기도 없다. 본문에는 어떤 머피의 법칙이 나오는지 살펴봅시다.

1ST PARAGRAPH

As laws go, the dictum devised by C. Northcote Parkinson, a naval historian, was admirably succinct: "Work expands so as to fill the time available for its completion."

naval historian은 '형용사-명사'의 구조로, 구의 연접 3번입니다. 그 의미는 무엇일까요? '해군 소속의 역사 편찬자'일까요? 아니면, '밖에서 해군의 역사를 연구한 기록자'일까요? 구 구조는 정보가 제한적이기 때문에 알 수 없습니다. 정확히 알고자 하는 분은 참고 자료를 뒤져야 합니다. 확대해서, 네 가지 구의 연접 양상 Four Patterns of Junction in Phrase을 연구한다는 것은 이 과제까지를 아우름을 명심하시기 바랍니다.

so as to는 in order to와 함께 to 부정사의 부사적 용법의 목적을 지칭한다고, 흔히 배웁니다. 하지만 인용문에서 이를 적용할 수는 없는 일입니다. 만약 그렇게 한다면, 그 또는 그녀는 악성 '사보타저'sabotager가 되기 때문입니다. 여기서도 근본적 기준과 잣대는 '에이전트의 행위 주체성'입니다. 일부러 그런다는 얘기가 아니거든요(일부러 그럴 수도 있겠지만). "(하다 보면, 꼭 일부러 그러는 것은 아니더라도) 일을 마치는 데 이용할 수 있는 시간을 꽉꽉 채우는 식으로(as to fill), 그렇게(so) 늘어난다."

"시 노스코트 파킨슨C. Northcote Parkinson이란 해군 역사가가 말한 금언을 아시는지? 여느 법칙들이 그러하듯, 그의 이 금언도 감탄스러울 정도로 간단 명료하다. '일은 완료하는 데 쓸 수 있는 시간을 꽉꽉 채우는 쪽으로 늘어지고 확대되는 법이다.'"

His essay, first published in The Economist in 1955, has stood the test of time, in the sense that people still refer to "Parkinson's law". But the experience of working life during the pandemic means that Bartleby would now like to suggest three corollaries to the theorem.

분석의 단위는 단어-구-절로 확장됩니다. 물질 세계를 구성하는 것이 원자이지만, 그 원자를 구성하는 것이 핵과 전자이듯, 언어 세계의 원자인 단어 역시, 더 작은 단위인 형태소 내지 의미소 분석이 수행되긴 해야 합니다. 영어는 언문 일치와 더불어서, 구 구조가 대단히 발달해 있고, 그래서 '네 가지 구의 연접 양상'을 연구할 것을 제안했습니다. 절의 경우라면, 다섯 가지 형식보다는, 두 가지 근본 모형만으로도 충분하다는 것이 저의 생각이고, 그 논거를 이 책 여기저기에서 밝혔지요. 그렇다면 절과 절, 문단과 문단, 장과 장은 어떻게 이어붙는 것일까요? 절과 절을 연결하는 것이 바로 여섯 개의 연결사Six Connectives입니다. 두 가지 근본 모형을 이 여섯 개의 연결사가 다양한 방식으로 관계 맺어주면서, 의미 지형을 구축하는 것이지요. 1) 접속사, 2) 접속부사, 3) 관계사, 4) 간투사, 5) 전치사(넥서스형), 6) 동사.

두 개의 문장이므로, 중간에 접속부사 But이 연결사로 사용되었고, 역접 내지 전환의 의미 지형을 그리고 있습니다. 하위 체계를 구성하는 두 문장 역시, 내부적으로 각각 전치사 in과 동사 means가 연결사로 사용되고 있네요.

첫 번째 문장의 경우, in the sense that이 앞뒤의 절 내지 항목을 수렴 동치시키고 있습니다. 애초의 뜻인 '~라는 의미에서'를 새기는 부사구 접근법을 취할 수도 있겠지만, (결과)=(원인)이기도 합니다. '여전히 사람들이 파킨슨의 법칙을 언급하는 걸 보면, 시간의 검증을 견뎌냈음을 알 수 있다'처럼 '새롭게' 문장을 쓰는 것이 가능합니다. 저는 이 결과물이 '인지 논리학'에 기반한 번역문이라고 봅니다.

두 번째 문장의 means는, 그 출발이 2형식과 3형식의 접이 지대입니다. 직관적으로 파악되었고, 대개는 에이전트와 페이션트의 관계가 수렴하는 쪽이었습니다. 그런데 영어가 모국어인 사람들이 '연결'이라는 기능에 주안을 두고서, 자꾸 방만하게 사용하다보니, 두 항 사이의 의미론적 수렴이 망가져, 발산하고 있습니다. 같으면서 아닌 것 같기도 하고, 연결되어 있으면서 동시에 탈락되어 있는

'변증법적' 상황이죠. 바로 디스로케이션 넥서스 Dislocation Nexus입니다.

"1955년 『이코노미스트 The Economist』지에 처음 발표된 그의 에세이는 세월의 시험을 견뎌냈다. 사람들이 여전히 이 '파킨슨 법칙'을 들먹이는 것이다. 그런데 우리가 팬데믹을 보내면서 경험한 직장 생활을 검토해 보지 않을 수 없게 됐다. 바야흐로 「바틀비 Bartleby」는, 이 정리의 당연한 귀결로서 세 가지 부가 사항을 보태고자 한다."

2RD PARAGRAPH

The process involved time spent searching for spectacles, postcard and umbrella, as well as composing the message.

involve 동사가 2형식과 3형식의 점이 지대 동사입니다. process=time. 대상어부에 구체적 내용이 나열돼 있으므로, (전체)=(부분들)이네요. 아래의 번역 예시는, 느슨한 연결사로 취급해, 발산시킨 예입니다.

"그 과정은 이렇게 재구성된다. 우선, 안경과 우편 엽서와 우산을 찾느라고 시간을 잡아먹는다. 전할 말을 쓰는 것은 말할 것도 없겠다."

4TH PARAGRAPH

This leads to "presenteeism"—being at your desk for long enough to impress the boss (and even turning up while sick).

lead to가 2형식과 3형식의 점이 지대 동사에서 출발한 연결사입니다. (원인)=(결과)를 지정한다는 의미에서, 논리 연산자이기도 하지요.
접미사 -ism이 무슨 이데올로기나, 숭고한 주의를 가리키기만 하는 것은

330

아닙니다. 개념화 접미사라고 이해하시면 됩니다. 따옴표가 붙었고, 풀이표 이하에서 개념을 설명하고 있습니다.

"결국 '프레즌티이즘'presenteeism이란 현상이 나타난다. 책상에 최대한 오래 죽치고 앉아서 상사에게 깊은 인상을 심어주는 행위가 바로 프레즌티이즘이다. (아픈데도 출근하면 금상첨화다.)"

When working at home, the boss is out of sight but not out of mind.

5TH PARAGRAPH

현수 분사 구문이란 어려운 문법을 하나 소개해 드리겠습니다. Dangling Participle라고 합니다. 주절의 주어와 분사 구문의 주어가 일치하지 않을 때, 이를 현수 분사 구문이라 부르고, 영어권의 오래 된 수사학 책에서는 분리 부정사와 더불어서 현수 분사 구문을 쓰지 말 것을 강권해 왔습니다. 현대 영어에서는 분리 부정사와 현수 분사 구문이 인정되는 분위기입니다. 결국, 보이스가 제일 중요하고, 거기서 관찰되는 다양한 결락缺落을 살펴야 한다는 것이죠.

사장이 재택 근무를 하는 것이 아니라, 직원이 재택 근무를 하겠지요. Out of Sight, Out of Mind란 속담이 변형 진술돼 있는 것도 보입니다.

"재택 근무는 어떨까? 집에서 일하면, 상사가 안 보인다. 그렇다고 상사가 뇌리를 떠나는 건 아니다."

The bulk of his essay was concerned with the growth of bureaucracy in government. He warned that hiring more civil servants did not necessarily lead to more effective work.

7TH PARAGRAPH

be concerned with도 2형식과 3형식의 점이 지대 동사입니다. his essay=the growth of bureaucracy in government. 두 번째 문장의 종속절에 나오는 lead to 역시 2형식과 3형식의 점이 지대 동사입니다. (원인)=(결과)죠.

"이 에세이를 읽어보면, 그 대부분이 정부 내의 관료주의 증가에 관한 내용이다. 그는 경고했다, 공무원을 많이 뽑는다고 해서, 업무가 꼭 더 효율화되는 것은 아니라고 말이다."

work for each other.

Second, officials tend to make

해석을 해보면, 다음과 같습니다. "둘째, 관료들은 서로를 도모하며 일을 만드는 경향이 있다." 관료주의의 폐해를 논하는 것이므로, 전치사 for의 정서 연산값을 '부정적'으로 파악해야 합니다. 사전을 보더라도, '폐를 끼치다'는 뜻이 나옵니다. 일치단결해 외향적으로 활동하는 것이 아니라, 내부에서 서로를 탓하며, 책임을 떠넘기는 조직을 한 번 떠올려보십시오. work for each other는 구의 연접 4번이고, 전치사를 연결사로 파악함에 있어 '정신 공간'이란 개념이 유용함을 확인했었지요. 하지만 인지가 수행되는 우리의 정신 공간은 당장에 '마음 극장'으로 화합니다. 인간적 가치와 의미의 세계가 부상하는 것이지요. 아주 단순한 사례이지만, 이것들이 쌓여서 각자의 개성과 인격이 되고, 세계관을 바탕으로 사회의 지향에 대해 격렬하게 싸우고들 있죠. 자기가 정의라면서요.

To the extent that these meetings are voluntary, this creates another divide between slackers and Stakhanovites.

create는 (원인)-(결과)형 '2형식과 3형식의 점이 지대' 동사이고, another는 품사가 형용사이지만, 하는 일은 접속부사입니다.

"이들 회의가 자발적이기 때문에, 그로 인해 개미와 베짱이 집단이 다시금 나뉜다."

1ST PARAGRAPH
devise: 창안하다, 고안하다, 생각해 내다(=think up=contrive)
dictum: 격언, 금언(=maxim=saying)
admirable: 감탄스런, 존경스러운(=commendable)
succinct: 간단명료한(=concise)
so as to: ~하기 위해서, ~하는 쪽으로(=in order to)
test of time: 시간의 검증, 세월의 시험
in the sense that(of): ~라는 의미에서, ~라는 점에서
Bartleby: 허먼 멜빌의 소설 "필경사 바틀비"에 나오는 캐릭터로, 과묵한 성격
corollary: 추론, 당연한 결론, 결과(=consequence)
theorem: 정리 cf) axiom: 공리
conjecture: 추측

2ND PARAGRAPH
cite: 인용하다, 예로 들다
postcard: 우편 엽서(=postal card)
spectacle(s): 안경(=glasses)
compose: 쓰다, 작성하다
dated: 낡은, 오래 된, 구식의(=old)
resonant: 공명하는, 공감을 자아내는(=have a special meaning or be particularly important)
procrastinate: 미루다, 질질 끌다

3RD PARAGRAPH
when it comes to: 사안이 ~에 이르면, ~에 관해 말하자면(=as far as sth is concerned=about=as for)
incentive: 유인(誘因), 동기, 장려책
dawdle: 꾸물거리다, 늑장을 부리다
assignment: 과제, 숙제, 할당 임무(=task=mission)
end up: 결국 ~하게 되다
hamster: 햄스터
treadmill: 쳇바퀴
needless: 불필요한(=unnecessary)

4TH PARAGRAPH
lead to: ~로 이어지다
presenteeism: 프레젠티즘, '죽때리기'
impress: 감동을 주다, 깊은 인상을 심다

turn up: 나타나다, 출근하다
redraft: 고쳐쓰다(=rewrite=revise)
memo: 메모, 보고서(=note=report=document)
meaningful: 의미가 있는, 중요한
thanks to: ~ 덕택에(=owing to)

5TH PARAGRAPH
working at home: 재택 근무(=remote working)
out of sight, out of mind: 눈에서 멀어지면, 마음도 멀어진다.
broadly speaking: 대체로, 포괄적으로 얘기해(=generally)
faction: 무리(=group=band)
slacker: 게으름뱅이, 태만한 사람, 베짱이
get away with: 이럭저럭 버티다, 교묘하게 모면하다, 해내다
drag out: 오래 끌다(=procrastinate)
at leisure: 느긋한, 한가한, 빈둥거리는, 여유를 부리는
submit: 제출하다
amend: 고치다, 수정하다(=change=modify)
as follows: 다음처럼, 다음과 같이
unconcerned: 무사태평한, 걱정을 모르는
shrink: 수축하다, 줄어들다

6TH PARAGRAPH
consume: 소비하다, 소모하다, 사로잡다(=eat up)
job security: 직업 안정성, 고용 보장
demarcation: 경계, 구분(=boundary)
Stakhanovite: 스타하노프형 일꾼, 부지런히 일하는 사람, 개미
amendment: 수정, 개정, 수정 내용
wake: 잠에서 깨다, 일어나다

7TH PARAGRAPH
tendency: 경향, 성향
dilatory: 미적거리는, 지체하는(=tardy=slow)
bulk: 대부분, 큰 규모(=large part=much=many)
be concerned with: ~에 관한 내용이다, ~을 다루다(=deal with=tackle=wrestle with)

bureaucracy: 관료제, 관료주의, 관료 집단
warn: 경고하다, 주의를 주다
civil servant: 공무원(=public
　official=government employee)

8TH PARAGRAPH
result from: ~에서 기인하다 cf) result in:
　~을 초래하다
factor: 요인, 인자, 인수
multiply: 곱하다, 늘리다,
　폭증하다(=increase)
subordinate: 부하, 아랫사람,
　하급자(=inferior)
make work for: ~에게 일을 만들어서 폐를
　끼치다
overworked: 과로하는,
　혹사당하는(=exhausted)
senior: 선임의, 상급의 cf) junior: 초임의,
　하급의, 부하의

in turn: 결국(=as a result=ultimately)
use up: 다 써버리다,
　소진하다(=consume=eat up)
have yet to: 아직 ~하지 못했고, 그래서
　~해야만 하다
shuffling: 발을 끌며 걷는(=dragging)

9TH PARAGRAPH
apply: 적용되다
manager: 관리자, 중간 간부
intrusive: 침습적인, 공격적인, 방해하는,
　거슬리는(=aggressive=offensive)
casual: 태평스러운, 무심한, 평상시의
chat: 잡담, 한담(=joke=small talk)
organise: 조직하다, 열다,
　주최하다(=host=have=convene)

10TH PARAGRAPH
contact: 연고, 연줄,
　정보원(=informant=informer)
hence: 이런 이유로, 그래서(=therefore=as
　a result)

11TH PARAGRAPH
to the extent that(of): ~한 결과로, ~인 한,
　~의 범위에서
voluntary: 자발적인, 임의적인, 자진한
sign up for: 등록하고
　참여하다(=participate in=attend)
brownie point: 윗사람의 신임과
　점수(=ingratiation in the eyes of a
　superior)
provided that: ~라면
insufficient: 불충분한(=inadequate)

FINANCE & ECONOMICS: Buttonwood

Bubble-hunting has become more art than science

With the usual gauges of frothiness out of action, behavioural signals are all investors have

AUG 22ND 2020 EDITION

UPON BEING sucked into investing during the South Sea Bubble, Sir Isaac Newton reflected that he could "calculate the motions of the heavenly bodies but not the madness of people". From tulip mania in 17th-century Amsterdam to railway fever in Victorian Britain, history is littered with tales of investors who lost their heads shortly before they lost their shirts, in the grip of mass delusions described by Alan Greenspan, a former chairman of the Federal Reserve, as "irrational exuberance".

These delusions seem obvious with the cold clarity of hindsight. Spotting them in real time, however, is trickier—especially when the usual measures of frothiness are out of action. Wall Street types typically pore over price-to-earnings ratios, which compare a firm's value with its profits, or free-cashflow measures, which look at the cash firms crank out after investment. Warren Buffett targets firms with a high return on capital, which compares their profits with the size of their balance-sheets. But the covid-induced economic slump has caused earnings to sink even as the Fed and other policymakers have helped buoy share prices. The obvious gauges of frothiness are not much use.

버블(Bubble) 추적은 과학이기보다는 차라리 기예에 가깝다

과열성 거품이란 통상의 측정 기준이 작동하지 않을 때는, 투자자들이 보이는 행동 신호만 남는다.

1ST PARAGRAPH 남양 군도 버블 때 아이작 뉴턴은 투자에 끌려 들어가면서, 이렇게 말했다. 자기가 "천체들의 운동은 계산할 수 있지만, 사람들의 광기는 도통 모르"겠다고 말이다. 17세기 암스테르담에서 목격된 튤립 광기, 빅토리아 시대 영국의 철도 열기 등 역사에는 이성을 잃고 흥분한 투자자들의 얘기가 가득하다. 그러다가 직후에 이들은 무일푼으로 전락하고 말았다. 미 연방 준비 제도 이사회 의장을 지낸 앨런 그린스펀Alan Greenspan이 "비합리적 과열"이라 묘사한 집단 망상에 사로잡힌 것이다.

2ND PARAGRAPH 냉정히 돌이켜 보면, 이들 망상은 아주 뻔해 보인다. 하지만 실시간으로 그 망상 사태를 판단하는 것은 더 힘든 과제이다. 과열성 거품을 알아내는 통상의 측정 기준과 방법이 안 통하면 특히 그렇다. 월스트리트Wall Street 파는 주가 수익 비율price-to-earnings ratio, PER이나 잉여 현금 흐름free-cashflow measures을 자세히 살펴보는 게 일반적이다. (전자는 회사의 (주식) 가치와 그 수익을 비교하고, 후자는 기업들이 투자 이후 쏟아내는 현금을 살핀다.) 워렌 버핏Warren Buffett은 자본 수익률return on capital이 높은 회사를 점찍는다. (자본 수익률은 재무상태표의 규모와 수익을 비교해서 얻는다.) 그런데 코로나19로 경기 침체에 빠졌고, 연준과 기타 정책 결정 기관들이 주가 부양에 나선 바로 그 때에 수익이 폭락해 버렸다. 과열성 거품을 판정하는 명백한 기준이 별 소용이 없는 것이다.

This poses a problem for investors confronting the startling fact that the S&P 500, a share-price index of America's biggest public companies, reached an all-time high on August 18th in the middle of perhaps the sharpest ever economic downturn. Without hard numbers to count on, they must interpret the market's unusual behavioural signals in order to spot the froth.

One such sign is the mystifying moves in some stocks. On August 19th Apple became the first American company to touch a valuation of $2trn. Tesla, a carmaker that is undertaking a stock split at the end of August, has quadrupled in value so far this year. It is now worth $354bn, more than Ford, Toyota and Volkswagen combined. Nikola, an electric-truck firm (that has yet to make any lorries), has tripled in value since May. Even more perplexing was investors' fondness for Hertz, a car-rental firm. Its share price rose tenfold after it declared bankruptcy (though this bubble has since popped).

Anecdotally at least, this frothiness seems linked to a second phenomenon: a zeal for retail investing. Take, for instance, the popularity of Robinhood, a trading platform, which has opened 3m accounts since the end of 2019, taking its users to 13m. Or consider "r/wallstreetbets", a forum on Reddit, which encourages its readers to make "YOLO" (you only live once) bets on short-dated speculative options (akin to lottery tickets) in order to earn "tendies" (short-term gains). The number of subscribers to it has nearly doubled since January to over 1.4m, edging out its staid cousin, "r/investing", which preaches the virtues of punting on diversified baskets of low-cost index funds.

That exuberance has been matched by a third behavioural oddity: companies' enthusiasm for issuance.

3RD PARAGRAPH   미국 상위 상장 기업들의 주가 지수인 S&P 500이 경기 침체가 유례없이 가파른 속도로 심화한 날이었을 8월 18일 사상 최고치를 찍었다. 기함할 만한 사실에 직면한 투자자들에게 이는 정말이지 문제이다. 그들은 믿고 기댈 확실한 숫자가 없고, 시장의 특이한 행동 신호를 해석해 내야만 거품을 파악할 수 있다.

4TH PARAGRAPH   특정 주식의 혼란스런 움직임이 그런 신호의 하나다. 8월 19일 애플Apple이 가치 평가액 2조 달러를 넘어서는 미국 최초의 기업으로 등극했다. 8월 말 주식 분할 예정인 자동차 제조업체 테슬라Tesla도 올해 현재까지 기업가치가 네 배 상승했다. 테슬라의 현재 가치는 3,540억 달러로, 이는 포드Ford, 도요타Toyota, 폴크스바겐Volkswagen의 주가를 모두 합한 것보다 더 많은 액수다. (아직까지 실제 제품을 단 한 대도 출시하지 않은) 전기 트럭 제조업체 니콜라Nikola는 5월 이후 기업가치가 세 배 상승했다. 렌트카 회사 허츠Hertz를 투자자들이 열광한 사태는 훨씬 더 난감했다. 파산 신고를 했는데도, 허츠의 주가가 열 배 뛰었다 (물론 이 거품은 곧 터졌다).

5TH PARAGRAPH   일화들만 보면, 이 거품은 두 번째 현상과 연관이 있는 듯하다. 개인 투자 열기 말이다. 예를 들어, 로빈후드Robinhood의 인기가 그렇다. 이 거래 플랫폼에서 2019년 말 이래 계좌가 300만 개 개설되었고 이용자가 1300만 명이다. 레딧Reddit의 포럼인 'r/wallstreetbets'도 보라. 독자들은 여기서 용기를 얻어, '텐디'tendies란 단기 수익을 얻겠답시고, (로또나 다름없는) 단기 투기 옵션에 (인생 한 번 뿐이지의) '욜로'YOLO 투자를 해버린다. 'r/wallstreetbets' 구독자 수가 1월 이래로 두 배 가까이 늘어, 140만 명을 넘어섰다. 바구니에 달걀을 나누어 담듯, 저가 인덱스 펀드에 분산 투자를 하는 것이 미덕이라고 설교하는 성실한 사촌 'r/investing'이 서서히 밀려나고 있다.

6TH PARAGRAPH   이 열광 사태에 세 번째 특이 행동이 가세했다. 회사들이 주식 발행에 열심인 것이다. 데이터 제공업체 딜로직Dealogic에 따르면, 2020

Dealogic, a data provider, finds that stock issuance in America has jumped by 85% year-on-year so far in 2020. Part of that may be a result of the pandemic; many companies have raised capital to build up war-chests. But issuance is also compelling in bubblier times, because it allows firms to capitalise on lofty valuations. Hertz tried to raise up to $1bn in new equity after it had filed for bankruptcy, before regulators intervened.

Moreover, after a hiatus in the first half of the year, tech firms are rushing to list. Special-purpose acquisition companies (SPACs)—listed shell companies that then merge with private firms, offering a speedy, backdoor route to going public—are all the rage. SPACs were once a dirty word on Wall Street, thought fit only for firms unworthy of an initial public offering. But now they are in favour with firms and investors. They have raised $12bn so far this year, just shy of the amount raised in all of 2019.

What to do, in the face of all this enthusiasm? Other assets may start to seem more alluring. On August 14th Berkshire Hathaway, Mr Buffett's investment firm, said that it had sold chunks of its stakes in banks and bought up shares in Barrick Gold, a mining company. But gold and other assets have also shot up in value this summer.

As markets rise further it may become even harder to resist joining the fray. Some investors may pile in, and exit with a profit. But even the most brilliant minds can be bamboozled. Sir Isaac spotted the bubble early and liquidated his holdings—only to be sucked back in at the very peak.

© The Economist Newspaper Limited,
London (Aug 22nd 2020)

년 현재까지 미국의 주식 발행이 전년 대비 85퍼센트 늘었다. 어느 정도는 팬데믹 때문일 것이다. 비상 활동 자금으로 쓸 수 있게 자본을 조달하는 회사가 많다. 하지만 이 주식 발행으로, 거품이 더 끼고 있는 것도 사실이다. (기업들은 주식 발행을 기업 가치 평가의 증대 기회로 삼을 수 있다.) 허츠의 경우, 일단 파산을 신청하고 나서 신주 발행을 통해 최대 10억 달러를 모집하려고 했으나, 규제 당국이 개입해 버렸다.

7TH PARAGRAPH 또 있다. 기술 기업들이 상반기에 잠잠한가 싶더니, 상장에 열을 올리고 있다. '스팩'SPAC, special-purpose acquisition comapny이라고 줄여서 흔히 말하는 '기업인수목적회사'들이 정말이지 난리도 아니다. ('스팩'을 간단히 소개하자면, 상장 명목 회사로, 비상장 기업과 합병을 하는데 있어 이 편법을 쓰면 신속하게 주식을 상장할 수 있다.) 기업인수목적회사는 과거 한때 월 스트리트에서 입에 담을 수 없는 부정한 말이었다. 공모를 할 자격이 없는 회사한테나 어울린다고 생각했던 것이다. 하지만 요즘은 기업과 투자자 모두 기업 인수 목적 회사를 아주 좋아한다. 기업인수목적회사는 올해 현재까지 120억 달러를 조성했다. 이는 2019년 한 해 동안 조성된 금액에 약간 못 미치는 액수다.

8TH PARAGRAPH 이 갖은 열광을 목전에 두고서 뭘 해야 하나? 다른 자산이 더 매력적으로 보일지도 모르겠다. 버핏의 투자 회사 버크셔 해서웨이Berkshire Hathaway가 8월 14일, 은행주를 상당량 팔았고, 광업 회사 배릭 골드Barrick Gold 주식을 매입했다고 발표했다. 그러나 금과 다른 자산 역시 올 여름 가격이 크게 올랐다.

9TH PARAGRAPH 시장이 추가로 상승하면, 이 열광적 경쟁의 유혹에 저항하기가 훨씬 더 어려울 것이다. 이 판에 뛰어들어서, 두둑한 수익을 챙겨가지고 빠져나오는 투자자도 일부 있을 것이다. 하지만 똑똑하다는 사람들도 된통 당하는 수가 있다. 아이작 뉴턴도 일찌감치 버블을 직감하고서, 보유 주식을 청산했다. 하지만 실망스럽게도, 최고점 때 다시 끌려 들어가고 말았다.

투자가 투기 열풍으로 바뀌는 과정과, 그 저변의 인간 역학을 간단히 살펴보는 글입니다. 본문에 나오는 아이작 뉴턴은 과연 돈을 벌었을까요?

> Upon being sucked into investing during the South Sea Bubble, Sir Isaac Newton reflected that he could "calculate the motions of the heavenly bodies but not the madness of people".

위의 문장이 자연스럽게 보일 수도 있지만, 학교 문법에서 배운 직접 화법과 간접 화법을 떠올리면, '기이한 짬뽕'임을 깨달을 수 있습니다. 접속사 that 이하에 직접 인용문을 끼워넣었으니까요. 하지만 자연스럽게 느껴졌다면, 거기에는 또 다 그만 한 이유가 있는 것이죠. 그렇습니다. 동시대 영어contemporary English는 의미를 적확하게 보존하면서 끊임없이 형식 실험을 하고 있답니다. 본서의 여러 대목에서 간접 화법과 직접 화법이 융합된 문장을 확인할 수 있습니다.

> From tulip mania in 17th-century Amsterdam to railway fever in Victorian Britain, history is littered with tales of investors who lost their heads shortly before they lost their shirts, in the grip of mass delusions described by Alan Greenspan, a former chairman of the Federal Reserve, as "irrational exuberance".
> These delusions seem obvious with the cold clarity of hindsight.

주절은 history is littered with tales of investors who lost their heads shortly before they lost their shirts입니다. 그리고 쉼표 다음에 종속구가 이어집니다. 부분과 전체가 같다는 관점에서 생각해 보면, tulip mania=railway fever=history=tales=investors lost their heads shortly before they lost their shirts입니다. of가 동격을 지정해 주니까요.

종속구를 보면, "연준 의장 출신의 앨런 그린스펀이 '비합리적 과열'이라고 묘사한 집단 망상'에 휘말리다'(in the grip of)"입니다.

'주부, in 종속구'의 구조이므로, 거칠게 '주부=종속구'라고 할 수 있겠지만, 주부 안을 들여다보면, history나 tales보다는 investors가 가장 적절하다고 할 수 있겠습니다. "투자자들이 ~ 집단 망상의 지배를 받은" 겁니다.

한편으로, mass delusions=irrational exuberance이고, 주절에서도 동치 관계를 찾아보면, losing their heads shortly before losing their shirts라고 할 수 있겠죠. '과정'으로서 말입니다.

'과정의 물체화'와 그 역을 본서에서 중요 테마로 강조하고 있습니다. investors' losing (their heads)은 mass delusions일까요? 아니면, in the grip of mass delusions일까요?

정리해 보겠습니다. 사실, 투자자들은 1) 집단 망상에 사로잡혀서, 2) 이성을 잃고 투자를 하다가, 3) 곧이어 모든 재산을 잃었습니다. 그런데 원문의 필자가 쉼표를 찍으면서, 디스로케이션이 발생한 것입니다. 아마도 글쓴이는, 주부의 진술 내용을 환언적으로 '집단 망상(의 사례)'로 요약하고 싶었던 것 같습니다. 이어지는 문단의 첫 문장에 delusion이 나옵니다.

2ND PARAGRAPH

But the covid-induced economic slump has caused earnings to sink even as the Fed and other policymakers have helped buoy share prices. The obvious gauges of frothiness are not much use.

'코로나19로 경기 침체에 빠졌고, 기업과 가계를 막론하고 수익이 하락했'을 것임은 분명합니다. 종속절의 내용도 보면, '연준과 기타 정책 결정 기관들이 주가 부양에 나섰다'고 합니다. even as로 연결돼 있네요. 논리적 인과와 시간적 선후가 가장 일반적인 수준에서 중요하다고 했고, 독자 여러분도 인정하실 거로 봅니다(caused 동사에서 이를 확인할 수 있지요).

여기서는 어법적으로만 살펴보겠습니다. even as가 종속 접속사인데, 사실상 등위 접속사 and를 써도 무방합니다. as라는 접속사의 출발이 애초 그렇습니다. 영어의 필자가 두 절의 관계상을 명료하게 구조화하지 못할 때, as를 쓰는 경향이 있습니다. 아무튼, 절과 절 사이에는 접속사를 써야 하니까요. 이렇게, 대등 구조와 위계 구조가 역진하는 경향이 있음을 아셔야 합니다.

선진 경제일수록 금융 부문이 크고, 신고전파 경제학이 통화 정책을 근간으로 하기 때문에, 주가 부양에 나섰다는 것인데, 여기서는 '인위적 개입'으로 '혼란'이 발생했다는 논지를 펴고 있습니다.

The obvious gauges of frothiness are not much use.

not과 much use 사이에 of가 들어가기도 합니다. 이런 미세한 결어긋남^{dislocation}에 주목하시기 바랍니다. 한국어 문장으로 예를 들어보겠습니다. "장소는 광화문입니다"는 호응이 완벽합니다. 그렇다고, "장소는, 광화문에서 합니다"란 진술을, 호응이 미흡하다는 이유로 우리가 오문으로 판정하지는 않습니다.

3RD PARAGRAPH

This poses a problem for investors confronting the startling fact that the S&P 500, a share-price index of America's biggest public companies, reached an all-time high on August 18th in the middle of perhaps the sharpest ever economic downturn.

This가 이전 문단의 마지막 문장이고, This=a problem입니다. pose가 2형식과 3형식의 겸이 지대 동사인 것이지요. 확실히 음미해 볼 만한 사안이지요.

"미국 상위 상장 기업들의 주가 지수인 S&P 500이 경기 침체가 가파른 속도로 심화한 날이었을 8월 18일 사상 최고치를 찍었다. 기함할 만한 사실에 직면한 투자자들에게 이는 정말이지 문제이다."

4TH PARAGRAPH

     Tesla, a carmaker that is undertaking a stock split at the end of August, has quadrupled in value so far this year.

quadruple(네 배 늘어나다) 동사의 주어는 value입니다. 주어 '자리'에 있는 Tesla는 아니지요. 두 가지 결론이 도출됩니다. 영어에도 주제어가 있다. 둘째, 에이전트가 저글링된다. 같은 구조가 이후에 똑같이 반복됩니다. tripled in value로요. 제가 관찰하기로, 동시대 영어는 이때 소유격을 잘 안 씁니다. 충분히 짐작 가능하다고 보는 것 같아요. 분리돼 있는 두 개의 에이전트(항목) Tesla와 value의 관계를 재구성해 보면, 문장을 더욱 분명하게 이해할 수 있습니다. Tesla's value죠. 같은 문단의 마지막 문장의 주어 Its share price처럼 말입니다.

4TH PARAGRAPH

     Nikola, an electric-truck firm (that has yet to make any lorries), has tripled in value since May.

have yet to는 have to(해야 한다)와 not yet(아직 ~ 않다)을 합친 법성(mode) 표현입니다. '아직 ~하지 않았고(않았으므로) ~ 해야 한다'는 의미죠. 이런 법성 표현은 탄력적으로 조정할 수 있습니다. 영어 화자들이 즐겨 사용하는 일반 동사

법성 표현으로 'help to 부정사'가 있습니다. '-하는 데 보탬이 되다' 또는 '일정 부분 ~하다' 또는 '~하는 것을 도와주다' 등으로 옮기는데, help to를 버리고, 부사 부분만 해석하면 되는 경우가 대부분입니다.

"(아직까지 실제 제품을 단 한 대도 출시하지 않은) 전기 트럭 제조업체 니콜라Nikola는 5월 이후 가치가 세 배 상승했다."

5TH PARAGRAPH

Or consider "r/wallstreetbets", a forum on Reddit, which encourages its readers to make "YOLO" (you only live once) bets on short-dated speculative options (akin to lottery tickets) in order to earn "tendies" (short-term gains).

앞에서 법성 표현을 곧이곧대로 해석하지 말라고 했습니다. 명령법도 법성 표현이고, 저의 지침을 상기한다면, 명령문으로 해석하지 않아도 됩니다. 여기서의 Or는 and형 나열이군요. '인생은 한 번뿐'이라는 '욜로'(YOLO)란 말이 한국은 물론이고 영어권에서도 요즘 널리 통용되며, 사람들에게 호소력을 발휘하는 듯합니다. tendies란 말은 웬만한 사전에도 나오지 않습니다. 그래서입니다. 인용 부호를 썼고, 괄호로 뜻을 알려주고 있습니다. (물론 잠깐 유행하다가 사어로 묻힐 수도 있지만,) 이런 신조어 내지 유행어가 비교적 잘 해설돼 있는 사이트를 소개하자면, urbandictionary.com을 활용할 수 있습니다. '어번 딕셔너리'에서 최상위를 차지한 정의를 소개해 드립니다. Gains earned from an investment. The term is usually used by amateur investors day trading on Robinhood. "로빈후드에서 데이 트레이딩을 하는 아마추어 투자자들이 흔히 쓰는 용어"랍니다.

"레딧^{Reddit}의 포럼 'r/wallstreetbets'도 보자. 독자들은 여기서 용기를 얻어, '텐디'^{tendies}란 단기 수익을 얻겠답시고, (로또나 다름없는) 단기 투기 옵션에 (인생 한 번 뿐이지의) '욜로'^{YOLO} 투자를 해버린다."

many companies have raised capital to build up war-chests.

6TH PARAGRAPH

raise capital은 '자본을 조달하'는 것이고, build up war-chest는 '비상 자금을 확보하'는 것입니다. 두 동사 서술어의 주어는 company들이죠. 활용(conjugation)이 됐다는 점에서 raised 부분이 주절이고, to build up war-chests는 종속구입니다. 둘을 역진시켜 보았습니다.
"자본을 끌어 모아 비상금을 확보한 회사가 많다."

Special-purpose acquisition companies (SPACs)—listed shell companies that then merge with private firms, offering a speedy, back-door route to going public—are all the rage.

7TH PARAGRAPH

맞줄표로 '기업인수목적회사'를 설명해 주고 있습니다. 앞에 나온 tendies의 경우는, 괄호를 써서 풀이해 줬지요. special-purpose acquisition companies=listed shell companies that then merge with private firms, offering a speedy, back-door route to going public.

347

맞줄표 안의 내용은 더 집중해야 합니다. company는 '물체'^{thing}이지만, 일련의 과정^{process}을 거쳐 만들어집니다. 상장 명목 회사를 세우고(shell company), 상장한(listed) 다음(then) 비상장 기업들과(with private firms) 합병을 해(merge), 그 우량성을 바탕으로 다시 상장을 해, 차익을 도모하는 게, 이 회사가 설립된 '특수한' 목적입니다.

여기서 offering이 2형식과 3형식의 점이 지대 동사입니다. '같다'는 뜻이죠. companies = route인데, (물체)=(과정)입니다. 제가 '과정의 물체화'와 그 역을 왜 그토록 집착적으로 역설하는지 납득이 되었으면 합니다. 저는 언어 현상에서, 현대 물리학이 이야기하는 '파동-입자 이중성'을 봅니다.

But now they are in favour with firms and investors.

glossary에 써놨듯이 be all the rage와 be in favour는 '크게 유행하다'는 말입니다. 에이전트들 사이의 '대상 관계'를 '행위 주체성' 측면에서 다음과 같이 조정할 수도 있지 않을까요? 번역은 의미역이니까요.

"하지만 요즘은 기업과 투자자 모두 기업 인수 목적 회사를 아주 좋아한다."

They have raised $12bn so far this year, just shy of the amount raised in all of 2019.

shy of가 걸리시는 분이 계실 수도 있겠습니다. 구의 연접 4번의 확장 '팩'인 '형용사-전치사-명사' 구조입니다. of는 주격입니다. "2019년 한 해 동안 모집된 금액(the amount raised in all of 2019)이(of) 약간(just) 안 된다(is shy)"입니다. 이 문장이 비교 표현임도 상기하시기 바랍니다.

$12bn so far this year, just shy of the amount raised in all of 2019에는 than도 없고, 비교급을 만들어 주는 접미사 -er도 없다는 것이 이채롭지요. 여기서는 of가 than의 역할을 하고 있습니다. 아까는 주어였는데요.

"120억 달러는 2019년 한 해 동안 조성된 금액에 비하면, 약간 부족하다."

형용사 서술어, 그러니까 보이스가 조정되면서 에이전트들이 대상 관계를 맺는 방식이 바뀌고 있지요. 기실, 문장이 구조화되는 핵심이 바로 이것입니다. 에이전트들이 (형용사와 동사를 아우르는) 보이스를 바탕으로 대상 관계, 곧 넥서스를 구축하는 것입니다.

"기업인수목적회사가 올해 현재까지 120억 달러를 조성했다. 이는 2019년 한 해 동안 조성된 금액에 약간 못 미치는 액수다."

What to do, in the face of all this enthusiasm?

8TH PARAGRAPH

첫 문단에서 delusion과 exuberance가 나오더니, fondness가 보이고, 이어서 zeal이 출현했고, 다시 exuberance, 그리고 마지막으로 enthusiasm이 이어집니다. 동계어, 또는 유의어라고 할 수 있죠. 독해의 맥을 계속 이어갈 수 있는, 이 글의 핵심어라고도 할 수 있겠네요.

동사 활용형이 하나도 없는 구입니다. 허나, 물음표가 찍혔으니 문장으로 형질전환을 했다고 할 수 있죠. 한국어에서도 '다'나 '까?'로만 끝나는 구조 형식이 내키지 않아서 이런저런 문장 실험을 하는 것을 상기해 보면, 충분히 이해가 될 겁니다. 독자 여러분도 이런 역동적인 문장을 쓸 수 있도록 잘 관찰해 두셨으면 합니다.

"이 갖은 열광 사태를 목전에 두고서 우리는 대체 뭘 할 수 있을까? 뭘 해야 하나?"

But gold and other assets have also shot up in value this summer.

에이전트가 저글링됐고, 주제어와 주어가 분리돼 있습니다. shot up in value를 구의 연접 4번(명사-전치사-명사)의 확장'팩'으로 보는 것도 가능합니다. '동사-전치사-명사' 구조로요. 구는 절이죠. "가격이 크게 올랐다."

But even the most brilliant minds can be bamboozled. Sir Isaac spotted the bubble early and liquidated his holdings— only to be sucked back in at the very peak.

두 개의 명사 minds와 holdings를 한국어로 지정하는 사안을 고민해 봅시다. mind의 경우 구체적으로 인격화하면 어떨까요? holdings는 hold 동사에서 출발했고, 그 정보값이 시간을 거치면서 정신 공간에서 단단히 뭉쳐져 강체화rigidified되었음을 확인할 수 있습니다. '가진 것, 소유물'이죠.

"하지만 똑똑하다는 사람들도 된통 당하는 수가 있다. 아이작 뉴턴도 일찌감치 버블을 직감하고서, 보유 주식을 청산했다. 하지만 실망스럽게도, 최고점 때 다시 끌려 들어가고 말았다."

결국, 아이작 뉴턴은 투자한 돈을 몽땅 잃었습니다.

1ST PARAGRAPH
suck: 빨다, 빨아먹다, 빨아들이다
South Sea: 남해, 남양, 남태평양
South Sea Bubble: 남태평양 회사(South Sea Company)가 남태평양 군도와의 거래를 독점하는 대가로, 국가 부채를 몽땅 떠안고 나서, 1720년 발생한 금융 붕괴. 이때 엄청난 투기 열풍이 분다.
reflect: 곰곰 생각하다, 심사숙고하다(=think thoroughly)
heavenly body: 천체(=celestial body)
fever: 열, 열병, 흥분, 열기, 광기, 과열 (=mania=bubble=frothiness= exuberance=madness)
litter: 어지럽히다, 많이 포함되어 있다(=scatter=contain)
lose one's head: 이성을 잃다, 열중하다, 흥분하다(=behave irrationally)
lose one's shirt: 무일푼이 되다, 모든 걸 잃다(=lose everything)
in the grip of: ~에 휘말린, ~에 시달리는
delusion: 착각, 오해, 망상
Federal Reserve(FRB): 미 연방 준비 제도 이사회(중앙 은행에 해당)
exuberant: 무성한, 활기 넘치는(=full of energy=full of excitement)

2ND PARAGRAPH
hindsight: 뒷궁리, 뒤늦은 깨달음, 가늠자 cf) foresight: 예지력, 선견지명, 가늠쇠
spot: 찾다, 발견하다, 알아채다(=find)
measure: 측정 기준, 측정값, 측정 지표(=gauge)
frothy: 거품이 낀 cf) frothiness: 과열성 거품
out of action: 작동하지 않는, 망가진(=not working)
pore over: 파다, 자세히 조사하다, 살펴보다(=dig deep=examine)
price-to-earnings ratio(PER): 주가 수익 비율
free cashflow(FCF): 잉여 현금 흐름
crank out: 빠른 속도로 만들어 내다(=turn out=produce)
target: 목표로 삼다, 겨냥하다(=direct)
return on capital: 자본 수익(률)
balance sheet: 재무상태표

induce: 유도하다, 일으키다(=bring about)
slump: 하강, 침체, 불황(=downturn=decline=drop)
even as: ~하는 바로 그 때(순간) cf) even when: ~할 때조차
buoy: 받쳐주다, 띄우다, 부양하다
gauge: 측정 기준

3RD PARAGRAPH
pose: 제기하다, ~이다(=be)
confront: 직면하다, 맞상대하다, 마주하다(=face=meet)
public company: 상장 기업(=public limited comapny)
downturn: 하강기, 침체기(=slump=decline)
count on: 믿고 기대다(=rely on=bank on)
unusual: 특이한, 색다른(=peculiar=uncommon)

4TH PARAGRAPH
mystify: 혼란스럽게 하다, 당황스럽게 만들다(=baffle=perplex=puzzle)
valuation: 기업 가치 평가
undertake: 단행하다, 착수하다, 떠맡다
stock split: 주식 분할
quadruple: 네 배 상승하다, 네 배 늘다 cf) triple: 세 배 증가하다, double: 두 배 늘어나다
so far: 현재까지, 지금까지
have yet to: 아직 ~하지 않았고, 그래서 ~해야만 하다
lorry: 대형 트럭(=truck)
declare: 선언하다, 신고하다
bankruptcy: 파산(=insolvency)
pop: 터지다

5TH PARAGRAPH
anecdote: 일화, 에피소드
zeal: 열광, 열기(=ardor=enthusiasm)
account: 장부, 계좌, 계정
Reddit: 소셜 뉴스 웹사이트로, 게시한 글에 대한 사용자 투표를 통해 순위가 정해진다.
YOLO: 한 번 사는 인생, 인생은 한 번뿐(=you only live once)
short-dated: 단기의
speculative: 투기성의, 투기적인

option: 옵션, 선택권
akin to: ~과 유사한(=like)
lottery ticket: 복권
edge out: 바깥으로 밀어내다, 주변화하다,
　쫓아내다, 몰아내다
staid: 착실한, 재미없는, 성실한
preach: 설교하다, 가르치다
punt: 돈을 걸다, 투자하다
low-cost: 저렴한, 저가의
index fund: 인덱스 펀드

6TH PARAGRAPH
match: 연결시키다, 상관하다(=join=link)
oddity: 이상함, 특이함
issuance: 발행 cf) issue: (주식을) 발행하다
year-on-year: 전년 대비(로)
pandemic: 광역 유행성 세계 질병 cf)
　epidemic: 유행병, 전염병 endemic:
　풍토병
raise capital: 자본을 모으다, 자금을
　조달하다(=fund=finance)
war chest: 비상 활동 자금
compel (in): 자아내다,
　불러일으키다(=bring about)
bubbly: 거품의, 거품이 이는(=frothy)
capitalise on: 기회로 삼다, 활용하다
lofty: 아주 높은(=very high)
equity: 보통주
file for: 신청하다
intervene: 개입하다

7TH PARAGRAPH
hiatus: 휴지, 중단(=pause)
list: 상장하다(=go public)
special purpose acquisition
　company(SPAC): 기업인수목적회사
shell company: 상장명목회사
merge: 합병하다, 병합하다, 합치다
offer: 제공하다, ~이다(=be)
back-door: 뒷구멍의, 부정한, 비밀스런,
　은밀한
rage: 격렬, 분노,
　대유행(=fashion=craze=mania=be
　rampant)
be all the rage: 엄청나게 유행하다(=be all
　the craze=be in favour)
fit: 적당한, 꼭 맞는, 어울리는(=suitable)

unworthy: 자격이 없는, 어울리지
　않는(=unbefitting)
initial public offering(IPO): 공개 공모,
　기업 공개, 주식 상장
shy of: 부족한, 모자라는

8TH PARAGRAPH
in the face of: ~에 직면하여, ~
　앞에서(=confronting)
asset: 자산, 재산(=wealth)
alluring: 유혹적인,
　매력적인(=attractive=fascinating)
chunk: 덩어리, 대량(=bulk=lump)
stake: 지분, 몫
buy up: 매입하다, 매수하다
shoot up:
　급등하다(=skyrocket=increase)

9TH PARAGRAPH
fray: 싸움, 경쟁(=competition)
pile in: 난입하다, 쇄도하다(=rush in)
mind: 지성(인)
bamboozle: 헷갈리게 만들다, 속이다,
　사기를 치다(=puzzle=baffle=dupe)
liquidate: 청산하다, 팔다, 매각하다(=close
　and sell)
holding: 보유 주식, 보유 자산, 가진 것

BUSINESS: Schumpeter
Bob Iger, king of Disneyland

Three lessons from one of Hollywood's most successful bosses

FEB 27TH 2020 EDITION

"I DON'T know if the word disrupter was the right word to use back then, but I've always been willing to take some chances." That is how Bob Iger recently explained his approach to running Disney. In his 15-year tenure Mr Iger's bets have turned the American entertainment company from a moderately profitable business threatened by digital upstarts like Netflix and Amazon into one of the world's most formidable content-and-technology powerhouses. Profits quadrupled from $2.5bn in 2005 to $10.4bn in 2019. Disney's market capitalisation rocketed from $48bn to over $230bn. This track record has made Mr Iger one of the most lionised (and best-paid) corporate bosses on Earth.

On February 25th Mr Iger once again displayed a fondness for disruption by announcing his departure from the corner office, effective immediately. He had toyed with the idea of retiring several times, only to change his mind. In 2016 his heir apparent was pushed out. Mr Iger has extended his own contract twice since then, and was expected to remain CEO for another couple of years. He will remain as executive chairman, focusing on the firm's creative process, until the end of 2021 but has handed day-to-day running of the firm to

밥 아이거, 디즈니랜드의 왕

할리우드에서 가장 성공한 총수가 들려주는 교훈 세 가지

1ST PARAGRAPH   그때 당시를 변혁이라는 말로 설명할 수 있을지는 모르겠지만, 저는 늘 어떤 기회라도 잡고자 했습니다. 밥 아이거Bob Iger가 최근 디즈니 경영 방침을 설명하면서 한 말이다. 15년째 재임하면서 아이거는 여러 번 도박에 가까운 모험을 했고, 미국의 이 엔터테인먼트 회사는, 그럭저럭 수익이 나는 사업체이긴 했어도 넷플릭스나 아마존 같은 디지털 애송이들의 위협을 받는 처지에서, 세계 최강의 컨텐츠 및 기술 '발전소'로 거듭났다. 수익이 2005년 25억 달러에서 2019년 104억 달러로 네 배 늘었다. 디즈니의 시가 총액이 480억 달러에서 2,300억 달러 이상으로 수직 상승했다. 아이거는 이 실적을 바탕으로 지구상에서 가장 높은 대우를 받으며 (보수까지 많이 챙기는) 기업 총수 중의 한 명으로 떠올랐다.

2ND PARAGRAPH   2월 25일 최고 경영자 방을 비우겠다고 발표하면서(그것도 당장) 아이거는 자신이 도전을 좋아함을 다시 한 번 보여줬다. 사실 그는 이전에도 여러 차례 은퇴를 저울질했다. 뭐, 결국에 가서는 마음을 바꾸긴 했지만서도. 2016년에는 그의 명백한 계승자가 쫓겨나기도 했다. 아이거는 그때 이후로 자신의 고용 계약을 두 번 연장한 상황으로, 2-3년은 더 최고 경영자로 남을 듯했다. 그가 2021년 말까지 경영 의장직을 유지하며 디즈니의 창의 과정을 돌보긴 하겠지만, 사실 회사의 일상 운영은 이미 밥 차펙Bob Chapek에게 넘긴 상황이다. (차펙은 최근까지 디즈니의 테마 파크를 운영 총괄했고, 믿을 만한 일꾼으로 통한다.)

Bob Chapek, a safe pair of hands who most recently ran Disney's amusement parks.

The abrupt move sent the firm's share price tumbling by 4%. To ease investors' nervousness, Mr Chapek would be wise to heed three lessons from his predecessor. Other executives, in Tinseltown and elsewhere, should pay attention, too.

Mr Iger's first insight was that quality products matter—or, in Hollywood lingo, content is king. Mr Iger had no truck with the notion, espoused by some pundits, that content would become commoditised as power shifted irreversibly from creators to distributors. This belief in content led Mr Iger to collect one beloved franchise after another, in a buying spree that verged on the foolhardy. Soon after taking over in 2005 he spent $7.4bn to buy Pixar, the animation studio famous for "Toy Story" movies. Three years later he bought Marvel Entertainment, with its stable of comic-book superheroes such as the Avengers, for $4bn. In 2012 he pipped Rupert Murdoch, boss of the Fox media empire, by acquiring Lucasfilm, home of "Star Wars", for another $4bn or so. The three acquisitions alone have so far earned Disney revenues of $36bn. Last year alone Disney's billion-dollar blockbusters included "The Lion King" (Walt Disney Pictures), "Frozen 2" (Walt Disney Animation Studios), "Toy Story 4" (Pixar) and "The Rise of Skywalker" (Lucasfilm). They helped Disney grab over a third of the American film market, and global box-office takings of over $10bn. His fourth purchase, of Mr Murdoch's 20th Century Fox in 2019 for $71bn, is by far his most ambitious (and potentially most problematic).

3RD PARAGRAPH 돌연한 인사 이동으로 디즈니의 주가가 4퍼센트 폭락했다. 차펙이 투자자들의 근심과 걱정을 달래주고 싶다면, 전임자인 아이거가 전해 주는 세 가지 교훈에 주의를 기울이는 현명한 태도가 필요해 보인다. 할리우드를 위시해 다른 분야의 경영 간부들도 여기에 관심을 가져볼 일이다.

4TH PARAGRAPH 아이거의 첫 번째 인사이트부터 보도록 한다. 그는 퀄리티가 중요하다고 봤다. 할리우드 용어로 컨텐츠가 왕인 거다. 아이거는 일부 전문가가 신봉하는 다음과 같은 개념을 받아들이지 않았다. '힘의 균형이 창작자에게서 유통사업자 distributor 에게로 넘어가 버린 상황이 불가역적이고, 따라서 컨텐츠가 싸구려 상품으로 취급될 것'이라는 예측 말이다. 아이거는 이렇게 컨텐츠를 믿었고, 사랑받는 프랜차이즈를 하나씩 하나씩 수집했다. 이 구매 행위가 무모한 쇼핑 행태에 가깝다고 당시에는 느껴졌다. 그는 2005년 취임 직후 74억 달러를 들여 픽사 Pixar를 사버렸다. 〈토이 스토리 Toy Story〉, 시리즈로 유명한 애니메이션 스튜디오 말이다. 3년 후 그가 매입한 기업은 마블 엔터테인먼트 Marvel Entertainment였다. 어벤저스 Avengers 같은, 만화책의 수퍼 히어로가 줄줄이 생산되던 그 회사의 매입가는 40억 달러였다. 2012년 그는 폭스 미디어 Fox media 제국의 수장 루퍼트 머독 Rupert Murdoch을 근소한 차로 따돌리고, 〈스타 워즈 Star Wars〉, 제작사 루카스필름 Lucasfilm을 40억 달러에 인수하는 기염을 토했다. 단지 이 세 건의 인수만으로도 디즈니는 지금까지 360억 달러의 수익을 냈다. 2019년 작년 한 해만 살펴보더라도 디즈니에 수십억 달러 규모의 수입을 안긴 블록버스터 영화 목록이 차고 넘친다. 월트 디즈니 픽쳐 Walt Disney Pictures의 〈라이언 킹 The Lion King〉, 월트 디즈니 애니메이션 스튜디오스 Walt Disney Animation Studios의 〈겨울 왕국 2 Frozen 2〉, 픽사의 〈토이 스토리 4 Toy Story 4〉, 루카스필름의 〈라이즈 오브 스카이워커 The Rise of Skywalker〉가 그것들이다. 디즈니가 이런 실적을 바탕으로 미국 영화 시장의 3분의 1 이상을 장악했다. (전 세계 박스오피스에서는 이들 영화가 100억 달러 이상을 벌어들였다.) 아이거의 네 번째 쇼핑 대상과 가격과 연도는, 머독의 20세기폭스 20th Century Fox이고, 710억 달러에다가, 2019년도였다. 그의 이 인수 합병은 단연코 가장 야심차며 (또 어쩌면 가장 문제적)이다.

The second thing to learn from Mr Iger's reign is to trust acquired talent. At most firms in most industries, when a big company buys a small, nimble one, the buyer's managers defend their turf and foist headquarters culture onto the acquisition. Mr Iger's Disney instead let Pixar lift its middling in-house animation team. This hands-off approach and respect for the achievements of others helped persuade control freaks like George Lucas, the founder of Lucasfilm, and Isaac Perlmutter, the reclusive chairman of Marvel, to hand over their cherished possessions.

The third lesson is also the most important. A bit of paranoia can be productive. No boss succeeds without supreme self-confidence, and Mr Iger is no exception. However, he has shown time and again that he is willing to question his own judgment and to revise strategies as the business landscape evolves. When on a visit to Disneyland in Hong Kong around the time he took over as CEO Mr Iger noted that Chinese crowds preferred newer Pixar character's to Mickey Mouse, he set reverence for Walt Disney aside and went about modernising the firm's roster.

Nowhere was this clearer than in his embrace of digital streaming. Convinced that digital disruption was "not a speed bump" but an existential threat, he bet Disney's future on a shift from its historic business-to-business model of distribution to the fast-growing direct-to-consumer model pioneered by Netflix. This shift was driven in part by the decline in the traditional approach of bunching content into pricey bundles for pay television, a trend that has hit Disney's ESPN Sports division hard. But it was a huge gamble.

5TH PARAGRAPH 　아이거의 치세에서 배울 수 있는 두 번째 교훈은, 새로 획득한 역량을 신뢰하는 것이다. 대다수 업계의 대다수 기업을 보라. 큰 회사가 날렵한 소규모 회사를 인수하면, 매수자buyer 경영 간부들이 텃세를 부리면서 본부의 문화를 피인수사에 강요하기 십상이다. 아이거의 디즈니는 그렇게 하지 않았다. 가령 픽사는, 모기업의 방임 하에 평범하다고 할 수 있는 자체 애니메이션 팀의 역량을 끌어올릴 수 있었다. 이런 불간섭주의와 더불어, 남이 거둔 성과를 존중까지 해주자, 조지 루카스George Lukas와 아이작 펄머터Isaac Perlmutter까지 설득할 수 있었다. 루카스필름을 세운 조지의 경우, 만사를 자기 뜻대로 하는 사람으로 유명하다. 이는 마블의 은둔 회장 펄머터도 예외가 아니다. 두 사람 모두 소중히 간직해 온 자신의 보물을 기꺼이 디즈니에 넘겼다.

6TH PARAGRAPH 　가장 중요한 것은 세 번째 교훈이다. 약간의 편집증은 생산적이기도 하다는 사실이 그 내용이다. 극강의 자신감 없이 성공하는 우두머리는 존재하지 않고, 아이거 역시 예외가 아니다. 그럼에도 그가 되풀이해서 보여준 모습이 있다. 경영 환경이 바뀜에 따라, 자신의 판단에 의문을 표하면서, 각급 전략을 변경하는 기꺼운 태도가 바로 그것이다. 막 CEO로 부임해 홍콩 디즈니랜드를 찾았을 때다. 중국 사람들이 미키 마우스Mickey Mouse보다 픽사의 더 새로운 캐릭터들을 좋아한다는 사실이 그의 눈에 띄었다. 아이거는 월트 디즈니Walt Disney를 떠받드는 분위기를 정리하고 회사의 캐릭터 목록을 현대화하는 일에 착수했다.

7TH PARAGRAPH 　디지털 스트리밍을 수용한 것보다 이런 태도가 더 잘 드러난 에피소드도 없다. 그는 '디지털 혁신'이 "과속 방지턱 정도가 아니"라, 생존을 위협하는 사안임을 확신하고서, 디즈니의 미래를 걸고 과감하게 도박을 했다. 과거의 기업 간 거래 사업 모델B2B model을 버리고, 빠르게 성장 중이던 (넷플릭스가 선구자인) 소비자 직접 판매 모델DTC model으로 옮아간 것이다. 유료 텔레비전 방송사에 컨텐츠를 번들링으로 묶어 파는 기존의 접근법이 쇠퇴한 게 어느 정도는 이런 변화의 동인으로 작용했다. (기실 디즈니의 스포츠 부문인 이에스피엔ESPN이 심각한 타격을 받은 것도 이런 추세 때문이었다.) 하지만 방금 말했듯이, 이것은 도박에 가까운 거대한 모험이었다. 일단 이사회를 설

He needed to persuade his board, which had to accept putting existing profitable businesses at risk, and investors, who had to swallow big outlays today in exchange for uncertain digital dividends tomorrow.

On November 12th the firm launched Disney+, a streaming service, in America and a handful of other markets. By the end of the day it had 10m subscribers. Since then it has chalked up another 20m. Add a further 30m people who pay to watch Hulu, an older streaming service Mr Iger took control of in 2019, and more people fork over money to Disney every month than pay for cable TV from Comcast or AT&T.

The Iger sanction

Mr Iger leaves his successor a company in good shape, but also in the midst of two transformations: digital and, with 20th Century Fox to fold in, organisational. Both will soon test whether Mr Chapek has learned Mr Iger's lessons. He certainly appears to share his mentor's belief in the importance of brands and content, dating back to childhood visits to Walt Disney World. A big test of his respect for talented types with strong opinions will be convincing Kevin Mayer, the go-getting head of Disney's direct-to-consumer business whom many expected to get the top job, to stay put. The even greater challenge of integrating a behemoth like 20th Century Fox, a bigger acquisition than Pixar, Marvel and Lucasfilm combined, will require a degree of adaptability that would have strained the old boss himself. As it is, Mr Iger has bowed out before his most epic plot has unspooled.

© The Economist Newspaper Limited, London (Feb 27th 2020)

8TH PARAGRAPH 득해야 했고, 그 다음 순서는 투자자들이었다. 이사회의 경우는, 수익이 잘 나는 기존의 사업들이 위험에 빠지는 걸 받아들여야만 했고, 투자자들 입장에서도 디지털 분야의 불확실한 미래 배당금을 받겠답시고 당장의 거대한 지출을 감내해야 했으니 말이다.

11월 12일 미국과 그 외 몇몇 시장에서 디즈니플러스Disney+란 스트리밍 서비스가 출범한다. 그 날 하루 디즈니플러스는 가입자를 1천만 명 모객했다. 이후로 2천만 명이 추가로 서비스에 가입했다. 아이거가 2019년 인수한 훌루Hulu란 또 다른 스트리밍 서비스를 시청하는 유료 가입자 3천만 명을 여기에 더해 보라. 콤캐스트Comcast나 에이티엔티AT&T의 유료 케이블 티비 시청자 수보다 더 많은 사람이 매달 디즈니에 돈을 갖다바친다.

9TH PARAGRAPH   아이거의 유산과 과제

아이거가 후계자에게 물려주는 회사는 상태가 양호하지만, 두 가지 큰 변화의 한가운데에 있기도 하다. 디지털 분야의 소용돌이가 하나요, 20세기폭스와의 융합을 생각한다면, 조직 문제가 또 있다. 차펙이 아이거의 교훈을 잘 배웠는지 여부가 이 두 사안으로 곧 검증될 것이다. 차펙 역시 각급 브랜드와 컨텐츠의 중요성에 대한 선배의 신념을 분명 공유하고 있는 것 같다. 그의 이런 믿음은 월트 디즈니 월드Walt Disney World를 찾았던 어린 시절로까지 거슬러 올라간다. 견해가 확고하고 재능 있는 인재들을 그가 존중할 수 있을까? 케빈 마이어Kevin Mayer를 설득해 계속 자리에 남아 있게 하느냐가 이를 가늠할 수 있는 시금석이 될 터다. 왜냐, 소비자를 직접 상대하는direct-to-consumer, DTC 디티시 사업 부문을 총괄해 온 바로 그 수완가를, 많은 이가 디즈니의 차기 총수로 예상했기 때문이다. 거대 기업을 질적으로 통합하는 일은 훨씬 커다란 과제이다. 20세기폭스는 픽사, 마블, 루카스필름을 다 합친 것보다 규모가 크다. 따라서 이 과제를 달성하려면 전직 보스를 시험에 들게 했던 만큼의 적응력과 융통성이 필요할 것이다. 아이거가 무대에서 퇴장했고, 그의 서사시적 구상은 아직 개봉 전이란 게 현재 상황이다.

디즈니랜드의 왕 밥 아이거^{Bob Iger} 이야기입니다. 디즈니 블록버스터 애니메이션이나 가끔 개봉하는 제작사라고 생각하셨던 분이라면, 이 글이 그런 생각을 바꾸는 데 보탬이 될 듯합니다. 그가 총수로 재직하면서 디즈니랜드를 어떻게 개편했는지가 간략하게 정리돼 있습니다.

"I don't know if the word disrupter was the right word to use back then, but I've always been willing to take some chances."

but 이하의 절을 살펴보도록 하겠습니다. I와 some chances를 여섯 단어로 이루어진 서술어부가 맺어주고 있습니다. have always been willing to take. 8품사 중에서 형용사와 동사, 이 두 개가 서술어의 역할을 수행하죠. 그 형용사(willing)와 동사(take)를 전치사가 연결해 주고 있네요. '한꺼번에' '종합적으로' 보라고 권해 드립니다. '언제나(always) 기꺼이(willing) ~하다(take)' 비슷한 문형이 세 번째 문단에도 나옵니다.

    To ease investors' nervousness, Mr Chapek would be wise to heed three lessons from his predecessor.

    would be wise to heed가 두 에이전트 Mr Chapek과 three lessons를 연결해 주고 있습니다. '지혜를 발휘해(be wise) 주목하다(heed).' 영어에서는 형용사가 활용^{conjugation}을 하지 않지만, 동사와 함께 서술어부를 이루는 두 축입니다. 두 사례에서 확인할 수 있듯이, 어울려서 복잡한 의미를 조직하기도 하고요.

362

This track record has made Mr Iger one of the most lionised (and best-paid) corporate bosses on Earth.

lionise는 '떠받들다'는 뜻입니다. '에어팟과 오디오 시장'을 소개하는 기사에서는 lion's share(알짜, 제일 크고 좋은 몫)란 표현도 나왔죠.

On February 25th Mr Iger once again displayed a fondness for disruption by announcing his departure from the corner office, effective immediately.

2ND PARAGRAPH

effective immediately가 역동적인 입말로 부가되어 있는 것이 인상적입니다. '사실상'이란 뜻입니다. -ly를 붙여서 부사로 쓰지 않은 이유는 immediately에도 -ly가 있어서, 내키지 않았던 모양입니다. 흔히들 오해하지만, 부사 접미사 -ly가 붙지 않아도, 형용사 자체를 부사로 전용해서 씁니다.

In 2016 his heir apparent was pushed out.

2ND PARAGRAPH

363

heir apparent는 '추정 상속인, 예상 후계자'란 뜻입니다. '그를(his) 계승할 (heir) 것으로 여겨지는 사람(apparent)' 정도로 의미를 구획할 수 있겠습니다. 복수는 heirs apparent입니다.

a safe pair of hands는 '확실한(safe) (일)손'이란 뜻입니다. 두 개 한 쌍이므로, pair를 썼습니다.

명사는 여덟 개의 품사 중에서 그 갯수가 가장 많습니다. 한 연구에 의하면, 전체 영어 단어의 50퍼센트가 명사라고 합니다. 두 가지 지침을 염두하면, 명사를 효과적으로 공략할 수 있습니다. 첫째, 명사의 동사화(강체의 과정화). 둘째, 구체적으로 파악하라.

물주 구문이 아무리 발달한 언어라 한들, 영어 화자들의 마음 한 구석에도 찜찜함이 있습니다. 아무래도 '행위의 주체성'을 담당하는 것은 사람이니까요. 또, 기동자(起動者)가 있어야, 인과 관계를 특정할 수 있고, '자율성'과 '책임' 사안도 거론할 수 있으니까요. a safe pair of hands는 제유법synecdoche 표현입니다. 부분으로써 전체를 가리키거나, 그 반대로 사용되기도 하는 비유법 말입니다. 여기에, 의인화와 인격화personification가 개입합니다. a safe pair of hands가 '안심해도 될 믿을 수 있는 능력자', 곧 사람이 되는 이유입니다. 본서에는 '인공 지능 언어 모형'을 소개하는 기사가 실려 있습니다. 거기에 소프트웨어가 쓴 시가 나옵니다. '증권 거래 위원회'(SEC)와 엘론 머스크가 대화를 하지요. 'SEC'를 캐릭터, 다시 말해 '등장 인물'로 처리했습니다.

여기에, 문화권을 초월해 공통적으로 발견되는 원형적 심리 특성 세 가지를 보태면, 이 사안을 더 풍요롭게 이해할 수 있습니다. 애니미즘animism, 물활론, 정령 신앙, 샤머니즘shamanism, 무속 신앙, 토테미즘totemism, 토템 숭배 말입니다.

Hall of Fame은 '명예의 전당'이 아닙니다. '명사들의 전당'입니다. League of Justice는 '정의 동맹'이 아닙니다. '의인들의 동맹'입니다.

이런 이유로, 다섯 번째 문단의 첫 문장에 나오는 acquired talent를 '새롭게 확보한 재능 있는 인력'으로도 지정할 수 있는 것입니다. 맥락과 결부해 '명사를 구체적으로 파악하라'는 지침은, 제대로 된 영작문을 하는 데서도 사활적으로 중요합니다. 영어로 '생산량'이란 말은 그저 production입니다. 굳이 quantity를 쓰지 않아도 됩니다. 일단은 치밀한 관찰부터 시작하세요.

Mr Iger had no truck with the notion, espoused by some pundits, that content would become commoditised as power shifted irreversibly from creators to distributors. This belief in content led Mr Iger to collect one beloved franchise after another, in a buying spree that verged on the foolhardy.

한국어에 '-하고는, 일 없습니다'란 표현이 있습니다. '아무하고는 관계하고 싶지 않다'거나, '무엇에 관심이 없다'거나, 또는 '무엇을 고려하지 않겠다'거나, '수용하지 않겠다'는 뜻으로 이해됩니다. have no truck with=have nothing to do with=have no connection with=not have dealings with와 정확히 일치하는 표현입니다.

This belief in content led Mr Iger to collect one beloved franchise after another, in a buying spree that verged on the foolhardy. 중간에 있는 쉼표에 주목해 주세요. 확실히 휴지가 있고, 말뜻 그대로 디스로케이션이 발생했습니다.

그런데, 내용적 semantics 으로 보면, 전치사 in을 중심으로 앞뒤의 내용이 일치합니다. 뒤의 구가 앞의 진술 내용을 환언적으로 요약해 주고 있지요. 이를 간단히 도해해 보면 다음과 같습니다. (Mr Iger's) collecting = buying (spree).

365

게다가, verge on이 2형식과 3형식의 점이 지대 동사여서, 한 번 더 풀어보면, (Mr Iger's) collecting = buying (spree) = the foolhardy가 되죠.

입말의 역동성 속에서 '탈구'되어 있고, 동시에 '연결'되어 있습니다. 이 결락(結落)의 변증법적 상황을 디스로케이션 경관$^{\text{dislocation nexus}}$이라고 부르는 것입니다. 아래에서도 '명사-전치사-명사'의 구의 연접 4번형에 쉼표가 찍혀 있습니다.

4TH PARAGRAPH

His fourth purchase, of Mr Murdoch's 20th Century Fox in 2019 for $71bn, is by far his most ambitious (and potentially most problematic).

이 교재의 수많은 복합 명사 사이에 쉼표가 찍혀 있다는 걸 기억하세요? effective immediately 앞에도 쉼표가 찍혀 있었죠. 한국어보다 언문일치가 훨씬 더 많이 돼 있기 때문입니다. 단순한 단어열이 아니라, 그 속에 음악성이 살아서 맥박치는 악보와도 같은 것입니다. 독해만 하다보면, 이 점을 잊기가 쉽습니다. 언어가 입으로 내뱉고 귀로 듣는 공기의 진동이라는 걸요. '이어지고 탈구된' 이 결락의 상황을 적절히 파악하는 것도 영문 독해에서 매우 중요하지요. 프레이징 Phrasing은, 악보를 보면서 악구를 적절히 나누는 해석 방법을 가리킵니다. 언어학에서는 이를 파싱parsing이라고 해 단순화해 부릅니다만, 언어의 음악적 요소를 감안한다면, 프레이징이란 예술적 기예를 발휘한다고 해도 무방하겠습니다. 의미론적으로는, 글쓴이가 구조화한 디스로케이션 넥서스를 더듬는 행위이죠.

6TH PARAGRAPH

When on a visit to Disneyland in Hong Kong around the time he took over as CEO, Mr Iger noted that Chinese crowds preferred newer Pixar character's to Mickey Mouse, he set reverence for Walt Disney aside and went about modernising the firm's roster.

when과 on과 around the time이 위계적으로 적층 수합돼 있는 게 보였으면 좋겠습니다. 가장 포괄적인 단위에서 When이 이끄는 시간 부사절, 곧 종속절은 Mr. Iger ~ Mickey Mouse입니다. 하위 구조부터 차례로 보겠습니다.
   he took over as CEO. 아이거가 최고 경영자로 부임했다.
   a visit to Disneyland in Hong Kong around the time ~. 그즈음 그는 홍콩 소재 디즈니랜드를 방문했다.
   on ~ Mr Iger noted that Chinese crowds preferred newer Pixar characters to Mickey Mouse, 이때 중국 사람들이 미키 마우스보다 픽사의 더 새로운 캐릭터들을 좋아한다는 사실이 아이거의 눈에 띄었다.
   When ~ , he set reverence for Walt Disney aside and went about modernising the firm's roster. 이걸 깨닫자 그는 당장에 월트 디즈니 숭배를 그만두고서 회사의 캐릭터 목록을 현대화하는 일에 착수했다.
   character를 복수화해야 하는데, 소유격으로 쓰는 실수를 저질렀습니다.

367

roster란 단어는, 메이저 리그 야구 보도에서도 흔히 들을 수 있는데, '선수 명단'이란 뜻입니다. 여기서는 '캐릭터 목록'이 되겠고, 네 번째 문단의 stable과도 동의어입니다. '동일 회사의 상품군'입니다.

7TH PARAGRAPH

Convinced that digital disruption was "not a speed bump" but an existential threat, he bet Disney's future on a shift from its historic business-to-business model of distribution to the fast-growing direct-to-consumer model pioneered by Netflix.

digital disruption과 existential threat이 형용사-명사의 짜임으로 구의 연접 3번입니다. 구는 단어의 갯수가 적고, 맥락과 결부해서 의미를 복원하기가 만만치 않습니다. 구에 비하면, 동사가 활용된 절은 의미가 훨씬 분명하지요. 구의 의미를 적절히 복원해 내는 능력은 영어 실력의 척도이기도 합니다. 네 가지 구의 연접 양상을 알려드렸습니다. 신택스 분석은 마무리되었고, 그 의미론적 지형을 계속 쌓아나가시기를 권합니다. 필자가 의도하진 않았지만, 같은 문장에 digital disruption의 내용이 길게 설명돼 있습니다.

digital disruption = shift from historic business-to-business model of distribution to the fast-growing direct-to-consumer model pioneered by Netflix

existential threat 역시 구의 연접 3번으로, 절의 모형을 염두하면서 의미를 복원하면, 목적어(생존을, existential)-술어 동사(위협하다, threat)입니다. 주어는 digital disruption이겠지요.

Digital disruption is threatening Disney's existence(life).

주절의 구조는 이렇습니다. he bet Disney's future on a shift ~. '그가 (어떠어떠한) 변화에 디즈니의 명운을 걸었다'는 내용이죠. 저는, 주절에 종속구가 부가돼 있을 때, 전치사를 중심으로 살펴볼 것을 여러 차례 제안했습니다. 이를, '전치사의 넥서스형 연결사' 용법이라고도 했고요. 이런 관점의 구조 기능주의적 함의는 '대등 구조와 위계 구조의 역전'이었습니다. betting=shifting입니다. 여기에는 또, '과정의 물체화와 그 역'의 원리도 개입하지요. 요컨대, 아이거는 디즈니의 명운을 걸고, 변화를 단행한 것입니다. 그래서 이 다음 나오는 문장의 big gamble과 동치가 되지요. bet=shift=big gamble.

Mr Iger leaves his successor a company in good shape, but also in the midst of two transformations: digital and, with 20th Century Fox to fold in, organisational.

9TH PARAGRAPH

두 버전의 해석을 보도록 하겠습니다.
 1) 아이거는 양호한 상태이지만 두 가지 큰 변화의 한가운데에 있기도 한 회사를 후계자에게 남겼다.
 넥서스형 연결사 용법에 기초해 전치사 in을 중심으로 한 해석이 두 번째 버전입니다.
 2) 아이거가 후계자에게 물려준 회사는 상태가 양호하지만, 두 가지 큰 변화를 단행 중이기도 하다.
 콜론(:)은 한국어 표기법에는 없는 구둣점입니다. 반면, 영어에서는 콜론과 세미콜론 둘 다를 규범화된 구둣점으로 인정해 사용합니다. 보시는 바와 같이 상술을 하거나, 원인을 덧붙일 때 콜론이 쓰이죠.

글의 흐름과 연결성을 고려할 때, 저는 두 번째 해석이 더 낫다고 생각합니다. 실은 문법의 문제가 아닙니다. 표층 문법의 심층에서 전개된 저자의 인지 경관이 두 번째 문장처럼 구조화돼 있다는 것이 핵심이겠지요.

"아이거가 후계자에게 물려주는 회사는 상태가 양호하지만, 두 가지 큰 변화의 한가운데에 있기도 하다. 디지털 분야의 소용돌이가 하나요, 20세기폭스와의 융합을 생각한다면, 조직 문제가 또 있다."

A big test of his respect for talented types with strong opinions will be convincing Kevin Mayer, the go-getting head of Disney's direct-to-consumer business whom many expected to get the top job, to stay put.

명사를 구체적으로 파악하라는 방침을 강조했습니다. 다섯 번째 문단의 acquired talent가 떠오르실 겁니다. 여기서는 talented types로 '범주적 조작'이 보태졌습니다. will be convincing은 미래 진행형이 아닙니다. convincing Kevin Mayer to stay put이 A big test의 보어입니다.

"확고한 견해의 재능 있는 인재들을 그가 존중할 수 있을까? 케빈 마이어 Kevin Mayer를 설득해 계속 자리에 남아 있게 하느냐가 이를 가늠할 수 있는 시금석이 될 터다. 왜냐, 소비자를 직접 상대하는 direct-to-consumer, DTC 디티시 사업 부문을 총괄해 온 바로 그 수완가를, 많은 이가 디즈니의 차기 총수로 예상했기 때문이다."

9TH PARAGRAPH

The even greater challenge of integrating a behemoth like 20th Century Fox, a bigger acquisition than Pixar, Marvel and Lucasfilm combined, will require a degree of adaptability that would have strained the old boss himself.

challenge와 integrating과 acquisition이 범주적으로 변형되긴 하지만, 동일한 내용으로 획정할 수 있겠습니다. 하지만 정신 공간 상에서 동사 '성' 내지 보이스가 담보된 과정(파동)으로 볼 때만 그러합니다. acquisition에 부정 관사가 붙었고, 그러면 '피합병 회사'인 강체(물체)가 돼, 20th Century Fox와 복합 명사 동격이기 때문입니다. 다시금, behemoth=20th Century Fox=acquisition이 되지요. 이렇듯, 품사 '상' 이면에서 전개되는 '과정'process과 '물체'thing or rigidity 사이의 불확정적 진동을 고정하는 일이 쉽지는 않습니다. 본문에는 acquisition이 세 번 나옵니다. 네 번째 문단과 다섯 번째 문단과 바로 이 문단에서요. 명사가 그냥 단순한 명사가 아닌 것입니다. 바로 이 과정과 물체 사이의 진동 상황을 온전히 확인할 수 있는 예시가 또 있습니다. 네 번째 문단의 takings가 그렇습니다. '매출액, 소득'이란 뜻입니다. take 동사에서 출발했겠죠. 단속적 행위로 무언가를, 아마도 돈을 '가져가거나 취'했을 것입니다. 시간의 흐름 속에서 이런 직접적 행동이 반복되자, 우리의 인지가 이 정보값에 강체성rigidity을 부여하게 된 것입니다. 매우 어려운 테마입니다.

a degree of ~에는 good이 들어가야 합니다. '일정 정도'가 아니라, '상당한 정도'여야 하거든요. 네 번째 문단에 quality products란 복합 명사가 나오는

데, '품질 제품'이 아니라, '양질의(good quality) 제품'인 것과 같습니다.
"거대 기업을 질적으로 통합하는 일은 훨씬 커다란 과제이다. 20세기폭스는 픽사, 마블, 루카스필름을 다 합친 것보다 규모가 크다. 따라서 이 과제를 달성하려면 전직 보스를 시험에 들게 했던 만큼의 적응력과 융통성이 필요할 것이다."

As it is, Mr Iger has bowed out before his most epic plot has unspooled.

bow out과 unspooled란 어휘가 눈길을 사로잡습니다. bow out은 '무대에서 인사를 하고 퇴장'하는 거고, unspool은 '(영화가) 상영되다, 개봉하다'는 뜻입니다. 디즈니랜드Disneyland를 묘사하는 어휘로서 모자람이 없다고 느껴집니다.

주절과 종속구를 전치사를 중심으로 살펴보자고 제안했습니다. As it is가 사전에도 풀이돼 있는 숙어지만 말입니다. it is=B로, 주절을 A로 치환해 보지요. A as B.

A=B가 됩니다. 이런 구조 분석에 입각해, 저도 마지막 문장을 더 신경써서 옮겼습니다.

"아이거가 무대에서 퇴장했고, 그의 서사시적 구상은 아직 개봉 전이란 게 현재 상황이다."

1ST PARAGRAPH

disruptor: 혁신 기업, 게임 체인저
be willing to: 흔쾌히 ~하다, ~하기를 마다하지 않다(=be happy about)
take chances: 되는 대로 하다(=do at random), 위험을 감수하다(=do risky things)
tenure: 재임 (기간)
bet: 도박, 내기, 도박에 가까운 모험, 과감한 시도
moderate: 적당한, 웬만한
profitable: 수익을 내는, 벌이가 되는, 유익한
upstart: 벼락부자(=novice=rookie=cub)
formidable: 가공할, 무적의, 엄청난(=impressive or fearful)
powerhouse: 발전소, 최강의 팀
quadruple: 네 배가 되다(=four times bigger)
market capitalization: 시가 총액(=발행 주식 총수*주당 가격)(=market cap)
rocket: 수직 상승하다, 급증하다, 급등하다(=surge=soar)
track record: 실적, 업적(=achievement)
lionise: 추어올리다, 떠받들다(=admire)

2ND PARAGRAPH

display: 전시하다, 보여주다, 내보이다(=show)
departure: 떠남, 출발, 일탈
corner office: 고급 사무실
effective: 사실상의, 시행되는, 발효되는
toy with: ~을 생각하다, ~을 만지작거리다, ~을 가지고 놀다
heir: 상속인, 계승자(=successor)
extend: 연장하다, 확대하다, 늘이다, 늘리다
contract: 계약
be expected to: ~할 터다, ~할 것으로 기대되다, ~ 해야만 한다
a safe pair of hands: 일을 충분히 잘 해낼 것으로 믿을 수 있는 노련한 리더
amusement park: 놀이 공원, 테마 파크(=theme park)

3RD PARAGRAPH

abrupt: 돌연한, 갑작스러운(=very sudden)
share price: 주가
tumble: 굴러 떨어지다, 곤두박질 하다, 크게 추락하다(=fall down)
ease: 무마하다, 완화하다, 덜어주다(=mitigate=alleviate)
heed: 주목하다, 주의를 기울이다(=pay attention=take notice of)
predecessor: 전임자
executive: 경영자, 운영 책임자, 경영 간부, 중역, 이사(=boss)
Tinseltown: 화려한 도시, 할리우드 cf) tinsel: 장식용 반짝이 조각

4TH PARAGRAPH

insight: 통찰 (내용), 통찰력(=accurate and deep understanding)
lingo: 언어, 용어(=jargon) cf) dialect: 방언, 사투리
have no truck with: ~와 관계하지 않다, ~와 거래하지 않다, ~를 고려하지 않다(=not truck with=not have dealings with=have no connection with=have nothing to do with)
notion: 개념, 관념, 생각(=idea)
espouse: 신봉하다, 지지하다(=support=endorse)
pundit: 전문가(=expert=guru)
commoditise: 여타 상품처럼 취득되고 팔릴 수 있다는 듯이 부적절하게 취급하다(=commodify=commoditize)
irreversible: 되돌릴 수 없는, 불가역적인
distributor: 배급업자, 유통 사업자
beloved: 총애 받는, 인기가 많은, 사랑스러운(=popular)
spree: 흥청망청
verge on: ~에 가깝다, 거의 ~이다(=border on sth)
foolhardy: 무모한, 신중치 못한, 충동적인(=reckless=rash=impulsive)
take over: 취임하다(=assume the control and management of)
stable: 동일 회사의 상품군
comic (book): 만화책, 만화 잡지
pip: 근소한 차이로 누르다(이기다)
acquire: 획득하다, 인수하다(=merger)
revenue: 수익, 수입(=profit=receipts)
blockbuster: 블록버스터, 크게 성공한 영화(=successful movie)
include: 포함하다, ~이다

grab: 붙잡다, 움켜쥐다, 차지하다, 장악하다(=seize)
takings: 매출액
by far: 단연코(=far and away)

5TH PARAGRAPH
reign: 재임 기간 cf) rein: 고삐, 통제력
talent: 재능, 능력 있는 사람, 성향
nimble: 민첩한, 날렵한(=agile)
turf: 영역, 텃세
defend one's turf: 텃세를 부리다(=make one's territory=be cold to newbies)
headquarters: 본사
foist: 강요하다, 주입하다(=insert sth surreptitiously or wrongfully)
middling: 2류의, 어중간한, 특별할 것 없는, 평범한(=moderate=unremarkable)
in-house: 자체의, 내부의, 사내의
hands off: 방임의, 불간섭(주의)의(=not interfere with)
control freak: 만사를 자기 뜻대로 하려는 사람, (완벽주의) 통제광
reclusive: 세상을 버린, 은둔자
cherish: 소중히 여기다, 간직하다(=treasure)
possession: 가진 것, 소유물, 보유(=belonging)

6TH PARAGRAPH
paranoia: 편집증
supreme: 최고의
time and again: 거듭해서, 몇 번이고(=again and again=repeatedly)
revise: 변경하다, 개정하다(=adjust=change=modify)
landscape: 풍경, 경관, 환경(=environment=surroundings)
evolve: 발달하다, 진화하다, 바뀌다(=develop)
note: 주목하다, 눈에 띄다(=witness=perceive=detect=notice)
prefer A to B: B보다 A를 더 좋아하다, 선호하다
set sth aside: 한쪽으로 치우다, 무시하다(=disregard=ignore)
reverence: 숭상, 존경, 경배(=admiration)
go about: ~을 시작하다(=go around)

modernise: 현대화하다(=make sth new)
roster: 선수 명단, 캐릭터 목록(=stable)

7TH PARAGRAPH
embrace: 포용, 껴안다, 받아들이다, 수용하다(=accept)
convinced: 자신하는, 확신하는
speed bump: 과속 방지턱, 약간 짜증스런 장애물(=sleeping policeman)
business-to-business(B2B): 업체간의, 기업간의
pioneer: 개척자, 선구자, 개척하다(=trailblaze)
in part: 부분적으로, 어느 정도는(=partly=to some extent)
traditional: 과거의, 기존의(=historic=existing)
bunch: 번들, 묶음, 다발로 묶다
pricey: 비싼(=expensive=costly)
pay television: 유료 텔레비전 방송(=pay TV)
gamble: 도박, 모험(=bet=risk taking=adventure)
board: 이사회, 위원회
put sth at risk: 위험에 처하게 하다, 위험에 빠뜨리다(=risk)
outlay: 경비, 지출(=cost=expenditure=spending)
in exchange for: ~를 받겠답시고
dividend: 배당금(=benefit=reward)

8TH PARAGRAPH
launch: 개시하다, 출시하다, 출범하다
subscriber: 구독자, 이용자, 가입자
chalk up: (점수를) 얻다, 기록하다
take control of: 장악하다, 지배하다(=control=have)
fork over: (돈을) 지불하다, 건네다(=give=pay)

9TH PARAGRAPH
sanction: 도덕적 구속(=legacy)
good shape: 건전하고 양호한 상황
fold in: 융합해 들어가다
test: 검증하다, 확인하다, 판가름하다
appear to: ~처럼 보이다(=seem to)
mentor: 멘토, 선배

date back to: ~로 거슬러 올라가다
go-getting: 수완 있는, 진취적인
　　(=talented=enterprising=aspiring)
stay put: 그대로 있다, 머물다, 남다
integrate: 통합하다(=combine) cf)
　　integral: 필수불가결한, 결여된 부분이
　　없이 완전한, 정수, 적분
behemoth: 거인, 거대
　　기업(=big=giant=conglomerate)
adaptability: 적응성, 융통성(=flexibility)
strain: 부담을 주다, 압박을
　　가하다(=press=constrain)
as it is: 현재로서는(=for now=as the
　　situation is at the moment)
bow out: 퇴장하다,
　　사직하다(=withdraw=retire)
unspool: 풀다, 상영되다,
　　개봉하다(=unfold=screen a film)

BUSINESS: Schumpeter

Telegram tries to blend security with usability

Protests in Belarus have boosted the app's profile

BUSINESS
AUG 29TH 2020 EDITION

THE OFFICIAL story is that Alexander Lukashenko, Belarus's president, won a sweeping victory. On August 9th some 4.7m people, 80% of Belarusian voters, cast their ballots for him. Just 10% voted for Svetlana Tikhanovskaya, a former English teacher who replaced her jailed dissident husband on the ballot. But few in the benighted country believe the official account, which is why Belarus has seen nearly three weeks of protests demanding Mr Lukashenko's resignation.

As has become de rigueur in the 21st century, many of the demonstrations are co-ordinated online. One app in particular, Telegram, has become a vital tool. Users share inspiring videos and plans for marches. One message shows employees of the National Academy of Sciences protesting in defiance of their bosses, and proposes a rally in support. Another reminded readers that August 25th marked the 29th anniversary of Belarus's independence from the Soviet Union, set out the day's celebrations, and promised a message from Ms

보안과 사용자 편의성을 조합하려는 텔레그램의 분투

벨로루시에서 항의 행동이 벌어졌고, 이 앱의 인지도가 크게 상승했다.

1ST PARAGRAPH   공식적으로 발표되기는, 벨로루시 대통령 알렉산드르 루카셴코Alexander Lukashenko가 압승을 거두었다고 한다. 8월 9일 벨로루시 전체 유권자의 80퍼센트인 약 470만 명이 루카셴코에게 표를 던졌다. 스베틀라나 티카노프스카야Svetlana Tikhanovskaya를 지지한 유권자는 10퍼센트에 불과했다. 전직 영어 교사인 그녀가, 투옥된 반체제 인사 남편을 대신해 출마한 것이다. 그러나 '어둠이 깃든' 이 나라에서 공식 집계 결과를 믿는 사람은 거의 없다. 루카셴코의 퇴진을 요구하는 시위가 3주 가까이 벌어진 이유이다.

2ND PARAGRAPH   21세기에 요구되는 바, 다수의 데모가 온라인으로 조직된다. 가령 텔레그램Telegram이란 앱이 굉장히 중요해졌다. 이용자들은 서로를 격려하는 내용의 동영상과 가두 행진 계획 따위를 공유한다. 국립 과학 아카데미 직원들이 상급자들에 맞서는 모습을 보여주며, 지지 집회를 제안하는 메시지가 있는가 하면, 또 다른 메시지는 수신자들에게 8월 25일이 벨로루시가 구소련으로부터 독립한 29주년 일임을 상기하면서 독립 기념일을 축하하자고 제안했고, 나아가 티카노프스카야의 메시지가 있을 것임도 약속했다.

Tikhanovskaya.

It is not just Belarus. Telegram, with more than 400m monthly users, has been used by Black Lives Matter protesters in America, as well as anti-government demonstrators in Hong Kong and Iran. Silicon Valley venture capitalists flaunt it as a symbol of fashionable edginess. Pavel Durov, its creator, makes no secret of his sympathies. A message in his public channel, which has 356,000 subscribers, shows a poster claiming that memes can "topple regimes". It is a sentiment straight from the internet's idealistic early days, when the assumption was that freedom and democracy would flow down the wires alongside the bits and bytes. Telegram did not respond to The Economist's request for comment.

Although Telegram remains behind WhatsApp and WeChat, which boast 2bn and 1.2bn monthly users, respectively, it is booming. In April it said it had added 100m users in the preceding 12 months. It has three selling points. The first is simply that it is a rather good piece of software, slick and easy to use. It was the most-downloaded chat app in Belarus before the protests and recently took the top spot from WhatsApp in Russia, according to SensorTower, an app-analytics firm. As with WeChat, Telegram users can design third-party programs to run on top of its service, letting people while away the time with video games, quizzes and the like. Whereas WhatsApp chats are limited to 256 participants, Telegram's user-created public channels can host unlimited numbers. One of the most popular is "Hindi hd movies", which points its 6m subscribers towards pirated copies of popular films.

3RD PARAGRAPH 단지 벨로루시만이 아니다. 텔레그램은, 월 이용자 수가 4억 명 이상으로, 미국에서 '흑인 목숨도 소중하다'Black Lives Matter 시위대뿐만 아니라, 홍콩과 이란의 반정부 데모대까지 활용됐다. 실리콘 밸리의 VC들은 텔레그램을 최첨단 유행의 상징으로 받들며 과시한다. 텔레그램 창업자 파벨 두로프Pavel Durov도 자신의 동정과 공감을 숨기지 않는다. 구독자가 35만 6천 명인 두로프 계정의 공개 채널public channel에 올라온 한 메시지를 보면, 밈meme이 "정부를 전복"할 수 있다고 주장하는 포스터가 게시돼 있다. 이것은 인터넷이 막 시작됐던 초창기 이상주의 시절의 바로 그 정서다. 비트 및 바이트와 함께 전선을 따라 자유와 민주주의가 흘러넘칠 거라고 믿던 시절이 있었다. (텔레그램 측은 『이코노미스트』의 논평 요청에 따라 대꾸하지는 않았다.)

4TH PARAGRAPH 텔레그램은 왓츠앱WhatsApp과 위챗WeChat에 여전히 순위에서 밀린다. 월간 이용자 수가 왓츠앱은 20억 명, 위챗은 12억 명이다. 그럼에도 텔레그램은 호조를 보이고 있다. 4월에 발표된 내용을 보자. 앞선 12개월 동안 신규 이용자가 1억 명 늘었다고 한다. 장점이 세 개 있다. 첫째는, 간단히 말해서, 텔레그램이란 소프트웨어가 품질이 꽤 좋다. 매끄럽고, 이용하기가 쉽고 편하다. 텔레그램은 벨로루시에서 항의 시위가 발생하기 이전에도 사실 다운로드 횟수가 가장 많은 채팅 앱이었다. 앱 분석 회사 센서타워SensorTower에 의하면, 러시아에서는 최근 왓츠앱의 수위 자리를 빼앗았다. 위챗과 마찬가지로 텔레그램 이용자들도 해당 서비스 위에서 타사 프로그램을 돌릴 수 있다. 비디오 게임을 한다든가, 퀴즈를 푼다든가 하는 등으로, 이용자들이 텔레그램을 켠 채로 시간을 보낼 수 있는 것이다. 왓츠앱 채팅은 참가자를 최대 256명으로 제한하지만, 텔레그램은 이용자가 생성할 수 있는 공개 채널이 있고, 이들 채널은 참가 인원을 제한하지 않는다. 이 공개 채널 중 가장 인기가 많은 것 하나가 '힌두 고선명 영화'Hindi HD Movies다. 짐작하겠지만, 구독자 600만 명은 이 채널을 타고서 대중 영화의 해적판을 찾아나선다.

Telegram's second virtue is its promise to protect users from governments' prying eyes. Experts debate exactly how secure Telegram is. Like WhatsApp, it offers "end-to-end encryption", which prevents third parties, including the app itself, from deciphering messages. But unlike WhatsApp, this is not Telegram's default setting, and it does not work with many of the app's features. Messages are still encrypted, but Telegram retains a copy of the key. Authorities that persuade the firm to divulge that key could read a user's messages. (Telegram says this has never happened and that it would resist if it did.) The app also relies on its own custom cryptography rather than battle-tested code favoured by experts.

Telegram's third, and perhaps main, attraction is that it is not owned by Facebook (as WhatsApp is) or Tencent (the Chinese giant which controls WeChat). The app trumpets its independence from internet titans, which netizens view with growing suspicion. Its business model is simple: it does not have one. It says that running costs are covered by Mr Durov, who made a fortune with vKontakte, a popular Russian social-media platform he founded in 2006. Profit, the firm declares, "will never be an end-goal", and "commercial interests will never interfere with our mission." Such claims are lent credibility by Mr Durov's background. At vKontakte he refused to hand over details of opposition politicians' websites. He was fired by the board in 2014 as part of a claimed takeover by allies of Vladimir Putin, Russia's president. Mr Durov bought citizenship of St Kitts & Nevis, and began work on Telegram.

However, preserving privacy and security is becoming trickier. Encrypted chat apps are viewed with sus-

5TH PARAGRAPH 텔레그램의 두 번째 장점도 보자. 텔레그램은 정부의 감시로부터 이용자들을 지키고 보호하겠다고 천명한다. 물론 전문가들은 텔레그램이 실제로 얼마나 안전한지를 두고 논쟁을 한다. 텔레그램도 왓츠앱처럼 종단간 암호화E2EE, End to End Encryption 기술을 쓴다. 호스팅 앱 자체를 포함해, 제3자가 절대로 메시지를 해독할 수 없는 기술이다. 하지만 텔레그램의 전과정 암호화 기술은, 왓츠앱과 달리 기본 설정값이 아니며, 앱의 여러 기능과 충돌한다. 보내는 메시지가 암호화되긴 하지만, 텔레그램이 여전히 그 키의 복사본을 보유한다. 해당 키를 내놓으라고 텔레그램 사를 설득하면 당국은 이용자의 메시지를 읽을 수 있다. (텔레그램은 이런 일이 한 번도 없었고, 앞으로 요청이 오더라도 거부할 거라고 한다.) 텔레그램 앱은, 전문가들이 찬성하는, 소위 '전투로 검증된'battle-tested 코드가 아니라, 자체의 맞춤형 암호 기술에 바탕을 두고 있다.

6TH PARAGRAPH 텔레그램의 세 번째 매력이 아마도 가장 중요할 테다. 텔레그램 소유자가 페이스북Facebook이나 텐센트Tencent가 아니다. (왓츠앱은 페이스북 꺼고, 위챗을 지배하는 것은 중국의 거대 기업 텐센트다.) 텔레그램은 인터넷 거인들로부터 자사 앱이 자유롭다고 자랑스럽게 선포한다. (네티즌들이 이들 거대 인터넷 기업을 점점 더 불신하고 있음을 상기하라.) 텔레그램의 비즈니스 모델은 아주 단순하다. 정확히 얘기해, 비즈니스 모델이란 게 아예 없다. 텔레그램 측은 운영비를 두로프가 댄다고 밝혔다. 두로프가 브콘탁테vKontakte로 큰돈을 벌었는데, 브콘탁테는 2006년 그가 설립한 러시아의 소셜 미디어 플랫폼으로, 인기가 아주 많다. 텔레그램이 선언한 내용을 그대로 소개한다. 수익은, "궁극 목표가 아니다. ...... 상업적 이익 때문에 우리의 임무와 사명을 접지 않을 것이다." 두로프의 전력을 보면, 이런 주장에 믿음이 간다. 그가 야당 정치인들이 브콘탁테에서 운영하는 웹사이트의 세부 비밀을 넘겨주지 않은 것이다. 그 때문에 2014년 이사회가 두로프를 쫓아냈다. 러시아 대통령 블라디미르 푸틴Vladimir Putin 동맹 세력이 브콘탁테를 탈취하려는 시도의 일환으로 그를 해고했다고 전해진다. 두로프는 이후로 세인트키츠네비스St Kitts & Nevis 시민권을 샀고, 텔레그램을 만들었다.

7TH PARAGRAPH 그러나 프라이버시를 보호하고 보안을 지키는 게 점점 더 어려워지고 있다. 심지어 민주주의 국가들까지 암호화 채팅 앱에 의구심을

picion even in democracies. America and Britain have repeatedly threatened to ban end-to-end encryption, because it frustrates the work of the police and intelligence agencies.

Autocrats, for their part, have learned how to harness chat apps to spread misinformation, as well as genuine news. The Hong Kong protests saw Telegram channels dedicated to posting the personal addresses of prominent dissidents. By seizing demonstrators' phones and forcing them to reveal passwords the police can get their hands on lists of contacts to be arrested or intimidated. A booming market for private hacking allows governments to buy software that can bypass encryption by breaking into phones and reading information straight off their screens. One knowledgeable observer says it would be foolish to assume that big chat apps are not targeted by national spy agencies. That goes for Telegram, too.

Returns from senders

If Telegram persuades users that it is both more fun and safer than WhatsApp and WeChat, it could nibble away at their supremacy. But for that to happen, it must first survive. It is unclear how long Mr Durov's money will last. Since 2017 Telegram has tried to raise $1.7bn by selling its own cryptocurrency. America's Securities and Exchange Commission halted the sale on the grounds that Telegram was dealing in unregistered securities and ordered it to return most of the cash to investors. That has put paid to plans for an alternative to bitcoin that may, if boosters are to be believed, one day supplant VISA, Mastercard or WeChat's e-payments. Tel-

보낸다. 미국과 영국이 종단간 암호화 기술을 금지하겠다고 거듭해서 으름장을 놓았다. 경찰과 정보 기관의 활동을 무력화한다는 이유에서다.

8TH PARAGRAPH   독재 정부는 독재 정부 나름대로 채팅 앱 활용법을 깨우쳤다. 진짜 뉴스만이 아니라, 역정보를 확산시키는 것이다. 홍콩의 시위대는 텔레그램 채널들이 저명한 반체제 인사들의 개인 주소를 올리는 데 이용됐다고 봤다. 경찰이 시위대원의 전화를 압수해 비밀 번호를 실토케 하면, 연락처를 손에 넣을 수 있고, 체포해 위협하는 것은 식은 죽 먹기이다. 민간 해킹 시장이 활황인데, 각국 정부가 암호화 기술을 우회하는 소프트웨어를 살 수도 있다. 아예 본인이 안 보는 곳에서 전화기를 뚫고 들어와 정보를 읽는 것이다. 관련 분야에 정통한 한 평자는, 국가 정보 기관이 대규모 채팅 앱을 그냥 놔둘 것으로 생각한다면, 어리석은 가정이라고 촌평한다. 텔레그램도 예외가 아닌 것이다.

9TH PARAGRAPH   이용자들의 보답

텔레그램이 왓츠앱이나 위챗보다 재미도 있고 안전하기까지 하다는 걸 설득해 내면, 두 앱의 우위를 야금야금 잠식해 들어갈 수 있을 터다. 하지만 그런 일이 일어나려면, 일단 살아남아야 한다. 두로프의 자금이 얼마나 버텨줄지 불확실하다. 텔레그램은 2017년부터 자체 개발한 암호 화폐를 팔아 17억 달러를 모집하려 했다. 그런데 미국의 증권 거래 위원회Securities and Exchange Commission, SEC가, 미등록 증권 매매를 이유로 들어 판매를 중단시키더니, 투자자들에게 대금의 대부분을 돌려주도록 명령하기까지 했다. 다른 형태의 비트코인bitcoin을 염두한 각종 계획이 그렇게 좌절돼 버렸다. 지지자들의 말을 인용하자면, 이들 암호 화폐가 언젠가는 비자VISA, 마스터카드Mastercard, 위챗의 전자 결제 등을 대체할 것이라고 한다. 그럼에도 불구하고 텔레그램은 그럭저럭 버틸 수 있을 것으로 본다. 두로프의 기부금이 고갈되면, 비필

egram thinks it can nevertheless get by even once the Durov largesse runs out, by charging for non-essential upgrades. Prospective regime-topplers are keeping their fingers crossed that it is right.

© The Economist Newspaper Limited, London (Aug 29th 2020)

수 업그레이드에 과금을 하겠다는 계획이다. 향후 체제 전복자들은 텔레그램의 판단과 예상이 옳기를 간절히 바라고 있다.

The official story is that Alexander Lukashenko, Belarus's president, won a sweeping victory.

별안간 유럽의 소국 벨로루시 얘기가 등장합니다. 구글 맵이나 구글 어스를 통해 지리 정보를 확인하면, 더 생생하게 이해할 수 있습니다. 이하에서는 카리브해의 섬나라 세인트키츠네비스 St Kitts & Nevis 도 나옵니다.

But few in the benighted country believe the official account, which is why Belarus has seen nearly three weeks of protests demanding Mr Lukashenko's resignation.

few in the benighted country는 구의 연접 4번 '명사-전치사-명사'입니다. in the benighted country가 장소 부사이므로 '디스로케이션' 상황인데, 참말이지 구의 연접 4번을 좋아합니다(현대 영어의 특징입니다). 장소 부사라고 해도 좋을, 국명 Belarus가 인격화돼, 무엇을 지켜보았다는 것도 전형적인 영어 표현이지요. '공간'만 그런 것이 아닙니다. '시간' 명사도 구의 연접 4번으로 조직돼 있습니다. nearly three weeks of protests. '거의 3주 동안 벨로루시에서' 시위가 벌어졌습니다.

관계 대명사 which는 여섯 개의 연결사 Six Connectives 중 하나죠. 순해 방식으로 읽으면 무난합니다. which is why를 and so나 therefore로 바꿀 수 있겠습니다.

386

That is why ~.와 That is becasue ~.가 어떤 차이가 있는지 말씀드리겠습니다. 사전의 예문을 하나 봅시다.

He was happy when I saw him. That was because he got the job he had wanted.

"그를 만났는데 행복해 보였고, 그건 그가 원하던 직장을 얻었기 때문이었다."

That is because ~는 다음과 같은 구조를 갖습니다: (결과) is because (원인).

반면, That is why ~는, 거꾸로 입니다. (기사의 본문을 상기하십시오.) (원인) is why (결과).

원인과 이유가 대충 같은 것으로 '퉁쳐'지지만, 사실은 그렇지 않습니다. 여기에는 두 가지 사실이 개입합니다. 인간이 자유 의지를 지닌 목적 의식적 존재이고, 둘째는 이런 마음밭의 터를 바탕으로 시간을 사유하는 존재라는 것이죠. 과거-현재-미래란 시간의 수평선을 '구성해' 내는데, 사람마다 시간을 사유하는 양상이 제각각입니다.

현대 물리학의 성과에 의하면, 시간이 흐르지 않고 개별적으로 점재한다고도 하는데, 이 말이 맞을 수도 있습니다. 점재하는 시간을 이어붙여서 '흐른다'고 치고, 논리적 인과를 구축하는 일 자체도 지극히 인간적인 구성 행위일 수 있다는 말입니다. 하지만 이 사안은 이 책의 범위를 넘어서는 것이므로, 더 쓰지 않겠습니다.

다시 원래의 이야기로 돌아갑시다. 개별 언어의 시제가 제각각인 것 역시, 집단적 정신 문화의 산물인 셈입니다. 개별 언어가 주안을 두고 있는 시간 관념이 구조화된 것이죠. [사피어-워프 가설은 진일보한 형태로 새롭게 부활했습니다.]

인간은 목적 의식적 존재이고, 미래를 내다봅니다. 그 미래가 동기가 되어, 현재를 견인합니다. 여기에는 '행위 주체성', '자유 의지', '모험', '당위'란 관념들이 위계적으로 결부되지요. 이게 바로, '이유'의 핵심이고, 수많은 가치 명제들과 목적론적 세계관이 도출됩니다.

반면 원인은, '행위 주체성', 나아가 '생물학적 욕동', '생존과 번식'이 개입하지 않습니다. 다수준 선택multi-level selection의 무대에서 생물 현상 이전의 사태, 곧 해프닝happening인 것입니다. 시간적 선후가 결부된 채로, 그냥 원인이 있으면 결과가 있다는 관찰 결과일 뿐입니다.

사람들은 이 두 기작을 섞어버립니다. 비전과 미래상이 먼저고, 그게 현재를 견인했는데, 그 이유가 '원인'처럼 과거로 옮아가 현실과 현재를 밀고 있다고 착각하는 거죠. '원인'과 '이유가' 뒤섞여 버린 이유입니다.

영어 공부에서 시제는, 어느 정도 익숙해지면, 그리 어려운 사안이 아닙니다. 제가 볼 때, 정작 중요한 것은, 언어 이전에, 또 언어를 매개로, 우리가 시간을 사유한다는 사실입니다. 그 사유의 정밀도와 내용의 풍성함은 개인차가 대단히 큽니다.

기술 사안을 정리하고 마칩니다.

As has become de rigueur in the 21st century, many of the demonstrations are co-ordinated online.

생략된 주어 it이나, 복수라면 things를 복원하면 되겠습니다. 영어도 주어를 안 쓰는 문장이 점점 늘어나고 있습니다. 이미 그렇습니다. 일기문 문학을 보면, 주어가 안 나오는 경우가 많거든요. 예문을 하나 소개합니다.

10:30 p.m. Long visit with Helen before the fireplace, from the light of limbs from the old dead apple trees, the wind blowing like mad, the Wuthering Heights touch again as it goes through the loose house; to bed.

오후 10:30. 벽난로 앞에서 헬렌에게 다녀온 얘기를 했다. 우리는 늙어서 죽은 사과나무 가지를 난로에 땠다. 바람이 미친 듯이 불었는데, 헐거운 가옥을 스쳐 지나가면 꼭 폭풍의 언덕 느낌이 났다. 잠자리에 들었다.

One message shows employees of the National Academy of Sciences protesting in defiance of their bosses, and proposes a rally in support. Another reminded readers that August 25th marked the 29th anniversary of Belarus's independence from the Soviet Union, set out the day's celebrations, and promised a message from Ms Tikhanovskaya.

protesting in defiance of에서 보이스가 중첩돼 있음을 관찰하고, 주종 관계를 역진시킬 수 있겠습니다. 번역 단계에서는 어느 하나를 버릴 수도 있을 겁니다. a rally in support는, 구의 연접 4번으로 결합력을 높일 수도 있고, 디스로케이션을 수행해 in support를 부사구로 취급할 수도 있을 것입니다. the day's celebrations는 구의 연접 2번이고, '이 날을 축하하다'의 '목적어-술어 동사' 구조입니다. a message from Ms Tikhanovskya는 구의 연접 4번으로, from을 of로 바꿔 쓸 수도 있습니다. '술어 동사-주어'의 구조입니다.

3RD PARAGRAPH

A message in his public channel, which has 356,000 subscribers, shows a poster claiming that memes can "topple regimes".

"구독자가 35만 6천 명인 두로프 계정의 공개 채널에서 볼 수 있는 한 메시지에는 밈들이 '정권을 전복할' 수 있다고 주장하는 포스터가 나온다."

message와 poster, 그리고 that 절의 내용—memes can "topple regimes"—은 어떤 관계일까요? 포함 관계를 따져보면, memes can "topple regimes"‹a poster‹a message입니다. 부분과 전체의 관계이고, 등호 관계도 성립할 수 있습니다. 요컨대, shows와 claiming이 '2형식과 3형식의 점이 지대 동사'들입니다.

Profit, the firm declares, "will never be an end-goal", and "commercial interests will never interfere with our mission."

주종 관계의 역진을 이 문장에서도 확인할 수 있습니다. 시맨틱스적으로도 그렇고, 구조 형식마저, 주절을 왜소화해 놓았습니다. 두 번째 큰따옴표의 선언 내용에서는 에이전트 사안을 궁리해 보면 좋겠습니다. '상업적 이익이 우리의 사명을 방해하지 못할 것이다'란 뜻인데, 에이전트^{agent}의 원래 의미, 그러니까 '동작주 내지 행위자'를 떠올리는 게 가능합니다. '상업적 이익을 고려하느라 임무와 사명을 망각하지 않겠다'는 주체적 의지의 표현인 셈입니다. 영국 프리미어 리그 축구단 중에 에프시 리버풀$^{FC\ Liverpool}$이란 팀이 있습니다. 응원가가 유명한데요, 제목은 **You Will Never Walk Alone**입니다. 직역을 하면, '너희들은 혼자 외롭게 걷지 않을 것이다'란 뜻인데, 이 응원가를 합창하는 서포터들이 당장에 떠오릅니다. 에이전트인 우리들이 '너희들을 외롭게 버려두지 않을' 것이란 말이죠.

Mr Durov's background. Such claims are lent credibility by

4형식 동사 lend의 수동태 형이 익숙치 않은 분도 계실 겁니다. 패러프레이즈를 해보겠습니다. Mr Durov's background lend such claims credibility. lend 이하의 대상어부^{patient}에서 절이 하나 파생합니다. Such claims are credible. 망치를 든 사람 눈에는 못만 보인다던가요? lend가 2형식과 3형식의 접점이 지대 동사가 됩니다. Mr Durov's background=such claims are credible. 원인과 결과는 같으니까요.
"두로프의 전력을 보면, 이런 주장에 믿음이 간다."

Encrypted chat apps are viewed with suspicion even in democracies. America and Britain have repeatedly threatened to ban end-to-end encryption, because it frustrates the work of the police and intelligence agencies.

주어, 주제어, 간접목적어, 대상어를 에이전트라고 지정했고, 항(목)을 가리킬 때도 썼습니다. 하지만 애초 그 출발은 '동작주와 행위자'였지요. in demoracies는 장소 부사인데, 곰곰 생각해 보면, 행위 주체, 곧 에이전트죠. 다음 문장을 통해서도 입증이 되고요. democracies=America and Britain.
 "심지어 민주 정체 국가들까지 암호화 채팅 앱에 의구심을 보낸다. 미국과 영국이 전과정 암호화 기술을 금지하겠다고 거듭해서 으름장을 놓았다. 경찰과 정보 기관의 활동을 무력화한다는 이유에서다."

A booming market for private hacking allows governments to buy software that can bypass encryption by breaking into phones and reading information straight off their screens.

민간 해킹 시장이 활황이고, 하여 각국 정부가 암호화 기술을 우회하는 소프트웨어를 구매할 수도 있다고 합니다. break와 read의 행위 주체는 '소프트웨어'이기도 하고, 그 소프트웨어를 사용하는 정부(의 기구)일 수도 있겠지요. straight off their screens는 두 가지 해석이 가능해 보입니다. 소유격 their를 phones로 보느냐, 아니면 governments로 보느냐에 따라서 말이죠. 첫 번째 시나리오라면, '사용자 본인 모르게'가 되고, 두 번째라면, '정부 기구가 가동하는 소프트웨어 화면에서 바로'가 됩니다. straight 때문에 후자의 가능성이 좀 더 높아 보입니다만, 번역 샘플에서는 첫 번째 시나리오를 채택했습니다.

That has put paid to plans for an alternative to bitcoin that may, if boosters are to be believed, one day supplant VISA, Mastercard or WeChat's e-payments.

put paid to를 숙어로 암기하지 않은 분들에게는 극단적으로 생소하고, 어려운 문장이 될 수도 있습니다. 이 어구를 glossary에 설명해 두었지만, 모든 숙어를 다 외울 수는 없는 노릇이죠. 단어들의 짜임과 작동 방식을 분석해 두는 것이 더 좋은 방법입니다.

구의 연접 4번의 확장'팩'을 떠올리면, put paid to sth을 다음처럼 파싱 parsing할 수 있습니다. put / paid to sth. '분사 형용사-전치사-명사'로 말입니다. 구는 절이니까, 'sth이 응징당했다'는 말입니다. pay에 '응징하다'란 뜻이 있습니다. put은 사역의 보이스를 지닙니다. do / away with sth도 같은 구조입니다.

그런데, 파싱 얘기를 하면서 제가 그은 분할선을 다음처럼 옮기는 것도 가능합니다. put paid / to sth, do away / with sth으로요. 앞의 두 단어들을 일종의 '복합 서술어'로 파악하는 방법인데, 이는 make clear 따위에서도 확인할 수 있습니다. ~을/ 망치다(좌절시키다)(put paid /to sth), ~을/ 명확하게 하다 (make clear/ sth), ~을/ 없애다(do away/ with sth)로 구획할 수 있는 것이죠. 저는 이런 현상도 '디스로케이션의 경관'landscape of dislocation으로 보자고 제안합니다.

boosters는 '지지자들'이란 뜻인데, 그렇다면 삽입절의 내용이 "지지자들을 믿는다면"일까요? 아닙니다. 명사를 구체적으로 파악하자고 했지요. '지지자들의 말'입니다. 제가 번역한 책 중 한 권은 이런 제목을 달고 있었습니다. "Trust Us, We're Experts!" '우리를 믿으'라는 말이 아닙니다. "우리 말을 믿으세요. 우리는 전문가니까요!" 명사를 구체적으로 파악하라는 지침을 잊지 말고 꾸준히 관찰하시기를 바랍니다. 영어를 영어답게 쓰려면, 이는 필수입니다.

1ST PARAGRAPH
official story: 공식 발표 내용(=official account)
sweeping: 전면적인, 포괄적인, 철저한 cf)
　sweeping victory: 압승
ballot: 투표 용지, 투표, 추첨 cf) cast sb's
　ballot for: ~를 지지하다(=vote for)
replace: 대신하다, 대체하다(=take over from)
dissident: 반체제 인사, 야당 정치인(=opposition)
benighted: 어둠이 깃든
resignation: 사임, 퇴진, 은퇴

2ND PARAGRAPH
de rigueur: 필요한, 요구되는
coordinate: 조직하다, 편성하다, 조정하다, 좌표
inspiring: 고무가 되는, 서로를 격려하는, 영감을 주는
march: (시위) 행진
in defiance of: 맞서, 무시하고, 무릅쓰고
mark: ~이다, 기념하다, 축하하다
anniversary: 기념일, 경축일 cf)
　celebration: 기념 행사, 축전
set out: 제시하다, 착수하다, 제안하다(=propose)

3RD PARAGRAPH
flaunt: 과시하다
edge: 모서리, 가장자리, 끝, 첨단, 우위
make a(no) secret of: ~을 비밀로 하다(숨기지 않다)
sympathy: 공감, 동정, 연민, 동조(=empathy)
public channel: 대중 개방 공공 채널
subscriber: 구독자
topple: 전복하다, 실각시키다(=overthrow)
sentiment: 정서(feeling, emotion, sense)
idealism: 이상주의, 관념론, 유심론 cf)
　materialism: 유물주의, 실재주의
assumption: 가정, 상정, 추정
bit: 조각, 비트(컴퓨터에서 정보의 최소 단위)
byte: 바이트, 인쇄되는 한 철자에 상당하는 저장 단위(메모리 량)로, 보통 8비트

4TH PARAGRAPH
boast: 자랑하다, 가지다(=have)
boom: 호조를 보이다, 번창하다, 성공하다(=be successful)
selling point: (상품이 지닌) 판매 우위와 장점
rather: 꽤, 상당히
slick: 매끄러운, 능란한, 멋진(=smart)
chat(ting) app: 채팅 앱(=messaging service)
top spot: 최고위직, 최고의 자리, 1위
as with: ~에서처럼
third party: 제3자, 타사, 타인(=other)
on top of: ~ 위에서, ~뿐만 아니라
while away: (시간을) 즐겁고 느긋하게 보내다(=pass)
like: 비슷한 것, ~와 같은 부류(=sort=kind)
participant: 참가자
host: 주최하다
pirated copy: 해적판, 불법 복제본 cf)
　pirate: 저작권을 침해하다, 해적질하다, 불법 복제하다

5TH PARAGRAPH
prying: 엿보는, 여기저기 캐고 다니는
encrypt: 암호화하다
prevent A from B: A가 B 하는 것을 막다(=keep, stop A from B)
decipher: 해독하다, 파해하다(=decode)
default (setting): 디폴트, 채무 불이행, 기본으로 설정된 값, 내정값
feature: 특징, 기능(=function)
retain: 갖고 있다, 보유하다(=have=preserve)
divulge: 알려주다, 누설하다(=reveal)
rely on: ~에 바탕을 두다, 의존하다(=depend on=bank on)
crpytography: 암호 작성, 암호 기술, 암호문
rather than: ~보다는, ~가 아니라
battle-tested: 역전의, 전투로 단련 검증된
favo(u)r: 선호하다, 좋아하다, 찬성하다(=fancy=support)

6TH PARAGRAPH
trumpet: 큰 소리로 알리다, 선포하다
running cost: 운영 자금, 경상비(=operating cost=regular

expenditure)
cover: (비용을) 대다
make a fortune: 큰돈을 벌다, 재산을 모으다, 부자가 되다(=build up or accumulate a fortune)
found: 세우다, 설립하다, 창립하다(=set up=make)
interfere (with): 개입하다, 방해하다, 간섭하다
hand over: 이양하다, 인도하다, 넘기다, 내주다(=surrender=relinquish=give up)
opposition: 반대, 야당 (세력)
takeover: 탈취, 장악, 접수
ally: 연합 (세력), 동맹군
St Kitts & Nevis: 세인트키츠네비스. 카리브해 서인도 제도에 있는 나라.

7TH PARAGRAPH
tricky: 힘든, 어려운(=difficult)
threaten (to): 위협하다, 협박하다, 으름장을 놓다, 조짐을 보이다
frustrate: 좌절시키다, 무력화하다, 꺾다
intelligence agency: 정보국, 첩보 기관

8TH PARAGRAPH
autocrat: 전제 군주, 독재자(=despot=dictator=strongman)
for one's part: 나름으로, ~로서(는)(=as far as ~ concerned)
harness: 마구를 채우다, 활용하다, 이용하다(=utilize=use)
misinformation: 가짜 뉴스, 허위 정보, 역정보(=fake news=disinformation) cf) 고의성 여부에 따라, '역정보'와 '오(정)보'를 구분하기도 함.
genuine: 진짜의, 진실한
prominent: 돌출된, 저명한
seize: 와락 붙잡다, 장악하다, 체포하다(=arrest)
get one's hands on: 얻다, 손에 넣다, 잡다, 확보하다
contact: 연줄, 연락책
intimidate: 겁을 주다, 협박하다
bypass: 우회하다, 뛰어넘다, 피하다(=circumvent)
off one's screen: 당사자가 안 보는 곳에서

knowledgeable: 아는 것이 많은, 정통한(=well-informed)
spy agency: 방첩 기관

9TH PARAGRAPH
persuade: 설득하다, 납득시키다(=convince)
nibble away: 야금야금 갉아먹다(=erode)
supremacy: 패권, 우위(=dominance=power=reign)
raise: 모금하다
cryptocurrency: 암호 화폐, 가상 화폐
Securities and Exchange Commission(SEC): (미국) 증권 거래 위원회
halt: 중단시키다, 세우다(=stop)
on the ground(s) of(that): ~를 이유로, ~를 구실 삼아
deal in: 매매하다, 거래하다, 받아들이다
unregistered securities: 무기명 증권, 미등록 주식
put paid to sth: 망치다, 좌절시키다(=make it impossible for sth to happen or continue)
booster: 찬양자, 옹호자, 대변인, 후원자, 띄우는 사람(=champion)
supplant: 대체하다, 대신하다(=replace=take over from)
e-payment: 전자 지불 결제
get by: 어떻게든 해나가다, 버티다(=manage)
largesse: 기부금(=grant=subsidy)
run out: 떨어지다, 고갈되다, 바닥나다(=expire)
keep one's fingers crossed: 기도하다, 좋은 결과 내지 행운을 바라다(=hope for)

BUSINESS: Schumpeter

How Inditex is refashioning its business model

The owner of Zara is tailoring its operations to fit online shoppers

JAN 16TH 2021 EDITION

IT HAD BEEN closed, on and off, for much of the past year. Now signs on the blacked-out windows of the Zara shop on the Champs-Elysées, the Spanish brand's early outpost in the French capital, announce it will not re-open even after covid-19 passes. Disappointed fashionistas are redirected to the label's website for all their value-for-money sartorial needs. Alternatively, they can stroll two blocks down the avenue, where another Zara shop opened a few years ago. There are three more within a half-hour's walking distance in central Paris.

Peppering city centres and malls with more outlets used to be the obvious strategy for apparel retailers seeking new customers. Inditex, Zara's owner and the world's biggest purveyor of fast fashion, grew from fewer than 750 stores at the turn of the century to around 7,500. But trends come and go in business as they do on the catwalk. In 2020, for the first time in its two-decade history as a listed company, Inditex finished the year with fewer shops than it had 12 months earlier—

비즈니스 모델을 바꾸는 중인 인디텍스

자라가 온라인 고객을 맞이하기 위해 사업을 다듬고 있다

1ST PARAGRAPH   작년 한 해는 상당 기간 동안 문을 열었다 닫았다 하지 않을 수 없었다. 샹젤리제의 자라^{Zara} 매장 얘기다. 다들 알다시피, 자라는 스페인 브랜드이다. 프랑스 수도 파리의 이 초창기 전초 기지는 지금 영업을 중단한 상황이다. 불꺼진 창문에 내걸린 안내 문구를 보면, 코로나19가 종식되어도 해당 업장이 재오픈하지 않을 거라고 한다. 낙담한 패셔니스타들이 가격 대비 성능 면에서 자신들의 갖은 의류 소비 욕구를 충족하기 위해 자라의 웹사이트로 향하고 있다. 물론 이게 아니라도, 샹젤리제 대로를 따라 두 블록만 가면, 몇 년 전에 문을 연 자라 매장이 또 있기는 하다. 파리 시내에는 도보로 30분 이내 거리에 그것 말고도 매장이 세 개 더 있다.

2ND PARAGRAPH   새로운 고객을 유치하려는 의류 소매업체 입장에서는 도심과 쇼핑몰에 전문 매장으로 보다 많이 진출하는 것이 아주 확실한 전략이었다. 자라의 지주 회사이자 세계 최대의 패스트패션 공급업체 인디텍스^{Inditex}의 매장 수를 살펴보면, 2000년을 전후해 750개 정도 하던 것이 약 7500개까지 늘어났었다. 하지만 트렌드라고 하는 것은 캣워크^{catwalk}에서만큼이나 업계에서도 바뀌기 마련이다. 인디텍스는 2020년, 상장 회사로서 20년의 역사를 구가하는 동안 사상 최초로, 열두 달 전보다 매장 수가 줄어든 채로 회계년도를 마감했다. 2020년 1/4분기는 손실마저 기록했다. 최대 1200개의 매장이 단

and suffered its first quarterly loss. Up to 1,200 outlets are in the process of being axed, compared with 300 planned openings. Inditex, the most admired firm in the sector, has not run out of ambition. Instead, Zara is chasing its young clientele to where they spend the most time: on their phones, shuffling between Instagram and TikTok. The shift to online sales, which has been turbocharged by lockdowns, will require some agile refitting of the way fashion brands do business.

Much of what it takes to flog a polka-dot dress for $27—the average selling price for the Inditex family of brands, which also includes thriftier Bershka and posher Massimo Dutti, among others—is the same in store or online. The product must be desirable, and available at the right time, right size and right price. For the bean-counters, though, the transactions are as different as sequins and flannel. Shops are giant bundles of fixed costs, starting with rent and staff, which turn profitable only once you shift enough product through them—the idea is to stack it high and sell it cheap. Websites and warehouses cost much less to run. But because retailers cough up to deliver each package, the more they sell the more such variable costs add up.

On the surface, shifting sales online looks alluring. Gross margins are a bit leaner than in shops, where it is harder for buyers to compare prices than on Google. But at the same time an online-only retailer has none of the expenses associated with stores, such as shop assistants' wages and rental payments. So online sales can end up more profitable overall. The wrinkle for established retailers is that their website often serves customers who would once have rung up the tills in physical stores, leaving them emptier.

계적 폐점 절차를 밟고 있다. (물론 신규 출점 예정 매장 수도 300개 있기는 하다.) 이 업계에서 가장 성가가 드높은 회사인 인디텍스는 그 사업적 기개와 야심이 바닥나 본 적이 없다. 정말이지 지금 자라는 젊은층 고객이 가장 많은 시간을 보내는 곳을 집중적으로 공략하고 있다. 대상 고객들이 스마트폰을 붙들고서 인스타그램Instagram과 틱톡TikTok을 오간다는 사실에 주목한 것이다. 봉쇄로 인해 온라인 매출이 급증했고, 패션 브랜드의 사업 방식 역시 기민한 구조 조정을 요구받고 있다.

3RD PARAGRAPH 물방울 무늬 드레스 한 벌을 27달러에 판다고 해보자. (27달러면, 더 수수한 베르쉬카Bershka나 좀 더 화려한 마시모 두티Massimo Dutti 등등을 포함해, 인디텍스 계열 브랜드의 평균 판매가 정도 된다.) 이 소매 판매 행위의 전제 조건 상당 부분이, 실제 매장이든 온라인이든, 사실 똑같다. 구체적으로 살펴보자. 사람들이 제품을 바라고 원해야 한다. 적시에 살 수 있어야 한다. 사이즈가 맞고, 가격이 적정해야 함은 물론이다. 그런데 돈을 주무르는 영업 관리자들에게는 거래 처리 과정이 소재들인 스팽글과 플란넬만큼이나 다르다. 실제 매장은 각 고정 비용이 응축된 대규모 집합체라고 할 수 있다. 임대료와 직원이 맨 먼저 떠오르는데, 최대한 많은 상품이 여기를 통과할 때에만 수지가 맞게 된다. 이제 요점은 많이 쌓아놓고 싸게 파는 것이 된다. 반면, 웹사이트와 물류 창고는 운영 비용이 훨씬 적게 들어간다. 그러나 소매업체 측이 매번의 주문에 응해 포장물 형태로 배송을 해야 하기 때문에, 많이 팔면 팔수록 관련 변동 비용도 늘어날 수밖에 없다.

4TH PARAGRAPH 겉으로 보면, 온라인 판매 영업이 매혹적으로 비친다. 매출 총수익은 물리적 매장보다 약간 더 적은데, 물리적 형태의 매장에서는 구매자들이 구글Google에서보다 가격 비교를 하기가 더 어렵기 때문이다. 하지만 그럼에도 불구하고, 온라인 영업만 하는 소매 업체는 물리적 매장과 관련된 비용을 감당할 필요가 전혀 없다. 판매원들의 임금이라든가 임대료가 대표적이다. 결국 종합해 보면, 온라인 영업이 수익이 더 높을 수 있다. 기성 업체들한테는 난점이 있는데, 물리적 매장을 찾아 한 번이라도 구매를 한 고객들이 대개 해당 웹사이트도 방문하기 때문에, 거리의 매장이 더 한산해진다는 점이다. 증권

Unless at least some shops are closed, says Aneesha Sherman of Bernstein, a broker, retailers risk having to cough up new variable costs of online fulfilment while continuing to incur the fixed costs of legacy bricks and mortar.

Inditex's signal that it is reducing its store numbers is a wake-up call in the industry. Bosses dislike shutting shops. Attendant lay-offs irk politicians; write-downs and forgone sales can annoy investors. But where Inditex goes, others follow. The Spanish group has grown faster than rivals, such as Sweden's H&M or America's Gap. It surged ahead by outsourcing more of its production close to its main European market, which allowed it to respond faster to fashion trends and maintain leaner stock. Fresher inventory led to fewer end-of-season markdowns and fatter profits. Even as rivals have emulated it, Inditex has managed to keep operating margins at a plump 17%. Those of Fast Retailing, the Japanese parent of Uniqlo and the only rival to match Inditex's sales growth in recent years, are a third lower.

Few doubt Inditex will meet the target, set in June, of raising the share of online sales from 14% of the total in 2019 to at least 25% by 2022. Having arrived late to the cyber-party, Pablo Isla, the company's boss since 2005, has the zeal of a convert. His plan envisages hefty investment: over $3bn will be spent by 2022 to boost online capabilities and make sure stores and websites work seamlessly together. New technology, such as RFID chips, tracks where items are, allowing Inditex to fulfil an order from either a shop or a warehouse. It is testing an app to tell shoppers if a particular item in a particular size is available in a given outlet—and even on which of the

사 번스틴Bernstein의 아니샤 셔먼Aneesha Sherman은, 소매업체들이, 일부 매장을 계속 여는 한, 온라인 주문 처리 과정의 신규 변동 비용을 까먹을 수밖에 없다고 말한다. 기존 물리적 매장의 고정 비용을 계속 무는 것은 말할 것도 없다.

5TH PARAGRAPH 인디텍스가 매장 수를 줄이고 있고, 그 신호가 당해 업계에 경종을 울리고 있다고 해야 할 것이다. 사장들은 폐점을 엄청 싫어한다. 직원을 짜르면, 정치인들이 짜증을 낸다. 회계 장부상의 감가 상각과 매출 손실에 투자자들이 분노하기도 한다. 하지만 인디텍스가 가면, 다른 업체도 따라간다. 이 스페인 그룹은 경쟁업체들, 가령 스웨덴의 H&M이나 미국의 갭Gap보다 더 빨리 성장했다. 인디텍스가 폭발적 성장세로 업계를 선도할 수 있었던 것은, 생산량의 상당 부분을 유럽이란 주요 시장 가까이에서 외주 제작했기 때문이다. 이를 바탕으로 패션 트렌드에 더 신속히 대응할 수 있었고, 나아가 재고 역시 슬림하게 유지할 수 있었던 것이다. 이렇듯 출고 의류가 매번 더 새로웠고, 시즌 마감에 임박해서도 가격 인하를 덜 할 수 있어, 수익이 더 많았다. 경쟁 업체들이 이를 모방했을 때도, 인디텍스의 영업 이익률이 무려 17퍼센트였다. 유니클로Uniqlo로 유명한 패스트 리테일링Fast Retailing은 어떨까? 근년 들어 매출 증가 면에서 인디텍스와 쌍벽을 이루는 유일한 업계 경쟁자인 그 일본 기업의 영업 이익률은 인디텍스의 3분의 1 수준이다.

6TH PARAGRAPH 인디텍스가 6월에 세운 목표치는, 온라인 매출이 차지하는 몫을 2019년 총 매출의 14퍼센트에서 2022년 최소 25퍼센트까지 끌어올리겠다는 것이고, 그들이 이 과업을 달성하리라는 데에는 의문의 여지가 거의 없다. 2005년부터 회사를 이끌고 있는 파블로 이슬라Pablo Isla는, 이 사이버 파티에 늦게 동참했음에도 불구하고, 바꾸겠다는 열의가 대단하다. 그는 대규모 투자를 계획하고 있다. 요컨대, 2022년까지 30억 달러 이상을 지출해, 온라인 영업 능력을 증강하고, 물리적 매장과 웹 사이트가 매끄럽게 협업하도록 만들어 내겠다는 것이다. RFID 칩 같은 신기술을 활용하면, 물품이 어디에 있는지를 바로 파악할 수 있고, 인디텍스는 이를 바탕으로 실제 가게든, 물류 창고에서든 어떤 주문이라도 처리할 수 있다. 현재 테스트 중인 앱도 보면, 특정 사이즈의 특정 아이템을 어느 매장에서 구입할 수 있는지 알려준다고 한다. 해당 의류를 해당 매장의 어느 진열대에서 발견할 수 있는지조차 제공된다고 하

outlet's racks to find it.

These investments ought to be easy to fund from Inditex's healthy balance-sheet and profits—certainly easier than for other retailers, which have their backs against the wall after a dud year. The Zara brand is strong enough to attract shoppers to its own app; lesser marques rely on intermediaries such as Zalando or Amazon, which crimps margins. Inditex has short leases on its stores, giving it more room to haggle over rents, or make rent payments more flexible by linking them to shops' sales.

Prêt-à-cliquer
Being an online champion inevitably brings its own headaches. Amazon is a far more fearsome competitor than H&M. Barriers to entry are low. Maybe one in three garments sold online is returned, a much higher proportion than in shops, where they can be tried on (though nudging buyers to leave unwanted frocks in stores, as Inditex does, helps cut postage costs and increase the likelihood the item can be sold again while still in fashion). Zara, which spends next to nothing on advertising, might have to start if people are not reminded of its existence by walking past its billboard-like outlets.

In time, sales per square foot in remaining shops will probably continue to fall, threatening their viability. Unlike banks, which have been pruning their high-street branches for years, clothes retailers deal with fickle fashionistas, not sticky account-holders. The industry's supermodel will probably sashay online with more grace than rivals. But it had still better watch its step.

© The Economist Newspaper Limited,
London (Jan 16th 2021)

니 준비를 단단히 하고 있는 셈이다.

7TH PARAGRAPH 인디텍스는 재정과 수익이 탄탄하고, 하여 이런 투자금을 출연하기가 쉽다. 확실히 다른 소매업체들보다는 더 쉽다고 해야겠다. 여타 업체들의 경우, 코로나로 영업이 부진했고, 궁지에 몰려 있기 때문이다. 자라 정도의 브랜드면, 자사 앱으로 고객을 끌어모으기에 충분히 강력하다고 할 수 있다. 더 작은 브랜드들은 잘란도Zalando나 아마존Amazon처럼 이익을 떼먹는 중개업체에 의존하는 실정이다. 인디텍스는 출점 매장을 단기 임대한다. 임대료를 흥정해 값을 깎거나, 임대료와 가게 매출을 연동해 납부 방식에 융통성을 기할 수 있는 여유가 더 많은 셈이다.

8TH PARAGRAPH 프레타 포르테, 프레타 클리케
온라인 영업의 최강자로 부상하면, 어쩔 수 없이 나름의 골칫거리도 생긴다. 아마존은 H&M보다 훨씬 더 무시무시한 경쟁자다. 진입 장벽이 낮다. 온라인에서 판매되는 의류 세 벌 가운데 한 벌이 아마도 반품될 것이다. 이는 실제 매장의 반품률보다 훨씬 더 높은 비율이다. 그도 그럴 것이, 물리적 가게에서라면 입어볼 수 있기 때문이다. (인디텍스는, 받았는데 맘에 안 들 경우, 고객들에게 직접 매장을 방문해 반납하도록 부추기고 있다. 우편 비용을 절약할 수 있는 데다가, 유행 중이라면 해당 아이템을 다시 팔면 되기 때문이다.) 자라는 광고에 돈을 거의 쓰지 않는데, 사람들이 자사의 광고판 같은 매장을 지나면서도 그 존재를 떠올리지 못한다면, 앞으로는 어쩌면 광고를 해야 할지도 모른다.

9TH PARAGRAPH 남아 있는 가게들의 제곱피트 당 매출은 아마도 시간이 흐르면서 계속 떨어질 테다. 생존 가능성이 위협을 받게 될 거라는 얘기다. 은행의 경우, 수년에 걸쳐 시내 중심가의 영업점들을 철수하고 있다. 반면 의류 소매업체는 은행과 달리, 변덕스런 패션 추종자들을 상대한다. 거래처를 잘 바꾸지 않는 예금주가 아닌 것이다. 인디텍스는 의류업계의 수퍼 모델이고, 온라인에서도 경쟁업체들보다 더 우아하게 뽐내며 걸을 것이다. 하지만 수퍼 모델이라도 발걸음은 계속해서 조심하는 편이 좋다.

전 세계의 패스트 패션 fast fashion을 선도하는 업체 인디텍스 Inditex가 코로나19 팬데믹에 대응해 전열을 다듬고 있다는 소식을 전하는 글입니다. 인디텍스는 잘 몰라도, 자라 Zara나 마시모 두티 Massimo Dutti 같은 브랜드는 아실 겁니다. 경쟁 업체로 유니클로 Uniqlo와 H&M이 또 있습니다. 패스트 패션과 상반되는 흐름인 슬로 패션 slow fashion에 대해서는 glossary에 설명해 두었습니다.

1ST PARAGRAPH

It had been closed, on and off, for much of the past year. Now signs on the blacked-out windows of the Zara shop on the Champs-Elysées, the Spanish brand's early outpost in the French capital, announce it will not re-open even after covid-19 passes.

첫 문장의 첫 단어가 대명사여서, 난감한 분이 있을 수 있습니다. 대명사는 앞에 나온 명사를 다시 받으니까요. 그렇다고, 글쓴이가 It을 지정하지 않은 건 아닐 겁니다. 사실, 문장 쓰기의 기술입니다. 우리도, 주어 없이 한국어 문장을 조직해 볼 수 있겠지요.

두 번째 문장의 주부가 무척이나 깁니다. 게다가 '강체' rigidity 정보—번역학에서 흔히 신정보 new information라고 합니다—가 많아서, 주의를 집중하지 않을 수가 없지요. 차례로 적어봅니다. signs, windows, Zara shop(=Spanish brand's outpost), Champs-Elysées, French capital(=Paris). 앞에서 '강체'라고 한 것은, 서술어, 그러니까 보이스화되지 않는다는 점에서입니다.

announce가 signs과 that 절을 연결하고 있는데, signs=(that) it will not re-open even after covid-19 passes입니다. announce가 2형식과 3형식의 점이 지대 동사입니다. 앞에서 제가, signs가 강체, 그러니까 정신 공간상의 물체라고 했는데, announce를 2형식과 3형식의 점이 지대 동사로 파악하는 순간, sign은 보이스화, 즉 과정화됩니다. 제가 현대 물리학의 술어인 '파동-입자 이중성' 얘기까지 하게 되는 이유죠. 독자 여러분께서는 sign을 과정 process으로 보고 싶으신가요, 아니면 물체 thing로 보고 싶으신가요?

Disappointed fashionistas are redirected to the label's website for all their value-for-money sartorial needs.

번역 샘플에서는 for 이하를 부사구로 취급했지만, 주종 관계를 역진시켜, for 를 중심으로 살펴보는 것도 가능합니다. 이른바, 전치사의 넥서스형 연결사 용법입니다. A (be) for B로, 구의 연접 4번이고, 동일성 추구 연산이 가능하지요. Being redirected is for their needs.
"낙담한 패셔니스타들이 자라의 웹사이트로 발길을 돌린 것은, 가격 대비 성능(가치) 면에서 옷에 대한 그네들의 갖은 필요를 도모해서다."

Alternatively, they can stroll two blocks down the avenue, where another Zara shop opened a few years ago. There are three more within a half-hour's walking distance in central Paris.

문장과 문장, 또는 절과 절을 이어주는 연결사를 여섯 개로 분류 지정했습니다. 여기서는 리드미컬하게 쓰인 접속부사들이 인상적입니다. Alternatively, another(형용사 접속부사), There are ~ more, central Paris는 '파리 시내'란 뜻입니다.

Inditex, the most admired firm in the sector, has not run out of ambition. Instead, Zara is chasing its young clientele to where they spend the most time: on their phones, shuffling between Instagram and TikTok.

제가 영어에도 주제어가 있다는 걸 설명할 때 사용하는 대표 예문이, This car is running out of gas입니다. '기름이 떨어진다'는 얘기죠. This car와 gas가 정신 공간의 에이전트agent 즉, 강체로서 분리돼dislocated 있습니다. 주제어와 주어입니다. run은 차가 '달려간다'는 얘기가 아닙니다. out of gas에서 구의 연접 4번 '명사-전치사-명사'의 확장'팩'을 상기할 수 있습니다. '부사-전치사-명사' 구조가 하나의 의미 단위로 기능합니다. 셰익스피어가 처음 쓴 것으로 알려진 Off with her head—"이상한 나라의 앨리스"에 또 나옵니다!—도 같은 구조이고, 독자 여러분이 암기는 했지만 그 구조를 (여전히 파악하지 못했을 수도 있는) (do) away with sth도 '부사-전치사-명사'의 구조예요. 이렇게 에이전트가 저글링되면서, 영어의 어순이 훨씬 자유로워졌습니다.

    Instead는 앞 문장의 내용을 부정값으로 다시 받아 '그러기는커녕'이라는 뜻을 주는 기능적 접속부사입니다. '기능적'이라고 했으므로, 연결사죠. 그런데 이 어휘의 말뜻을 곧이곧대로 한국어로 번역했을 때, 굉장히 어색해집니다. 중복적이고, 심지어 메시지가 충돌하는 경우도 있습니다. 이는 한국어와 영어의 언문일치 정도 때문입니다. 현대 영어가 현대 한국어보다 언문일치가 훨씬 많이 돼 있습니다. 영어에서는 구어의 역동성이 느껴지고, 한국어에서 그 효과를 달성하려면, 차라리 빼버리는 것도 한 방법입니다.

The shift to online sales, which has been turbocharged by lockdowns, will require some agile refitting of the way fashion brands do business.

(화)법조동사 will은 현재 시제의 미래 표현입니다. shall을 쓰지 않았기 때문에, 객관적으로 '앞으로 그러할 수밖에 없다'는 사실 명제의 뉘앙스를 지닙니다. 게다가, require가 2형식과 3형식의 점이 지대 동사입니다. shift=refitting입니다.

'2형식과 3형식의 점이 지대' 개념을 통해, 저는 2형식과 3형식이 근본에 있어 한 모형임을 입증했습니다. 그리고 이를 매개하는 구조-기능주의적 원리 네 가지를 제시했지요. 1) 부분과 전체는 같다. 2) 시간적 선과 후는 같다 3) 논리적 원인과 결과는 같다. 4) 형질 전환 내지 변신(문학의 상징과 비유).

본서는 실용적인 독해 책이기 때문에, 이 구조 원리를 가능케 하는 인지 심리학과 인지 논리학을 자세히 소개하지는 않습니다. 하지만 이 설명 내용이 여러분의 진일보한 독해에 보탬이 되리라고 저는 확신합니다.

조금쯤 더 궁리해 볼 사안은, **shift=refitting**이, 얼마나(how much, degree) 같고, 어떻게(how) 같은지를 더듬는 것입니다. 이는, 표층 문법을 뚫고 들어가, 글쓴이가 구축하고 있는 정신 공간mental space과 마음 극장theater of mind의 위계적 경관을 살펴보는 일이기도 하지요. 바로 이 지점에서 디스로케이션 dislocation이 발생하기 때문입니다. '같은'데, '탈구'돼 있고, '호응이 미흡하'고, '결이 어긋나' 있지요. 그래서 저는 이런 상황을 '결락結落의 변증법'이라고 부르기도 했습니다.

해당 문장에서는 주어부가 현재 시제의 완료상이고, 연결 동사가 현재 시제의 미래 표현에, 당위 내지 의무의 법성을 띱니다(사실 명제로까지 확장되었습니다). 원인과 결과가 조직되고 있으며, 주어부가 전체상이라면, 대상어부는 하위 부문이기도 합니다. 이런 사실들을 바탕으로, 저자의 인지 경관을 추린 저의 번역문은 다음과 같습니다.

"봉쇄로 인해 온라인 영업 활동으로의 전환이 가속화했고, 패션 브랜드들의 사업 방식 역시 기민한 구조 조정을 요구받고 있다."

제가 판단하기에, Inditex, the most ~ 이하를 별도의 문단으로 처리해도 나쁘지 않을 것 같습니다.

> Much of what it takes to flog a polka-dot dress for $27—the average selling price for the Inditex family of brands, which also includes thriftier Bershka and posher Massimo Dutti, among others—is the same in store or online.

앞에서도 얘기했지만, 동사화가 안 되는 '정신 공간상의 강체 정보'는 주의력을 요합니다. 제가 추상 수준을 굉장히 높여서 얘기했지만, 구체적인 유형 대상 명사ⁿᵒᵘⁿ ᵒᶠ ᵗᵃⁿᵍⁱᵇˡᵉ ᵒᵇʲᵉᶜᵗˢ라고도 할 수 있겠지요. 그런데 음식이나 옷, 또는 고유명사 같은 경우라면 상황이 난감해지기 마련입니다. 바로 이럴 때, '구글 이미지'를 사용하십시오. 거의 모든 명사의 시각 정보를 확인할 수 있습니다. 백문이불여일견입니다. polka-dot dress, Bershka, Massimo Dutti, 그리고 이어서 나오는 sequin과 flannel을 직접 눈으로 보십시오. among others는 '등등등'이란 뜻입니다. 관계대명사 계속적 용법을 쓴, (어쨌거나) 위계 구조인데, 실상은 **And**형 나열이니 다음과 같이도 쓸 수 있을 겁니다.

> Shops are giant bundles of fixed costs, starting with rent and staff, which turn profitable only once you shift enough product through them—the idea is to stack it high and sell it cheap.

관계 대명사의 계속적 용법을 쓴, (어쨌거나) 위계 구조인데 실상은 and형 나열입니다. 물론, 인과 관계를 설정할 수도 있겠지요. 단순히 시계열적으로 서술하는 것만으로도, 독자들이 '구성주의'에 입각해, 인과 관계를 능동적으로 구축한다는 사실도 염두하세요. 요점은, 주종 관계가 역진한다는 것입니다. 관계대명사는 연결사입니다.

3RD PARAGRAPH

> But because retailers cough up to deliver each package, the more they sell the more such variable costs add up.

이 문단 전체에서 **online**과 **offline**, **shop**과 **website**가 비교되고 있습니다. 비교 표현이 나오면, 비교 '대상'과 비교 '내용'에 집중해야 합니다. 비교 표현은 어려우니까요. 이하에서도 두 비교항이 다양한 어휘로 등장합니다. bricks and mortar와 physical, 또 digital, website 등을 기대하셔도 좋겠습니다.

The wrinkle for established retailers is that their website often serves customers who would once have rung up the tills in physical stores, leaving them emptier.

에이전트들이 맺는 대상 관계와 행위의 주체성은, 문장의 의미를 명료하게 파악하는 데서, 반드시 검토되어야 할 사안입니다. that 절 이하를 다음과 같이 처리했는데, 각자의 결과와 비교해 보십시오. "물리적 매장을 찾아 한 번이라도 구매를 한 고객들이 대개 해당 웹사이트도 방문한다." 앞 문단의 다음 문장에는 일반대명사 you가 나옵니다.

Shops are giant bundles of fixed costs, starting with rent and staff, which turn profitable only once you shift enough product through them—the idea is to stack it high and sell it cheap.

어떻게 처리하면 좋을까요? "최대한 많은 상품이(enough product) 여기를(them) 거쳐갈(through) 때에만(only once)". 구의 연접 4번형에서 전치사를 '동사 연결사'로 활용할 수 있습니다. 미끄럼 대칭이란 말을 하기도 했지요. 이 문단의 수동태 문장은 어떨까요?

Unless at least some shops are closed, says Aneesha Sherman of Bernstein, a broker, retailers risk having to cough up new variable costs of online fulfilment while continuing to incur the fixed costs of legacy bricks and mortar.

"적어도 일부 매장이라도 문을 닫지 않으면"이라고 해석해, 행위 주체를 특정하지 않았습니다. 주절의 주어가 에이전트^{행위자, 동작주}이니까요. cough up이 한 번 더 나왔는데, 필자가 이 어휘를 좋아하는 듯합니다. 본서의 다른 아티클에 나오는 fork out으로 교체해도 좋을 듯합니다.

Attendant lay-offs irk politicians; write-downs and forgone sales can annoy investors.

'구-동사-구' 패턴을 여러 아티클에서 상세히 분석했습니다. 두 개의 공리를 통해, 접근할 수 있었죠. 1) 구는 절이다. 2) 절과 절을 연결해 주는 것은 접속사다. 전술한 두 문장에서는 물리적 디스로케이션을 더 유형화해 보려고 합니다. 다음처럼 묶을 수 있습니다. 결합도 측면에서 말입니다.

(Attendant lay-offs) (irk politicians); (write-downs and forgone sales) (can annoy investors.)
"직원을 짜르면, 정치인들이 짜증을 낸다. 회계 장부상의 감가 상각과 매출 손실에 투자자들이 분노하기도 한다."
요컨대, (S)-(V-O')으로 구획됩니다. 다음 문장은 어떤가요?
Fresher inventory led to fewer end-of-season markdowns and fatter profits.
led to가 '인과'를 지정해 주는 2형식과 3형식의 점이 지대 동사로, 일종의 논리 연산자입니다. (Fresher inventory) (led to) (fewer end-of-season markdowns and fatter profits.). (S)-(V)-(O'). "출고 의류가 매번 더 새로웠고, 시즌 마감에 임박해서도 가격 인하를 덜 할 수 있어, 수익이 더 많았다." 이 두 패턴과 비교하면, (S-V)-(O') 패턴은 그 빈도가 떨어집니다.

5TH PARAGRAPH

It surged ahead by outsourcing more of its production close to its main European market, which allowed it to respond faster to fashion trends and maintain leaner stock.

인디텍스가 surge도 했고, outsourcing도 했는데, by를 중심으로 살펴보는 것

412

이 가능합니다. 시맨틱스적으로는 원인, 또는 이유를 설명하는 by 이하의 내용이 중요하지요. 주종 관계의 역진입니다. 관계대명사 which 이하의 내용을 보면, 결국 인디텍스의 사업 구조가 위계적으로 설명된다는 것을 알 수 있습니다.

"인디텍스가 폭발적 성장세로 업계를 선도할 수 있었던 것은, 생산량의 상당 부분을 유럽이란 주요 시장 가까이에서 외주 제작했기 때문이다. 이를 바탕으로 패션 트렌드에 더 신속히 대응할 수 있었고, 나아가 재고 역시 슬림하게 유지할 수 있었던 것이다."

5TH PARAGRAPH

Those of Fast Retailing, the Japanese parent of Uniqlo and the only rival to match Inditex's sales growth in recent years, are a third lower.

수학은 대단히 추상적인 학문이고, 수학이 즐겁다고 느끼는 사람이 많지는 않은 듯합니다. 이 글에서도 매출 총수익 gross margin과 영업 이익률 operating margin이 나오는데, 헷갈리는 분도 계실 거예요. 영업 비용, 그러니까 운영비(경상비)를 빼고 나눠야겠죠? 제 경험에 의하면, 뭔가를 비교하기 위해 분수(비)를 사용하는 순간 정신이 마비되는 사람들이 꽤 있었습니다. 영어를 모국어로 쓰는 사람들도 수 및 수학 관련 표현들을 엉터리로 하기 일쑤입니다. a third lower가 중첩돼 있습니다. 인디텍스와 비교해 3분의 1수준이고, 더 낮다는 뜻입니다. '3분의 1 더 낮아서, (사실상) 3분의 2 수준'이라고, 저도 처음에는 생각했는데요. 이 대목을 쓰기 위해, 패스트 리테일링의 2020 회계년도 재무 보고서를 직접 찾아봤습니다. 수학은 중요한 학문이고, 즐겁습니다. 이 책의 논리 구조 일부도 수학에서 가져왔지요. 가령, 대칭 symmetry 같은.

"유니클로Uniqlo로 유명한 패스트 리테일링Fast Retailing은 어떨까? 근년 들어 매출 증가 면에서 인디텍스와 쌍벽을 이루는 유일한 업계 경쟁자인 그 일본 기업의 영업 이익률은 인디텍스의 3분의 1 수준이다."

Few doubt Inditex will meet the target, set in June, of raising the share of online sales from 14% of the total in 2019 to at least 25% by 2022.

이 기사는 2021년 1월 16일자로 『이코노미스트』에 발행되었습니다. 그렇다면 목표가 설정된 6월은 언제일까요? 2020년 6월입니다. 코로나19 팬데믹이 한창일 때였죠. 목표치의 구체적인 내용도 볼까요? 2019년 총 매출은 온라인 매출과 오프라인 매출, 기타로 구분할 수 있을 겁니다. 그리고 2019년은, 인디텍스 경영진에게 소위 '정상 년도'일 것으로 추정됩니다. 그들은 2022년쯤이면 코로나19 팬데믹이 끝나고, 정상 영업 활동으로 복귀하리라고 보는지도 모르겠습니다. 2021년 한 해 동안 코로나 사태에 대응하면서 온라인 전환을 강화하겠다는 복안인 듯합니다. 제가 볼 때는, 시제 공부보다 이런 시간 관계를 추적하며 사유하는 게 더 중요한 것 같습니다.

His plan envisages hefty investment: over $3bn will be spent by 2022 to boost online capabilities and make sure stores and websites work seamlessly together.

His plan envisages hefty investment가 흥미롭습니다. His plan=hefty investment이므로, envisages가 논리 연산자로 사용된 2형식과 3형식의 점이 지대 동사입니다. 중첩과 얽힘 현상도 파악됩니다. 기실, He plans hefty investment니까요. 콜론(:) 이하는 investment의 구체적 내용이므로, 역시 등호(=) 관계가 성립합니다. 얼마나 같고, 어떻게 같은지를, '과정-물체 스펙트럼'에서 세밀하게 다듬어야 하는 것은 물론입니다.

6TH PARAGRAPH

It is testing an app to tell shoppers if a particular item in a particular size is available in a given outlet—and even on which of the outlet's racks to find it.

밑줄 친 전치사 to를 중심으로 볼 것을 제안합니다. 전치사의 넥서스형 연결사 용법으로, 주종 관계를 역진시키면, 더 근사한 해석을 얻을 수 있습니다.
 "현재 테스트 중인 앱ᵃᵖᵖ도 보면, 특정 사이즈의 특정 아이템을 어느 매장에서 구입할 수 있는지, 알려준다고 한다. 해당 의류를 해당 매장의 어느 진열대에서 발견할 수 있는지조차 제공된다고 하니, 준비를 단단히 하고 있는 셈이다."

7TH PARAGRAPH

These investments ought to be easy to fund from Inditex's healthy balance-sheet and profits—certainly easier than for other retailers, which have their backs against the wall after a dud year.

ought to를, 엠대시 이하의 부사 certainly와 견주어, 법성을 조정해야 하겠습니다.

"인디텍스는 재정과 수익이 탄탄하고, 하여 이런 투자금을 출연하기가 쉽다. 확실히 다른 소매업체들보다는 더 쉽다고 해야겠다. 여타 업체들의 경우, 코로나로 영업이 부진했고, 궁지에 몰려 있기 때문이다."

Inditex has short leases on its stores, giving it more room to haggle over rents, or make rent payments more flexible by linking them to shops' sales.

2형식과 3형식의 점이 지대 개념에 익숙해지셨을 줄 압니다. 디스로케이션 상황을 세심히 살펴야 하지만, 동사가 접속사에 준하는 연결사로 쓰이는 현상을 계속 관찰해 왔지요. 분사 구문을 이끄는 giving이 그렇습니다. it more room to haggle over rents를 하나의 문장으로 조직할 수 있다는 말입니다.

"인디텍스는 출점 매장을 단기 임대한다. 임대료를 흥정해 값을 깎거나, 임대료와 가게 매출을 연동해 납부 방식에 융통성을 기할 수 있는 여유가 더 많은 셈이다."

Prêt-à-cliquer

Prêt-à-cliquer는 프랑스어로, 이미 영어에 관입돼 익숙한 '기성복'이란 뜻의 프랑스어 pret-a-porter를 상기시키는 말놀이[pun]입니다. 본서 여러 곳에서 이런 말장난을 확인할 수 있습니다.

>   Being an online champion inevitably brings its own headaches.
>
>   ...
>
>   Amazon is a far more fearsome competitor than h&m. Barriers to entry are low. Maybe one in three garments sold online is returned, a much higher proportion than in shops, where they can be tried on (though nudging buyers to leave unwanted frocks in stores, as Inditex does, helps cut postage costs and increase the likelihood the item can be sold again while still in fashion).

8TH PARAGRAPH

이 두 문장을 통해, 구-동사-구 패턴의 결합도 문제를 복습해 보기로 합시다. (두 번째 문장의 경우, 괄호 안이 해당합니다.) 종속 접속사 though를 썼는데, and (so)여도 상관이 없네요. 법성을 표현하는 help 동사는, 한국어 번역에서 없애버려도 됩니다. 두 문장 다, (S)-(V-O)'으로 구획할 수 있습니다.

    (Being an online champion) (inevitably brings its own headaches.)

    (nudging buyers to leave unwanted frocks in stores, as Inditex does,) (helps cut postage costs and increase the likelihood the item can be sold again while still in fashion)

9TH PARAGRAPH

>   The industry's supermodel will probably sashay online with more grace than rivals. But it had still better watch its step.

sashay란 동사를 영어 공부하는 평생에 처음 봤을 수도 있습니다. 무용 동작

417

chasse에서 왔습니다. 앞에서 '구글 이미지'를 적극 활용할 수 있다고 조언해 드렸죠. 이번에는 유튜브입니다. 매일 49년어치의 동영상이 업로드되고 있다고 하니, 적절히 활용하시기 바랍니다. https://www.youtube.com/watch?v=H-CYMrFtXSc4

1ST PARAGRAPH

on and off: 단속적으로, 간헐적으로, 불규칙하게(=intermittently=by fits and starts)
sign: 간판, 안내문(=notice)
black out: 정전, 블랙아웃, 불이 나가다, 의식을 잃다
outpost: 전초 기지 cf) stronghold: 성채, 요새, 근거지
fashionista: 패션 리더 cf) trend setter: 유행의 선도자, sartorialist: (재단을 위시한) 의류의 여러 요소에 세심한 관심을 가진 사람
redirect: (다시) 향하다, 새 방향으로 돌리다
label: 상표
value-for-money: 돈만큼의 값어치가 있는 (것)
alternatively: 다른 선택지로, ~ 아니라면(=Rather=Instead)
stroll: 거닐다, 산책하다
block: 블록, 구역
walking distance: 도보 거리

2ND PARAGRAPH

pepper: 배치하다
city centre: 도심부(=downtown=high street=main street)
outlet: 할인점, 직판점, 전문 매장
obvious: 확실한, 뻔한, 당연한
apparel: 의류, 의복, 복장(=clothes)
purvey: 공급하다, 조달하다(=supply)
fast fashion: 패스트 패션(최신 유행을 즉각 반영해 신속하게 제작해 유통시키는 의류 내지 그 업태) cf) slow fashion: 슬로 패션(패스트 패션과 세계화에 반대 기치를 내걸고, 순환의 속도와 수익적 야심을 크게 줄이려는 흐름이자 운동)
trend: 동향, 추세, 유행
catwalk: (패션쇼 장의) 무대(=runway)
listed company: 상장 회사(a company whose shares are quoted on a stock exchange)
be in the process of: ~ 하는 중이다, ~ 하는 과정이다
axe: 도끼, 대폭 삭감하다, 축소하다
compared with: ~과 비교해서, ~에 비해
admire: 존경하다, 칭찬하다, 감탄하며 바라보다
chase: 추구하다, 찾아내다, 좇다
clientele: 고객, 손님
shuffle: 이리저리 오가다, 뒤섞다
turbocharge: 출력을 강화하다, 과급하다(=increase)
lockdown: 제재, 봉쇄
agile: 민첩한, 기민한(=nimble)
refit: 수리하다, 재장비하다(=reequip=fix)

3RD PARAGRAPH

what it takes: 필요한 것(특성), (전제) 조건, 능력, 자질
flog: 팔다(=sell)
polka-dot: 물방울 무늬(의)
thrifty: 절약하는, 검약하는, 경제적인, 실속 있는(=frugal=economical)
posh: 우아한, 화려한, 상류층의 (=extragavant=stylish=classy)
among others: 특히, 무엇보다도, 등등
bean counter: 경리 담당자, 회계 직원(=accountant), 업무 관리자, 지배인(=business manager)
transaction: 거래, 매매, 처리 (과정)
sequin: 스팽글(장식용의 번쩍이는 금속 조각)(=spangle)
flannel: 플란넬(면이나 양모를 섞어 만든 가벼운 천)
bundle: 꾸러미, 묶음(=group)
fixed cost: 고정 비용 cf) variable cost: 변동 비용
profitable: 수지가 맞는, 이득이 되는, 수익을 내는(=rewarding)
shift: 옮아가다, 이동하다, (기어를) 바꾸다, 팔다(=sell)
stack: 쌓다, 포개다
warehouse: (물류) 창고
cough up: 토하다, 뱉어내다
add up: (조금씩) 늘어나다

4TH PARAGRAPH

on the surface: 겉으로 보면, 외견상으로(=superficially)
alluring: 매력적인, 마음을 끄는(=attractive=charming)
gross margin: 매출 총수익
lean: 여윈(=slim), 빈약한 cf) fat: 뚱뚱한,

419

비만인, 살찐, 많은
shop assistant: 가게 점원, 판매원(=sales clerk)
wrinkle: 주름(살), 약점, 난점
established: 확실히 자리를 잡은, 기득권의, 기성의
ring up: (금전 등록기에) 상품 가격을 입력하다, (상품을) 얼마에 팔다(=amount to=register)
till: (상점 계산대의) 돈 서랍, 금전 등록기(=cash register)
broker: 주식 중개인, 증권사
risk: 각오하다, ~의 위험을 무릅쓰다
fulfillment: 고객의 주문 처리 과정
incur: 초래하다, 발생시키다, (비용을) 물다
legacy: 유산, 기존의
bricks and mortar: 건물, 오프라인 가게, 실재 매장(=physical store)

5TH PARAGRAPH
signal: 신호(=sign)
wake-up call: 모닝 콜(=morning call), 주의 촉구, 경종
attendant: 종업원(=employee)
lay off: 해고하다(=fire=dismiss)
irk: 짜증나게 하다, 자극하다(=annoy=irritate)
write down: 감가상각하다(=reduce an asset), 평가 절하
forgo: 버리다, 그만두다, 포기하다
surge: 급등하다, 급증하다(=get ahead), 앞서다, 출세하다, 성공하다, 돈을 왕창 벌다
outsource: 외부에 위탁하다, 외주 제작하다
production: 생산(량) cf) stock: 재고(량), inventory: 물품 목록
close to: ~ 가까이(에서)
end-of-season: 시즌 마감(의)
mark down: 가격을 인하하다, 할인을 하다, 가격 인하
even as: ~ 하는 바로 그 순간, ~ 하는 때조차
emulate: 모방하다, 따라하다(=follow)
manage to: ~ 해내다, ~할 수 있다
operating margin: 영업 마진, 영업 이익(률)
plump: 포동포동한, 토실토실한(=fat) cf) lean: 빈약한, 마른
parent (company): 모기업, 지주

회사(=holding company)
match: 어울리다, 맞먹다, 호각세를 보이다

6TH PARAGRAPH
meet: 충족하다, (목표를) 달성하다
zeal: 열의, 열성(=ardor) cf) zealous: 열성적인 zealot: 열성분자, 광신자(=fanatic)
convert: 전환(하다), 개조(하다)(=restructure)
envisage: 예상하다, 마음에 그리다
hefty: 장대한, 두둑한, 활수한(=generous)
boost: 증강하다, 키우다, 북돋우다
seamless: 아주 매끄러운(=clever=smart)
tell: 말하다, 알리다(=inform)
rack: 선반, 진열대

7TH PARAGRAPH
fund: 돈을 대다, 재원을 출연하다, 자금을 확보하다(=finance)
healthy: 건전한, 양호한
balance sheet: 재무상태표
have one's back against the wall: 궁지에 몰리다(우호적이지 않은 상황으로 코너에 몰렸고, 더는 후퇴할 수도 없고, 맞서 싸우거나 죽는 수밖에 없는 경우)
dud: 무익한, 제대로 작동하지 않는, 형편없는(=poor)
attract: 유인하다, 끌어들이다
marque: 유명 상표(특히 차종), 모델, 브랜드 cf) Mark 1, 2, 3, etc
rely on: ~에 의존하다(=depend on)
intermediary: 중개인, 중개업자(체)(=mediator=go-between)
crimp: 칼질을 해 수축시키다, 억제하다(=restrict=cramp)
lease: 임대 (계약)(=rent)
haggle (over): 흥정하다, 깎다, 승강이를 하다
flexible: 융통성 있는, 유연한, 나긋나긋한

8TH PARAGRAPH
pret-a-cliquer: 광(光)클릭(의)(=ready-to-click) cf) pret-a-porter: 기성복(의) 프레타포르테(=ready-to-wear)
champion: 선수권 보유자, 챔피언 cf) competitor: 경쟁자(=contestant)

headache: 두통, 골칫거리
fearsome: 무시무시한, 두려운
garment: 의복, 옷,
    의상(=clothes=clothing=apparel)
proportion: 비율(=ratio)
try on: 입어보다, 시착하다
nudge: 몰고가다(=prompt)
frock: 드레스(=party dress)
postage cost: 우편 비용, 배송비
next to nothing: 없는 것과 다름없는, 아주
    약간, 거의 ~ 않는
billboard: 광고판

9TH PARAGRAPH
in time: 때가 도래하면(=eventually)
viable: 실행 가능한, 성공할 수 있는, 독자
    생존이 가능한
prune: 축소하다, 잘라내다, 가지치기 하다
fickle: 변덕스러운
    (=capricious=unpredictable) cf)
    sticky: 진득한
account holder: 예금주
sashay: 뽐내며 걷다, 미끄러지듯이 나아가다

BRIEFING: After the reboot

How Satya Nadella turned Microsoft around

Now for the hard part

OCT 24TH 2020 EDITION

WHEN SATYA NADELLA became the third boss of Microsoft in 2014 one photograph captured the moment. It shows him flanked by Bill Gates, the co-founder and chairman, and Steve Ballmer, Mr Gates's successor as chief executive. The two white tech tycoons strike a confident pose in casual dress. Mr Nadella, an Indian-American, skulks in a suit, smiling awkwardly.

He had a reason for that awkward smile. The company was in a ditch. While it hunkered down at its headquarters in Redmond, Washington, Apple invented the iPhone, and Google and Facebook rose from Silicon Valley. Its share price barely budged for years. When he took over, says Mr Nadella, outsiders questioned if Microsoft will "make it to the other side".

It did—with aplomb. Mr Nadella dethroned the Windows operating system as its core product. He brought Microsoft's software and services to other operating systems, including "open source" Linux, as well as Google's and Apple's. Most important, he put Micro-

사티아 나델라와
마이크로소프트의 실적 호전

고생은 이제부터.

1ST PARAGRAPH   사티아 나델라Satya Nadella가 마이크로소프트Microsoft의 세 번째 총수로 부임한 2014년 당시를 포착한 사진 한 장을 보자. 공동 창립자이자 회장인 빌 게이츠Bill Gates와, 게이츠를 뒤이은 최고 경영자 스티브 발머Steve Ballmer가 나델라 좌우로 포진하고 있다. 두 백인은 과연 기술 업계의 거물답게 평상복을 입었음에도 도저히 분위기를 느낄 수 있다. 하지만 인도계 미국인 나델라는 어색한 미소가, 걸치고 있는 양복 속으로 슬금슬금 숨어드는 인상이다.

2ND PARAGRAPH   그 어색한 미소에는 이유가 있었다. 이 회사가 난국에 처해 있는거다. 마이크로소프트가 워싱턴 주 레드몬드 본사에 쪼그리고 앉아 있는 동안, 애플Apple이 아이폰iPhone을 내놨고, 구글Google과 페이스북Facebook이 실리콘 밸리에서 부상했다. 마이크로소프트 주가가 수 년 째 꼼짝하지 않았다. 나델라는 회고한다. 자신이 총수 자리를 물려받았을 때, 외부자들은 마이크로소프트가 과연 "다른 쪽으로 성공할 수 있을지" 의심을 품었다고 말이다.

3RD PARAGRAPH   마이크로소프트는 다른 쪽으로 성공했다. 것도 아주, 침착하게 말이다. 나델라가 자사 주력 상품인 Window 운영 체제를 왕좌에서 몰아내 버렸다. 그에 의해, 마이크로소프트 사의 소프트웨어와 각종 서비스가 다른 운영 체제들과 결합했다. 구글과 애플의 운영 체제는 말할 것도 없고, '오픈 소스'open source인 리눅스도 마찬가지이다. 가장

423

soft's cloud-computing arm, Azure, launched in 2010, at the heart of the business. The result has been double-digit revenue growth and a market capitalisation of $1.6trn. Only Apple and Saudi Aramco, an oil colossus, are more valuable.

Microsoft succeeded in its reinvention where other tech firms seeking a second life, such as IBM and Oracle, have not. But nothing lasts for ever in the fast-changing world of technology. The old personal-computer (PC) business has slowed. The firm's products are not always the best or most popular. Azure is considered by many experts to be technologically behind the market leader, Amazon Web Services (AWS), which the e-commerce giant launched four years earlier. Many users prefer to make video calls on Zoom and chat on Slack rather than use Microsoft's Teams. This year Microsoft failed to buy TikTok, which might have boosted its consumer-facing business that includes the Xbox games console and (less interestingly for TikTokers) LinkedIn, a careers network; the popular Chinese-owned short-video app inked a nebulous technology partnership with Oracle instead. And Microsoft has to square up not just to Amazon but to younger tech giants such as Alphabet (Google's parent) and China's Alibaba and Tencent.

The pressure to succeed is immense. The firm's shares have more than quintupled in value since Mr Nadella took over (see chart 1). They now trade at 37 times earnings, a higher multiple than those of Alphabet, Apple or Facebook (though far below Amazon's ratio of 123). The company is priced for perfection, says Mark Moerdler of Bernstein, a research firm. And for further expansion.

4TH PARAGRAPH

중요한 것은, 2010년 출시된 클라우드 컴퓨팅 부문 애저Azure를 그가 마이크로소프트 사업의 핵심으로 삼았다는 점이다. 그 결과 수익이 두 자릿수로 늘어났고, 마이크로소프트의 시가 총액은 현재 1조 6천억 달러에 달한다. 시가 총액 기준으로 마이크로소프트를 능가하는 기업은 거대 석유 회사 사우디 아람코Saudi Aramco와 애플뿐이다. 마이크로소프트는 스스로를 성공적으로 재창조해 냈다. 제2의 삶을 모색한 다른 기술 기업들, 가령 아이비엠IBM과 오라클Oracle이 이에 실패했음을 떠올려 보라. 하지만 기술의 세계는 빠른 속도로 변화하고, 영원한 것은 아무 것도 없다. 오래된 개인용 컴퓨터 사업은 경기가 부진하다. 기업이 내놓는 제품이 항상 최고이거나, 엄청난 인기를 끄는 것도 아니다. 사실 많은 전문가가 애저를, 시장 선도 기업 아마존 웹 서비스Amazon Web Service, AWS보다 기술이 못 미치는 것으로 본다. (거대 전자 상거래 기업 아마존이 애저보다 4년 앞서 'AWS'를 출시했다.) 많은 이용자가 마이크로소프트의 팀스Teams를 외면하고, 화상 전화는 줌Zoom을, 채팅은 슬랙Slack을 쓴다. 올해 마이크로소프트는 틱톡TikTok 매수에 실패했다. 만약 성공했다면, 마이크로소프트의 소비자 대면 사업이 탄력을 받았을 수도 있다. 엑스박스Xbox 게임 콘솔이라든가, (틱톡 이용자들이야 관심이 덜 하겠지만서도) 커리어 개발 네트워크인 링크트인LinkedIn을 한 번 떠올려 보라. 인기있는 이 중국계 숏 비디오 앱 회사는, 대신 오라클과 모호한 기술 파트너십을 체결했다. 바야흐로 마이크로소프트는, 아마존은 물론이고, 후발 주자이지만 역시 거대 기술 기업들인 알파벳Alphabet, 구글의 지주회사, 중국의 알리바바Alibaba 및 텐센트Tencent와 정면 승부를 벌여야 한다.

5TH PARAGRAPH

성공해야 한다는 압박이 엄청나다. 나델라가 승계한 이후로, 마이크로소프트 주가가 다섯 배 이상 상승했다(표1을 보라). 마이크로소프트 주식의 현재 P/E 배수는 37이다. 이는 알파벳, 애플, 페이스북의 주식의 P/E 배수보다 더 높은 수치이다(물론 아마존의 P/E 배수인 123에는 훨씬 못 미치지만). 마이크로소프트의 가치 평가 등급은 '완벽'이라고, 조사 연구 회사 번스타인Bernstein의 마크 모들러Mark Moerdler가 확인해 줬다. '추가 확장'further expansion의 여력이 있다는 분석도 보태졌다.

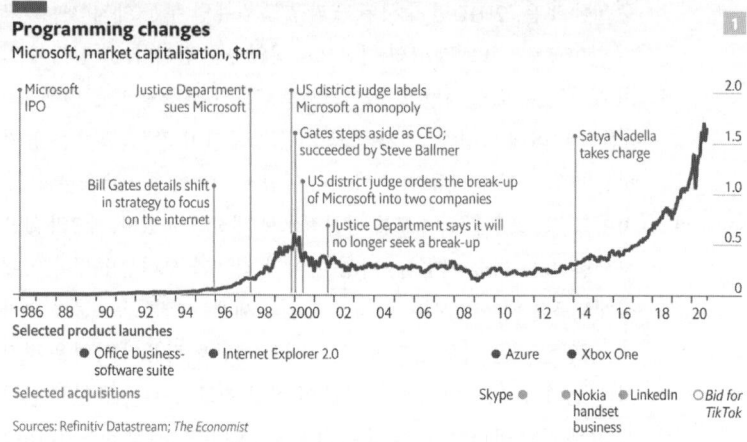

Mr Nadella acknowledges the challenge. "This is not some linear transition," he says. "When the first hockey stick plateaus the question is: have you got the other things?" In an effort to live up to the hype he is dusting off old weapons—bundling and licensing—the aggressive use of which got Microsoft in trouble with antitrust authorities from the late 1990s and earned it the moniker "evil empire". An insider since 1992, he remembers those days, when the firm narrowly avoided a forced break-up. Can it continue to grow while steering clear of the old pitfalls?

Until 2014 Microsoft had five different business areas. Most of the profit came from three of them: Windows, its Office software (spreadsheets, word-processing, PowerPoint and the like) and programs to run the servers used in data centres and corporate networks. Entertainment and devices, including the Xbox, made a bit of money. Online services such as the Bing search engine and MSN web portal did not.

Mr Nadella reconfigured this structure. Today Microsoft's 20 or so businesses fall into three big buckets:

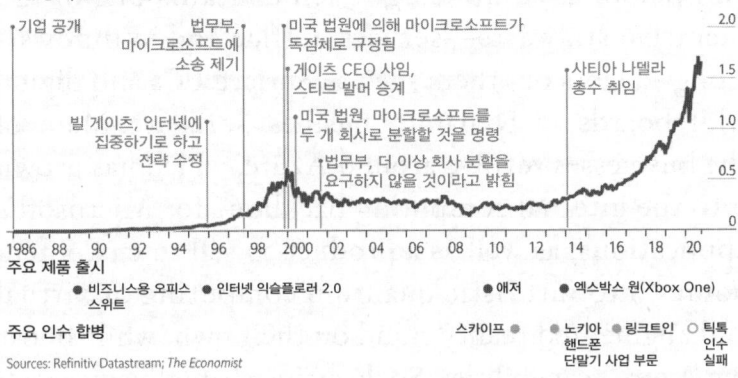

6TH PARAGRAPH
나델라도 과제가 산적해 있음을 인정한다. "순탄한 이행이 아닙니다. 첫 조치가 정체기에 접어들면, 문제는 이거죠. 다른 계책이 있는가?" 그가 옛날 무기들의 먼지를 털고 있는 것은, 바로 이 말을 실행에 옮기려는 활동이다. 번들링bundling이란 '묶어 팔기'와 라이선싱이 당장에 떠오를 것이다. 1990년대 말에 바로 이 무기를 공격적으로 써먹다가, 마이크로소프트가 독점 규제 당국과 갈등을 빚었고, '악의 제국'이란 말까지 들었다. 1992년부터 마이크로소프트에 몸담아 온 그는 강제 분할을 가까스로 모면한 당시를 이렇게 회상했다. 그렇다면, 과연 마이크로소프트는 과거의 함정을 피해 가면서 계속 성장할 수 있을까?

7TH PARAGRAPH
2014년까지 마이크로소프트의 사업 영역은 크게 다섯 가지였다. 이윤의 대부분은 세 부문에서 나왔다. 운영 체제 윈도, (스프레드시트, 워드 프로세서, 파워포인트 등등의) Office 소프트웨어, 데이터 센터와 기업 네트워크에서 사용되는 서버 구동 프로그램들이 이 셋이다. 엔터테인먼트와, Xbox 같은 기기도 돈을 약간 벌어줬지만, 검색 엔진 빙Bing과 포털 사이트 MSN 같은 온라인 서비스는 별 구실을 못 했다.

8TH PARAGRAPH
나델라가 마이크로소프트의 이 체계를 재구조화했다. 현재 마이크로소프트에서 스무 개 정도 되는 사업 활동은 크게 세 부문으로 나

cloud, productivity software and business processes, and personal computing. Each contains one of the lucrative stalwarts—servers, Office and Windows—alongside lots of others such as Surface PCs and digital whiteboards, or Dynamics business software. Many of the businesses revolve around Azure, which has grown into the internal computing backbone for Microsoft's applications, as well as a product to sell to customers. Forays into futuristic quantum computing or virtual and augmented reality stand on their own, while boosting Azure's capabilities. So do artificial-intelligence (AI) algorithms, trained on data from Bing, LinkedIn and other places.

If any of those whizzy bets succeed at scale, they would sharpen Microsoft's innovative edge, which looks blunter than either Amazon's or Alphabet's. Even if they do not, Microsoft may succeed by commercialising products rather than inventing new ones. As insiders quip, the firm is never first to market and often not second, but "man, we will make all the money".

That has certainly been true of Office. Excel was not the first spreadsheet (remember Lotus 1-2-3?). But it is deemed by many software engineers to be the most consequential program ever written, in part because it has been so widely adopted. Around 1.2bn workers use Office or Office365, a web-based version served up through Azure. Here, too, Microsoft lagged behind Google's G-Suite software, which, among other things, enabled multiple users to work on one document at the same time. Googlers make digs at what they see as Microsoft's offline, "save as" mentality.

Still, managers prise Office—and especially Excel—

널 수 있다. 클라우드, 생산성 소프트웨어 및 비즈니스 프로세스, 퍼스널 컴퓨팅, 이렇게 셋으로 말이다. 셋 각각에는 수익성 좋은 효자들이 하나씩 들어가 있다. 서버, Office 프로그램, 운영 체제 Windows가 그것들이다. 다른 것도 많은데, 개인용 컴퓨터 서피스^{Surface}, 대화식 전자 칠판인 Whiteboard, 또 사업 관리 소프트웨어 다이내믹스^{Dynamics}가 대표적이다. 마이크로소프트의 사업 영역 다수가 애저를 기반으로 한다. 애저가 고객에게 파는 제품일 뿐만 아니라, 마이크로소프트의 애플리케이션을 지원하는 내부 컴퓨팅의 중심축으로 자리잡았기 때문이다. 미래의 양자 컴퓨팅, 가상 및 증강 현실 등은 애저의 능력을 신장시키는 시도이긴 하지만, 별도의 분야로 존재한다. 빙과 LinkedIn 등등의 자료로 훈련을 시키는 인공 지능 알고리즘도 그 지위가 비슷하다.

9TH PARAGRAPH 이들 최신 기술 가운데 뭐라도 성공을 하면, 마이크로소프트의 혁신의 칼날이 예리해질 테다. (확실히 현 시점에서 아마존이나 알파벳보다는 무디고 뭉툭해 뵈는 게 사실이다.) 성공하지 못해도, 마이크로소프트라면 새 것을 발명하는 것이 아니라 제품을 대규모로 상업화할 수도 있을 것이다. 내부 구성원들의 재담처럼, 마이크로소프트는 단 한 번도 가장 먼저 시장에 진출한 적이 없을 뿐더러, 두 번째가 아닌 경우도 비일비재했다. 하지만 "돈은 우리가 다 번다."

10TH PARAGRAPH 오피스 프로그램에 관한 한 분명 이 말은 사실이다. 엑셀^{Excel}은 1위 스프레드시트가 아니었다(로투스 1-2-3$^{Lotus\ 1-2-3}$을 기억하는가?). 그런데도, 다수의 소프트웨어 엔지니어가 엑셀을 지금까지 개발된 것 중 가장 중요한 프로그램으로 여기는 것은, 이게 굉장히 널리 채택 사용되었다는 점이 한몫했다. 오피스^{Office}와, 애저를 통해 제공되는 웹 버전의 오피스 365$^{Office\ 365}$를 사용하는 근로자가 약 12억 명이다. 물론 여기서도 마이크로소프트는 구글 사가 제공하는 G-Suite 소프트웨어에 뒤져 있다. G-Suite 소프트웨어는 다른 특징도 많지만, 대표적으로 복수의 사용자가 동시에 한 문서에서 작업을 하는 게 가능하다. 구글 사람들은 마이크로소프트가 좋아하는 '오프라인'^{offline}을 '새 이름으로 저장하기' 멘탈이라며 비꼰다.

11TH PARAGRAPH 그런데, 경영자들이 위험을 각오하고, 사무 직원들한테서 오피스, 특히

from desk-jockeys at their peril. As a result, Microsoft controls 87.6% of the market for such software, to Google's 11.5%, according to Gartner, a research firm. To boost Teams, Microsoft has started bundling it with Office365 free of charge; by April Teams had 75m daily users. Unfair, rivals say; in July Slack launched an antitrust suit against Microsoft. It calls Teams a copycat product aimed at killing it—just as Microsoft's Internet Explorer vanquished Netscape, a rival web browser, which led to its battle with trustbusters.

Critically, Microsoft has been a superfast follower in the cloud. In Mr Nadella's book about the firm's transformation, "Hit Refresh", he described how, by the time he took over, AWS had built a vast cloud business with no competition. "Amazon was leading a revolution and we had not even mustered our troops," he wrote.

The stakes are huge. Over time most of the world's companies are expected to move computing to the cloud. The share of IT spending going to the cloud is approaching 10%. But that already amounts to an annual market of $240bn. Given expected annual growth rates of nearly 20% it could reach $1trn before long.

In the cloud Azure faces two big rivals—AWS and Google Cloud Platform (GCP)—and two others—Oracle and Alibaba Cloud. Its market share has risen steadily, to 18% (see chart 2). Again, Microsoft's rapport with firms' IT departments has served it well. It still dominates parts of business software and nearly four in five personal computers run on Windows, as do 72% of all servers. It can offer corporate clients a single price that bundles Azure with Office and other software. That way Azure can end up costing only a fifth as

엑셀을 뺏어가고 있다. 조사 기관 가트너Gartner에 의하면, 그 결과 해당 분야 소프트웨어에 대한 마이크로소프트의 시장 점유율이 87.6퍼센트로 내려앉았다. (구글은 11.5퍼센트다.) 마이크로소프트는 '팀스'를 판촉해야 했고, 오피스 365에 이걸 무료로 묶어 팔기 시작했다. 4월경에 팀스의 일간 사용자 수는 7500만 명이었다. 경쟁 업체들이 불공정을 성토하고 있고, 슬랙이 7월에 마이크로소프트를 상대로 반독점 소송을 걸었다. 팀스가 슬랙을 고사시키려는 모조품이란 주장이다. 마이크로소프트의 인터넷 익스플로러Internet Explorer가 경쟁 웹 브라우저 넷스케이프Netscape를 몰아낸 과거 사건을 떠올려 보라. 그로 인해 마이크로소프트는 반(反)트러스트법 위반 단속관들과 싸우지 않을 수 없었다.

12TH PARAGRAPH 마이크로소프트가 클라우드 분야에서 초고속 후발 주자라는 것도 중요하다. 마이크로소프트의 변화를 다룬 저서『히트 리프레시 Hit Refresh』에서 나델라는 자신이 회사를 떠안은 시절을 이렇게 회고한다. 아마존 웹 서비스는 경쟁이 전혀 없는 클라우드 비즈니스를 대규모로 구축한 상황이었다. "아마존이 혁명을 선도 중이었고, 우리는 병력 소집조차 못 하고 있었다."

13RD PARAGRAPH 판돈의 규모가 엄청나다. 왜냐하면 시간이 흐를수록 전 세계 기업의 대다수가 자사의 컴퓨팅 전반을 클라우드로 이전할 것으로 예상되기 때문이다. 기업들의 클라우드 이전 비용이 전체 지출의 10퍼센트에 육박하고 있는데, 그 액수가 이미 연 2,400억 달러 규모이다. 전문가들은 연평균 성장률을 약 20퍼센트로 보는데, 이를 감안하면 머잖아 시장 규모가 1조 달러에 이를 것이다.

14TH PARAGRAPH 애저는 클라우드 부문에서 큰 규모의 경쟁자가 아마존 웹 서비스와 구글 클라우드 플랫폼Google Cloud Platform, GCP으로 둘이다. 그 외에도 오라클과 알리바바 클라우드Alibaba Cloud가 더 있다. 애저는 시장 점유율이 꾸준히 늘어나, 현재 18퍼센트이다(표2를 보라). 각급 기업의 IT 부서들과의 돈독한 관계도 마이크로소프트에 득이 됐다. 마이크로소프트가 비즈니스 소프트웨어의 여러 부문을 여전히 장악하고 있고, 퍼스널 컴퓨터 다섯 대 중 약 네 대는 윈도를 바탕으로 돌아간다. 서버의 경우는 72퍼센트가 그렇다. 마이크로소프트는 애저에다가 오피스 프로그램과 기타 소프트웨어를 번들로 묶어서, 기업 고객들에게 통합 가격을 제시할 수 있다. 이렇게 하면 애저의 가격이 아

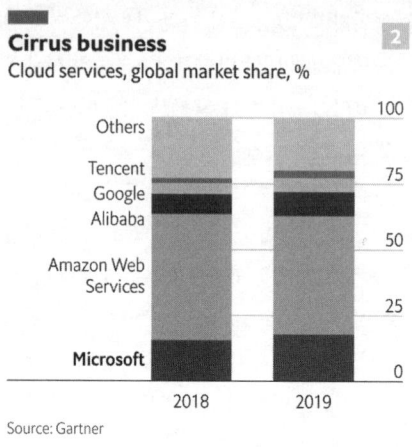

much as AWS, Microsoft claims (AWS disputes this). And it is easier to use than Amazon's offering, whose advanced features overwhelm even some IT professionals.

It is also easier to swallow for many clients than Amazon products. When Microsoft pitched for business, recalls a former executive, Azure would lose the technical evaluation but win out of customers' fear that Jeff Bezos, Amazon's insatiable boss, might use their money and data to invade their turf. Suspicion of Mr Bezos may explain why AWS lost a $10bn Pentagon cloud contract to Microsoft, despite being tipped to win. Amazon believes Microsoft benefited from Donald Trump's feud with Mr Bezos, who also owns the *Washington Post*, a newspaper the president does not like. Amazon has legally challenged the award, unsuccessfully so far.

Azure aims to match or overtake AWS in the cloud. Yet in Gartner's closely followed ranking of cloud providers Azure comes in well behind AWS and has lately

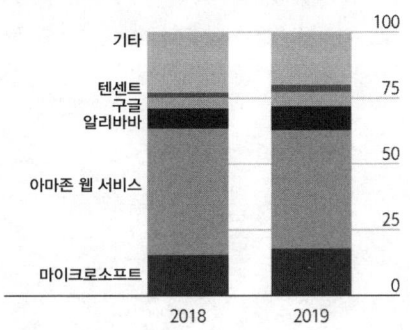

클라우드 사업
클라우드 서비스 제공업체, 전 세계 시장 점유율, %
출처: 가트너(Gartner)

15TH PARAGRAPH 마존 웹 서비스의 고작 5분의 1에 불과해진다. 마이크로소프트는 이를 자랑하고, AWS는 그 점에 이의를 제기한다. 게다가 애저는 아마존 웹 서비스보다 사용하기도 더 쉽다. AWS의 경우, 고급 기능들은 일부 IT 전문가들조차 주눅들 정도이다.

다수 고객의 입장에서는 아마존 제품보다 애저가 정서적으로 받아들이기 더 편하기도 하다. 전직 임원 한 명의 회고를 소개한다. 우리가 판매 교섭을 어떻게 했는지 아세요? 애저의 기술 평가는 필요 없었고. 우리는 그저 고객의 두려움만 자극하면 됐습니다. 이게 무슨 말일까? 욕심이 많아서 만족을 모르는 아마존의 두목 제프 베조스Jeff Bezos가 이용자들의 돈과 데이터를 움켜쥐고서, 자기들의 영역을 침탈할 것이라는 공포가 자극된 것이었다. 아마존 웹 서비스가 100억 달러 규모의 미 국방성 클라우드 수주전에서 거래 성사 직전까지 갔다가, 왜 마이크로소프트에게 졌겠는가? 아마도 베조스에 대한 불신이 작용했을 것이다. 도널드 트럼프는 재임 중 제프 베조스와 대립각을 세웠고, 마이크로소프트가 거기서 득을 봤다는 게, 아마존 측이 생각하는 바이다. (베조스가 소유한 신문 『워싱턴 포스트』를 트럼프가 싫어한다.) 아마존은 현재 소송을 건 상태다. 지금까지는 그리 성공적이지 않지만 말이다.

16TH PARAGRAPH 애저의 목표는 클라우드 분야에서 아마존 웹 서비스를 따라잡고 더 나아가 뛰어넘는 것이다. 하지만 가트너가 면밀히 추적한 클라우드 제공업체 순위를 보면, 애저는 AWS에 한참 뒤질 뿐만 아니라, 최근에는 점유

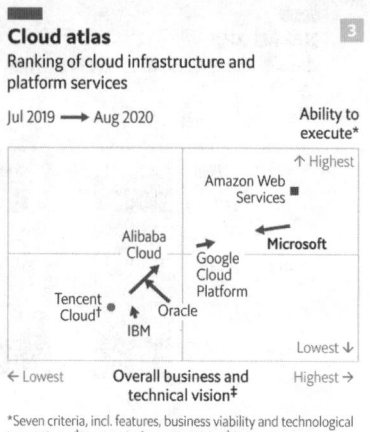

slipped down (see chart 3). The way Microsoft has built its global cloud infrastructure, covering more geographical ground than AWS but more thinly, may make it less reliable. Gartner cites insufficient redundant capacity to deal with data centres knocked out by bad weather or other problems. Even without disruptions, capacity has proved problematic. As demand has surged in the pandemic, with millions of remote workers switching to the cloud, Azure has at times been unable to keep up. Microsoft Teams suffered a blackout in March. That month Microsoft put in place temporary resource limits on new Azure subscriptions. AWS has not needed to.

Azure blues

Microsoft cannot afford to get Azure wrong. It is what drives its share price. Azure is estimated to make up only a tenth of Microsoft's $53bn in annual operating profit. But every quarter Wall Street fixates on how fast the cloud is growing, notes Heather Bellini of Goldman

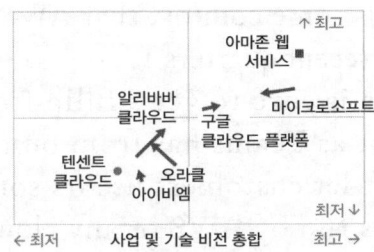

클라우드 업체 지형
클라우드 인프라 및 플랫폼 제공업체 역량 평가

특징, 실용성, 기술 혁신 등 일곱 가지 기준을 적용 + 2020년 8월 이전 자료 없음 ±고객의 필요를 얼만큼이나 잘 파악하고 있는지, 실제 서비스, 미래 투자 등 여덟 가지 기준을 바탕으로 작성. 출처: 가트너(Gartner)

율이 하락하기까지 했다(표3을 보라). 마이크로소프트가 클라우드 인프라를 구축한 방식을 알 필요가 있다. 아마존 웹 서비스와 비교해, 더 많은 지리 영역을 포괄하기로 하면서 '세계' 차원을 구상했는데, 그러다가 더 얄팍해지고 말았다. 그로 인해 애저의 안정성과 신뢰성이 떨어졌을 것이다. 가트너는, 악천후와 기타 문제들로 데이터 센터가 무력화되었을 때, 이를 해결할 능력이 불충분하면서 동시에 잉여적이라고 지적한다. 두절이 없을 때조차, 이 복원 및 대응 능력에 문제가 있음이 드러났다. 바야흐로 팬데믹의 시기이고, 원격 근로자 수백만 명이 클라우드에 접속하면서 수요가 급증하자, 애저가 가끔씩 버버거렸던 것이다. 3월에는 팀스가 '나가' 버렸다. 마이크로소프트는 그 달에 애저 서비스 신규 이용자들을 대상으로 일시적이긴 했지만 리소스 제한을 걸지 않을 수 없었다. 아마존 웹 서비스가 전혀 그럴 필요가 없었다는 점은 이와 대조적이다.

애저의 애가
마이크로소프트 입장에서는 애저가 절대로 망해서는 안 된다. 마이크로소프트의 주가를 받쳐주는 것이 애저이기 때문이다. 추정하기로, 애저는 마이크로소프트의 연간 영업 이익 530억 달러의 10분의 1 정도에 불과하다. 하지만 월 스트리트가 클라우드 부문의 성장 속도를 분기별로 확인 중이라고, 투자 은행 골드만 삭스Goldman Sachs의

Sachs, an investment bank. Recently analysts have been disappointed to see growth slow, from 59% year on year in the first three months of 2020, to 47% from April to June. (It is some comfort that AWS's growth has also slowed in recent quarters.)

Azure is sure to get a fillip from new licensing rules, just as Teams has from bundling. Up to now Microsoft let customers use its software on dedicated servers run by AWS or any cloud provider under a practice called "bring your own licence" (BYOL). That freedom enabled easy switching; of all cloud-based Windows software, 57% runs on AWS, nearly twice as much as on Azure.

Last summer Microsoft did away with BYOL and introduced restrictions for customers wishing to put its software on certain big clouds. If a client wanted to run desktop and server programs on those clouds after October 1st, it would have to buy a new subscription, rather than a one-off licence. Not to offend antitrust rules Microsoft put Azure on its list alongside AWS, GCP and Alibaba Cloud. But it separately offered customers a better deal to move to Azure, offsetting the extra cost.

Amazon said Microsoft was trying to restrict what clouds companies can use. Several neutral observers concur. "Microsoft is taking its arsenal of Windows Server, a massive installed software base, and using it punitively against competitors," says Raj Bala, Gartner's main cloud-infrastructure expert and author of its cloud ranking. It is the antithesis of Mr Nadella's more open strategy, adds Wes Miller of Directions on Microsoft, a research firm. After all, he had eased Office's

18TH PARAGRAPH 히더 벨리니Heather Bellini는 말한다. 최근에는 시장 분석가들이 성장세가 주춤한 것을 확인하고서 실망감을 표하기도 했다. 2020년 1/4분기에 전년 대비로 59퍼센트에서 4~6월 47퍼센트로 하락세였다. (아마존 웹 서비스 역시 최근 분기들에 성장세가 주춤한 것이 위안이라면 위안이다.)

애저가 새로운 라이센스 규약으로 탄력을 받을 것임은 틀림없다. 팀스가 묶어팔기로 신장세를 보인 것과 마찬가지이다. 고객들은 지금까지, AWS나 그 외 클라우드 제공업체가 운영하는 특정 서버에서 마이크로소프트의 소프트웨어를 BYOL bring your own license라는 정책 하에 쓸 수 있었다. 이런 자유 때문에 옮겨가기와 전환이 매우 쉬웠다. 클라우드에서 돌아가는 전체 윈도 소프트웨어 가운데 57퍼센트가 아마존 웹 서비스 차지이다. 이는 애저의 거의 두 배다.

19TH PARAGRAPH 지난 여름 마이크로소프트는 BYOL 정책을 폐기하고, 특정 클라우드에 자사 소프트웨어를 올리고자 하는 고객들을 제한하기 시작했다. 고객이 10월 1일 이후 해당 클라우드에서 서버 프로그램을 돌리거나 데스크톱을 쓰고자 한다면, 새로운 '구독', 그러니까 신규 서비스를 구입해야만 한다. 일회성으로 구매하는 라이센스로는 이제 안 되는 것이다. 마이크로소프트가 애저를 아마존 웹 서비스, 구글 클라우드 플랫폼, 알리바바 클라우드와 같은 범주에 올려놓은 것은, 반독점법을 위반하지 않으려는 조치이다. 물론 사용자의 반발이 예상됐고, 별도의 조치가 취해졌다. 추가 비용을 상쇄하면서 애저로 갈아탈 수 있는 더 나은 거래 계약을 고객들에게 내밀 것이다.

20TH PARAGRAPH 아마존은, 마이크로소프트가 기업들이 활용할 수 있는 클라우드 자원을 제한하는 공작을 벌이고 있다고 성토했다. 중립적인 논평가 몇도 이에 동의한다. 라지 발라Raj Bala의 말을 들어보자. "마이크로소프트가 윈도 서버를 무기화하고 있습니다. 가장 많이 설치된 소프트웨어를 말이에요. 이는 경쟁 업체들을 가혹하게 압박하겠다는 의도죠." 발라는 가트너에서 클라우드 전문가로 활약하며 그 순위를 작성한다. 조사 기관 디렉션스 온 마이크로소프트Directions on Microsoft의 웨스 밀러Wes Miller도, 이 조치가 나델라가 취해 온 더 개방적인 전략을 뒤집는 것이라고 지적한다. 나델라가 애플의 아이패드iPad처럼 윈도 기반이 아닌 디바이스로도

move to non-Windows devices such as Apple's iPad. "Satya wants to make people think he's different, but he's old-school Microsoft, just with a little softer exterior," sums up an executive at a rival.

Microsoft is the only big cloud provider which also sells lots of programs that clouds host. "Is there a piece of software that Amazon or Google has built that runs on Azure? Zero," Mr Nadella says. That also gives Azure a big advantage to exploit. Mr Nadella does not intend to repeat the mistake of letting Windows workloads all migrate to Amazon's cloud, as happened early on. "We were stupid, not realising what was happening," he says. "We will absolutely monetise our intellectual property on their clouds."

Since the licensing changes went into effect Gartner has received several hundred inquiries about them. An executive from a *Fortune* 500 health-care company that had picked AWS as its cloud provider says that the new rules meant an extra annual cost of $100m, forcing the firm to slow down its transition to the cloud. "They are writing licence terms to get customers to believe their only choice is Azure," complains a vice-president of a medium-sized firm in Wisconsin that felt forced to switch from AWS. "There is no law against it but it removes choice," he adds. An IT chief at another midwestern firm likens the new rules to a long lease on a car where "the lessor says you can only use Chevron gas, not BP or Exxon". Two of the three customers are set on writing Microsoft software out of their stacks over time.

Avoiding defenestration

That points to a risk for the tech giant. By tugging re-

오피스를 쉽게 옮길 수 있게 했던 전력을 떠올려 보라. 경쟁 업체의 한 임원은 상황을 이렇게 요약했다. "사티아는 사람들이 자신은 다르다고 생각했으면 하고 바라겠죠. 하지만 그도 옛날부터 마이크로소프트에 몸담았던 사람입니다. 겉모습만 약간 유하다뿐이지 똑같아요."

마이크로소프트는 대규모 클라우드 제공업체 중에, 클라우드 기업들이 호스팅하는 각종 프로그램까지 대거 판매하는 유일한 기업이다. "애저에서 구동되는 소프트웨어를 단 하나라도 아마존이나 구글이 만들었습니까? 하나도 없어요." 바로 이게 나델라의 말이다. 애저는 이 점에서도 거대한 우위를 누린다. 나델라는 전임자들의 실수를 반복할 생각이 전혀 없다. 윈도를 기반으로 이뤄지는 온갖 작업이 아마존 클라우드로 넘어가도록 허용하지 않겠다는 그의 의지는 확고하다. 그의 말로 들어본다. "우리는 멍청했습니다. 무슨 일이 일어나고 있는지 깨닫지 못했던 거죠. 우리의 지적 재산은 그들의 클라우드에서도 반드시 현금화돼야 합니다."

마이크로소프트의 라이센스 변화 정책이 시행되었고, 가트너는 관련해서 수백 건의 문의를 받았다. 아마존 웹 서비스를 클라우드 이용 업체로 택한, 『포천 500 Fortune 500 』의 한 헬스케어 기업 경영자는 말한다, 새로 시행되는 방침 때문에 연간 1억 달러의 비용이 추가 발생한다고 말이다. 결국 이 기업은 클라우드로의 이행 속도를 늦추기로 했다. "마이크로소프트의 새로운 라이선스 약관 때문에, 고객들은 애저가 유일한 선택지라고 판단하지 않을 수 없게 돼버렸어요." 위스콘신의 한 중견 기업 부회장이 불만을 토로한 내용이다. 그는 아마존 웹 서비스에서 어쩔 수 없이 애저로 갈아타야 한다고 느꼈다. "이를 막는 법이 없습니다. 다른 선택지도 없고요." 중서부에서 사업을 하는 또 다른 기업의 IT 책임자는 마이크로소프트의 새로운 방침을 자동차 장기 대여에 비유했다. "차를 빌리는데, 이런 말을 듣는 거죠. 비피BP나 엑손Exxon은 안 되고, 쉐브론Chevron 휘발유만 넣고 달리시오." 이런 고객의 3분의 2가 결심을 굳혔다. 장기적으로 자신들의 자원 역량에서 마이크로소프트 소프트웨어를 빼버리겠다고 말이다.

축출을 안 당하려면

이런 움직임은 거대 기술 기업일지라도 마이크로소프트에게 위험

luctant customers onto Azure too aggressively Microsoft may put a lot of them off Windows—or, possibly, provoke mass flouting of rules, daring the software giant to enforce them. Takeshi Numoto, chief marketing officer of Microsoft's commerical business, says the feedback Microsoft is receiving on cloud choice after the new rules is positive, adding that "We want to hear from all customers if there are ways we can improve our partnership and support of their businesses."

How closely is Microsoft flirting with the kind of behaviour that got it in trouble in the late 1990s? After its bruising antitrust battle it is likely to proceed cautiously. If Europe proves sympathetic to Slack, the messaging firm could bring a similar case in America. If that happens, Microsoft may offer concessions to make it go away.

Mr Nadella resists the idea that Microsoft is overstepping the mark. "Look at the number of enterprise SAAS (software-as-a-service) and infrastructure firms," he says—hardly suggestive of "a monopoly company collecting monopoly rent".

In its defence Microsoft can certainly argue that Azure has brought competition to cloud computing, which AWS might otherwise have cornered. Tellingly, Mr Nadella was spared the indignity of testifying in front of a congressional antitrust subcommittee, which recently grilled his opposite numbers at Alphabet, Amazon, Apple and Facebook. A congressional report on big tech's digital dominance did not finger Microsoft. America's trustbusters have gone after Google instead (see article). Google denies wrongdoing.

Microsoft's rebuffed $25bn-30bn bid for TikTok could have been a boon to competition. Had it succeeded, Microsoft would have challenged Google and

신호이다. 고객이 저어하는데도 강제로 애저를 쓰게 하면, 그들 다수가 아예 윈도를 버릴 수도 있다. 대규모로 불법 행위가 자행될 수도 있는데, 마이크로소프트가 법 집행에 나서면 꼴이 사나워진다. 마이크로소프트 판촉 부문의 최고 마케팅 책임자인 다케시 누모토 Takeshi Numoto는, 새 약관 시행 후 클라우드 선택과 관련해 접수되는 피드백이 긍정적이라고 말한다. "모든 고객의 소리를 듣고 있습니다. 고객사의 사업 활동을 지원하고, 또 협력 관계를 개선할 수 있는 방법들을 연구하고 있습니다."

24TH PARAGRAPH 마이크로소프트는 1990년대 후반에도 이런 짓을 하다가 곤경에 처했었다. 과연 지금은 얼마나 철저하게 이 일을 하고 있을까? 독점 금지에 맞서는 전투가 상처투성이였고, 마이크로소프트의 행보는 당연히 조심스러울 수밖에 없다. 유럽이 슬랙의 손을 들어준다면, 그 메시징 서비스 기업이 미국에서도 유사한 소송을 제기할 수 있다. 만약 그런 일이 일어나면, 마이크로소프트가 양보를 해야 할 수도 있다.

25TH PARAGRAPH 나델라는 마이크로소프트가 선을 넘고 있다고는 생각하지 않는다. "기업형 SAAS^{software-as-a-service}와 인프라 회사들의 수를 보십시오." "독점 기업이 독점 지대를 긁어 모으고 있다"고, 그는 말하지 않는 것이다.

26TH PARAGRAPH 확실히, 마이크로소프트는 애저가 클라우드 컴퓨팅 부문에 경쟁을 가져왔다고 주장할 수 있고, 이는 자기 변호 내용으로서 탁월하다. 애저가 없었다면, 아마존 웹 서비스가 시장을 장악했을 수도 있다는 '썰'은 설득력이 있다. 나델라가 하원의 반독점 소위원회에 출석해 증언하는 수모를 아직 안 당해 봤다는 것도 의미심장하다. 알파벳, 아마존, 애플, 페이스북 등 경쟁업체 인사들이 최근 혹독한 추궁을 당했다는 사실을 떠올려 보라. 거대 기술 기업들의 디지털 시장 장악상을 다룬 의회 보고서는 마이크로소프트를 지목하지 않았다. 미국의 독점 단속관들은 대신 구글을 '조져' 왔다. 구글은 범법 행위를 부인한다.

27TH PARAGRAPH 퇴짜를 맞은 250~300억 달러 규모의 틱톡 매수 시도가 낙찰됐다면, 마이크로소프트의 경쟁에 요긴하게 작용했을 것이다. 성공만 했다면, 그 즉시로 구글과 페이스북이 장악한 디지털 광고 시장에 묵직하

Facebook in digital advertising in short order. TikTok's reams of data on its teenage users would have fuelled Microsoft's AI, which competes against algorithms being developed by all its big tech rivals in America and China. The purchase of ZeniMax Media, a games developer, for $7.5bn to bolster its flourishing cloud-gaming platform does not make up for the failed bid.

Google's antitrust troubles could offer consolation. The case may shake up internet search, helping Bing. It is a tiddler despite having a quality of search results that is not all that different from Google's. In a hint that Microsoft might want to revive its search engine, this month it was rebranded as "Microsoft Bing".

Mr Nadella is confident about future growth, his early awkwardness long since replaced by a justified and resolute assuredness. "We're lucky enough to be in the tech business, and IT spending is going from 5% of GDP to 10% over the next ten years," he says. But competition for those IT dollars is white-hot. Microsoft's response—leaning heavily on customers not to defect—may work in the short run. But as the pace of change in the technology industry accelerates, thanks to abundant brainpower and oodles of capital, customers may put innovation ahead of loyalty to long-standing providers. One successful reinvention is unlikely to be enough.

Clarification (October 23rd 2020): Microsoft's claim that Azure can cost a fifth as much as AWS is disputed by AWS

© The Economist Newspaper Limited, London (Oct 24th 2020)

게 도전할 수 있었을 것이라는 얘기다. 틱톡에는 십대 이용자들이 올려놓은 데이터가 엄청나다. 마이크로소프트는 이걸 자사 AI의 연료로 사용할 수 있었다. 미국과 중국의 거대 기술 기업들이 죄다 사활을 걸고서 인공 지능 알고리즘을 개발하고 있다. 마이크로소프트가 게임 개발업체 제니맥스 미디어ZeniMax Media를 75억 달러에 매수하기는 했다. 호조를 보이는 클라우드 게임 플랫폼을 강화하려는 조치다. 그렇다고, 틱톡 매수 실패의 위안이 되지는 않는다.

28TH PARAGRAPH 독점 금지로 인해 구글이 처한 곤경이 위로가 될 수도 있다. 이 소송으로 인터넷 검색 지형이 깨지면, 빙Bing이 득을 볼 수도 있는 것이다. 검색 품질이 구글과 그렇게 다르지 않음에도 불구하고, 빙은 꼬마 신세다. 이 달 들어 빙이 '마이크로소프트 빙'Microsoft Bing으로 브랜드 이미지를 쇄신했는데, 어쩌면 검색 엔진 부활을 의도하는 것인지도 모른다.

29TH PARAGRAPH 나델라는 미래 성장을 확신한다. 오래 전의 어색한 불편함은 온데간데 없고, 단호한 자신감이 당연하다는 듯하다. "바야흐로 테크 비즈니스의 시대고, 우리 역시 그 일원이니, 운이 좋은 거죠. 관련 지출이 향후 10년에 걸쳐 GDP 5퍼센트에서 10퍼센트로 상승할 겁니다." 하지만 이 돈을 먹겠다는 치열한 경쟁 역시 최고조이다. 마이크로소프트는 구조상의 결함이나 약점을 개선하는 것이 아니라, 현재 고객들에게 크게 의존하고 있다. 이런 대응이 단기적으로야 통할 수도 있지만, 기술 산업의 변화 속도가 엄청나게 빠르고, 고객들이 오래된 업체에 충성하기보다 혁신을 선택할 수도 있다. 인재도 많고, 자본도 풍부하기 때문이다. 혁신이 한 번 성공했다고, 그걸로 다 되는 건 아니다.

기사 보강 (2020년 10월 23일): 애저의 비용이 아마존 웹 서비스의 5분의 1에 불과하다는 마이크로소프트의 주장을 AWS가 반박했다.

마이크로소프트Microsoft와 경영자 사티아 나델라Satya Nadella 이야기입니다.

When Satya Nadella became the third boss of Microsoft in 2014 one photograph captured the moment. It shows him flanked by Bill Gates, the co-founder and chairman, and Steve Ballmer, Mr Gates's successor as chief executive.

시간 관계를 나타내는 종속절을 살펴보면, 신택스syntax, 곧 통사론적 역할을 When이, 시맨틱스semantics, 곧 의미론적 역할을 in 2014가 담당하고 있음을 알 수 있습니다. 이때 굳이 "2014년 마이크로소프트의 세 번째 총수로 부임했을 때"라고 할 필요는 없겠습니다. 두 부분을 상보적, 나아가 통합적으로 파악할 수 있다는 말입니다. 이어진 두 번째 문장의 경우도, 첫 번째 문장에 수합하는 것이 가능합니다.

It shows him ~이 이채로운데, It shows that he was flanked ~로 풀어 쓰는 것이 더 일반적이겠습니다.

"사티아 나델라Satya Nadella가 마이크로소프트Microsoft의 세 번째 총수로 부임한 2014년 당시를 찍은 사진 한 장을 보자. 공동 창립자이자 의장인 빌 게이츠Bill Gates와, 게이츠를 뒤이은 최고 경영자 스티브 발머Steve Ballmer가 나델라 좌우로 포진하고 있다."

When he took over, says Mr Nadella, outsiders questioned if Microsoft will "make it to the other side".

if 이하 절의 조동사 will은 would로 바꿔 쓰거나, 큰따옴표를 왼쪽으로 이동해 will까지 포함했어야 합니다.

444

He brought Microsoft's software and services to other operating systems, including "open source" Linux, as well as Google's and Apple's.

include는 '포함하다'란 뜻으로 출발해, '부분과 전체는 같다'는 논리에 의해, 2형식과 3형식의 점이 지대 동사로 활용되다가, 아예 전치사로 쓰이고 있습니다. such as라고 생각하면 됩니다. including 앞에 쉼표가 찍혀 있으니, 결락이 생겼지만, (뒤에서부터 '치고' 올라오는 해석보다는, 확실히 읽는 순서대로 인지가 수행되고 있고, 쉼표와 더불어서 휴지가 발생했습니다) 등호 관계가 성립합니다. other operating systems = open source Linux, as well as Google's and Apple's.

Most important, he put Microsoft's cloud-computing arm, Azure, launched in 2010, at the heart of the business.

Most important가 문장 전체를 꾸미는 부사이므로, Most importantly여야 한다고 생각할 수도 있습니다. 둘 다 가능합니다. 형용사에 부사 접미사 -ly가 붙는 것은, 해당 어휘가 언중 사이에서 빈도가 높아 그 용법이 섬세하게 다듬어질 때 일어나는 일입니다. 대개는, 형용사 부사 동형으로 취급해 사용합니다.

Microsoft succeeded in its reinvention where other tech firms seeking a second life, such as IBM and Oracle, have not.

관계부사 where를 등위 접속사 but으로 바꾸는 것은 어떨까요?

　　Microsoft succeeded in its reinvention, but other tech firms seeking a second life, such as IBM and Oracle, have not.

　　등위 접속사 but을 종속 접속사 though로 바꾸는 것도 가능합니다.

　　이렇듯, 구조 기능주의적 위계가 역진하는 현상을 무수히 관찰할 수 있습니다. 연결사란 개념이 부상하는 이유입니다. 이 책에서는 여섯 개의 연결사를 제안했지요. 접속사, 접속부사, 관계사, 간투사, 전치사, 동사로 말입니다.

　　"마이크로소프트는 스스로를 성공적으로 재창조해 냈다. 제2의 삶을 모색한 다른 기술 기업들, 가령 아이비엠IBM과 오라클Oracle이 이 재창출에 실패했음을 떠올려 보라."

5TH PARAGRAPH

　　　　　　　　　　　　　　　　　　The firm's shares have more than quintupled in value since Mr Nadella took over (see chart 1).

　　The firm's shares와 value가 분해돼 저글링되었고, 주제어가 부상합니다. 영어에도 주제어가 있습니다. 구의 연접 4번 '명사-전치사-명사'의 확장'팩'인 '동사-전치사-명사' 구조를 통해 quintupled in value를 해석해도 좋겠습니다.

"나델라가 승계한 이후로, 마이크로소프트 주가가 다섯 배 이상 상승했다 (표1을 보라)."

> 6TH PARAGRAPH

In an effort to live up to the hype he is dusting off old weapons—bundling and licensing—the aggressive use of which got Microsoft in trouble with antitrust authorities from the late 1990s and earned it the moniker "evil empire".

사실상 두 문장입니다. 관계대명사 which가 연결사임도 분명해집니다. 전치사 in은 넥서스형 연결사 용법입니다. he is dusting off old weapons = an effort to live up to the hype니까요. 분석의 단위는, 형태소-단어-구-절로 확장됩니다. 절을 포함해, 문장과 문장을 이어주는 결합자도, 당연히 중요하고, 여기서 '여섯 개의 연결사'를 활용할 수 있습니다. 이 긴 문장에서는 전치사와 관계대명사가 나왔습니다. 논리 관계를 더듬는 절차도 필요하겠습니다.

'그가 옛날 무기들의 먼지를 털고 있는 것은, 바로 이 말을 실행에 옮기려는 활동이다. 번들링^{bundling}이란 '묶어 팔기'와 라이선싱이 당장에 떠오를 것이다. 1990년대 말에 바로 이 무기를 공격적으로 써먹다가, 마이크로소프트가 독점 규제 당국과 갈등을 빚었고, "악의 제국"이란 말까지 들었다.'

> 10TH PARAGRAPH

That has certainly been true of Office.

에이전트 저글링과 주제어 사안을 확인할 수 있는 문장입니다. "오피스 프로그램에 관한 한 분명 이 말은 사실이다."

11TH PARAGRAPH

Still, managers prise Office—and especially Excel—from desk-jockeys at their peril.

still은 '여전히, 아직도'란 뜻에서 출발해, '그런데, 그럼에도 불구하고'의 접속부사로 사용되고 있습니다. 전환 관계 내지 양보, 나아가 역접의 기능을 담당합니다. at their peril을 분석해 보면, 위험에 처하는 것이 누굴까요? 구의 연접 4번이 아니라, 디스로케이션을 수행하는 것이 합리적입니다. managers' prising Office from desk-jockeys = their peril이므로, at이 넥서스형 연결사로 사용됐습니다.

"그런데, 경영자들이 위험을 각오하고, 사무 직원들한테서 오피스, 특히 엑셀을 뺏어가고 있다."

14TH PARAGRAPH

In the cloud Azure faces two big rivals—AWS and Google Cloud Platform (GCP)—and two others—Oracle and Alibaba Cloud. Its market share has risen steadily, to 18% (see chart 2). Again, Microsoft's rapport with firms' IT departments has served it well.

448

Again이 나열의 접속부사로 사용되었음을 확인할 수 있습니다. 이쯤에서, 접속부사의 종류를 정리해 보겠습니다. 제가 볼 때, 크게 네 가지가 있습니다. 첫째, 접속사 기원의 접속부사(And, But, etc.), 둘째, 부사 기원의 기능적 접속부사(Again, Still, etc.), 넷째, 형용사 접속부사(another, further, etc.). 셋째는 어디 갔냐구요? 셋째는, '의미류 접속부사'입니다. 이 문단의 In the cloud를 저는 접속부사로 볼 수 있다고 생각합니다. '의미류'란 말을 앞에 붙인 것은, 그 의미를 꼭 챙겨야 한다는 취지에서입니다.

영어는 언문 일치가 상당히 발달해 있고, 문장과 문장, 문단과 문단 사이의 연결성을 다양한 방식으로 구축합니다. 그리고 제가 말한 이 '의미류 접속부사'가 굉장히 많이 쓰입니다. 앞에 나온 Critically, Microsoft has been a superfast follower in the cloud.에서 critically가 바로 '의미류 접속부사'입니다. 여섯 개의 연결사가 문장과 문장 사이를 연결하면서, 논리 관계를 지정해 줍니다. 그 여섯 개 중에 접속부사가 있고, 이 접속부사는 다시금 네 가지 종류가 있습니다. 시간을 갖고서, 차분하게 관찰해 두시면, 영작할 때 큰 도움을 받을 수 있습니다.

14TH PARAGRAPH

It can offer corporate clients a single price that bundles Azure with Office and other software. That way Azure can end up costing only a fifth as much as AWS, Microsoft claims (AWS disputes this).

a single price that bundles ~에서 자연 언어의 모호성을 실감할 수 있습니다. '단일한 가격이 애저와 오피스와 기타 소프트웨어를 묶는다'는 말은, 어느 모로 봐도 이상합니다. 디스로케이션^dislocation, 여기서는 '결 어긋남'이 일어난 것인데, 아귀가 맞도록 더 정확하게 표현을 할 수도 있지요. By bundling Office programs and other software with Azure, Microsoft can offer integrated

pricing to enterprise customers.
앞에서 의미류 접속부사를 설명했으므로, 반복합니다. (In) That way가 바로 의미류 접속부사입니다.

"마이크로소프트는 애저에다가 오피스 프로그램과 기타 소프트웨어를 번들로 묶어서, 기업 고객들에게 통합 가격을 제시할 수 있다. 이렇게 하면 애저의 가격이 아마존 웹 서비스의 고작 5분의 1에 불과해진다. 마이크로소프트는 이를 자랑하고, AWS는 그 점에 이의를 제기한다."

14TH PARAGRAPH

And it is easier to use than Amazon's offering, whose advanced features overwhelm even some IT professionals.

과정의 물체화thingification of the process와 그 역, 명사의 동사화 얘기를 이 책 전체에서 꾸준히 하고 있습니다. Amazon's offering이란 어구에서 이 점을 다시 한 번 확인할 수 있겠습니다. '제공하다'(동사)와 '제공하기'(동명사 또는 명사화)를 거쳐, '아마존 웹 서비스'란 '제품'으로 강체화rigidified돼 있지요. And는 접속사 기원의 접속부사입니다.

15TH PARAGRAPH

When Microsoft pitched for business, recalls a former executive, Azure would lose the technical evaluation but win out of customers' fear that Jeff Bezos, Amazon's insatiable boss, might use their money and data to invade their turf.

450

lose는 not have로 바꿔 쓸 수 있지요. 동시대 영어에서 '메시지'가 온전히 보전될 경우, 간접 화법과 직접 화법이 혼용되는 양상을 한국어 번역문에도 적용해 보았습니다.

"전직 임원 한 명의 회고를 소개한다. 우리가 판매 교섭을 어떻게 했는지 아세요? 애저의 기술 평가는 필요 없었고, 우리는 그저 고객의 두려움만 자극하면 됐습니다. 이게 무슨 말일까? 욕심이 많아서 만족을 모르는 아마존의 두목 제프 베조스가 이용자들의 돈과 데이터를 움켜쥐고서, 자기들의 영역을 침범할 것이라는 공포가 자극된 것이었다."

15TH PARAGRAPH

Suspicion of Mr Bezos may explain why AWS lost a $10bn Pentagon cloud contract to Microsoft, despite being tipped to win.

explain(설명하다)이 2형식과 3형식의 점이 지대 동사입니다. '사람들이 베조스를 의심했고,' '아마존 웹 서비스가 100억 달러 규모의 펜타곤 클라우드 계약을 마이크로소프트에 넘겨줬'죠. (원인)-explain(=)-(결과)인 셈입니다.

"아마존 웹 서비스가 100억 달러 규모의 미 국방성 클라우드 수주전에서 거래 성사 직전까지 갔다가, 왜 마이크로소프트에게 졌겠는가? 아마도 베조스에 대한 불신이 작용했을 것이다."

451

Gartner cites insufficient redundant capacity to deal with data centres knocked out by bad weather or other problems.

"가트너는, 악천후와 기타 문제들로 데이터 센터가 무력화되었을 때, 이를 해결할 능력이 불충분하면서 동시에 잉여적이라고 지적한다."
이 문장을 바탕으로 영작을 해봅시다.
Gartner points out that when bad weather and other problems cripple data centers, the ability to address them is both insufficient and redundant.
영어에 구phrase가 대단히 발달해 있고, 이를 효과적으로 이해하기 위해서는 디스로케이션dislocation에 입각해 적절하게 파싱parsing을 하는 일이 필수적임을 깨달을 수 있습니다. with를 중심으로 휴지pause가 발생했습니다.

Microsoft cannot afford to get Azure wrong. It is what drives its share price. Azure is estimated to make up only a tenth of Microsoft's $53bn in annual operating profit. But every quarter Wall Street fixates on how fast the cloud is growing, notes Heather Bellini of Goldman Sachs, an investment bank. Recently analysts have been disappointed to see growth slow, from 59% year on year in the first three months of 2020, to 47% from April to June. (It is some comfort that AWS's growth has also slowed in recent quarters.)

소제목의 Azure blues를 '애저의 애가'라고 옮긴 것은 말놀이, 곧 펀^{Pun}입니다. 영어가 이런 식으로 언어 유희를 많이 써 번역에도 적용해 본 것이에요. 번역은 기본적으로 의미역이고, 각각의 언어는 고유한 음성 체계를 바탕으로 하기 때문에, 말놀이를 번역하는 것은 쉬운 일이 아니지요. 하지만 가끔 기발한 수가 나오기도 합니다. 고전적인 예를 둘만 들어보자면, 덕구^{德狗}, dog와 구락부^{俱樂部}, club가 있습니다. 발음도 비슷하게 흉내를 낸 데다가, 뜻까지 수렴합니다. Azure는 이탈리아어 azzurro 내지, 그 라틴어 어원에서 차용한 것입니다. 파란색이란 뜻이죠. 재즈를 포괄하는 음악 양식인 blues가, 파랑색(blue)에서 연상되는 심상인 '비관, 우울, 무거운 분위기'를 바탕으로 한다는 건, 이 책의 독자들이라면 충분히 미루어 짐작할 수 있을 것으로 봅니다. Azure blues가 구의 연접 1번 복합 명사의 구조임도 잊지 마시기 바랍니다.

Up to now Microsoft let customers use its software on dedicated servers run by AWS or any cloud provider under a practice called "bring your own licence" (BYOL).

17TH PARAGRAPH

전치사 under를 중심으로 이 문장을 살펴보는 것도 가능합니다. Microsoft's letting =(under) a practice ~가 되는 것이죠. 전치사의 넥서스형 연결사 용법으로, 주종 관계를 역진시킬 수 있고, 디스로케이션의 경관도 읽힙니다. 대상 관계와 행위 주체성에 입각해, 에이전트를 조정해 보았습니다.
  "고객들은 지금까지, AWS나 그 외 클라우드 제공업체가 운영하는 특정 서버에서 마이크로소프트의 소프트웨어를 BYOL이라는 정책 하에 쓸 수 있었다."

Last summer Microsoft did away with BYOL and introduced restrictions for customers wishing to put its software on certain big clouds.

19TH PARAGRAPH

do away with sth을 숙어로만 외운 분들에게 그 구조를 알려드리고자 합니다. 구의 연접 4번 '명사-전치사-명사'의 확장'팩'을 상기하면 좋겠습니다. '부사-전치사-명사'의 구조이기 때문입니다. with에 부속과 지참 등의 뜻이 있어서 헷갈리는 게 사실입니다. 여기서는 그냥 '연결'사일 뿐입니다. do는 일종의 사역 동사입니다. 에이전트 저글링, 전치사 연결사 개념, 디스로케이션에 입각한 파싱 parsing 등을 활용해야 합니다.

Not to offend antitrust rules Microsoft put Azure on its list alongside AWS, GCP and Alibaba Cloud.

다음처럼 패러프레이즈를 하면, 더 좋겠습니다.

Microsoft's listing of Azure into categories such as Amazon Web Services, Google Cloud Platform, and Alibaba Cloud is a move to avoid violating antitrust laws.

"마이크로소프트가 애저를 아마존 웹 서비스, 구글 클라우드 플랫폼, 알리바바 클라우드와 같은 범주에 올려놓은 것은, 반독점법을 위반하지 않으려는 조치이다."

"Microsoft is taking its arsenal of Windows Server, a massive installed software base, and using it punitively against competitors," says Raj Bala, Gartner's main cloud-infrastructure expert and author of its cloud ranking.

take its arsenal of Windows Server는 '윈도 서버를 무기화하다'는 뜻입니다. 앞에서 do away with sth을 해설했습니다. 그게 도움이 되었다면, 같은 구조입니다. using it punitively against competitors에서는 주종 관계를 역진시키면 좋겠습니다. punitively against competitors는 부사구이므로 '준'동사이고, 서술어를 하나 만들 수 있는 것이죠. Raj Bala란 인물을 복합 명사 구조로 서술했는데, author를 동사화하면 어떨까요? head는 우두머리이지만, 단체나 기관을 이끌기도 하겠지요.

라지 발라Raj Bala의 말을 들어보자. "마이크로소프트가 윈도 서버를 무기화하고 있습니다. 가장 많이 설치된 소프트웨어를 말이에요. 이는 경쟁 업체들을 가혹하게 압박하겠다는 의도죠." 발라는 가트너에서 클라우드 전문가로 활약하며 그 순위를 작성한다.

"They are writing licence terms to get customers to believe their only choice is Azure," complains a vice-president of a medium-sized firm in Wisconsin that felt forced to switch from AWS. "There is no law against it but it removes choice," he adds.

첫 번째 피인용문을 다음처럼 패러프레이즈 해볼 수 있습니다.

With Microsoft's new licensing terms, customers are forced to decide that Azure is their only option.

다음도 가능합니다.

Their licence terms get customers to believe their only choice is Azure.

요컨대, 주어-동사 They are writing이 부사구처럼 기능어로 쓰이고 있다는 것입니다. 우리의 주안과 관심사가 writing 이하에 놓여야 하고, 이 말은 주종 관계가 역진한 것입니다. 두 번째 인용문에서는 접속사 but의 뜻에 주목하셔야 합니다. 물론 but은 역접의 '그러나'에서 출발합니다. 하지만 전환의 '그런데'나 나열의 '그리고'까지 폭넓게 쓰입니다. 이 점을 꼼꼼히 생각해 보시기 바랍니다.

"마이크로소프트의 새로운 라이선스 약관 때문에, 고객들은 애저가 유일한 선택지라고 판단하지 않을 수 없게 돼버렸어요." 위스콘신의 한 중견 기업 부회장이 투덜거린 내용이다. 그는 아마존 웹 서비스에서 어쩔 수 없이 애저로 갈아타야 한다고 느꼈다. "이를 막는 법이 없습니다. 다른 선택지도 없고요."

An IT chief at another midwestern firm likens the new rules to a long lease on a car where "the lessor says you can only use Chevron gas, not BP or Exxon".

관계부사 where를 살펴봅시다. '장소'를 지정하는 듯하지만, 가장 합리적인 선행사는 likening, 곧 comparison(비유의 내용)입니다. 이렇듯, 구체적인 상황에서 결 어긋남dislocation을 보정해 줘야 하겠습니다.
중서부에서 사업을 하는 또 다른 기업의 IT 책임자는 마이크로소프트의 새로운 방침을 자동차 장기 대여에 비유했다. "차를 빌리는데, 이런 말을 듣는 거죠. 비피BP나 엑손Exxon은 안 되고, 쉐브론Chevron 휘발유만 넣고 달리시오."

That points to a risk for the tech giant.

point to가 2형식과 3형식의 점이 지대 동사입니다. 이에 입각해 등호 연산을 하려면, 디스로케이션dislocation을 '과정-물체 스펙트럼'에서 조정하는 작업이 따라야 하죠.

"이런 움직임은 거대 기술 기업일지라도 마이크로소프트에게 위험 신호이다."

In its defence Microsoft can certainly argue that Azure has brought competition to cloud computing, which AWS might otherwise have cornered. Tellingly, Mr Nadella was spared the indignity of testifying in front of a congressional antitrust subcommittee, which recently grilled his opposite numbers at Alphabet, Amazon, Apple and Facebook. A congressional report on big tech's digital dominance did not finger Microsoft. America's trustbusters have gone after Google instead (see article). Google denies wrongdoing.

이 문단은 전부 다섯 개의 문장으로 구성돼 있습니다. 문장과 문장의 연속성 측면에서 여섯 개의 연결사를 분류 지정해 보는 것도 좋은 연습이 될 겁니다. 첫 번째 문장의 In its defence와 두 번째 문장의 Tellingly가 의미류 접속부사입니다. 두 번째 문장에는 계속적 용법의 관계대명사도 들어 있습니다. 네 번째 문장에는 instead가 나옵니다. 부사 기원의 기능적 접속부사라고 할 수 있겠습니다. 여섯 개의 연결사도 한 번 더 정리해 봅시다. 접속사, 접속부사, 관계사, 간투사, 전치사, 동사. 다섯 번째 문장 앞에 접속부사 But을 쓸 수도 있겠습니다.

Microsoft's rebuffed $25bn-30bn bid for TikTok could have been a boon to competition. Had it succeeded, Microsoft would have challenged Google and Facebook in digital advertising in short order. TikTok's reams of data on its teenage users would have fuelled Microsoft's AI, which competes against algorithms being developed by all its big tech rivals in America and China. The purchase of ZeniMax Media, a games developer, for $7.5bn to bolster its flourishing cloud-gaming platform does not make up for the failed bid.

가정법 과거 완료 문장이 세 개나 보입니다. 법Mood 또는 법성Mode을 포괄적으로 이해하는 것이 중요하다고 봐요. 직설법 및 명령법과 더불어서, 가정법이 있지요. 이렇게 분위기mood를 조성하는 말법으로, 두 가지를 더 보태놓기를 강권합니다. 학교 문법에서 조동사로 배운 것들은 사실 화법 조동사modal auxiliary verb입니다. 마지막 세 번째로, 형용사와 동사가 대개 전치사로 연결된 서술어군입니다. S-V-O'의 V는 동사와 형용사의 보이스(목소리)를 바탕으로 대상 관계를 지정해 주었습니다. 이 보이스Voice란 역할 이외에, 영어의 서술어군에는 시제와 시상Tense & Aspect, 그리고 법성Mode이 담긴다는 것이 핵심입니다. 동사가 활용conjugation이 되고, 전치사가 연결사로 동원되면서 말이죠.

    Voice: 누구 또는 무엇의 목소리인가?
    Tense & Aspect: 시간 관계와 긴장감
    Mode(Mood): 분위기, 무드, 법성

Google's antitrust troubles could offer consolation.

독자 여러분이 S-V-O' 모형의 V에서 점검할 사항이 바로 이 세 가지입니다. offer가 2형식과 3형식의 점이 지대 동사입니다. "독점 금지로 인해 구글이 처한 곤경이 위로가 될 수도 있다."

27TH PARAGRAPH

In a hint that Microsoft might want to revive its search engine, this month it was rebranded as "Microsoft Bing".

전치사 in을 중심으로 살펴보는 것이 가능합니다. 주절을 A라고 하고, In 이하의 종속구를 B로 치환하면, A in B가 됩니다. 부분과 전체는 같다는 논리에 입각해, A=B가 되지요. 전치사의 넥서스형 연결사 용법이고, 이는 구의 연접 4번이 확장 반복된 것이죠. hint(넌지시 알려주다)와 might의 보이스가 중첩돼 얽혀 있습니다.
"이 달 들어 빙이 '마이크로소프트 빙'Microsoft Bing으로 브랜드 이미지를 쇄신했는데, 어쩌면 검색 엔진 부활을 의도하는 것인지도 모른다."

28TH PARAGRAPH

Mr Nadella is confident about future growth, his early awkwardness long since replaced by a justified and resolute assuredness.

his early awkwardness long since replaced by a justified and resolute assuredness에는 동사 활용형이 없으므로, 주절에 딸린 종속구입니다. (and) with를 집어넣어, 디스로케이션 경관을 도드라지게 할 수 있겠습니다. early와 long since는 보이스가 중첩된 것입니다. justified and resolute assuredness는 구의 연접 3번입니다. 한국어 번역은 아래를 참고하십시오. 정션junction, 그러니까 관계상을 꼼꼼히 관찰해 두면, 영어 문장을 더 웅숭깊게 이해할 수 있지요.

"나델라는 미래 성장을 확신한다. 오래 전의 어색한 불편함은 온데간데 없고, 단호한 자신감이 당연하다는 듯하다."

Microsoft's response—leaning heavily on customers not to defect—may work in the short run. But as the pace of change in the technology industry accelerates, thanks to abundant brainpower and oodles of capital, customers may put innovation ahead of loyalty to long-standing providers.

접속부사 But을 중심으로 한 두 개의 문장입니다. 헌데, 아래의 번역 샘플을 보시면, 해당 부분이 합쳐져 있음을 알 수 있습니다. 이 책에서는 두 가지 근본 모형 (S-V와 S-V-O')을 상정했고, 이를 바탕으로 논리 관계에 입각해 적층하는 것이 좋을 것이라고 제안하고 있지요.
"마이크로소프트는 구조상의 결함이나 약점을 개선하는 것이 아니라, 현재 고객들에게 크게 의존하고 있다. 이런 대응이 단기적으로야 통할 수도 있지만, 기술 산업의 변화 속도가 엄청나게 빠르고, 고객들이 오래된 업체에 충성하기보다 혁신을 선택할 수도 있다. 인재도 많고, 자본도 풍부하기 때문이다."

1ST PARAGRAPH
capture: 포착하다, 담아내다(=catch)
flanked: 좌우로 ~가 포진한
chief executive: 최고 경영자
tycoon: 재계의 거물(=boss)
strike a pose: 포즈를 취하다, 젠체하다,
  점잖은 체하다
casual dress: 평상복
skulk: 슬그머니 숨다
awkward: 어색한, 난처한

2ND PARAGRAPH
ditch: 도랑, 개골창,
  배수로(=drain=gutter=sewer)
hunker down: 쪼그리고 앉다(=squat)
share price: 주가
budge: 약간 움직이다, 꼼짝하다
question: 의문을 표하다, 궁금해 하다
make it: 성공하다(=work=be successful)

3RD PARAGRAPH
aplomb: 침착, 태연자약(=poise)
dethrone: 왕좌에서 쫓아내다, 퇴위시키다,
  권좌에서 몰아내다(=depose)
operating system: 운영 체제
open source: 오픈 소스(일반 대중이
  자유롭게 이용할 수 있도록, 작성자가 무료
  공개한 컴퓨터의 소스 코드)
cloud computing: 클라우드 컴퓨팅
arm: 부문(=wing)
double-digit: 두 자릿수의
revenue: 수익, 수입(=receipts)
market capitalisation: 시가 총액
colossus: 거인, 거상(=giant=behemoth)

4TH PARAGRAPH
reinvention: 재고안, 재발명
for ever: 영원히(=forever=for good)
slow: 경기가 부진하다, 활기가 없다,
  둔화되다
prefer: 선호하다, 더 좋아하다
boost: 북돋우다, 부양하다, 밀어 올리다
career: 이력, 경력, 성공, 출세
ink: 계약서에 서명하다
nebulous: 흐릿한, 모호한(=vague) cf)
  nebula: 성운
square up to: 싸울 자세를 취하다,
  정면으로 맞서다

5TH PARAGRAPH
quintuple: 다섯 배 증가하다, 다섯 배가 되다
trade: 거래되다
earning: 소득, 수입, 벌이, 획득
price: 가치 평가를 하다, 값을 매기다

6TH PARAGRAPH
linear: 선적인, 1차의, 선형의, 순탄한
transition: 이행, 상 전이(=phase
  transition)
plateau: 고원, 안정 상태를 유지하다,
  정체기에 접어들다
live up to: 부응하다, 실행하다, 부끄럽지
  않게 살다, 신념을 고수하다
hype: 광고, 선전
dust off: 먼지를 털어내다, 방치했던 물건을
  오랜 만에 꺼내다
antitrust authorities: 반독점 당국, 규제
  기관
moniker: 이름, 별명(=name)
break-up: 분할, 파괴, 해체
steer clear of: ~을 비키다, ~를
  멀리하다(=keep(stay) clear of)
pitfall: 위험, 곤란, 함정(=risk)

7TH PARAGRAPH
like: 같은 것, 비슷한 것, 동류,
  등등(=sort=kind)
device: 장치, 장비(=gadget)
search engine: 검색 엔진
web portal: 포털 사이트

8TH PARAGRAPH
reconfigure: 재정비하다, 재배열하다,
  재구조화하다(=rearrange=restructure)
lucrative: 수익성이 좋은, 수익이
  나는(=profitable)
stalwart: 충실한 일꾼, 충직한
alongside (with): ~을 끼고, ~과 더불어
revolve: 돌다, 회전하다, 초점을 맞추다, ~을
  중심으로 돌아가다(=be based on)
backbone: 등뼈, 기간, 중추(=core)
foray: 습격, 시도(=attempt=effort)
quantum computing: 양자 연산, 양자
  컴퓨팅

virtual reality: 가상 현실
augmented reality: 증강 현실
on one's own: 홀로,
　자력으로, 독립적으로(=by
　oneself=independently)
algorithm: 알고리즘(컴퓨터 프로그램에
　적용되는 일련의 수학 절차로, 이를 통해
　구체적 사안이나 문제의 답을 얻을 수 있다)

9TH PARAGRAPH
whizzy: 최신 기술로 만든,
　혁신적인(=innovative)
at (good) scale: 상당한 규모로
blunt: 뭉툭한, 무딘
commercialise: 상업화하다
quip: 재담, 재담을 하다(=remark intended
　to be amusing)
market: 시장에 물건을 내놓고 팔다

10TH PARAGRAPH
deem: 생각하다,
　여기다(=consider=reckon=think)
consequential: 중대한 결과를 낸(=very
　important=significant)
serve up: 차려주다, 내놓다, 제공하다
lag behind: 뒤처져 있다, 낙후되다
make a dig at: 빈정대다, 거슬리는 말을
　하다, 비웃다(=mock=dig at=have a dig
　at)
save as: 다른 이름으로 저장
mentality: 정신 상태, 사고 방식(=mindset)

11TH PARAGRAPH
prise: 비틀다, 떼어내다
desk jockey: 사무 직원(=pencil
　pusher=office worker)
at one's peril: 위험을 무릅쓰고, 책임을 질
　각오로
bundle: 묶어 팔다
free of charge: 공짜인, 무료로
copycat: 모방한
vanquish: 완파하다,
　패배시키다(=conquer=destroy)
trustbuster: 반트러스트 법 위반
　단속관(=antitrust authorities)

12TH PARAGRAPH
superfast: 초고속의
follower: 후발 주자, 추격자, 모방자, 아류
transformation: 변형, 구조 개혁, 탈바꿈
muster: 소집하다, 동원하다, 끌어
　모으다(=summon)

13TH PARAGRAPH
stake: 내기에 건 돈, 현상금, 판돈(=bet)
be expected to: ~할 것으로 예상되다
amount to: ~에 해당하다, 상당하다, ~에
　이르다(=be equal to)
growth rate: 성장률
before long: 머잖아, 곧, 이내(=soon)

14TH PARAGRAPH
market share: 시장 점유율
rapport: 관계, 접촉, 교신, 소통, 친목
dominate: 군림하다, 지배하다, 장악하다
end up (in) ~ing: 최종적으로 ~하게 되다,
　결국 ~이다
dispute: 이의를 제기하다, 다투다
offering: 공급, 제품
overwhelm: 압도하다, 어쩔 줄
　모르게 만들다, 집어삼키다, 당황하게
　하다(=flood)

15TH PARAGRAPH
swallow: 삼키다, 받아들이다(=accept)
pitch: 세일즈를 하다, 구입을 권유하다,
　홍보하다(=promote)
evaluation: 평가, 사정
insatiable: 만족할 줄 모르는, 끝이
　없는(=voracious)
turf: 잔디의 뗏장, 영역
tip: 예상하다(=expect)
feud: 싸움, 분란, 다툼, 불화, 반목 cf)
　feudalism: 봉건주의, 봉건 제도
challenge: 이의를 제기하다(=dispute)
award: 심판, 판정, 재정

16TH PARAGRAPH
match: 맞먹다, 따라잡다, 필적하다
cloud provider: 클라우드 제공업체
come in behind: 뒤처지다, 후순위에
　놓이다(=lag behind)
slip: 미끄러지다, 떨어지다, 전락하다,

악화되다
geographical: 지리적인
redundant: 잉여의, 여분의, 중복의,
　남아도는
knock out: 불능화하다, 불이 나가다,
　무력화하다
disruption: 단절, 두절, 파괴, 혼란
switch: 스위치를 켜고 접속하다
keep up: 감당하다, 보좌하다, 따라잡다
blackout: 정전 cf) brownout: 등화 관제,
　전압 저하, 절전 조치
put in place: 시행하다(=implement)

17TH PARAGRAPH
operating profit: 영업 이익, 이윤
fixate: 예의주시하다, 획정하다, 확인하다
year on year: 전년 대비(로)
comfort: 위로, 위안

18TH PARAGRAPH
fillip: 자극제, 활력소(=boost)
license: 라이센스
up to now: 현재까지(는)(=up to this
　time=until now)
dedicated: 전용의, 전담의,
　특정의(=particular)
switch: 전환하다, 바꾸다(=change)

19TH PARAGRAPH
do away with: ~을 없애다, 그만두다,
　폐기하다(=abolish)
one-off: 한 방으로 끝나는, 1회성의
offset: 상쇄하다, 벌충하다

20TH PARAGRAPH
concur: 동의하다, 의견 일치를
　보다(=agree)
arsenal: 조병창, 무기고, 무기(=armory) cf)
　arsenic: 비소
punitive: 가혹한, 징벌적인
antithesis: 반정립, 안티 테제, 반대, 대조
ease: 수월하게 하다, 용이하게 하다
old-school: 구식의, 전통적인
sum up: 요약하다(=summarize)

21TH PARAGRAPH
advantage: 장점, 특혜, 우위(=benefit)

exploit: 착취하다, 남김없이 이용하다
workload: 업무(량), 작업(량), 작업 부하
monetise: 현금화하다, 자산화하다, 돈을
　벌다
intellectual property: 지적 재산

22TH PARAGRAPH
go into effect: 적용되다,
　효력이 발생하다, 발효되다,
　시행되다(=implement=enforce=come
　into force)
health care: 보건, 건강 관리, 의료 서비스
extra: 별도의, 추가의, 가외의(=additional)
license terms: 라이선스 약관
vice-president: 담당, 부사장, 부회장
liken: 비유하다, 비교하다(=compare)
lease: 리스, 대여, 임대차 계약 cf) lessor:
　임대인 lessee: 임차인
write out of: 지우다, 없애다, 제거하다,
　빼다(=get rid of)
stack: 무더기, 다량, 스택(임시 기억 장치)

23TH PARAGRAPH
defenestrate: 창밖으로 내던지다,
　쫓아내다, 해임하다, 축출하다(=throw
　out=remove)
tug: 끌어당기다(=pull strongly)
reluctant: 주저하는, 내켜하지 않는,
　저어하는, 못 마땅한
provoke: 유발하다, 불러일으키다(=bring
　on)
flout: 어기다, 무시하다,
　위반하다(=defy=ignore=violate)
chief marketing officer(CMO): 최고
　마케팅 책임자
partnership: 파트너십, 제휴 관계, 동업

24TH PARAGRAPH
flirt with: 경솔하게 위험한 짓을 하다,
　무서워하지 않고 덤비다
bruise: 멍이 생기다, 타박상을 입(히)다,
　상처를 주다
sympathetic: 동정적인, 공감하는, 호의적인
concession: 양보
make it go away: 상황을 해결하다

25TH PARAGRAPH
overstep: 선을 밟다, 선을 넘다
SaaS(software-as-a-service): 서비스형 소프트웨어
suggestive (of): ~을 연상시키는, 말하다(=suggest)
monopoly rent: 독점 지대

26TH PARAGRAPH
otherwise: 그렇지 않(았)다면, 달리, 외에
corner: 시장을 장악하다(=dominate)
tellingly: 의미심장하게도
spare: 모면케 하다, 피할 수 있게 해주다
indignity: 불명예, 수모, 모욕, 치욕(=humiliation)
testify: 증언하다, 진술하다
grill: 석쇠에 굽다, 다그치다, 닦달하다, 쫓아다니며 못 살게 굴다(=go after)
opposite number: 다른 장소나 상황에서 어떤 사람, 사물과 동일한 지위나 기능을 갖는 대응 관계자나 것, 대당항(=counterpart)
finger: 지목하다, 가리키다(=point)
go after: '조지다'
wrongdoing: 비행, 잘못, 범법 행위(=crime=offence)

27TH PARAGRAPH
rebuff: 거절하다, 퇴짜를 놓다(=reject)
bid: 가격 제시, 응찰, 입찰
boon: 요긴한 것, 혜택, 이익
challenge: 도전하다
in short order: 즉시로, 재빨리, 순식간에(=quickly and without trouble)
ream: 많음, 다량, 다량의 문서
bolster: 북돋우다, 강화하다, 개선하다(=boost=improve=enhance)
make up for: 보상하다, 만회하다, 보충하다(=compensate for)

28TH PARAGRAPH
offer: ~이다, ~이 되다(=be=become)
consolation: 위로, 위안(=comfort)
shake up: 흔들어 섞다, 개편하다, 대대적으로 바꾸다
tiddler: 아주 작은 물고기, 꼬마

revive: 부활시키다, 부활하다, 소생시키다(=restore)
rebrand: 브랜드를 쇄신하다

29TH PARAGRAPH
long since: 오래 전의
justified: 당연한, 정당한, 그럴 만한 이유가 있는
assuredness: 자신감, 확신
white-hot: 백열 상태의, 최고조의, 열렬한 cf)
red-hot: 작열하는, 적열의, 격렬한, 최신의
defect: 결점, 결함, 흠, 약점(=blemish)
in the short run: 단기적으로 cf) in the long run: 결국(에는), 장기적으로
brainpower: 뇌력, 지력, 두뇌 집단
oodles: 많음, 다량(=loads=tons)
put sth ahead of: ~을 더 중히 여기다, ~를 앞에 두다
long-standing: 오래 버터 온, 긴 세월의

BRIEFING: Alphabet grows up

Google's problems are bigger than just the antitrust case

As the computing conglomerate has grown, so too have the risks that it becomes more like a conventional company

AUG 1ST 2020 EDITION

TO GET a good look at Google, climb a barren hill in front of the online giant's Silicon Valley headquarters—or rather, both of them. To the right, lies the old HQ, a clump of low-slung office buildings ringed by dozens of similar boxes. To the left a brand new corporate centre is rising. From outside it resembles an oversized circus tent, but the inside is still undetermined: pillars, wooden panelling and hardly any walls. The bare-bones structure is meant to provide architectural flexibility. This will come in handy in a post-pandemic world in which offices will look quite different. "We'll get a chance to reimagine it," says Sundar Pichai, the boss of both Google and its parent company, Alphabet. And just as the bricks-and-mortar structure is changing, the organisation is in transition, too.

When Mr Pichai took over as chief executive of Google in August 2015, after it became the core of the newly formed Alphabet, the online-search-and-advertising business had annual revenues of $66bn and net in-

구글이 해결해야 할 과제가 반독점 소송 이상으로 훨씬 많다

컴퓨터 복합 기업 구글이 어른이 되었고, 더불어서 구태의연한 기업으로 전락할 위험 역시 커졌다.

1ST PARAGRAPH　구글Google을 잘 보고 싶다면, 실리콘 밸리 본사 앞에 있는 황무지 산에 오르면 된다. 그러니까 내 말은, 둘 다를 말이다. 오른쪽이 옛날 본부인데, 층고가 낮은 사무동으로, 상자 수십 개가 이 건물을 에워싸고 있다. 왼쪽에서는 완전 새로운 건물이 올라가는 중이다. 이 건물은 외부에서 보면, 특대형의 서커스 천막처럼 보이지만, 안은 여전히 미결정 구조이다. 기둥들이 서 있고, 목재 패널링도 보이지만, 제대로 마감된 벽은 하나도 없다. 골조를 그대로 노출한 구조는 건축적 유연성을 의도한 것이다. 사무실의 광경이 달라질 수밖에 없는 팬데믹 이후의 세상에서는 이런 유연한 건축이 도움이 될 것이다. 구글과 모회사 알파벳Alphabet의 수장인 순다르 피차이Sundar Pichai가 말한다. "다시 생각해 볼 수 있는 기회인 거죠." 사실이 그렇다. 실재 구조가 바뀌고 있는 것과 마찬가지로, 이 조직도 이행기에 있다.

2ND PARAGRAPH　피차이가 구글의 최고 경영자로 등극한 2015년 8월, 이 온라인 검색 및 광고 업체의 연매출 660억 달러, 순수익은 140억 달러였다. (이후 알파벳이 새로 결성되었고, 구글은 지주 회사 알파벳의 핵심 기업으로 자리한다.) 구글을 설립한 세르게이 브린Sergey Brin과 래리

come of $14bn. By the time Sergey Brin and Larry Page, Google's founders, handed him the reins of Google's parent company last December his division was raking in profits of $34bn on sales of $161bn—and Alphabet was worth almost twice as much as four years earlier.

This enviable track record justifies Mr Pichai's rich compensation package over several years, of $2m annual salary plus $240m in shares and stock options (depending on performance targets). It would also justify a degree of complacency. Far from it. Mr Pichai realises he inherited an organisation in the middle of momentous change. That is not just because of the founders' departure or the move next year into the new HQ, but for a deeper reason. As Alphabet has grown—more than 4bn people are thought to use at least one of its products or services—so has the tug of economic and political forces on it.

From the outside, lawmakers and trustbusters are pressing it for explanations over alleged abuses of its market dominance in online-search-and-advertising technology. On July 29th Mr Pichai joined his opposite numbers at Amazon, Apple and Facebook to field angry questions from a congressional committee investigating Big Tech's alleged anticompetitive practices. On the inside, Google's core businesses are maturing. After *The Economist* went to press Alphabet was expected to report the first year-on-year decline in quarterly revenues in its history, hurt by the pandemic-induced tightening of marketing budgets. And the company's famously freewheeling culture is becoming harder to sustain.

Mr Pichai's foremost challenge is to prevent Alphabet

페이지Larry Page가 모회사 알파벳의 리더십을 순다르 피차이에게 넘긴 작년 12월 구글의 실적을 보면, 매출액 1,610억 달러에, 수익이 340억 달러였다. 이 즈음 알파벳의 가치는 4년 전과 비교해 거의 두 배 상승했다.

3RD PARAGRAPH
이 부러운 실적을 보노라면, 피차이가 여러 해 동안 두둑하게 챙긴 이런저런 보상이 이해가 된다. 그의 연봉은 200만 달러이고, 그 외에도 주식과 스톡 옵션이 무려 2억 4천만 달러다(성과 목표치에 좌우되기는 한다). 어느 정도는 현실에 안주해도 될 듯하다. 하지만 결코 그렇지 않다. 피차이는 자신이 중대한 변화의 한가운데 있는 조직을 물려받았음을 잘 알고 있다. 창립자들이 회사를 떠나고, 내년에 새 건물로 입주해서가 아니다. 피차이의 이런 인식에는 더 깊은 이유가 있다. 알파벳이 점점 커지면서, 이 회사에 대한 재계와 정계의 압력과 다툼도 커졌다. 알파벳의 제품이나 서비스를 하나 이상 사용하는 사람이 무려 40억 명 이상으로 추정된다!

4TH PARAGRAPH
일단 바깥에서 보면, 입법가들과 트러스트 위반 단속관들이 압박을 가해오는 형국이다. 그러니까, 온라인 검색 및 광고 기술의 시장 우위를 악용한다는 혐의를 해명하라고 추궁당하고 있는 거다. 7월 29일 피차이도 아마존, 애플, 페이스북의 총수와 운명을 같이했다. 거대 기술 기업들의 경쟁 제한 행위를 조사해 근절하겠다는 의회 위원회의 성난 공세에 응해야 했던 것이다. 안으로 들어가 내부 문제도 보도록 하자. 구글의 핵심 사업들은 이미 성숙기에 접어들었다. "이코노미스트"가 인쇄에 들어간 후, 알파벳은 사상 최초로 분기 수익이 전년 대비 하락했음을 공시해야만 했다. (이 타격은 팬데믹으로 인해 각 기업이 마케팅 예산을 줄였기 때문이다.) 이 회사의 자유분방하기로 유명한 사풍 역시 지속하기가 점점 더 어려워지고 있다.

5TH PARAGRAPH
피차이가 응전해야 할 가장 중요한 과제는, 브린과 페이지가 굳은 의

from becoming what Mr Brin and Mr Page were so bent on avoiding—a "conventional company" that dies a slow death from lack of innovation and declining growth. The task is as delicate as the technology giant is gargantuan.

Today Alphabet is a conglomerate of businesses that sometimes appear to have little in common—a corporate planetary system or Googleverse, if you will. Commercially, its centre of gravity is Google itself, and particularly its online-advertising business. This generates 83% of the group's revenue and all its profits. It is a constellation unto itself, featuring a plethora of products that together form what is called the "online ad stack": services to sell, buy and serve ads, and measure their effectiveness, all automatically. In all of these areas, Google is as globally dominant as it is in online search. Its market share in some parts of the ad-serving stack exceeds 90%.

On the surface this might suggest that Alphabet, like most big tech firms, is a "one-trick pony", in the words of Michael Cusumano of MIT Sloan School of Management. In fact, it is a herd of ponies, some of which look rather more like full-grown Shires. Nine have more than a billion users globally (see chart 2). Every day people make an estimated 6bn search que-

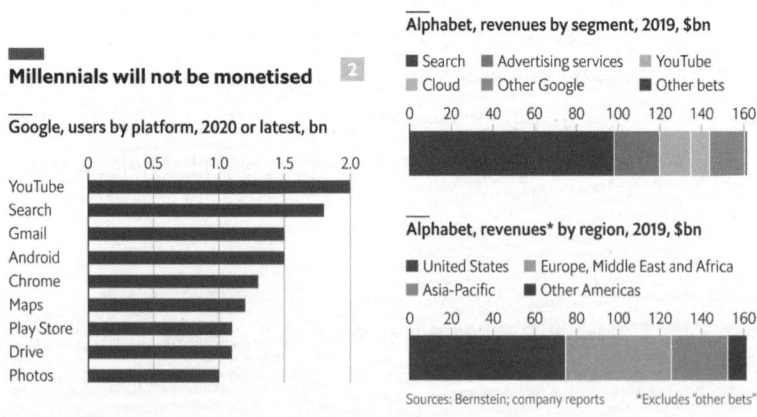

6TH PARAGRAPH

지로 피하고자 했던 회사로 알파벳이 변하는 것을 막는 것이다. 극히 평범하고 인습적인 '재래식 기업'conventional company 말이다. 그들이 정의한 '재래식 기업'은 혁신이 없고, 성장세가 하락해 서서히 죽어가는 기업이다. 알파벳의 엄청난 규모를 고려할 때, 이 과제는 극히 까다롭다. 현 시점의 알파벳은 공통점이 거의 없어 보이기까지 하는 사업체들과 부문들이 연합한 거대 복합 기업이다. 구글버스Googleverse라는 신조어를 동원해, 기업 행성계planetary system쯤을 염두하면 될 것 같다. 이익이 실현되는 상업 면에서 볼 때, 알파벳의 중심은 구글이다. 구체적으로 말하면, 구글의 온라인 광고 영업 부문이다. 여기서 이 복합 기업 수입의 83퍼센트, 그리고 수익 전부가 나온다. 구글의 온라인 광고업은 독자적인 성좌라고 할 수 있다. 일련의 제품이 위계적으로 짜여 있어서, 소위 '온라인 애드 스택'online ad stack이라고도 부른다. 그러니까, 광고를 사고, 팔고, 이 과정을 돕고, 그 효과와 실적을 측정까지 하는 종합 서비스인데, 또 이 모든 게 자동으로 이루어진다. 이 모든 영역에서 구글은 검색만큼이나 지구상의 최고 강자이다. 광고 지원 스택의 어떤 부문에서는 구글의 시장 점유율이 무려 90퍼센트를 넘기도 한다.

7TH PARAGRAPH

외견상으로는, 이 사실을 바탕으로 알파벳도 다른 대다수의 대형 기술 기업처럼 한 가지만 잘하는 기업one-trick pony이라고 진단할 수도 있다. 이 비유 표현은 MIT 슬로운 경영 대학원의 마이클 쿠수마노Michael Cusumano가 한 말이다. 하지만 알파벳의 실상은 그 잘 하는 게 한 가지씩뿐인 조랑말들의 무리라는 사실이다. (이 무리 가운데 일부가 다 자란 역용마처럼 보이기도 하지만 말이다.) 휘하의 아홉 개 부문 내지 사업(체)는 전 세계적으로 이용자가 10억 명이 넘는다.(표

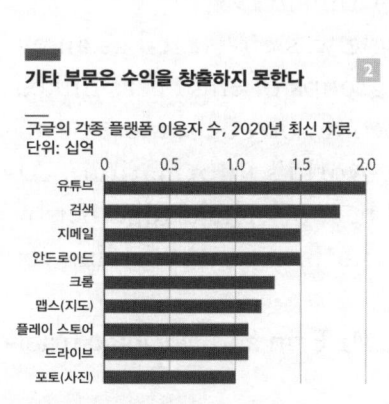

기타 부문은 수익을 창출하지 못한다

구글의 각종 플랫폼 이용자 수, 2020년 최신 자료, 단위: 십억

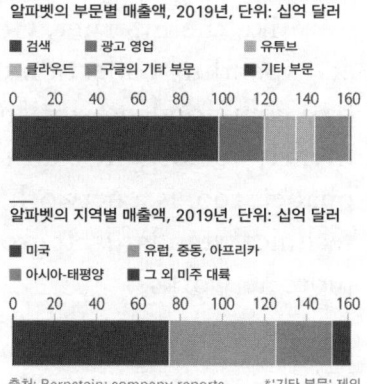

알파벳의 부문별 매출액, 2019년, 단위: 십억 달러

알파벳의 지역별 매출액, 2019년, 단위: 십억 달러

출처: Bernstein; company reports *'기타 부문' 제외

ries on Google and upload more than 49 years' worth of video to YouTube. More than 300bn emails are said to be sent every day and if only one-third originate on Gmail—a conservative estimate—then a stack of printouts would be 10,000km high.

And there is more. "Other bets", as Alphabet's financial statements refer to its non-core businesses, now number 11, each with its own capital structure. These include Access (offering fibre-optic broadband), GV (which invests in startups), Verily (a health-care firm), Waymo (a developer of autonomous cars) and X (a secretive skunk works engaged in all manner of moonshots). Commercially these ventures seem only loosely connected with the core. What links them to the main business is information processing—and specifically these days artificial intelligence (AI), which powers everything from search to Waymo's self-driving cars.

Early on, the founders decided that to enable the company to grow with startup-like speed regardless of its actual size, they would create a singular organisational mix of institutions they knew best: the internet, the open-source-software movement and Stanford's post-graduate programme, where the duo came up with Google's original search algorithm in 1996.

Like the internet, Google was envisaged as an ever-expanding collection of groups of engineers linked by a common language and common goals, most prominently to "organise all the world's information". Alphabet, too, is a network of networks held together by technical standards. It grows horizontally by adding yet more networks.

To keep hierarchies flat, Mr Brin and Mr Page brief-

2에서 보듯) 추정컨대 구글에서는 매일 60억 건의 검색 질의가 생성되고, 유튜브에는 49년 이상치의 동영상이 업로드된다. 매일 3천억 개 이상의 이메일이 발송된다고 하는데, 이 가운데 3분의 1만 지메일을 쓴다고 해도 (보수적인 추정치이다), 출력해서 쌓으면 높이가 1만 킬로미터에 이른다.

8TH PARAGRAPH 이게 다가 아니다. 알파벳의 재무 상태표가 비필수 사업이라고 지정한 '기타 부문'이 현재 11개인데, 그 각각의 자본 구조가 독립적이다. 대보면, 액세스^{Access}(광섬유 브로드밴드 제공), 지브이^{GV}(스타트업에 투자한다), 베럴리^{Verily}(헬스케어 회사), 웨이모^{Waymo}(자율 주행차 개발업체), 엑스^{X}(온갖 야심차고 혁신적인 사업 발안을 시도해 보는 비밀 연구소) 등이 있다. 영리적으로만 보면, 이들 모험적 사업체는 핵심 부문과 느슨하게만 연결돼 있는 듯하다. 하지만 이것들이 주요 사업 부문과 정보 처리로 결합돼 있음을 잊지 말아야 한다. 그 대표적인 예가 요즘은 인공 지능이다. 검색에서 웨이모의 자율 주행차에 이르는 모든 것을 구동하는 것이 바로 인공 지능인 것이다.

9TH PARAGRAPH 알파벳 설립자들의 초창기 판단과 결의는 다음과 같았다. 회사가 실제 크기와 무관하게 스타트업 수준의 속도로 성장하려면, 자신들이 가장 잘 아는 제도, 기관, 방법을 섞어 유례가 없는 독창적 조직을 구현해야 할 것이라고 말이다. 인터넷, 오픈 소스 소프트웨어 운동, 스탠포드의 대학원 과정 등이 그들이 가장 잘 아는 제도, 기관, 방법이었다. 브린과 페이지가 이를 바탕으로 1996년 구글의 독창적인 검색 알고리즘을 들고 나왔다.

10TH PARAGRAPH 구글도 인터넷처럼, 엔지니어 집단들의 끝없이 팽창하는 연합으로 상정되었다. 이를 묶어 주는 것이 공통의 언어와 공통의 목표이고, "이 세상의 모든 정보를 조직"한다는 목표가 아마도 가장 유명할 테다. 알파벳 역시도, 각급 기술 표준으로 결합된 네트워크들의 네트워크이다. 알파벳은 네트워크들을 추가하는 방식으로 수평적으로 성장한다.

11TH PARAGRAPH 브린과 페이지는 각급의 위계제를 혁파하기 위해, 한때 관리 직급을

ly went so far as to abolish managers altogether, though the experiment had to be dialled back. A compromise was to give managers a minimum of seven direct reports to limit the time they have to loom over each underling. They also had limited time to accost the two bosses, who at one point got rid of their personal assistants to make it harder to book time with them, forcing executives to ambush them whenever they appeared in public to get a sign-off on decisions.

Cosmic ambitions

Google resembled a big open-source project by being an open book, at least internally. Any employee could freely access all internal information except for sensitive user data or company finances. All code, project documents, even a colleague's calendar, were fair game. Workers were encouraged to use one of Google's plethora of messaging tools, such as mailing lists (of which there are now more than a million). They were also expected to ask tough questions at weekly company-wide town-hall meetings with the founders, called TGIF, for "Thank God It's Friday" (now held on Thursdays to allow Googlers around the world to participate without having to get up on Saturday morning). Grievances were to be kept within the company's walls. Leaking, particularly to the press, was a sackable offence. But the place was also meant to be playful; hence the playground-like offices, ping-pong tables and the like.

From Stanford Mr Brin and Mr Page borrowed the idea of letting people follow their passions. Google employees were allowed to spend 20% of their time working on what they thought would most benefit the

몽땅 없애버리기까지 했다. (뭐, 원래대로 돌려놓지 않을 수 없었지만 말이다.) 그래도, 부하 직원들에게 군림하는 시간을 줄이기 위해서 상급자에게 하는 직접 보고를 최대 일곱 번으로 제한하는 절충안이 마련됐다. 브린과 페이지는 두 총수, 그러니까 자기들과 면담할 수 있는 시간도 줄여버렸다. (면담 약속을 어렵게 하게 위해 개인 비서를 없애 버린 적도 있었다.) 결국 경영 간부들은 각종 결정의 서명 승인을 득하기 위해 두 사람이 대중 앞에 모습을 보일 때마다 군인이 매복 공격을 하듯 접근하지 않을 수 없었다.

12TH PARAGRAPH 우주적 야망
구글은 '오픈 북'open book, 그러니까 비밀이 없는 투명한 조직이어서, 거대한 오픈 소스 프로젝트랑 비슷했다. 적어도 내부적으로는 말이다. 민감한 사용자 데이터나 재정 상황을 제외한다면, 직원 누구라도 모든 내부 정보를 자유롭게 활용할 수 있었다. 온갖 코드, 각종 프로젝트 문서, 심지어는 동료의 캘린더까지 다 들여다볼 수 있었다. 직원들은 구글의 여러 통신 수단 가운데 하나, 가령 메일링 리스트 (mailing list, 현재 100만 개 이상)를 사용하도록 권장받았다. 직원들은 설립자들도 참여하는 전사 차원에서 열리는 토론회에서 어려운 질문도 해야 했다. (매주 금요일이어서 일명 TGIF^{Thank God It's Friday}였던 이 주간 회합이 요즘 목요일에 열리는 이유는, 전 세계의 구글 직원이 토요일 아침까지 깨어 있을 필요 없이 참가토록 하기 위함이다.) 불만사항이 회사 벽을 넘어가면 안 됐다. 구체적으로 언론 유출은 해고 대상이었다. 그럼에도 불구하고 구글이란 직장은 재미있는 곳이기도 했다. 놀이터 같은 사무실이 꾸려졌고, 탁구대 등등이 비치되었다.

13TH PARAGRAPH 브린과 페이지가 스탠포드에서 얻은 아이디어는 사람들로 하여금 열정을 좇도록 하자는 것이었다. 구글 직원은 근로 시간의 20퍼센트를, 스스로 판단하기에 회사에 가장 유익할 사안에 쓸 수 있었다. 뭐 그래서, 120퍼센트 근무하는 일이 자주 벌어지기는 했지만서도

firm, even if that often led to them working 120%. They also often set their own quarterly goals. Recruiting and promotion were similar to academia, too. Candidates were graded like PhD students and decisions about who should move up the corporate ladder were taken by a committee of peers from across the company, rather than individual managers, who often promote people they like rather than those who would do the best job.

Having created most of this unique structure in 2001 the founders recruited Eric Schmidt, a Silicon Valley veteran who understood both managers and technologists, to help implement it—or, as they themselves put it, to provide "adult supervision". To shield the setup from potential shareholder pressure, the three of them built a legal moat around it. Google was one of the first Big Tech companies to opt for dual-class shares, which gave the original shareholders ten times the voting power. Although Messrs Page, Brin and Schmidt together held only a small stake, they retained an outsized 38% of voting rights. The founders warned in "An Owner's Manual" for Google's shareholders, published before the firm's initial public offering in 2004, that new investors "will have little ability to influence its strategic decisions through their voting rights".

Mr Page took over from Mr Schmidt as Google's CEO in 2011 (though Mr Schmidt remained Alphabet's executive chairman until 2018), before handing over to Mr Pichai four years later. Since then Mr Pichai has managed Google in much the same way that previously he ran Chrome, Google's web browser, and other projects. Rather than getting bogged down in details, he put trusted people in charge, giving them resources and

말이다. 구글 직원들은 분기 목표를 직접 수립하는 일도 잦았다. 채용과 승진도 교육 기관과 유사했다. 대상자들은 박사 과정생처럼 평가를 받았고, 누굴 승진시킬지에 관한 결정의 경우, 경영 간부들이 아니라 각 부서에서 차출된 동료 심사 위원회의 몫이었다. 그런데 동료 심사 위원회는, 일을 가장 잘 할 것 같은 인물이 아니라, 자기들 마음에 드는 사람을 흔히 진급시켜 버린다.

14TH PARAGRAPH 브린과 페이지가 이런 독특한 조직 구조의 대부분을 수립한 이후, 2001년 영입한 인물이 에릭 슈미트Eric Schmidt이다. 실리콘 밸리에서 잔뼈가 굵은 슈미트가 경영 간부와 테크놀로지스트 둘 다의 특성을 두루 꿰고 있었고, 자기들의 구상을 실행에 옮기는 데 적임이라고 판단했던 것이다. 두 설립자의 말을 그대로 빌리면, "성숙한 감리 감독과 지휘"를 하기 위해서였던 것이다. 있을 수 있는 주주들의 압력으로부터 이 체제를 지켜야겠다고 결심한 세 사람은 아예 법률적 '해자'까지 파버렸다. 거대 기술 기업 중에 차등의결권 주식을 택한 최초의 회사가 바로 구글이다. 바로 이 의결권에 차이를 두는 주식으로 인해, 애초의 주주들이 열 배의 의결권을 행사할 수 있다. 페이지, 브린, 슈미트 3인조는 주식 지분이 적음에도 불구하고, 무려 38퍼센트의 의결권을 행사했다. 2004년 기업 공개에 앞서 발행된, 구글 주주 열람용 '주주 매뉴얼An Owner's Manual'에 세 사람은 분명히 써넣었다. 신규 투자자들이, "의결권을 행사해 구글의 전략적 결정에 영향력을 행사할 수는 거의 없을 것입니다."

15TH PARAGRAPH 페이지는 구글 최고 경영자 자리를 슈미트한테서 2011년 되찾아 온 다음, 4년 후 순다르 피차이에게 넘겨준다. (물론 슈미트는 계속해서 2018년까지 알파벳의 운영 의장을 했다.) 사실 피차이는 그 전부터 구글의 웹 브라우저 크롬Chrome과 기타 사업 부문을 이끌었고, 2015년 부임 이후로도 크게 다르지 않은 방식으로 구글도 운영했다. 피차이의 경영 방식은 세부 요목에 빠져 허우적대는 것이 아니라, 믿는 사람들에게 책임을 맡기는 것이었다. 피차이는 그들에게 자원을 제공하고, 독려했다.

nudging them along.

The result is a collection of semi-independent firms with powerful bosses sitting atop each of them: Thomas Kurian at Google Cloud, Susan Wojcicki at YouTube, Rick Osterloh at Google's hardware division and Hiroshi Lockheimer at the Android operation. In early June Mr Pichai put Prabhakar Raghavan, who already headed Google's ad business, in charge of search as well, making him Google's de facto deputy CEO. (Mustafa Suleyman, vice-president of AI policy at Google, sits on the board of *The Economist*'s parent company.) A company of Alphabet's breadth would fail if it depended solely on one man's judgment, Mr Pichai explains. "People have to be able to make their own decisions."

These decisions are becoming harder. Googlers have always prided themselves on solving the toughest problems in computer science—less so on making money. This may be one reason why some of the company's hit services generate smaller revenues than they might, like YouTube, or barely any at all, like Maps. Monetisation from the "other bets" has scarcely begun. They racked up more than $5bn in losses in the four quarters to March. Only Access and Verily bring in material revenues. Some could one day turn into huge businesses: Waymo was valued at about $30bn when it raised outside capital this spring. But even that impressive figure is much less than earlier estimates, which valued the autonomous-driving unit at more than $100bn.

None of this used to matter much, as long as Google's ad products were "a gold-threaded safety net underneath every daring innovation", as Steven Levy, one of Silicon Valley's scribes, put it in 2011. It becomes

16TH PARAGRAPH 각 사업 부문의 정상에 강력한 우두머리가 진두지휘하는 반쯤 독립적인 회사들의 연합체가 바로 그 결과물이다. 구글 클라우드Google Cloud의 토머스 쿠리안Thomas Kurian, 유튜브YouTube의 수전 워치츠키Susan Wojcicki, 구글 하드웨어 부문Google's hardware division의 릭 오스털로Rick Osterloh, 안드로이드 운영Android operation을 담당하는 히로시 록하이머Hiroshi Lockheimer가 대표적이다. 피차이가 6월 초에 구글의 광고 사업 부문을 총괄하는 프라바카르 라가반Prabhakar Raghavan에게 검색까지 맡겼다. 이로써, 라가반이 사실상 구글의 최고경영자 보로 등극했다. (구글의 AI 정책 책임자인 무스타파 술레이만Mustafa Suleyman은 『이코노미스트』의 지주 회사 이사회의 일원이다.) 알파벳처럼 사업 영역이 다각화된 회사는 한 사람의 판단에만 의존하다가는 망한다는 것이 피차이의 설명이다. "각자 스스로 판단하고 결정할 수 있어야만 합니다."

17TH PARAGRAPH 이런 판단과 결정이 점점 힘겨워지고 있다. 구글 사의 직원들은 컴퓨터 과학의 가장 어려운 문제들을 해결해 낸다는 자부심이 넘쳤다. 돈 버는 일은 그리 안 중요했다. 구글의 히트 상품 일부가, 가령 유튜브처럼 예상보다 수익이 더 적거나, 맵스Maps처럼 수익이 전혀 없는 이유 중의 하나가 이 때문일 수도 있다. '기타 부문들'의 수익 실현은 기대가 난망이다. 3월까지의 네 분기 동안 기타 부문들의 손실액이 50억 달러 이상을 기록했다. 그럭저럭 수익을 내는 부문은 액세스와 베릴리 뿐이다. 기타 부문들의 일부가 언젠가는 커다란 사업 영역으로 전환될 수도 있다. 웨이모의 경우, 올 봄 외부 자본을 유치했을 때, 300억 달러가량으로 가치 평가되었다. 하지만 굉장한 액수라고 생각이 들지 몰라도, 사실 앞서 있었던 추정액에 한참 못 미치는 금액임을 알아야 한다. 1천억 달러 이상으로 가치 평가되었으니 말이다.

18TH PARAGRAPH 실리콘 밸리를 취재하는 언론인 스티븐 레비Steven Levy가 2011년 한 말을 상기해 보자. 구글의 광고 영업이 "각종의 대담한 혁신을, 안 보이는 데서 탄탄하게 뒷받침해 주는 황금실로 짠 안전망"으로 기능하는 동안, 이런 상황은 별로 문제 될 게 없었다. 그런데 이 혁신이란 것이

a problem when it translates into lower margins and weaker stockmarket performance than rival tech giants (see chart 3 and chart 4).

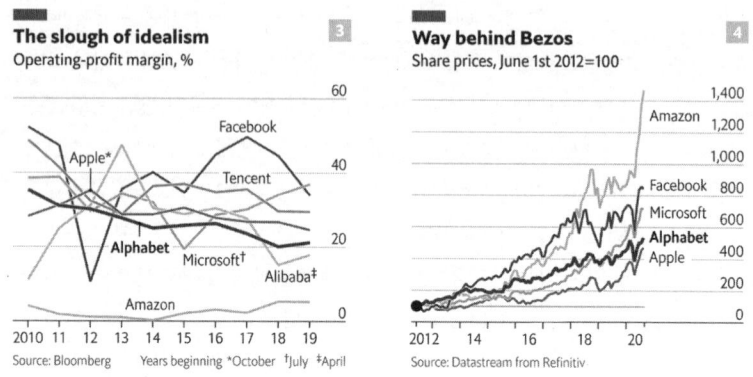

Online advertising overall is far from a mature market, but growth in search ads, which continue to generate about 60% of Alphabet's revenues, has slowed. In 2019 sales expanded by 15%, a healthy clip but considerably lower than the 22% a year earlier. General online search is also being "hollowed out" by specialised searches, says Mark Shmulik of Bernstein, a research firm. Mr Shmulik estimates that about 60% of product searches now start on Amazon (whose fast-growing online-ad business is already the world's third-biggest behind Google and Facebook).

Spaced out
Alphabet's engineer-driven bottom-up culture is also showing signs of age. It can be hit and miss. "You can paper over a lot of problems by throwing money at it and hiring more bodies," says a long-time Googler, who previously worked for Microsoft, which was regularly

다른 경쟁 기업들과 비교해 수익률이 하락하고 또 이게 주식 시장의 실적 악화로 전환되면 문제가 심각해진다(표 3과 4를 보라).

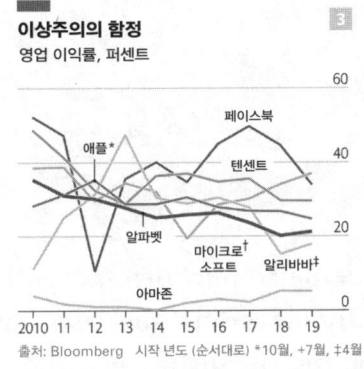

이상주의의 함정
영업 이익률, 퍼센트

출처: Bloomberg 시작 년도 (순서대로) *10월, +7월, ‡4월

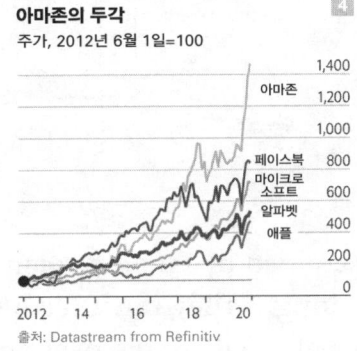

아마존의 두각
주가, 2012년 6월 1일=100

출처: Datastream from Refinitiv

19TH PARAGRAPH
온라인 광고가 성숙 시장은 결코 아니지만, (알파벳 수익의 약 60퍼센트를 계속 벌어주는) 검색 광고 성장률이 더뎌졌다. 2019년 매출액이 15퍼센트 팽창했고, 이는 양호한 수준이지만, 한 해 전의 22퍼센트보다 크게 하락한 수치다. 연구 조사 기관 번스타인Bernstein의 마크 슈물릭Mark Shmulik에 따르면, 온라인 검색 전반도 특화 검색들에 "잠식"당하고 있다. 그의 추정에 의하면, 상품 검색의 약 60퍼센트가 이제는 아마존을 기점으로 한다(아마존의 온라인 광고 부문이 빠르게 성장 중으로, 이미 구글과 페이스북에 뒤이어 세계 세 번째 규모를 자랑한다).

20TH PARAGRAPH
여전히 정신 못 차리는 중
알파벳의 사풍은 엔지니어들이 주축이 돼 상향식으로 운영되는 구조다. 바로 이 알파벳의 문화도 노후 징후를 보이고 있다. 되는 대로 하는 에토스여서, 예측이 어려운 것이다. 마이크로소프트 출신으로 오랫동안 구글에 몸담은 한 사람은 이렇게 말한다(신제품에 관해서라면 구글이 언제나 마이크로소프트를 앞섰다). "이 사람들은 말이

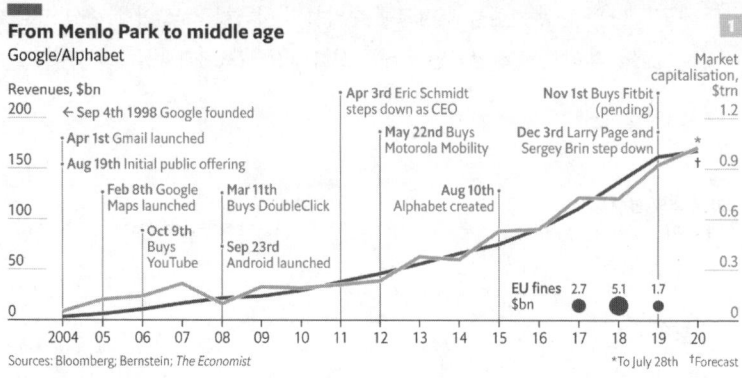

scooped by Google when it came to new products. "I thought they must have really clever strategists," he recalls, only to discover on joining the firm that it "had hundreds of things happening in parallel". Alphabet executives often liken their firm's structure to a "slime mould"—organisms that survive as single cells, but must aggregate to reproduce.

Innovation can indeed mushroom in such a corporate ecosystem. But it may hinder the development of more structured products, which require more sustained co-operation and a strategic vision. This is particularly true of lucrative enterprise offerings, where corporate clients expect providers to be both consistent and responsive to their needs. Google has a reputation for being neither.

Over the years Google has churned out new messaging tools, from Allo and Buzz to Hangouts and Meet, only recently starting to develop a unified communications offering for corporations, similar to Slack or Microsoft Teams. Google's cloud business has often been criticised for "not having a customer-service bone in its body", says Brent Thill of Jefferies, a bank. As a result,

구글 및 알파벳의 현재까지의 역사

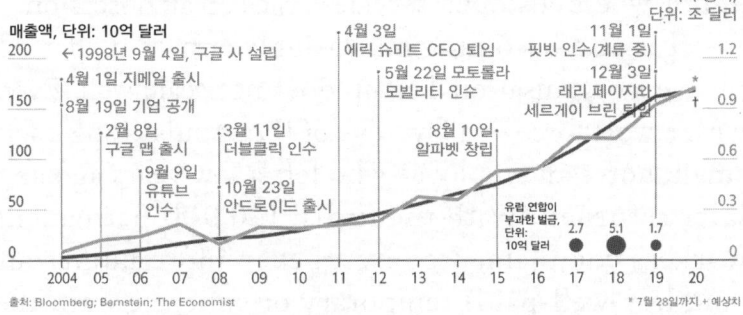

출처: Bloomberg; Bernstein; The Economist   * 7월 28일까지 + 예상치

21TH PARAGRAPH
에요, 문제가 산적해 있는데도, 돈을 쏟아붓거나 사람들을 더 데려오는 식으로, 미봉책을 택합니다. 정말이지 똑똑한 전략가가 필요하고, 그런 사람들을 데려와야만 한다고 생각했어요." 그의 회고가 계속된다. 회사에 합류하고 봤더니, "수백 가지 일이 동시다발적으로 병행되고" 있더군요. 알파벳 경영진은 자기들의 회사 구조를 흔히 '변형균류'에 비유한다. 이 비유의 핵심은, 단일 세포들로 살아가지만, 합쳐야만 번식을 할 수 있는 생물이자 구조라는 것이다.

이런 기업 생태계에서는 정말이지 혁신이 우후죽순처럼 이루어지기도 한다. 하지만 더 체계적인 제품은 개발하지 못할 수도 있다. 더 지속적인 협력과 전략적인 관점이 요구되기 때문이다. 수익이 많이 나는 기업 대상 제품의 경우라면 이 진단은 정말이지 틀림없는 진실이다. 기업 고객들은 공급업체가 일관되게 자신들의 요구에 즉각 화답해 주기를 바라고, 또 기대한다. 구글은 그러한 일관성이나 고객 대응에 있어 만족할 만한 평을 얻고 있지는 못하다.

22TH PARAGRAPH
구글은 지난 수년 간 메시징 툴messaging tool을 잇달아 내놨다. 알로Allo, 버즈Buzz, 행아웃Hangouts, 미트Meet 등이 있는데, 못 들어 본 것도 있을 수 있다. 구글은 최근에야 기업용의 통합형 커뮤니케이션 도구를 개발해 공급하기로 했다. 그러니까 슬랙Slack이나 마이크로소프트 팀스Microsoft Teams랑 비슷한 제품을 만들겠다는 것이다. 구글의 클라우드 사업이 자주 비판받는 이유는, "그 체계에 고객 서비스라고 하는 뼈대가 없어서"라고, 제프리스 은행Jefferies의 브렌트 실Brent Thill은 진단한다. 구글 클라우드가 아마존

it lags behind Amazon Web Services and Microsoft's Azure, where customer service verges on an obsession.

It is also becoming increasingly apparent that Alphabet's organisational setup does not scale well. Even with a workforce of a few tens of thousands Google felt small, notes an employee who left a few years ago and later returned. With the firms' 120,000 permanent workers complemented by an even more numerous (and less-well-paid) temporary or contract staff, the founders' original idiosyncratic rules are becoming a drag. Executives grumble that internal promotion by committee is often a time-consuming political exercise. Letting a thousand flowers bloom is leading to an awful lot of compost.

Size creates political tensions, too. After 2016 the firm's mostly woke workforce began using internal messaging tools to organise and press management to take action on everything from President Donald Trump's harsh immigration policy to boycotting meat in its cafeterias. As Alphabet has hired engineers at breakneck speed, it is no longer "a country where everybody politically agrees" with the once-dominant liberal bent, says an insider.

Tensions came to a head in 2017 when James Damore, a Google software engineer, published a memo on an internal mailing list arguing that the lack of gender diversity in tech could partly be explained by biological differences. After it was leaked to the press he was fired, but many insiders felt that management, including Mr Pichai, had let the debate fester and did not do enough to help the activist employees who had been "doxxed" (having their personal details published online) by other staffers.

23TH PARAGRAPH

웹 서비스Amazon Web Services, AWS와 마이크로소프트의 애저Azure에 뒤진 이유이다. 이 두 기업은 고객 대응 서비스가, 거의 강박에 가까울 지경이다. 알파벳의 조직 구조가 신축적으로 변형되지 못한다는 것도 점점 더 명백해지고 있다. 몇 년 전에 회사를 떠났다가 다시 돌아온 한 직원은 이렇게 말한다. '인력이 수만 명 규모인데도, 회사가 작게 느껴졌다'고 말이다. 정규직 12만 명을, 훨씬 더 많은 수의 임시직과 계약직이 더 적은 보수를 받으며 보완하고 있음에도, 설립자들의 독창적이면서도 색다른 방침들이 장애물로 작용하고 있다. 경영진은 심사 위원회를 통해 내부 승진을 시키는 제도가 많은 경우 시간만 잡아먹는 정치 놀음이 돼버렸다고 불평한다. 말 그대로 백화제방百花齊放 전략이, 온갖 꽃이 만개하는 것이 아니라, 끔찍한 두엄으로 변하고 있는 것이다.

24TH PARAGRAPH

규모가 커지면서 정치적 긴장도 고조되었다. 2016년부터 이 회사에서 가장 깨어있다고 할 수 있는 노동자들이 내부 연락망을 통해 조직화를 단행했고, 경영진을 압박하기 시작했다. 도널드 트럼프 대통령의 완강한 이민 정책부터 구내 식당에서 나오는 육류를 거부하는 등에 이르기까지 온갖 사안에서 단체 행동을 개시한 것이다. 알파벳이 맹렬한 속도로 엔지니어들을 고용하면서, 한때 자유주의 경향이 압도했던 회사는 이제 더 이상 "모두의 정치가 일치하는 나라"가 아니게 되었다고, 한 내부자는 증언한다.

25TH PARAGRAPH

이런 긴장 상태가 곪아 터져 마침내 표면화된 사건이 2017년 일어났다. 구글의 소프트웨어 엔지니어 제임스 다모어James Damore가 한 내부 수신자 명단으로 '입장서' 비슷한 글을 하나 발행했던 것이다. 여기서 그가 주장한 내용의 요지는 다음과 같다. '기술 분야에서 젠더 다양성이 부족한 것은, 어느 정도는 생물학적 차이 때문일 것이다.' 이 메모가 언론에 유출되었고, 그는 해고되었다. 하지만 많은 내부자는, 피차이를 위시한 경영진이 논란이 곪아터질 때까지 방치해 놓고서도, 다른 직원들에 의해 '신상이 털려버린' 적극 가담자들을 충분히 지원하지 않았다고 봤다.

Things went downhill from there. Once unthinkable leaks multiplied. So did internal petitions. In 2018 activist employees forced Google not to renew an AI contract with the Pentagon and to abandon plans for a censored Chinese version of its search engine. Tensions culminated later that year when it emerged that high-performing executives accused of sexual harassment had been sent off with multi-million exit packages. More than 20,000 employees globally staged a walkout in protest.

"The walkout broke Larry's heart," says one Googler. It suggested that the goal of creating an engineers' commune had failed. After that the two founders put more distance between themselves and their creation. They stopped attending the TGIF meetings. In many ways Mr Pichai's ascent to the top job last year was a formality.

Although Mr Brin, Mr Page and Mr Schmidt remain Alphabet's biggest individual shareholders—with 13.1% of shares and 56.7% of voting rights—a former senior executive says that the company is now run by a different triumvirate. Besides Mr Pichai it includes Kent Walker, senior vice-president of global affairs, and Ruth Porat, the finance chief poached from Morgan Stanley, an investment bank. Where Mr Brin and Mr Page were technologists and Mr Schmidt a technologist-manager, the new team are simply managers.

This transformation was apparent at Mr Pichai's first quarterly earnings call as the boss of Alphabet in February, when he delighted analysts by at long last breaking out YouTube's revenues ($15bn in 2019, up by more than a third from the previous year). He has also accelerated share buy-backs, from $6.1bn in the last

26TH PARAGRAPH 그때부터 각종 사태가 더욱 악화되었다. 과거라면 도대체가 상상도 할 수 없는 내부 정보 유출이 폭증했다. 내부 진정 및 탄원은 말할 것도 없었다. 2018년 구글은 회사 내부의 적극 활동 직원 때문에 펜타곤과의 인공 지능 계약을 갱신하지 않기로 한다. 나아가 구글은, 검열을 수용한 자사 검색 엔진의 중국판 제작 계획을 접는다. 이런 갈등과 긴장 사태가 그 해 하반기에 대미를 장식했다. 성적 괴롭힘 sexual harassment 으로 기소까지 당한 일부 경영진을, 실적이 좋았다는 이유로 수백만 달러의 전별금을 쥐어주고 내보냈다는 사실이 드러난 것이다. 전 세계 2만 명 이상의 직원이 업무를 파하고 항의 시위를 벌였다.

27TH PARAGRAPH 한 구글 직원은 이렇게 증언한다. "직원들의 작업 중단과 항의에 래리가 크게 상심했습니다." 이 사태는 엔지니어들의 코뮌을 만들겠다는 목표가 실패했음을 의미했다. 이후로 설립자 두 사람은 스스로와 그들의 창조물 사이에 더 많은 거리를 두기 시작했다. 그들은 TGIF 미팅에도 더 이상 참석하지 않았다. 작년에 순다르 피차이가 드디어 최고 직위에 올랐고, 그 일은 여러 면에서 사태의 공식화를 의미했다.

28TH PARAGRAPH 브린과 페이지와 슈미트가 개인으로서 여전히 알파벳의 최대 주주인 것은 사실이다. (13.1퍼센트의 주식을 바탕으로, 56.7퍼센트의 의결권을 행사할 수 있다.) 하지만 그럼에도 불구하고, 한 전직 고위 임원은 이 회사는 이제 새로운 삼두 체제가 운영한다고 말한다. 피차이 외에 다른 두 명은 켄트 워커 Kent Walker 와 루스 포랫 Ruth Porat 이다. 각각 차례로, 글로벌 업무 선임 책임자와 재정 수장이다. (루스 포랫의 경우 투자 은행 모건 스탠리에서 스카웃해 왔다.) 브린과 페이지가 테크놀로지스트였고, 슈미트가 테크놀로지스트 겸 경영자였다면, 신 삼두 체제의 인사들은 그냥 경영자들일 뿐인 거다.

29TH PARAGRAPH 이러한 변화는, 2월 피차이가 알파벳의 수장으로서 처음 분기 실적 발표를 하는 자리에서 분명하게 드러났다. 오랜 기다림 끝에 드디어 유튜브의 수익이 실적 개선을 이뤄냈다는 발표가 나왔고, 시장 분석가들은 희희낙락했다. (전년도보다 3분의 1 이상 성장해, 2019년 150억 달러 수익을 냈다.) 그는 자사주 매입도 가속화했다. 2019년 4/4분기의 환매 액수가 61억 달러였는데, 3월까지 석 달 동안의 환

quarter of 2019 to $8.5bn in the three months to March. "They are no longer the most hated big tech company from a shareholder perspective," says Mr Thill of Jefferies.

Alphabet is also becoming shareholder-friendlier in how it manages its other bets. Some of the subsidiaries, like Waymo, have wooed outside investors, suggesting that they will one day be spun off. Others, such as Chronicle, which hoped to revolutionise cyber-security, and Jigsaw, a think-tank, have been folded back into Google. Yet others, like Makani, which is developing flying wind turbines to generate energy, are likely to be shut down or sold.

To infinity and beyond
Mr Pichai's shakeup of management is on starkest display at Google Cloud. After he became Google's boss five years ago it was becoming apparent that cloud-computing was something more than a passing fad. He ramped up investment in the division and in 2018 hired Mr Kurian, a former senior executive at Oracle, a big maker of corporate software, to run it. In keeping with Mr Pichai's evolving management philosophy, Mr Kurian was granted far more autonomy than his predecessor, Diane Greene, and turned the unit into a more top-down organisation, hiring people from his former employer as well as SAP, its German rival.

It seems to be working. Google's cloud business, which includes G Suite, its package of professional online services, is growing at more than 50% a year. Revenues are expected to reach $13bn this year, contributing 8% to Alphabet's total.

매 액수가 85억 달러를 기록했다. 제프리스 은행 실의 말이다. "주주 관점에서 보면, 가장 미움을 받는 거대 기술 기업이 더는 아닌 겁니다."

30TH PARAGRAPH 알파벳은 '기타 부문들' 경영에서까지 더욱 더 주주 친화적으로 바뀌고 있다. 웨이모를 위시한 일부 자회사가 외부 투자자들에게 구애를 한 것은, 미래의 언젠가 분사할 것이라는 암시이다. 크로니클Chronicle과 직소Jigsaw 같은 부문들은 다시금 구글과 합쳐졌다. 크로니클은 사이버 보안을 혁명적으로 개선하고자 하고, 직소는 싱크 탱크이다. 비행 풍력 터빈으로 에너지를 생산하겠다는 마카니Makani 같은 그 외 부문들은 사업을 접거나 매각될 가능성이 많다.

31TH PARAGRAPH   무한, 그 너머
피차이의 경영 쇄신이 가장 극명하게 드러난 부문이 구글 클라우드이다. 그가 5년 전 구글의 총수로 부임한 이래, 클라우드 컴퓨팅이 일시적 유행 이상으로 중요한 무엇임이 점점 더 명백해졌다. 그가 이 부문 투자를 늘렸고, 2018년에는 전직 오라클Oracle 고위 임원 쿠리안을 데려와 운영을 맡겼다. (오라클은 기업 소프트웨어 분야의 강자다.) 쿠리안은 전임 다이앤 그린Diane Greene보다 훨씬 많은 자율성을 부여받았고, 클라우드 부문을 탑다운 방식의 조직으로 바꿨는데, 이는 피차이의 진화하는 경영 철학과 궤를 같이하는 것이었다. (쿠리안은 독일의 경쟁 업체 에스에이피SAP는 물론이고, 자신이 일했던 오라클에서조차 사람들을 데려왔다.)

32TH PARAGRAPH 쿠리안의 조치가 효과를 내고 있는 듯하다. G Suite(프로페셔널 온라인 서비스 패키지)를 포함한, 구글의 클라우드 사업이 매년 50퍼센트 이상 성장 중이다. 올해 수익이 130억 달러에 이를 것으로 전망되는데, 이는 알파벳 전체의 8퍼센트에 해당한다.

However, Mr Kurian's financial success carries a risk. Insiders report a mini-exodus from the cloud unit to other parts of Alphabet. Plenty of employees worry that the top-down-approach from Google's cloud business will spread throughout the organisation. Many are beginning to grumble about getting tasks handed down from above with a deadline.

That hints at a bigger unsolved problem with Google's culture. After the walkouts, management made some tweaks. "When we were smaller, we all worked as one team, on one product, and everyone understood how business decisions were made. It's harder to give a company of over 100,000 people the full context on everything," Mr Walker reportedly wrote in November in an internal newsletter. The TGIF meetings are now held only once a month and limited to business-related questions. The largest internal mailing lists are moderated and postings deemed too political are allegedly being taken down. These days employees are being told to access sensitive documents only if they "need to know". Some staff talk of creating if not a labour union, then at least a group to defend their interests.

In the wake of the killing of George Floyd many Googlers criticised their top management for doing too little, too late to make the company more diverse; after a couple of weeks the firm vowed to raise the "leadership representation of underrepresented groups" by 30% over the next five years. In June more than 2,000 employees signed an open letter to Mr Pichai demanding that the company stop selling its technology to police forces across America.

Over the past few weeks things have seemed to calm down internally. But the respite may be superficial. Many workers are keeping their mouths shut for fear of being

33TH PARAGRAPH 하지만, 쿠리안의 회계 상의 성공에는 위험이 도사리고 있다. 내부자들의 전언에 의하면, 클라우드 부문에서 알파벳의 다른 부문으로 작은 규모지만 이동이 있었다고 한다. 많은 직원이 클라우드 부문에서 채택된 탑다운 방식이 조직 전반으로 확대될 것을 우려한다. 과업에 마감 시한이 붙고, 위에서 지시받는 것을, 이미 많은 직원이 불평하고 있다.

34TH PARAGRAPH 우리는 여기서, 구글의 사풍에 해결되지 않은 더 커다란 문제가 있음을 짐작할 수 있다. 작업 중단과 항의 행동이 있고 나서, 경영진은 운영 세부를 약간 바꿨다. 워커가 11월 내부 회람장에 적었다고 하는 내용을 보자. "규모가 작았을 때, 우리 모두는 한 팀으로 일하면서, 하나의 제품을 만들었습니다. 의사 결정과 사업 진행이 어떻게 이뤄지는지 모두가 다 잘 알았죠. 10만 명이 넘는 규모의 회사에서 모든 일의 전후 맥락과 진행 과정을 온전히, 그리고 전폭적으로 공유하는 것은 어려운 일입니다." TGIF 미팅은 이제 한 달에 한 번만 열린다. 대화 내용도 사업 관련 질문으로만 국한된다. 규모가 가장 큰 내부 수신자 명단들이 관리되고 있고, 너무 정치적이라고 여겨지는 포스트들은 내려지고 있다는 소문도 들린다. 요즘은 "꼭 알아야만 하는 경우"가 아니라면 민감한 문서들에 접근하지 말라는 얘기가 직원들에게 전해진다. 직원들 사이에서는, 노동조합은 아니라도 자신들의 이익을 지켜주는 단체를 결성하자는 사람까지 있다.

35TH PARAGRAPH 구글의 많은 인원은, 조지 플로이드 George Floyd가 살해당했고 경각심을 가져야 하는데도, 최고 경영진의 다양성 확보 조치가 너무 미흡하고, 너무 느리다고 비판했다. 몇 주 후 알파벳은 향후 5년에 걸쳐서 "과소 대표 집단을 지도부에" 30퍼센트 "충원"하겠다고 약속했다. 6월에는 2천 명이 넘는 직원이, 알파벳이 미국 전역의 경찰한테 더 이상 자사 기술을 팔지 말라고 요구하는 공개 서한에 서명해, 피차이에게 전달했다.

36TH PARAGRAPH 지난 몇 주 사이 내부 상황이 잠잠해진 듯하다. 하지만 이 일시적 유예 사태가 피상적인 것일 수도 있다. 많은 노동자가 해고가 두려워, 함구하고 있는 것이라고, 한 구글 직원은 전한다. 경기 후퇴기에 널

laid off, one Googler reports. Few relish the thought of losing a cushy job in a recession. Activists now shun the firm's communication tools and organise elsewhere online.

All this fuels murmurings and speculation, both inside and outside Alphabet, over whether Mr Pichai is the right person for the job. Some Google executives and engineers describe him as "too checked out" and his leadership as "uninspired". He is also accused of excessive risk aversion. "I've never shied away from making big bets and following my instincts," Mr Pichai insists. But it is hard to argue that he has shown the vision of Amazon's Jeff Bezos or Microsoft's Satya Nadella.

Mr Pichai has an opportunity to prove the sceptics wrong. The covid-19 pandemic offers a convenient pretext to get rid of inefficiencies, such as overlapping products, and cut through Alphabet's internal red tape. It could result in a new balance being struck between Google's innovative culture and more systematic exploitation of its products' and services' money-making potential. Even the antitrust probes have a silver lining for Mr Pichai. "In some ways, I'm looking for clarity," he says.

To be a leader in the mould of Mr Nadella, however, he would have to be more daring. One idea is to charge for some of its services. Another is for Google to become more of a data fiduciary that manages people's information for them—a bit like a bank does with money. The firm has already started developing tools necessary for this, such as software that can mine encrypted data. If Mr Pichai could pull this off, that would be truly inspirational. And it would help keep Alphabet unconventional for a while yet.

© The Economist Newspaper Limited, London (Aug 1st 2020)

럴한 직장에서 '꿀빨기'를 그만두겠다는 사람은 없는 법이다. 이제 직장 내 활동가들은 회사 연락망과 수단이 아닌, 온라인상 다른 곳에서 사람들을 조직하고 있다.

37TH PARAGRAPH 이 온갖 상황과 사태에서 내외부의 갖은 쑥덕공론이 한창이다. 순다르 피차이가 알파벳의 최고 수장으로서 과연 적임자인지에 대해 말이다. 구글의 임원과 엔지니어 일부는 그가 "너무 삼가는 성격"인 데다가, 리더십 또한 "평범하다"고 평가한다. 피차이가 위험을 지나치게 회피한다는 비판도 있다. 피차이의 반론이다. "나는 본능과 직관에 따라 과감한 모험에 나서기를 회피한 적이 없습니다." 하지만 그가 아마존의 제프 베조스Jeff Bezos나 마이크로소프트의 사티아 나델라Satya Nadella와 같은 비전을 보여줬다고 말하기는 힘들다.

38TH PARAGRAPH 피차이에게는 회의론자들이 틀렸음을 입증할 기회가 있다. 코로나19 팬데믹 상황을 구실삼아, 가령 중복 제품으로 대표되는 낭비와 비효율을 제거하고, 또 알파벳 내부의 허례와 불필요한 요식 절차를 간소화할 수 있는 것이다. 결국, 구글의 혁신 문화와 제품과 서비스의 수익 창출 잠재력을 더 체계적으로 개발하는 활동 사이에서 새롭게 균형을 잡는 것이 과제인 셈. 알파벳을 조여오고 있는 반독점 조사 활동조차 피차이에게는 긍정적인 요소이다. 그의 말이다. "저는 여러 면에서 명료함을 구하고 있습니다."

39TH PARAGRAPH 하지만 피차이가 나델라 유형의 리더가 되려면, 더 대담해야 할 것이다. 알파벳 서비스의 일부에 과금을 하는 것도 한 방안이다. 구글이 사람들의 정보를 대신 관리하는 데이터 수탁자의 역할을 강화하는 것도 생각해 볼 수 있다. 돈과 관련해 은행이 하는 일을 생각해 보라. 사실 구글은 여기에 필요한 수단들을 이미 개발하기 시작했다. 암호화된 데이터를 마이닝하는 소프트웨어가 대표적이다. 피차이가 이 과업을 성사시킬 수만 있다면, 정말이지 영감을 주게 될 것이다. 알파벳이 재래식 기업으로 전락하지 않고, 한동안은 더 계속해서 혁신 기업의 면모를 유지할 수 있는 거다.

전체 스무 개의 아티클 중에서 가장 긴 글입니다. 서른아홉 개의 문단과 네 개의 표로 이뤄져 있습니다. 구글의 역사와 사풍, 또 과제가 검토되는데, 먼저 읽어본 제 판단으로는, 최고 경영자들의 승계를 중심으로 정리하면 좋을 것 같습니다. 세르게이 브린, 래리 페이지, 에릭 슈미트, 순다르 피차이로 이어지는 계보를 말입니다. 마이크로소프트와 넷플릭스 기사도 기업 문화와 경영 쇄신의 문제를 다뤘었지요. 기사량이 많기 때문에, 오히려 자세하다는 면에서 편히 읽을 수 있습니다.

1ST PARAGRAPH

To get a good look at Google, climb a barren hill in front of the online giant's Silicon Valley headquarters—or rather, both of them. To the right lies the old HQ, a clump of low-slung office buildings ringed by dozens of similar boxes. To the left, a brand new corporate centre is rising. From outside it resembles an oversized circus tent, but the inside is still undetermined: pillars, wooden panelling and hardly any walls. The bare-bones structure is meant to provide architectural flexibility.

아마존을 소개하는 기사에서 제프 베조스란 총수 캐릭터^{Character}의 묘사 문제를 살펴보았습니다. 정경 묘사는 어떨까요? 첫 문단의 처음 다섯 문장에서 그 전형적인 예를 볼 수 있습니다. 명령법의 법성^{Mode}을 통해 글을 읽는 독자가 능동적으로 참여케 하고 있으며, 현재 시제^{present tense}를 써서 실재감을 고조하고 있습니다.

현대 영어 소설은 그 구조 형식이, 거칠게 얘기해, 네 가지로 구성됩니다. 묘사, 서사, 대화, 전지적 작가 시점의 개입(설명)으로 말이죠. 게다가, 동시대 영어 소설의 기본 시제는 현재 시제입니다. (빅토리아 시대 영어 소설은 기본 시제로 과거 시제를 썼습니다.) 기본 시제가 현재라는 점에서도, 현대 영어가 구어화, 언문 일치가 상당한 수준으로 진행되었음을 간파할 수 있어요.

넌픽션^{Non-fiction}이라고 다르지 않습니다. 기본적으로 좋은 글 내지 좋은 문학을 지향하니까요. 첫 번째 문단의 이하 두 문장에서 설명과 인터뷰가 나오고,

마지막 문장을 통해서는 나머지 서른여덟 개 문단 전체의 내용을 예상할 수 있도록 하고 있습니다.

다섯 번째 문장 The bare-bones structure is meant to provide architectural flexibility.의 be meant to provide는 2형식과 3형식의 겹이 지대 동사가 보이스 중첩의 형태로 법성 표현을 하고 있는 것입니다. "뼈대를 그대로 노출한 구조는 건축적 유연성을 의도한 것이다."

> When Mr Pichai took over as chief executive of Google in August 2015, after it became the core of the newly formed Alphabet, the online-search-and-advertising business had annual revenues of $66bn and net income of $14bn.

2ND PARAGRAPH

중간에 삽입된 절 after it became the core of the newly formed Alphabet이 어려울 수 있습니다. 쉼표가 있기 때문에, 종속 접속사 after가 마치 등위 접속사마냥 '후치 연결사'로 사용되었습니다. 실상을 보더라도, 지주 회사 알파벳이 2015년 10월 2일에 설립되었거든요. 접속사는 연결사입니다.

"피차이가 구글의 최고 경영자로 등극한 2015년 8월, 이 온라인 검색 및 광고 업체의 연수익은 660억 달러, 순수입은 140억 달러였다. (이후 알파벳이 새로 결성되었고, 구글은 지주 회사 알파벳의 핵심 기업으로 자리한다.)"

> Mr Pichai's foremost challenge is to prevent Alphabet from becoming what Mr Brin and Mr Page were so bent on avoiding— a "conventional company" that dies a slow death from lack of innovation and declining growth. The task is as delicate as the technology giant is gargantuan.

5TH PARAGRAPH

were so bent on avoiding을 서술어군 한 묶음으로 보자고 제안을 합니다. 여기서 검토해야 할 사안은 다음 세 항목이지요. 보이스Voice, 법성Mode, mood, 시제와 시상Tense & Aspect. '그토록(so) 열렬히(bent) 피하고자 했던(avoiding)'으로 해

495

석할 수 있는데, 이는 전치사 on을 순해^{順解}적, 다시 말해 '연결사'적으로 파악한 것이지요. 주종 관계도 역진시켰습니다.

두 번째 문장은 as - as ... 원급 비교에서 출발합니다만, 뒤의 접속사 as를 원인으로 파악해도 좋을 듯합니다. 이것이면서 동시에 저것인, 지저분하면서도 풍요로운 의미의 세계를 즐기시기를 바랍니다. challenge가 task로 변형 진술돼 있습니다.

"피차이가 응전해야 할 가장 중요한 과제는, 브린과 페이지가 굳은 의지로 피하고자 했던 대상으로 알파벳이 바뀌는 것을 막는 것이다. 극히 평범하고 인습적인 '재래식 기업'(conventional company) 말이다. 그들이 정의한 '재래식 기업'은 혁신이 없고, 성장세가 하락해 서서히 죽어가는 기업이다. 알파벳의 엄청난 규모를 고려할 때, 이 과제는 극히 까다롭다."

6TH PARAGRAPH

Today Alphabet is a conglomerate of businesses that sometimes appear to have little in common—a corporate planetary system or Googleverse, if you will.

비유 표현으로 Googleverse(구글버스)란 말이 동원됐고, 앞의 or는 '곧, 즉, 다시 말하면'이란 뜻의 연결사입니다. 결국 corporate planetary system(행성계)=Googleverse인 셈이죠. 이 planetary system은 solar system(태양계), 나아가 보편적으로 star system(항성계)으로 바꿔 쓸 수도 있겠습니다. 이 문단에는 centre of gravity(중심), constellation(성좌, 별자리)이란 천문학 비유가 계속 나옵니다. if you will은 여섯 개의 연결사^{Six Connectives} 중 간투사^{filler}에 해당합니다.

"현 시점의 알파벳은 공통점이 거의 없어 보이기까지 하는 사업체들과 부문들이 연합한 거대 복합 기업이다. 구글버스^{Googleverse}라는 신조어를 동원해, 기

496

업 행성계(planetary system)쯤을 염두하면 될 것 같다."

6TH PARAGRAPH

It is a constellation unto itself, featuring a plethora of products that together form what is called the "online ad stack": services to sell, buy and serve ads, and measure their effectiveness, all automatically.

문법적으로 굉장히 세련된 문장인데, 그 까닭은 구조-기능주의적으로 위계를 섬세하게 짜놓았기 때문입니다. 이렇게 위계적으로 잘 조직된 문장을 쓰기가 쉽지 않지요. featuring이 포함된 분사구문, 관계대명사 that과 what, 또 상술의 기능을 하는 콜론(:)이 다 위계hierarchy를 구축하고 있습니다.

그런데 시맨틱스Semantics적으로 파악해 보면, 그 위계가 납작(flat)해집니다. featuring과 form, 또 is called (as)가 2형식과 3형식의 점이 지대 동사이기 때문입니다. It은 Google's online-advertising business입니다. 결국 다음과 같습니다.

Google's online-advertising business=It=a constellation unto itself=a plethora of products=what=online as stack=services to ~.

자, 이제 어떻게 해석하면 좋을까요?

"구글의 온라인 광고업은 독자적인 성좌라고 할 수 있다. 일련의 제품이 위계적으로 짜여 있어서, 소위 '온라인 애드 스택'online ad stack이라고도 부른다. 그러니까, 광고를 사고, 팔고, 이 과정을 돕고, 그 효과와 실적을 측정까지 하는 종합 서비스인데, 또 이 모든 게 자동으로 이루어진다."

12TH PARAGRAPH

Google resembled a big open-source project by being an open book, at least internally.

497

문장이 어려운 게 아니고, 글쓴이의 기술적 문체를 확인할 수 있는 대목입니다. 부가사를 던지듯이, at least internally가 덧붙어 있습니다. 앞에서도 if you will이 나왔는가 하면, and particularly its online-advertising business와 and specifically these days artificial intelligence (AI)도 볼 수 있었죠.

"구글은 '오픈 북'open book, 그러니까 비밀이 없는 투명한 조직이어서, 거대한 오픈 소스 프로젝트랑 비슷했다. 적어도 내부적으로는 말이다."

From Stanford, Mr Brin and Mr Page borrowed the idea of letting people follow their passions.

위계에 융통성을 발휘해, 전치사 of를 중심으로 문장을 구성하는 것도 가능해 보입니다. 무게 중심이 borrowed에서 letting으로 옮아가면, 다음 문장이 서술어부를 이어받아 전개되므로, 흐름이 훨씬 나아지죠. 일명 '전치사의 넥서스형 연결사 용법'이라고 하는 것입니다. 전치사는 연결사입니다. 프랙탈적Fractal으로요.

"브린과 페이지가 스탠포드에서 얻은 아이디어는 사람들로 하여금 열정을 좇도록 하자는 것이었다."

Google was

498

one of the first Big Tech companies to opt for dual-class shares, which gave the original shareholders ten times the voting power.

the first one of ~라고 쓰고 싶기도 하지만, 흔한 구조인 'one of the 최상급+복수 명사'를 사용했습니다. 의미를 따져보면, first가 최상급 표현이죠. 그리고 최상급 표현은, 또한 비교 표현입니다.

"거대 기술 기업 중에 차등의결권 주식을 택한 최초의 회사가 바로 구글이다. 바로 이 의결권에 차이를 두는 주식으로 인해, 애초의 주주들이 열 배의 투표권을 행사할 수 있다."

Rather than getting bogged down in details, he put trusted people in charge, giving them resources and nudging them along.

he는 Sundar Pichai입니다. 피차이가 이 문장에서 (안 한 것까지 포함해서) 동사 서술어 과정을 몇 개나 수행할까요? 일단 수렁에 빠지지(getting bogged down) 않았습니다. 책임도 맡겼(put sb in charge)네요. 그 구체적인 양상이, 자원을 제공하면서(giving), 독려하는(nudging) 것이었고요. 즉, 해당 문장은 정교한 문법 장치로 멋지게 쓰였지만, 두 가지 근본 모형(S-V(주어-서술어)와 S-V-O'(주어-서술어-대상어))으로 환원하면, 동사 서술어가 네 개 인 것으로 볼 수 있습니다.

"피차이의 경영 방식은 세부 요목에 빠져 허우적대는 것이 아니라, 믿는 사람들에게 책임을 맡기는 것이었다. 피차이는 그들에게 자원을 제공하고, 독려했다."

A company of Alphabet's breadth would fail if it depended solely on one man's judgment, Mr Pichai explains. "People have to be able to make their own decisions."

a company of Alphabet's breadth는 구의 연접 4번입니다. 뒷부분의 구조는 소유격-명사로 구의 연접 2번이고요. 무슨 뜻일까요? "알파벳처럼(Alphabet's) 사업 영역이 다각화된(of ~ breadth) 회사(a company)"란 뜻입니다. 영작을 해보면, A company with diversified business areas like Alphabet입니다. 제가 드리고 싶은 말은, 네 가지 구의 연접 양상Four Patterns of Junction in Phrase을 꾸준히 관찰해야 한다는 것입니다. Alphabet's breadth가 냉큼, 선선히 이해되었다면, 상당한 수준의 영어 실력을 갖고 있는 것입니다. 인용문에 have to be able to make의 법성도 인상적이네요.

알파벳처럼 사업 영역이 다각화된 회사는 한 사람의 판단에만 의존하다가는 망한다는 것이 피차이의 설명이다. "각자 스스로 판단하고 결정할 수 있어야만 합니다."

But even that impressive figure is much less than earlier estimates, which valued the autonomous-driving unit at more than $100bn.

선행사 earlier estimates가 서술어 동사 valued와 동치 관계입니다. '상 전이의 기예'the Art of Phase Transition를 발휘할 수도 있고, '보이스의 중첩과 얽힘'Superposition and Entanglement of Voices 개념에 입각해, 하나를 소거할 수도 있겠습니다.

"하지만 굉장한 액수라고 생각이 들지 몰라도, 사실 더 이른 시기의 추정액에 한참 못 미치는 금액임을 알아야 한다. 1천억 달러 이상으로 가치 평가되었으니 말이다."

Over the years, Google has churned out new messaging tools, from Allo and Buzz to Hangouts and Meet, only recently starting to develop a unified communications offering for corporations, similar to Slack or Microsoft Teams.

22TH PARAGRAPH

only가 연결사 역할을 수행하고 있습니다. offering이 '명사'입니다. 좀 더 추상화해 보면, 인지적으로 정신 공간의 물체라고 이해할 수 있지요. 이 글에서 계속 나온 other bets의 bets도 그렇습니다. 동사의 행위가 시간을 거치며 반복되면, 그 '과정이 물체화'thingification of the process되는 것입니다. 정보값이 단단하게 뭉쳐지지요. 다음 문단의 setup도 마찬가지입니다.

"구글은 지난 수년 간 메시징 툴을 잇달아 내놨다. 알로Allo, 버즈Buzz, 행아웃Hangouts, 미트Meet 등이 있는데, 못 들어 본 것도 있을 수 있다. 구글은 최근에야 기업용 통합 커뮤니니케이션 도구를 개발해 공급하기로 했다. 그러니까 슬랙Slack이나 마이크로소프트 팀스Microsoft Teams랑 비슷한 제품을 만들겠다는 것이다."

Letting a thousand flowers bloom is leading to an awful lot of compost.

읽기를 하다보면, 배경 문화가 상당히 다름에도 불구하고, 공통적 동질성이 확인되는 경우가 있습니다. 사자성어를 동원하고 싶을 정도로 말입니다.
"말 그대로 백화제방百花齊放 전략이, 온갖 꽃이 만개하는 것이 아니라, 끔찍한 두엄으로 화하고 있는 것이다."
다른 예도 하나 들어드립니다.
The Chinese calligrapher who spoke of the bleeding brush was using a poetic metaphor to describe the very real experience of tool-body unification that a skilled master enjoys.
붓에서 피가 나야 한다고 얘기한 중국인 서예가는 시적 은유를 동원해 달필가가 즐기는 물아일체物我一體의 경험을 강조했다.

Size creates political tensions, too.

size는 '크기', 다시 말해 '크고 작은 정도'이기도 하지만, '크다'는 뜻이 내포되어 있습니다. distance가 '거리', 다시 말해 '멀고 가까운 정도'이면서, 동시에 '멀다'는 뜻이 있는 것과 같습니다. height도 마찬가지죠. '멀리서'란 뜻의 부사는 at a distance, from a distace, at the distance 등으로 쓰입니다. 하여, 이 문장은 A big size creates political tensions, too인 셈입니다. '구-동사-구' 구조이고, create 동사가 (원인)과 (결과)를 매개해 주는 2형식과 3형식의 점이 지대 동사입니다.
"규모가 커지면서 정치적 긴장도 고조되었다."

After 2016 the firm's mostly woke workforce began using internal messaging tools to organise and press management to take action on everything from President Donald Trump's harsh immigration policy to boycotting meat in its cafeterias.

take action의 행위 주체는 management(경영진)입니다. 그런데 예를 들면서 말이 꼬였습니다. boycotting의 행위 주체는 workforce일 테니까요. 한국인이 한국어를 사용할 때도, 복잡하고 긴 문장을 쓸 경우 호응과 일치가 미흡할 경우가 있지요.
"2016년부터 이 회사에서 가장 깨어있다고 할 수 있는 노동자들이 내부 연락망을 통해 조직화를 단행했고, 경영진을 압박하기 시작했다. 도널드 트럼프 대통령의 완강한 이민 정책부터 구내 식당에서 나오는 육류를 거부하는 등에 이르기까지 온갖 사안에서 단체 행동을 개시한 것이다."

Things went downhill from there.

저는 이 문장을, "그때부터 각종 사태가 더욱 악화되었다."로 번역했습니다. from there를 '장소'가 아니라 '시간'으로 본 것이죠. 현대 물리학의 시공간 개념이 우리의 언어에도 담긴다는 것이 저의 판단입니다. 인지^{cognition}가 수행되는 가상의 무대를 '정신 공간'^{Mental Space}으로 제안했습니다. 우리는 날의 흐름과 계절의 순환 등을 바탕으로 시간도 사유하지요(시제와 시상이란 특별한 문법 절차 이전에 그렇게 합니다). 구의 연접 4번의 전치사 연결사를 궁리할 때에, 정신 (시)공간 개념은 특히나 중요해집니다. 여기에 동일성 추구 연산^{Identity-pursuing computation}이란 기작이 있었고, 인간적 가치와 의미의 세계가 펼쳐지는 마음 극장^{Theater of Mind}도 보태집니다.

29TH PARAGRAPH

Alphabet is also becoming shareholder-friendlier in how it manages its other bets.

이 문장을 다음처럼 바꿔써 봅시다.

How Alphabet manages its other bets is also becoming shareholder-friendlier.

에이전트 저글링이 되고 있고, 입말이 발달해서 주제어가 던져졌으며, '형용사-전치사-명사(절)'의 확장팩을 사용할 수 있다는 게 분명합니다.

"알파벳은 '기타 부문들' 경영에서까지 더욱 더 주주 친화적으로 바뀌고 있다."

32TH PARAGRAPH

However, Mr Kurian's financial success carries a risk.

carries가 2형식과 3형식의 점이 지대 동사임을 알 수 있습니다. Mr Kurian's financial success=a risk이지요. carry보다는 덜 역동적이지만, have 동사로도 바꿔 쓸 수 있겠습니다. have 동사는 가장 근본적인 수준에서 2형식과 3형식의 점이 지대 동사입니다. be 동사이기도 하고, do(=make) 동사이기도 합니다. have가 2형식과 3형식의 점이 지대 동사라는 점이 직관적으로 이해되지는 않습니다.

have의 1차적인 의미는 '소유'입니다. 한자로 쓰면, 所有죠. have가 아우르는 두 개의 에이전트를 정신 공간$^{Mental\ Space}$에 투사한다고 해봅시다. S-have-O'. 정신 공간의 경우, S가 O'을 가지는 것이 아니라, 나란히 '있는'[有] 것입니다. A cow has four legs. '소한테는 다리가 네 개 있'지요. 바로 이 정신 공간과 마음 극장이 부리는 마법을 파악하는 것이어야 합니다. 인지 특성이 중요한 것이죠.

"하지만 쿠리안의 회계 상의 성공에는 위험이 도사리고 있다."

The covid-19 pandemic offers a convenient pretext to get rid of inefficiencies, such as overlapping products, and cut through Alphabet's internal red tape.

offer가 give 계열의 2형식과 3형식의 점이 지대 동사입니다. offer를 '제공하다'로 옮긴 한국어 번역문은, 생각만으로도 정말 끔찍합니다.

"코로나19 팬데믹 상황을 구실삼아, 가령 중복 제품으로 대표되는 낭비와 비효율을 제거하고, 또 알파벳 내부의 허례와 불필요한 요식 절차를 간소화할 수 있는 것이다."

Even the antitrust probes have a silver lining for Mr Pichai.

앞에서 have 동사가 가장 근본적인 수준에서 2형식과 3형식의 점이 지대 동사라고 했습니다.

"알파벳을 조여오고 있는 반독점 조사 활동조차 피차이에게는 긍정적인 요소이다."

1ST PARAGRAPH
get a good look at: ~을 잘 보다
barren: 척박한, 황무지
headquarters: 본사, 본부(=coporate center)
clump: 무리, 집단
low-slung: 낮은, 지면에 가까운
brand-new: 아주 새로운, 신품의(=entirely new)
undetermined: 미결정의, 분명치 않은
provide: 제공하다, ~이다(=be)
come in handy: 쓸모가 있다, 도움이 되다(=be useful when needed=be helpful)
bricks-and-mortar: 존재하는, 물리적인, 오프라인의

2ND PARAGRAPH
annual revenue: 연수익, 연수입, 연소득
net income: 순소득, 순수익(=net revenue)
rake in: 긁어 모으다, 벌다(=gather together=earn) cf) rake: 갈퀴
profit: 이윤, 이익, 수입
sales: 매출 수입, 매출 소득
rein: 고삐, 통솔권 cf) reign: 통치 기간, 치세
division: 부문, 분과

3RD PARAGRAPH
enviable: 부러운, 선망의 대상인
track record: 실적
compensation: 보상, 이득, 봉급(=salary)
performance target: 성과 목표
complacency: 현 상태에 만족함, 안주
momentous: 중대한(=historic)
tug: 치열한 경쟁, 심한 다툼

4TH PARAGRAPH
lawmaker: 입법가, 국회 의원(=legislator)
trustbuster: 트러스트 위반 단속관
alleged: 라고들 하는, 주장되는 cf) allege: 주장하다, 혐의를 제기하다(=claim)
market dominance: 시장 우위
opposite number: 대항마, 대항마에 위치하는 사람 또는 것(=counterpart)
field: 받아내다, 처리하다(=deal with)
mature: 성숙하다, 다 자라다, 충분히

발달하다(=grow up)
go to press: 인쇄에 들어가다, 편집을 마감하다
year-on-year: 전년 대비(로)
marketing budget: 마케팅 예산, 판촉 비용
freewheeling: 자유분방한, 제멋대로의, 아낌없이 돈을 쓰는(=carefree)

5TH PARAGRAPH
foremost: 가장 중요한, 맨 앞에 위치한(=first and foremost=above all)
be bent on: 기를 쓰고 ~ 하다, ~에 열심인(=be willing to)
conventional: 재래식의, 관례적인, 인습적인, 극히 평범한
delicate: 미묘한, 까다로운(=tricky)
gargantuan: 엄청난, 거대한(=enormous)

6TH PARAGRAPH
conglomerate: 복합 기업, 재벌, 집합체(=group)
have little in common: 공통점이 거의 없다
planetary system: 행성계, 항성계
if you will: 말하자면, 소위, 이를테면(=so to speak=as it were)
centre of gravity: 중력 중심, 중심(=core)
constellation: 성좌, 별자리
unto oneself: 독립하여, 독자적인(=to oneself)
feature: ~를 특징으로 하다, ~가 특징이다, ~로 구성되다
plethora: 많은, 과다(=excess)
dominant: 우세한, 지배적인, 우뚝 솟은
market share: 시장 점유율

7TH PARAGRAPH
on the surface: 겉으로 보면, 외견상으로
one-trick pony: 잘 하는 게 한 가지뿐인 업체
herd: 무리, 집단, 떼, 다수(=flock)
Shire: 역용마(크고 힘이 센 말)
search query: 검색 질의, 인터넷 검색어
originate: 비롯되다, 유래하다(=come)
stack: 무더기, 쌓다, 포개다

8TH PARAGRAPH
bet: 모험, 시도, 내기(=attempt=effort=venture)

financial statement(s): 재무 제표, 재무
상태 설명서, 재무 보고서
number: 숫자가 ~이다, 모두 ~이
되다(=be=become)
capital structure: 자본 구조, 자본 구성
include: 포함하다, ~이다(=be)
fibre-optic: 광섬유(의)
broadband: 브로드밴드, 고속 데이터 통신망
autonomous car: 자율 주행 자동차(=self-driving vehicle)
secretive: 비밀스런, 비밀의, 은밀한
skunk works: 비밀 실험실, 비밀 연구소, 신제품 개발 부서(a loosely organized research and development team or facility)
moonshot: 야심차고 혁신적인 계획 또는 사업
venture: 모험, 벤처 사업
power: 동력을 공급하다, 구동하다

9TH PARAGRAPH
singular: 단일한, 하나의, 유례 없는, 비범한(=unusual=original)
institution: 제도, 기관, 구조 (=organization=establishment=system)
open source: 오픈 소스(지적 재산으로서의 컴퓨터 소스 코드가 일반에 무료로 개방되는 것)
post-graduate: 대학원 과정, 대학원의
come up with: ~를 들고 등장하다, ~을 생각해 내다, 찾아내다, 제시하다(=create=produce=supply)

10TH PARAGRAPH
envisage: 보다, 상상하다, 상정하다(=imagine=assume)
collection: 모임, 집합, 묶음, 연합(=union=network)
prominent: 두드러진, 저명한(=noticeable=famous)
hold together: 묶다, 결합하다, 연결하다, 합치다(=link=connect=combine)
technical standard: 기술 표준, 표준화된 기술

11TH PARAGRAPH
hierarchy: 위계(제), 위계 구조
go so far as to: ~할 만큼 멀리 나아가다, 심지어 ~하기까지 하다
dial back: 되돌리다, 되돌아가다
loom over: 불길하게 나타나다, 다가오다
underling: 부하 직원, 하급자(=minion)
accost: 다가와서 말을 걸다
get rid of: ~를 제거하다, ~을 없애다(=eliminate=abolish)
personal assistant: 개인 비서
book: 예약하다(=reserve)
ambush: 매복 공격하다
executive: 경영 간부(=manager)
sign off: 서명 승인

12TH PARAGRAPH
open book: 비밀이 없는 사람, 다 알려져 있는 것
access: 접근하다, 이용하다
sensitive: 민감한, 예민한
fair game: 동네 북, 만만한 대상
mailing list: 메일링 리스트(컴퓨터에서 메일을 동시에 보낼 수 있도록 모아 놓은 수신자들의 이메일 주소)
tough: 까다로운, 힘든, 어려운
town hall: 시청, 공회당
Thank God It's Friday(TGIF): 금요일이어서 얼마나 다행인지!(주말의 해방감을 드러내는 표현)
get up: 일어나다, 자지 않고 있다
grievance: 불만, 고충
sackable: 해고가 가능한, 해고할 수 있는
playful: 놀기 좋은, 재미있는(=interesting)
ping-pong: 탁구(=table tennis)
hence: 그런 이유로

13TH PARAGRAPH
passion: 열정(=enthusiasm)
benefit: 유익하다, 도움이 되다(=help)
recruit: 신규 채용하다, 모집하다, 뽑다(=draft)
promotion: 승진, 진급
academia: 대학, 교육 기관, 학계
candidate: 후보자, 대상자, 지원자
grade: 등급을 매기다, 평가하다(=mark=rank)

ladder: 사다리, 단계
peer: 동료, 또래, 동배(=colleague)

14TH PARAGRAPH
veteran: 베테랑, 전문가(=professional)
implement: 시행하다,
　실시하다(=enforce=carry out)
supervision: 관리, 감독, 지휘, 감시, 통제
shield: 지키다, 방어하다(=protect)
setup: 구조(=structure)
shareholder: 주주
moat: 해자(垓子)
opt for: ~을 하기로 하다, ~을
　선택하다(=choose)
dual-class share: 차등 의결권 주식(=dual-class stock)
voting power: 투표권 cf) voting right: 의결권
Messrs: Mr의 복수
stake: 지분, 몫
initial public offering: 기업 공개, 공개 공모, 주식 상장

15TH PARAGRAPH
in much the same way that: ~과
　대동소이한 방식으로, 거의 동일한
　방식으로, 대체로 똑같이(=in much the same fashion as)
bog sth down: 진창에 빠뜨리다, 꼼짝 못하게 하다
nudge: 밀다, 몰다, 독려하다

16TH PARAGRAPH
atop: 최정상에, 꼭대기에, 맨 위에
de facto: 사실상의, 실질적인
breadth: 폭, 너비, 폭넓음(=width)

17TH PARAGRAPH
pride oneself on: ~을 자랑스러워 하다, ~에
　자부심을 갖다(=take pride in=be proud of)
monetise: 현금화하다, 돈을 벌다(=make money)
rack up: 달성하다, 쌓다,
　획득하다(=get=obtain=accumulate)
bring in: 가져오다, 들여오다
material: 물질적인, 중요한, 주목할 만한,

　구체적인
outside capital: 외부 자본
estimate: 추정치, 추정액

18TH PARAGRAPH
matter: 중요하다, 문제 되다(=be important)
as long as: ~하는 한, ~하기만 하면, ~하는
　동안은, ~이기 때문에(=so long as)
safety net: 안전망
daring: 대담한, 용기 있는
　(=courageous=bold)
scribe: 기자, 쓰는 사람(=writer)
margin: 마진, 이윤폭, 이윤율, 수익률

19TH PARAGRAPH
far from: ~와 거리가 멀다, ~가 아니다,
　~이기는커녕(=instead of)
clip: 수치, 분량
considerable: 상당한, 많은
general search: 일반 검색 cf) specialised search: 특화 검색
hollow out: 파내다, 도려내다(=scoop)

20TH PARAGRAPH
spaced out: 멍 때리는 중, 멍해 있다, 멍한
bottom-up: 상향식(의) cf) top-down:
　상의하달식의
hit and miss: 예측하기 어려운, 운에 따르는,
　복불복의, 되는 대로 하는
paper over: 벽지를 바르다, 미봉책으로
　가리다(=conceal)
scoop: 앞지르다, 선수를 치다
when it comes to: ~에 관한 한, ~에 관해
　말하자면(=as for)
in parallel: 병행적으로, 동시다발적으로
liken: 비유하다(=compare)
slime mould: 점균류, 변형균류
aggregate: 결합하다,
　모이다(=gather=collect)
reproduce: 번식하다, 생식하다,
　재생산하다(=breed)

21TH PARAGRAPH
mushroom: 우후죽순처럼 늘어나다, 급속히
　커지다
hinder: 방해하다, 훼방을 놓다(=hamper)

lucrative: 수익이 좋은, 돈벌이가
    되는(=profitable)
offering: 제품(=product)
consistent: 시종일관한, 한결같은, 일관된
responsive: 적극 대응하는, 반응성이 높은,
    즉각 반응하는(=receptive)

22TH PARAGRAPH
churn out: 잇달아 내놓다, 대량
    생산하다(=mass-produce
    mechanically)
criticise: 비판하다
lag behind: ~에 뒤지다, 낙후하다(=fall
    behind)
verge on: ~에 가깝다, 거의 ~할
    정도이다(=come close to=be on the
    edge of)
obsession: 강박, 강박 집착, 강박 관념

23TH PARAGRAPH
scale (well): 크기를 변경하다, 규모를
    조정하다
permanent worker: 정규직 노동자, 상시
    근로자(=regular employee)
complement: 보충하다, 덧붙이다(=add)
temporary: 임시직 cf) contract: 계약직
idiosyncratic: 독특한, 특이한, 기이한,
    색다른(=peculiar=eccentric)
drag: 장애물,
    방해물(=obstacle=hindrance)
grumble: 투덜거리다,
    불평하다(=complain)
political exercise: 정치 놀음, 사내 정치,
    정치질
compost: 퇴비, 두엄

24TH PARAGRAPH
tension: 긴장, 긴장감, 갈등
woke: 깨어 있는(=awaken)
take action (on): 행동에 나서다, 조치를
    취하다
cafeteria: 구내 식당
at breakneck speed: 맹렬한 속도로(=at
    full speed)
bent: 성향, 경향, 소질, 취향
insider: 내부자 cf) outsider: 국외자

25TH PARAGRAPH
come to a head: 곪아 터지다, 정점에
    이르다, 무르익다
memo: 보고서, 메모, 글(=writing)
gender: 사회적 성별, 젠더 cf) sex: 생물학적
    성별
fester: 곪아 터지다, 악화하다
dox: 신원 정보를 파악해 공개해 버리다 cf)
    dox(x)ing: 신상 털기

26TH PARAGRAPH
go downhill: 내리막길로 접어들다,
    쇠퇴하다, 악화하다(=deteriorate)
petition: 청원, 탄원, 소원, 투서, 진정
culminate: 절정을 이루다, 최고조에 달하다
accuse: 고발하다, 기소하다, 비난하다 cf)
    prosecute: 기소하다, 공소를 제기하다
sexual harassment: 성적 괴롭힘, 성 추행,
    성희롱
exit package: 전별금(=parting gift)
walkout: 작업 중단, 파업, 항의 퇴장

27TH PARAGRAPH
commune: 코뮌, 공산주의적 공동체, 자치
    공동체
ascent: 부상, 상승, 올라감
formality: 형식상의 절차, 공식화

28TH PARAGRAPH
triumvirate: 3두 정치, 3인조(=trident)
poach: 밀렵하다, 가로채다(=scout)

29TH PARAGRAPH
transformation: 형질전환, 큰 변화, 구조
    개혁(=complete change=shakeup)
earnings: 수입, 소득, 수익
at long last: 마침내, 오랜 기다림
    끝에(=finally)
break out: 개선되다(=arise suddenly)
share buy-back: 주식 환매

30TH PARAGRAPH
subsidiary: 자회사(=subsidiary
    company)
woo: 지지를 호소하다, 구애하다,
    간청하다(=court)
spin off: 분사하다, 기업을 분할하다

cyber security: 사이버 보안, 인터넷 보안
fold back to: ~로 접다, 재통합되다
flying wind turbine: 나는 풍력 터빈
shut down: 폐쇄하다, 문을 닫다,
　멈추다(=stop)

31TH PARAGRAPH
shakeup: 개편, 쇄신, 대개혁(=reorganization=thorough change=makeshift)
stark: 냉혹한, 엄연한, 극명한(=clear=bleak)
passing fad: 지나가는 유행
ramp up: 늘리다, 증가시키다(=increase)
keep with: ~와 보조를 맞추다, ~에 부응하다, ~을 따라가다
grant: 부여하다, 승인하다
autonomy: 자율권, 자치권

32TH PARAGRAPH
work: 통하다, 성공하다, 효과를 발휘하다(=be effective)

33TH PARAGRAPH
carry: 지니다, 갖다, 수반하다(=have)
exodus: 대탈출, 이동
deadline: 마감 시한, 기한

34TH PARAGRAPH
hint at: 넌지시 말하다, 암시하다(=suggest)
tweak: 약간의 수정, 변경
reportedly: 전하는 바에 의하면, ~라고들 한다, 이른바(=allegedly)
internal newsletter: 내부 소식지, 회보, 회람장(=circulative letter)
moderate: 관리하다, 조정하다, 감독하다
labour union: 노동 조합(=workers' union)

35TH PARAGRAPH
in the wake of: ~의 여파로, 결과로서, 뒤이어(=as a result of=succeeding=in the aftermath)
vow: 맹세하다, 서약하다, 약속하다(=pledge)
underrepresented group: 과소 대표 그룹
open letter: 공개 서한

36TH PARAGRAPH
calm down: 진정되다, 흥분을 가라앉히다

respite: 일시적인 중단, 한숨 돌리기, 유예(=reprieve)
lay off: 해고하다(=fire)
relish: 즐기다, 좋아하다(=enjoy=like)
cushy: 편한, 널럴한
recession: 경기 후퇴, 침체기
shun: 피하다, 마다하다
　(=ignore=avoid=keep away from)

37TH PARAGRAPH
murmur: 낮은 목소리로 말하다, 속삭이다, 중얼거리다
speculation: 추측, 짐작, 공론, 억측, 의견
checked out: 감점이 억눌린, 자제하는, 차분한(=restrained)
uninspired: 독창성이 없는, 평범한(=dull)
aversion: 싫어함, 혐오, 반감
shy away from: ~을 피하다(=avoid=evade)

38TH PARAGRAPH
sceptic: 회의론자, 회의주의자
offer: 제공하다, ~이다(=be)
pretext: 구실, 핑계(=excuse)
inefficiency: 낭비, 비효율
overlapping: 중복되는, 겹치는
red tape: 불필요한 요식, 형식주의, 비효율
result in: ~을 초래하다, 가져오다(=bring about)
strike a balance: 균형을 잡다, 조화를 이루다, 절충을 하다(=find a sensible middle point between)
probe: 조사 (활동)(=investigation)
silver lining: 긍정적인 요소, 밝은 희망(=positive side)
in some ways: 여러 면에서

39TH PARAGRAPH
mould: 타입, 유형(=type=mold)
charge: 과금을 하다, 요금을 청구하다(=bill)
fiduciary: 수탁자, 피신탁자(=trustee)
mine: 채굴하다, 캐다, 뒤지고 조사하다
encrypt: 암호화하다
pull off: 해내다, 성사시키다(=achieve)
inspirational: 감동적인, 영감을 주는
unconventional: 인습에 얽매이지 않는, 자유로운(=unorthodox)

BUSINESS: Schumpeter

The cult of an Elon Musk or a Jack Ma has its perks—but also perils

Business leaders eager to cultivate acolytes should be careful what they wish for

FEB 11TH 2021 EDITION

"I AM BECOME meme, Destroyer of shorts." This recent tweet by Elon Musk struck a messianic tone that his disciples lap up. The past month has boosted the cult status of the uber-entrepreneur. The GameStop saga gave him ammunition in his long-running battle with short-sellers, while also positioning him as a champion of the little guy taking on Wall Street. This week fans were spellbound by the announcement that Mr Musk's electric-car maker, Tesla, had invested $1.5bn in bitcoin and would start accepting the cryptocurrency as a form of payment. Earlier, a barrage of cheeky tweets from Mr Musk about dogecoin ("the people's crypto") had sent serious investors scrambling to learn more about a digital currency that started as a joke.

Impish humour is a Musk hallmark, but the impact of his missives is no joke. They can set herds stampeding. His bitcoin announcement propelled it to new heights. Tesla's market value briefly climbed above $830bn, near its peak. The history of business is littered with Pied Pipers but, as Peter Atwater, a social

엘론 머스크와 마윈 추종에는
나름의 이점도 있지만 해악도 존재한다

추종자들을 꾸리고 싶은 사업가들이 있다면, 따르는 사람들이 뭘 원하는지를 잘 알아야 한다

1ST PARAGRAPH
"나는 밈이, 공매도인들의 파괴자가 되었다." 엘론 머스크의 최근이 트윗은 메시아적 어조를 띠었고, 신봉자들은 경배하기 바쁘다. 지난 한 달 사이 이 특급 기업가의 종교 집단 같은 지위가 한껏 드높아졌다. 머스크가 공매자들과 계속해서 전투를 벌여왔고, 게임스톱GameStop 사태를 통해 실탄을 확보했다. 그가 월 스트리트와 맞짱을 뜨는 일반 투자가들의 옹호자로 자리매김했음은 물론이다. 머스크의 전기차 제조업체 테슬라Tesla가 비트코인에 15억 달러를 투자했고, 암호 화폐를 지불 수단으로 인정할 거라는 발표가 이번 주에 나오자, 팬들은 넋을 잃었다. 머스크는 더 이른 시기에 도지코인dogecoin(인민의 암호 화폐)과 관련해 까부는 듯한 트윗을 십자포화를 퍼붓듯 쏟아냈고, 진지한 투자가들은 우스개로 시작된 한 디지털 화폐를 부랴부랴 공부하지 않을 수 없었다.

2ND PARAGRAPH
버릇없고 장난스런 유머는 머스크의 트레이드마크이다. 하지만 그가 쓰는 트윗의 영향력은 결코 우스개로 끝나지 않는다. 사람들을 우르르 몰려가게도 하는 것이다. 그의 비트코인 관련 발언으로, 이 암호 화폐가 최고점을 경신했다. 테슬라의 시가 총액이 잠시였지만 8,300억 달러를 상회했다. (이는 거의 최고점에 해당한다.) 사업의 역사를 살펴보면, 피리 부는 사나이들이 여기저기 산재한다. 그

psychologist, points out, none has matched Mr Musk for the number of things he has helped turn red-hot, from cars and crypto to space travel and Clubhouse, a live-podcasting app he appeared on. That invites two questions. What makes the Musk scent so intoxicating to so many? And what are the pros and cons of being a cult CEO?

Larger-than-life business figures enjoy various degrees of celebrity. One category includes chief executives of big firms who, while charismatic, fail to inspire feverish devotion. Jeff Bezos, Amazon's outgoing boss, commands admiration on Wall Street and envy in other corner offices, but is too restrained to attract drooling groupies. Similarly, in his 20 years running GE, Jack Welch earned a reputation (since disputed) for red-toothed success, but was too cold-blooded to mesmerise the masses.

The second group comprises tycoons who achieve cultlike status but whose businesses scarcely warrant the adulation. Their trademark is often shameless self-promotion. Richard Branson has spent decades cultivating an image as a corporate hippy-cum-pirate who takes on complacent incumbents in industries from aviation to finance. Donald Trump touted himself as the arch-deal-maker. Both have hordes of wide-eyed fans. Neither has built a business that comes close to $10bn in value or is built for stability.

The third category is more exclusive: those who build both cults of personality and huge businesses. Joining Mr Musk in this club is Jack Ma, the founder of Alibaba, China's tech titan. Millions of Chinese college students and other wannabe entrepreneurs bought into

러나, 사회 심리학자 피터 앳워터Peter Atwater의 지적대로, 머스크가 세간의 이슈를 만든 경우들을 보면 그에 필적할 수 있는 사람은 아무도 없다. 대보면, 자동차, 암호 화폐, 우주 여행, 그가 출연한 라이브 팟캐스팅 앱인 클럽 하우스Clubhouse 등등이 있다. 두 가지 궁금증이 들지 않을 수 없다. 그토록 많은 사람이 '머스크 향'Musk scent에 도취해 정신을 차리지 못하는 이유가 뭔가? 추종 집단을 거느린 최고 경영자가 되는 일의 장점과 단점은, 또 무엇일까?

3RD PARAGRAPH

영웅적인 사업가들은 다양한 명성을 누린다. 카리스마가 넘치지만, 열광적 추종 따위는 없는, 대기업 최고 경영자들을 우선 첫 부류로 꼽을 수 있다. 자리를 떠나는 아마존의 회장 제프 베조스가 그렇다. 월 스트리트가 그를 찬탄해 마지 않고 다른 고급 사무실에서도 그를 선망하지만, 베조스는 그루피groupie들이 침을 질질 흘리며 따라다니기에는 너무나 절제되어 있다. 20년 동안 제너럴 일렉트릭General Electric, GE을 이끈 잭 웰치Jack Welch도 비슷하다. 그는 선혈이 낭자한 승리로 명성을 얻었지(이후 논쟁에 휩싸인다)만, 대중의 넋을 빼놓기에는 너무나 무정했다.

4TH PARAGRAPH

두 번째 부류도 보자. 추종 집단을 거느린 재계의 거물들이 있는데, 실상 그들의 사업을 칭찬해 주기 힘든 범주다. 그들의 특징은 많은 경우 뻔뻔한, 부끄러움을 모르는 자기 홍보다. 리처드 브랜슨Richard Branson은 수십 년 동안 히피 겸 해적 같은 기업인이란 이미지를 구축해 왔다. 말하자면, 항공업이나 금융업 등의 재임자들이 현실에 안주한다며 도발하는 식이다. 도널드 트럼프Donald Trump는 자신을 최고의 협상 귀재로 내세웠다. 둘 다 순진한 팬들을 거느리고 있긴 하지만, 이 가운데 자산 가치가 100억 달러에 육박하거나, 안정적으로 운영되는 사업체를 구축한 사람은 아무도 없다.

5TH PARAGRAPH

세 번째 범주는 좀 더 제한적이다. 그도 그럴 것이, 개인에 대한 광적 추종과 거대 기업을 모두 보유한 존재이기 때문이다. 중국의 초거대 기술 기업 알리바바Alibaba 설립자 마윈Jack Ma도 머스크와 함께 이 부류에 집어넣을 수 있다. 중국의 대학생 수백만 명과 그를 닮고자 하는 다른 기업인들이 마윈이 구축한 이미지를 믿었다. 그 심상이란

the image he cultivated, of a humble teacher turned philanthropic tech titan with a splash of cultural cool (he once appeared as a tai chi master in a martial-arts film). Admiration of Mr Ma has often verged on religious fervour. In 2015 a group of online merchants created a shrine to him, to bring them good luck on "Single's day", an e-shopping festival.

Messrs Musk and Ma walk a trail blazed by an Indian business legend: Dhirubhai Ambani, who founded Reliance Industries, a petrochemicals-to-telecoms conglomerate. The son of a village schoolteacher who cut his teeth trading polyester yarn, Ambani pioneered the equity cult. His trick, in a country where companies had long relied mostly on banks for funding, was to see the untapped potential lower down the pyramid. He toured India, convincing middle-class savers that they, too, could join the capitalist class. When Reliance went public in 1977 it attracted 58,000 punters. The shareholders he drew in have done well: the share price has gained 275,000% since the flotation. When 30,000 of them turned up to pay homage at one general meeting, it had to be moved to a park. These days only Warren Buffett attracts zealots in such numbers (or did before covid-19).

Cult status confers perks. Equity is cheaper when those buying it are devout retail investors, not hard-headed institutions. Small investors are also more patient, heeding calls to "keep the faith" during profitless investment splurges. Marketing costs are low; Mr Musk can use social media to burnish his (and Tesla's) brand for nothing. Fans are willing to overlook flaws that more dispassionate consumers won't. Tesla's build

무엇인가? 한때 보잘것 없던 교사였으나, 활발하게 자선 사업을 하는 초거대 기술 기업인으로 변신해, 문화적 세련됨을 화려하게 뽐내고 있다는, 그런 이미지 말이다(무술 영화에서 태극권 스승으로 출연하기도 했다). 마윈 숭배는 많은 경우가 종교적 열정에 가깝다. 일례로, 2015년에 한 온라인 판매상 무리가 그를 추존하는 사원을 만들기까지 했다. 인터넷 쇼핑 축제 행사인 광군제에 대박을 가져다주기를 바란 것이다.

6TH PARAGRAPH 머스크와 마윈이 인도 사업계의 전설이 닦아놓은 길을 걷고 있다는 걸 아시는지? 석유 화학에서 통신에 이르는 거대 복합 기업 릴라이언스 인더스트리스Reliance Industries를 설립한 디루바이 암바니Dhirubhai Ambani가 그 주인공이다. 시골 학교 선생의 아들로 태어난 암바니는, 철이 들면서부터 폴리에스터 원사를 팔았고, 사람들의 보통주 숭배 equity cult를 개척했다. 보통주 숭배? 인도의 기업들은 오래 전부터 자금을 확보하려면 주로 은행에 손을 벌려야 했다. 이런 나라에서 그의 묘안이 빛을 발했다. 계급 피라미드 저 아래쪽에서 아직 손길이 미치지 않은 잠재력을 본 것이다. 그가 인도를 두루 여행하면서, 중간 계급 예금주들을 설득했다. '당신들도 자본가 계급이 될 수 있다'고. 릴라이언스가 주식을 공개한 1977년, 투자자 5만 8천 명이 몰렸다. 그가 끌어들인 주주들은 대박이 났다. 주가가 상장 이후 27만 5천 퍼센트 '떡상'을 한 것이다. 한 총회에 3만 명의 주주가 참석한 것은 경의를 표하기 위함이었고, 장소를 공원으로 옮기지 않을 수 없었다. 요즘은 워렌 버핏Warren Buffett한테나 이런 수의 열성파 광신자들이 모인다(그러니까, 코로나19 이전에 그랬다는 얘기이다).

7TH PARAGRAPH 사람들의 추종과 숭배를 받게 되면, 여러 특전이 생긴다. 보통주를 사는 사람이 냉철한 기관이 아니라, 독실한 소매 투자자이면, 주식은 더 저렴해진다. 소규모 투자자들은 참을성도 더 많다. 돈을 펑펑 쓰는데도 수익이 안 나는 투자가 이뤄질 때, '믿어달라'는 호소에 더 귀를 기울여준다. 마케팅 비용도 적다. 머스크라면, 소셜 미디어를 통해 테슬라란 브랜드와 자신의 이미지를 무상으로 개선할 수 있다. 팬들은 기꺼이 흠결들을 간과해 준다. 감정에 좌우되지 않는 보다 차분한 소비자들은 결코 그렇지 않다. 테슬라의 제조 품질은 세계 최고 수준이랄

quality is hardly world-class and regulators, most recently China's, frequently flag up concerns. Yet it is hard to see that reflected in the firm's sales or share price. Lastly, mass appeal means political clout. Ambani's popularity helped him bend India's trade policy to his advantage. Mr Musk's helps explain soft treatment by governments and regulators, over rogue tweets or reopening factories in the pandemic.

But combining star power and scale is not risk-free. Mr Musk forged his reputation as a David, fomenting rebellions against Detroit and Wall Street elites. But now he is a Goliath: the world's richest man who runs its most valuable carmaker. Playing both roles is a dangerous game. This is made more so by being a cultural icon, which leaves him more vulnerable to changing social taste—and taste can change in a trice online.

Ye shall fund you no idols

Sentiment could turn if his devotees start to doubt he has their interests at heart. Ambani was able to bat away repeated allegations of financial manipulation; he beat back short-sellers with help from a group of brokers known as "Friends of Reliance". Mr Musk may not be so lucky. Acolytes who piled into GameStop stock after his "Gamestonk!!" rallying cry on January 26th were buying near the top. His recent crypto-talk looks self-serving in light of Tesla's bitcoin move.

Finally, political advantage can turn into a bane. Just ask Mr Ma, who, overestimating his power, publicly chided Chinese regulators last year. Irked, Beijing scuppered the planned listing of Ant, Alibaba's finan-

수가 없고, 규제 기관들—가장 최근은 중국이었다—이 우려와 걱정을 빈번히 제기하고 있다. 하지만 이런 실상이 회사의 매출과 주가에 반영되는 것을 목격하기가 힘들다. 마지막으로 지적할 수 있는 것이, 대중적 매력은, 곧 정치적 영향력이다. 암바니는 대중적 인기를 바탕으로 인도의 무역 정책을 자신한테 유리하게 바꿔버렸다. 머스크의 인기도 보면, 각국 정부와 규제 기관들이 왜 그렇게 물렁하게 대처하는지가 어느 정도 설명이 된다. 그는 악성 트윗을 여럿 날렸고, 심지어는 팬데믹 기간에 공장을 재가동하기까지 했다.

8TH PARAGRAPH

그렇지만, 스타 파워와 규모가 결합됐다고 해서, 아예 위험이 없는 것은 아니다. 머스크는 자신의 평판을 골리앗에 맞서는 다윗으로 여기고 디트로이트와 월 스트리트의 엘리트들에 맞서는 반란을 부추긴 것이다. 하지만 지금은 그가 골리앗이다. 자산 가치가 가장 높은 자동차 제조업체를 운영하는 전 세계에서 가장 부유한 사내가 아니던가! 이 두 역할을 다 하는 것은 위험한 게임이다. 그가 문화의 아이콘이 되면서, 더욱 더 그렇게 돼버렸다. 요컨대, 머스크는 사회의 끊임없이 바뀌는 입맛과 취향에 더욱 더 취약해진 거다. 게다가 온라인에서는 그 입맛과 취향이란 게 순식간에 바뀐다.

9TH PARAGRAPH

우상 따윈 필요 없어!
머스크가 자신들의 이익을 염두하고 있다는 것에 의심이 들기 시작하면, 열성파 신자들의 정서도 바뀔 것이다. 암바니는 거듭된 금융 조작 혐의를 떨쳐낼 수 있었다. '릴라이언스의 친구들'$^{\text{Friends of Reliance}}$이라고 하는 주식 중개인 집단의 도움으로 공매자들을 격퇴하기도 했다. 머스크는 이렇게 운이 좋지 않을 수도 있다. 그가 1월 26일 "게임스통크!!"^{Gamestonk}란 진격 나팔을 불어대자, 추종자들이 몰려들었고, 그들은 게임스톱^{GameStop} 주식을 신고점 근처에서 매입하지 않을 수 없었다. 최근 그가 써댄 암호 화폐 트윗들은, 테슬라의 비트코인 움직임을 고려하면, 자기 잇속만 차린 것 같다.

10TH PARAGRAPH

마지막으로, 정치적 특혜가 골칫거리가 될 수도 있다. 이건 마윈을 살펴보면 답이 나온다. 그가 자신의 힘을 과대평가한 나머지, 작년에 중국의 규제 당국을 공개적으로 나무랐다. 베이징은 노여웠고, 알리바바의 금융 계열사 앤트^{Ant}의 상장 계획을 좌절시켰으며, 구조

cial affiliate, and is forcing it to restructure. Joining the ranks of cult CEOs may lower your cost of funding. But it raises the cost of miscalculation.

© The Economist Newspaper Limited, London (Feb 11th 2021)

조정을을 강요하고 있다. 추종자 집단을 거느리는 최고 경영자가 되고 싶은가? 당신의 자금 확보 비용을 줄일 수가 있다. 멋진 일이다. 하지만 그로 인해 오판했을 때, 그만큼 큰 대가를 치르게 된다는 점을 잊지 말라.

기업가들이 문화적 영향력까지 거머쥐게 된다면 어떻게 될까요? 당장에 테슬라^{Tesla}의 CEO 엘론 머스크$^{\text{Elon Musk}}$가 떠오를 것 같습니다. 연예인과 다름없는 명성과 지위를 누리고 있으니까요. 시간과 공간을 확장하면, 중국의 마윈$^{\text{Jack Ma}}$과, 덜 유명할 수도 있는데, 인도의 디루바이 암바니$^{\text{Dhirubhai Ambani}}$도 이 범주에 들어갑니다. 비슷한 유명세를 누리는 한국의 기업인을 염두한다면, 이 글이 더 흥미로울 것 같습니다.

1ST PARAGRAPH

"I am become meme, Destroyer of shorts."

엘론 머스크의 이 트윗은 영어 화자들에게 상당한 파급력을 행사합니다. 단어만 두 개 바뀌었지, 똑같은 말이 이미 널리 퍼져 있으니까요. 그리고 그 주인공은 2차 대전 때 맨해튼 프로젝트를 이끌며, 핵폭탄을 개발한 로버트 오펜하이머입니다. 그가 최초의 원자 폭탄 실험인 트리니티 실험을 성공시키고서 했다는 다음의 말을 봅시다.

　　Now I am become Death, the destroyer of worlds.
　　"이제 나는 죽음의 신, 세상의 파괴자가 되고 말았다"란 뜻입니다. Death가 대문자인데, '의인화, 인격화'를 넘어서, '신격화'돼 있습니다. '죽음'이란 개념 내지 추상 명사가 '행위 주체화'된 것이죠. '명사를 구체적으로 파악하라'는 지침을 여러 차례 강조했습니다. be+pp 구조의 특수한 용례로, '수동태'가 아니라 '완료상'을 지정할 때가 있습니다. 상태의 지속을 강조할 때 사용합니다. Spring is come 따위에서 확인할 수 있습니다.

> This recent tweet by Elon Musk struck a messianic tone that his disciples lap up.

strike란 동사가, have로 바꿔 쓸 수 있는 '2형식과 3형식의 점이 지대 동사'입니다. strike란 동사의 어감이 역동적이고 좋습니다. '2형식과 3형식의 점이 지대 동사'란 '자동사-타동사 연속체(continuum)'란 뜻이기도 하지요. 사전의 예문을 통해 이를 확증해 두면 좋을 것 같습니다.

His reaction struck me as odd. "그의 반응은 내게 이상한 느낌을 주었다."

이 문장은 다음의 두 문장이 곱집합 형태로 짜인 것입니다.

His reaction struck as odd. "그의 반응은 이상했다." (자동사)

His reaction struck me. "그의 반응이 나를 쳤다." (타동사)

하지만, 같은 문단의 positioning him as a champion of ~에서도, strike와 같은 구조 분석을 시도하면 망합니다. him=champion이지, GameStop saga=champion은 아니지요. 시맨틱스적 점검이 보태져야 하고, 바로 여기서 파생하는 경관을 '디스로케이션 넥서스'dislocation nexus라고 할 수 있습니다. 고립어적 특성에서 비롯하는 '변위'와 '탈구' 말입니다. 결락缺落의 변증법이기도 하고요.

> Impish humour is a Musk hallmark, but the impact of his missives is no joke.

두 개의 형용사가 이채롭다고 느끼셨을 수도 있습니다. 첫 번째 문단의 cheeky (건방지게 까부는, 뻔뻔스러운)와 두 번째 문단의 impish(버릇없는, 장난스러운, 개구쟁이의)가 그렇습니다. 필자가 자신의 '도덕 감정 체계'system of moral emotions 에 기초해, 이들 단어로 엘론 머스크를 판정하고 있지요. 가장 추상적으로는 긍정적/부정적(positive/negative) 대립항으로 나눌 수 있을 거예요. 필자가 머스크 편이냐, 아니냐(Musk's side/not)도 있겠죠. 인간은 사회적 동물이고, 내집단과 외집단 구분이 진화의 주요 잣대 중 하나로 기능해 왔으니까요. 게다가, 사회적 동물인 인간은 자신이 속한 공동체 전체의 지향과 가치도 자신의 신념과 가치에 입각해 관철시키려 하지요. (부분과 전체를 혼동해서 같다고 보는 특성에서 비롯하는 것 같습니다.) 사회 윤리와 정의 사안이 부각되는 대목입니다.

이 책 여기저기에서 논리적, 이지적 측면을 강조해, 인지가 수행되는 '정신 공간'mental space 개념을 제안했습니다. 그 정신 공간에서 우리가 언어를 매개로 사고를 한다고 했고, 그 사고 특성을 여러 가지 설명했고, 하고 있습니다. 바로 여기에 도덕 감정의 색조가 입힌다는 것이 저의 판단입니다. 흄의 말마따나, 우리는 정념의 노예니까요. 저는, 정신 공간mental space이 당장에 마음 극장theater of mind으로 전환된다고 보고 있습니다. 제각각의 개성과 인격은 희노애락애오욕이 가동되는, 제각각의 마음 극장인 셈입니다. 그렇게 우리들 각자는 나름의 '인간적 가치와 의미의 세계'를 구축하며 살아가고 있지요. 그 '인간적 가치와 의미의 세계'는 '도덕 감정 체계'를 바탕으로 하고, 진화 심리학은 문화권을 초월해 이 '도덕 감정 체계'를 이루는 공통 요소들을 연구하고 있으며, 몇 가지 잠정적 결론에 도달했습니다. 하지만 그 내용은 이 책의 범위를 벗어나고, '신경 문화 언어학'이란 테마로 다른 저술에서 상론할 예정입니다.

그래도, 영문 독해에서 이 사안은 무척이나 중요합니다. 이를 백그라운드

프레이밍background framing이라고 하는데, '프레이밍'에 실패하면 독해가 완전히 망해 버리기 때문이죠. '프레이밍'이란, 글의 단서를 바탕으로 저자의 도덕 감정 체계를 구조화하는 것입니다. 이지적 측면에서도 개념의 핵심이 위계라면, 정서적 측면에서도 개념의 핵심은 위계입니다. 독자 여러분이 활용할 다수준 선택적 multi-level 잣대를 정리해 드립니다.

내키는가, 안 내키는가/좋은가, 나쁜가/내 편인가, 네 편인가/유리, 불리/유용, 무용/바른가, 그른가/선한가, 악한가/정의인가, 불의인가/긍정적, 부정적.

cheeky와 impish의 '정서 연산값'이 중요한 이유입니다. 이 정서 연산값들을 바탕으로 글쓴이의 '도덕 감정 체계'를 파악하는 일이 읽기(reading)의 본질입니다. 가장 중요하고, 또 달성이 쉽지 않은 테마입니다.

본문에서는 기독교 전통에 입각한 어휘들이 동원돼, 의미 지형을 그리고 있는데, 정리해 둡니다. acolyte, messianic tone, disciple, missive, herds, devotion, masses, religious, zealot, devout, David, Goliath, devotee. 이것뿐이 아닙니다. saga, groupie, mesmerise, shrine, legend, homage, icon도 보탤 수 있겠죠. 그런데 중간에 cult, Pied Pipers, rogue란 단어들이 나와서, 도덕 판단의 지형을 고르고 있습니다.

2TH PARAGRAPH

That invites two questions.

invite(자아내다, 불러일으키다)는 create(낳다)로 바꿔쓸 수 있는데, '논리적 인과'와 '시간적 선후'란 매개를 통해 '동일성 추구 연산'을 하면, 주부와 대상어부가 같다고도 할 수 있습니다. That = two questions. 이런 인식에 이른다면,

창의적 글쓰기에 준하는 다양한 번역이 가능해집니다. 기표적으로는, 형질전환transformation이 이루어지기도 했습니다.

"두 가지 궁금증이 들지 않을 수 없다."

Musk scent는 말놀이pun입니다. 사향노루(musk deer)가 분비하는 사향(musk)을 향수업계가 오랜 세월 사용해 왔습니다. 공교롭게도, 이 글에서 다루어지는 주인공의 성이 머스크 씨(Mr Musk)여서 글쓴이가 재치를 발휘한 것입니다.

One category includes chief executives of big firms who, while charismatic, fail to inspire feverish devotion.

본서에서는 '2형식과 3형식의 점이 지대' 개념을 다양한 방식으로 소개하면서, 독자 여러분의 이해를 돕고 있습니다. 그 핵심은 '동일성을 추구하고자 하는 우리의 욕동'이었고, 크게 네 가지 구조 형식으로 이를 정리할 수 있다고 하였습니다. 첫째, 부분과 전체는 같다. 둘째, 논리적 원인과 결과는 같다. 셋째, 시간적 선과 후는 같다. 넷째, 형질 전환 또는 문학의 은유법. 설명드릴 예문은 제1항에 해당합니다. "첫 번째 범주는 ~ 최고 경영자들'이다(includes)'"입니다. 다음 문단의 첫 번째 문장도 여기에 해당합니다.

The second group comprises tycoons who achieve cultlike status but whose businesses scarcely warrant the adulation.

"추종 집단을 거느린 재계의 거물들이 있는데, 실상 그들의 사업을 칭찬해 주기 힘든 범주가 두 번째 부류이다(comprises)."

저명한 언어학자 스티븐 핑커는 이 사실을 두고서 다음과 같이 말하기도 했습니다. "뇌에는 세 집단의 신경 세포가 있어서, 한 집단은 명제의 서술 대상인 개체(Socrates, Aristotle, Rod Stewart 등등)를 표상하는 데 사용되고, 또 한 집단은 그 명제 안에서의 논리적 관계(is a, is not, is like 등등)를 표상하는 데 사용되고, 마지막 한 집단은 그 개체를 범주화^{categorization}하는 분류군이나 유형들(men, dogs, chickens 등등)을 표상하는 데 사용되는지도 모른다." 요컨대, 세상을 이해하는 기초적인 방식으로 정태적 범주화를 인류가 수행한다는 말입니다.

Neither has built a business that comes close to $10bn in value or is built for stability.

구의 연접 4번 '명사-전치사-명사'란 분석틀이 유용함을 강조해 왔습니다. 우리가 알고 있는 '전치사'의 용법이 고정적인 것이 아니라, 후치사^{postposition}, 나아가 연결사^{connective}로 사용된다는 것은, 개념의 위계적 짜임새가 풍요로워지는 계기였죠. 사실, '명사-전치사-명사'는 '명사-연결사-명사'인 셈입니다. 구의 연접 4번에는 다양한 확장'팩'이 있습니다. built for stability가 그것입니다. '형용사-전치사-명사' 구조네요. 형용사는 명사로도, 동사로도 파악할 수 있으므로, 이 구절은 '명사-전치사-명사'로 볼 수도 있겠습니다. Build for stability. '구조가 안정적이다'는 뜻입니다.

"이 가운데 자산 가치 100억 달러에 육박하거나, 안정적으로 운영되는 사업체를 구축한 사람은 아무도 없다."

The third category is more exclusive:

앞 문단의 설명에서 '명사-전치사-명사'의 구의 연접 4번이 '명사-연결사-명사'라고 했습니다. 절의 근본 모형fundamental mode 중 하나가 S-V-O이죠. 두 대당항의 구조를 무너뜨리지 않으면서, 어느 하나를 다른 하나에 정확하게 포갤 수 있습니다. 이를 수학에서 '미끄럼 대칭'이라고 하고, 우리는 다음과 같은 결론을 얻을 수 있습니다. "전치사와 동사는 '연결사'로서 같다." 설명할 이 문장이 바로 그렇습니다. 사실 호응이 제대로 이루어지지 않은 탈구된dislocated 문장입니다. "물은 셀프 서비스입니다", 그러니까, Water is self-service에서도 이를 확인할 수 있지요. 이를 두 에이전트를 성기게 이어붙였다 해서, 연결 동사 용법이라고 합니다. 그리고 우리가 주어로만 알았던 에이전트가 실은 주제어topic임을 확인하게 됩니다.

"세 번째 범주는(주제어) 그 수가(주어) 더 적다."

영어에도 주제어가 있습니다. 잊지 마세요.

여덟 번째 문단의 첫 문장도 be 동사의 연결 동사 용법으로 쓰인 문장입니다. But combining star power and scale is not risk-free. "하지만 스타 파워와 규모가 결합됐다고 해서, 아예 위험이 없는 것은 아니다." 이런 디스로케이션 넥서스dislocation nexus를 잘 관찰해 두시기 바랍니다.

5TH PARAGRAPH

Millions of Chinese college students and other wannabe entrepreneurs bought into the image he cultivated, of a humble teacher turned philanthropic tech titan with a splash of cultural cool (he once appeared as a tai chi master in a martial-arts film).

bought into란 '구동사', 또는 '동사구'를 설명하겠습니다. 사전에 buy into가 해설돼 있지요. '주식을 사들이다'란 뜻이 있는가 하면, '~을 믿다'란 뜻이 있고, 여기서는 '마윈의 이미지를 믿고 받아들였다'는 의미이겠습니다.

영어를 외국어로서 공부하는 사람이 모든 숙어를 다 외울 수는 없습니다. 게다가, 사전에 풀이된 숙어 내용이 현실의 복잡한 진술을 다 포괄하지도 못합니다. 이 과제 상황을 돌파하려면 다음과 같은 구조 분석을 수행하면 됩니다. 보이스가 중첩돼 있다는 것이 핵심입니다. 술어 동사 진술이 두 개인 것입니다.

[S-buy-O]*[S-(be) into-O]

동사가 자-타동사 연속체임을 상기하고, 뒤엣것에서는 구의 연접 4번을 떠올리면 좋겠습니다. 구동사를 분석하는 법이었습니다. buy에 '믿다'란 뜻이 있습니다. '믿으면서'(buy) '풍덩' 하고 빠져들어(into) 가는 겁니다. 게다가, 이 표현으로 글쓴이는 부분들의 총합 이상을 달성하고 있습니다. 중첩을 통해 웅숭깊어지는 거지요.

"중국의 대학생 수백만 명과 그를 닮고자 하는 다른 기업인들이 마윈이 구축한 이미지를 믿었다. 그 심상이란 무엇인가? 한때 보잘것 없던 교사였으나, 활발하게 자선 사업을 하는 초거대 기술 기업인으로 변신해, 문화적 세련됨을 화려하게 뽐내고 있다는, 그런 이미지 말이다(무술 영화에서 태극권 스승으로 출연하기도 했다)."

The son of a village schoolteacher who cut his teeth trading polyester yarn, Ambani pioneered the equity cult.

6TH PARAGRAPH

결국, 암바니에 대한 여러 진술이 있는 것입니다. '암바니는 시골 학교 선생의 아들이었다.' '암바니는 (인도인들의) 보통주 숭배를 개척했다.' '암바니는 철이 들면서부터 폴리에스터 원사를 팔았다.' 문법 장치들을 살펴보면서, 의미론적으로 구조화하면 됩니다. 신택스상으로는 의미상의 주어 The son of a village school teacher who cut his teeth과 분사구문인 trading polyester yarn으로 구분되겠지만, 의미상으로는 '철이 들면서부터 폴리에스터 원사를 팔고 다녔다'로 주종

529

관계를 역진해도 좋겠습니다

"시골 학교 선생의 아들로 태어난 암바니는, 철이 들면서부터 폴리에스터 원사를 팔았고, 사람들의 보통주 숭배(equity cult)를 개척했다."

6TH PARAGRAPH

He toured India, convincing middle-class savers that they, too, could join the capitalist class.

join이 include 및 comprise처럼 2형식과 3형식의 점이 지대 동사입니다. 부분과 전체의 관계고, become로도 바꿔 쓸 수 있겠습니다.

"그가 인도를 두루 여행하면서, 중간 계급 예금주들을 설득했다. '당신들도 자본가 계급이 될 수 있다'고."

8TH PARAGRAPH

Cult status confers perks.

confer는 '수여하다, 주다'는 뜻입니다. 간접 목적어를 복원할 수도 있겠고, 아무튼 Cult status = perks임을 알 수 있습니다. give, supply, provide 류 동사가 2형식과 3형식의 점이 지대 동사로 많이 사용됩니다. S-V-O', 이 세 항의 연결이 매끄럽지 않다는 점에서 디스로케이션^{dislocation}을 떠올릴 수 있고, '구-동사-구' 패턴을 활용해 절로 재구성할 수도 있습니다.

If you have cult status, you will have perks.
"사람들의 추종과 숭배를 받게 되면, 여러 특전이 생긴다."

8TH PARAGRAPH

Lastly, mass appeal means political clout.

mean(의미하다)이 2형식과 3형식의 점이 지대 동사임은 즉각적으로 이해됩니다. '논리적 인과'이기도 하고, '형질 전환'을 했다고 볼 수도 있겠습니다.
"마지막으로 지적할 수 있는 것이, 대중적 매력은, 곧 정치적 영향력이다."

Mr Musk forged his reputation as a David, fomenting rebellions against Detroit and Wall Street elites. But now he is a Goliath: the world's richest man who runs its most valuable carmaker.

9TH PARAGRAPH

'다윗'과 '골리앗' 앞에 부정관사가 달려 있습니다. 맨 위로 올라가 이 기사의 제목을 보셔도, 고유명사 Elon Musk와 Jack Ma 앞에 부정관사가 있습니다. '엘론 머스크나 마윈 같은 사람'이란 뜻이죠. its는 world의 소유격입니다.

Acolytes who piled into GameStop stock after his "Gamestonk!!" rallying cry on January 26th were buying near the top.

"Gamestonk!!"는 머스크가 한 트윗인데 'GameStop'을 연상해 말놀이를 한 것입니다. 이 문장을 제가 다시 써보겠습니다.

After his "Gamestonk!!" rallying cry on January 26th, acolytes piled into GameStop stock and bought near the top.

원문이 위계적으로 구조화돼 있는데, 제가 대등 구조로 고쳤습니다. 위계 구조와 대등 구조가 역진한다는 것은 바로 이 얘기입니다.

1ST PARAGRAPH
short (seller): 공매자(空賣者)
strike: (인상이나 느낌을) 주다,
  ~이다(=have)
disciple: 제자, 신봉자, 예수의
  사도(=follower=acolyte=
  apostle=fan=groupie=devotee) cf)
  discipline: 규율, 학문의 분야
lap up: 덥석 받아들이다, 질펀하게 먹거나
  마시다, 즐기다(=believe or accept
  eagerly and uncritically)
cult: 추종
uber: (독일어 ueber에서) 최고의, 최대의,
  이상, 초월(=super=hyper=arch)
saga: 영웅 전설, 대하 소설, 일련의 사건 또는
  모험
ammunition: 탄약, 실탄, 군수품
champion: 챔피언, 옹호자,
  (=fighter=advocate)
little guy: 평범한 사람, 보통
  사람(=ordinary people=commons)
take on: 대결하다, 맞짱을 뜨다(=turn on)
spellbound: 홀린, 넋을
  빼앗긴(=fascinated)
cryptocurrency: 암호 화폐, 가상
  화폐(=digital currency)
barrage: 일제 엄호 사격, 탄막, 집중 포화
cheeky: 건방지게 까부는,
  뻔뻔스러운(=imprudent=unwise)
scramble: 허둥지둥 하다, 재빨리 움직이다,
  앞다투다

2ND PARAGRAPH
impish: 버릇없는, 장난스러운,
  개구쟁이의(=mischievous) cf) cheeky:
  건방진
hallmark: 특징(=trademark)
missive: 편지, 공문서, 사도 서간(=official
  letter=epistle=message)
stampede: 우르르 몰려가다, 몰아붙이다
new height: 신고점, 최고치
market value: 시가 총액
litter: 많이 들어 있다, 어지럽히다(=scatter)
Pied Piper: 피리 부는 사나이,
  선동가(=agitator)
match: 맞먹다, 필적하다,
  대등하다(=rival=equal=compare with)

scent: 향기, 냄새, 자취 cf) musk: 사향(의
  향기)(향수를 만드는 데 사용됨)
intoxicate: 취하게 하다, 흥분시키다,
  중독시키다(=poison)

3RD PARAGRAPH
larger than life: 영웅적인, 실제보다 과장된,
  허풍을 떠는(=flamboyant)
figure: 숫자, 형태, 도형, 인물
celebrity: 유명 인사(=fame=celeb)
category: 범주,
  부류(=class=group=cohort)
include: 포함하다, ~이다(=be)
chief executive: 최고위자, 최고
  경영자(=boss)
charismatic: 카리스마적인, 카리스마가 있는
feverish: 과열된, 몹시 흥분한, 열광적인
devotion: 헌신, 몰두,
  전념(=dedication=commitment)
outgoing: 외향적인, (자리에서) 물러나는,
  이임하는
command: (응당 받아야 할 것을)
  받다(=deserve=earn)
corner office: 전망 좋은 사무실, 중역
  사무실, 최고 경영자 방
restrained: 차분한, 절제된(=calm and
  unemotional)
drool: 침을 흘리다, 열광하다(=dribble=be
  excited)
groupie: 열광자(=fan)
dispute: 반박하다, 이의를 제기하다
red-toothed: 인정사정 봐주지 않는,
  흉포한(=red in tooth and claw)
cold-blooded: 무정한, 냉혹한(=stone-
  hearted)
mesmerise: 최면을 걸다, 마음을 사로잡다,
  매료하다(=fascinate) cf) Friedrich
  Anton Mesmer(1734~1815):
  최면술(hypnotism)로 질병을 치료하고자
  했던 오스트리아의 의사 안톤 메스머에서
  유래함.

4TH PARAGRAPH
comprise: ~으로 구성되다, 구성하다,
  ~이다(=consist of=include=be)
tycoon: (실업계의) 거물, 대군(大君)
warrant: 정당화하다, 보증하다(=justify)

adulation: 과찬, 아첨
shameless: 창피한 줄 모르는,
  파렴치한(=unshamed)
cum: 겸(두 명사 사이에 쓰임)
complacent: 현실에 안주하는,
  자족적인(=self-satisfied)
incumbent: 현직의, 재임자 cf)
  predecessor: 전임자 successor: 후임자
tout: 자랑하다, 장점을 내세우다,
  홍보하다(=promote)
arch: 주된, 가장 중요한(접두사)
dealmaker: 거래자, 협상가(=negotiator)
horde: 무리, 집단(=herd=group)
wide-eyed: 눈이 휘둥그레진, 순진한
close to: ~과 가까운(=next to=near)

5TH PARAGRAPH
exclusive: 한정된, 배반적인, 양립할 수
  없는(=incompatible)
titan: 티탄, 타이탄, 거인(=giant=
  behemoth=conglomerate=big
  business=huge business)
wannabe: 미래의, 열망하는, 되고 싶어 하는
entrepreneur: 사업가,
  기업가(=businessperson)
buy into: ~을 믿다(=agree with or accept
  as valid)
humble: 보잘것 없는, 초라한
philanthropic: 인정 많은, 자선을 하는,
  박애의
splash: 후두둑 떨어지다, 물장구
tai chi (chuan): 태극권(=qi gong
  exercise)
martial art: 무술, 무도
verge on: ~에 가깝다, 거의 ~이다(=be on
  the brink of=border on)
fervour: 열정(=enthusiasm)
shrine: 전당, 성소, 사당(=temple)
Single's Day: 광군제(중국의 11월 11일)

6TH PARAGRAPH
messrs: Mr.의 복수
trail: 자취, 흔적, 오솔길, 산길(=route)
blaze: 표시를 해서 길을 가리키다(알리다)
cut one's teeth: 이가 나다, 철이 들다
yarn: 실, 방적사
pioneer: 개척하다(=trailblaze)

equity: 보통주
trick: 장기, 묘안, 계책
rely on: ~에 기대다, ~에
  의존하다(=depend on)
untapped: 아직 손대지 않은,
  미개발의(=unused)
saver: 예금주(=account holder)
join: 합류하다, 일부가
  되다(=become=make)
capitalist class: 자본가 계급 cf) working
  class: 노동자 계급 middle class: 중간
  계급, 중산층
go public: 기업을 공개하다, 주식을
  상장하다(=sell shares to the public)
punter: 고객(=customer=investor) cf)
  pundit: 전문가, 권위자
do well: 큰 성공을 거두다(=be successful)
flotation: 주식 상장
homage: 찬양, 헌사, 경의, 오마주
zealot: 열심당원, 열광자, 광신자(=fanatic)

7TH PARAGRAPH
confer: 수여하다, 부여하다,
  ~이다(=give=offer=be)
perk: 특전, 혜택,
  장점(=benefit=perquisite=privilege)
devout: 독실한, 헌신적인,
  열렬한(=enthusiastic=committed)
retail investor: 소매 투자자, 개인
  투자자, 소액 투자자(=individual
  investor=small investor)
hard-headed: 냉정한, 단호한, 현실적인,
  실리적인(=cold-blooded=practical
  and determined=tough)
institution: 시설, 제도,
  기관(=establishment)
heed: 주의를 기울이다, 유의하다(=pay
  attention to=take notice of=take
  heed of)
splurge: 돈을 펑펑 쓰다(=spend a lot of
  money=splash out)
marketing cost: 마케팅 비용, 영업비
social media: 소셜 미디어(=social
  network)
burnish: 광을 내다, 윤을
  내다(=polish=improve)
for nothing: 공짜로, 거저(=free)

534

overlook: 간과하다, 눈감아 주다(=turn a blind eye to=miss)
dispassionate: 감정에 좌우되지 않는, 공평무사한, 초연한(=impartial=detached=calm and reasonable)
flag up: 제기하다, 가리키다(=point out)
clout: 영향력, 권력(=influence=power)
rogue: 악당, 사기꾼(=scoundrel)

8TH PARAGRAPH
forge: 위조하다, 구축하다, 벼리다(=build)
foment: 조성하다, 조장하다, 선동하다, 부채질하다(=incite=fan=instigate)
rebellion: 반란, 모반, 반대, 저항 (=resistance=insurrection=uprising)
valuable: 값비싼, 자산 가치가 높은
icon: 아이콘, 이콘, 우상(=idol=symbol)
vulnerable: 취약한, 연약한(=susceptible)
social taste: 사람들의 입맛, 사회의 기호와 취향
in a trice: 순식간에(=in an instant) cf)
trice: 순간(=instant)

chide: 꾸짖다, 책망하다(=scold=rebuke=reprimand)
irk: 언짢게 하다, 기분을 상하게 하다(=irritate=annoy)
scupper: 좌절시키다, 망치다(=foil=spoil=ruin)
list: 상장하다(=go public)
affiliate: 제휴사, 계열사
fund: 재원을 마련하다, 자금을 충당하다(=finance)
miscalculation: 오판, 착오, 오산

9TH PARAGRAPH
ye: you(2인칭 대명사 thou의 복수형)
sentiment: 정서, 감정, 기분(=mood)
devotee: 헌신적인 추종자, 열성적인 애호가(=fan=acolyte=lover=enthusiast)
have sb's interests at heart: 아무의 이익을 염두하다 cf) at heart: 마음속으로, 내심
bat away: 격퇴하다, 물리치다(=repel=defeat=beat back)
allegation: 혐의, 주장(=accusation)
manipulation: (금융) 조작, 시장 조작
broker: 주식 중개인, 증권 회사
pile into: 떼로 몰려들다, 난입하다, 쇄도하다(=rush in)
rallying cry: 슬로건, 구호(=slogan=war cry)
self-serving: 이기적인, 자기 잇속만 차리는
in light of: ~에 비춰보면, ~을 고려할 때

10TH PARAGRAPH
bane: 골칫거리, 멸망, 재난
overestimate: 과대평가하다

INTERNATIONAL:
Where everybody knows your name

Messaging services are providing a more private internet

This has advantages—and risks

JAN 21ST 2021 EDITION

WHATSAPP, WHICH 2bn people use to send some 100bn messages a day, is rarely in the news. When it is, the stories are mostly about whether, in order to increase competition, it should be hived off from its corporate parent, Facebook—a company rarely out of the news.

The difference in visibility is basic to the businesses involved. A social-media firm like Facebook exists to get things noticed, because its business model is based on selling attention to advertisers. What and who gain attention, and what can be done to withhold it from particular people and ideas, are contested issues. Messaging services like WhatsApp for the most part simply let people stay in touch with their families and chat with groups of friends and associates. In many places they increasingly offer ways to get in touch with businesses, too. They are of practical use in a way that social media are by and large not (never try to arrange cocktails over Twitter). But because they are removed from the public sphere they provoke far less outrage and controversy,

메시징 서비스들이 점점 더
사적인 인터넷으로 진화하고 있다

여기에는 장점도 많지만 위험도 있다.

1ST PARAGRAPH   왓츠앱WhatsApp이 뉴스에 등장하는 일은 거의 없다. 20억 명이나 되는 사람이 이 앱을 활용해 매일 약 1천억 개의 메시지를 보내지만 말이다. 뉴스에 나와도 내용이라곤, 경쟁을 강화하기 위해 모기업 페이스북Facebook에서 분사를 해야 한다는 이야기 정도다. (모기업의 처지는 사뭇 달라, 페이스북은 뉴스에 안 나오는 일이 드물지만.)

2ND PARAGRAPH   이런 가시성 차이는 관련 업종의 기본값이랄 수 있다. 페이스북 같은 소셜 미디어 기업은 뭐가 됐든 눈에 띄도록 하는 것이 존재의 이유다. 왜냐하면 비즈니스 모델 자체가 광고주들에게 주목도를 판매하는 것이기 때문이다. 누구, 또는 무엇이 주의를 끄는지, 또 어떻게 해야 특정한 사람과 생각에서 이러한 관심을 지켜내고 유지할 수 있는지는 의론이 분분한 첨예한 사안이다. 반면, 왓츠앱과 같은 문자 서비스는, 사람들이 대개의 경우 가족과 접선하거나, 친구 또는 동료와 한담을 나눌 뿐이다. 물론 세계의 다른 여러 곳에서는 메시징 서비스가 사업 활동과 점점 연계되고 있기도 하다. 메시징 서비스는 쓸모가 실질적인 반면, 소셜 미디어는 대체로 그렇지 않다. (트위터로 칵테일 파티를 주선하는 사람은 없다.) 그런데, 메시징 서비스가 공적 공간에서 이렇게 사라지는 바람에, 사람들이 격분하거나 다투는 일이 훨씬 적은가 하면, 동시에 규제에 관한 이런저런 주장 역시도 매우 드물어지는 놀라운 현상이 벌어지고 말았다.

and far fewer arguments over regulation.

That may have started to change on January 6th, for two reasons. One was that Facebook announced a revision to WhatsApp's terms of service which many took to mean that their personal data would be used for a wider range of purposes. The result was a rush to download Telegram and Signal, two apps with much smaller user bases—around 500m for Telegram, far fewer for Signal—which market themselves on promises of enhanced privacy (see chart). Between January 6th and 19th Signal was downloaded 45m times and Telegram 36m, according to Sensor Tower, a provider of data. Pavel Durov, Telegram's boss, called it the "largest digital migration in human history".

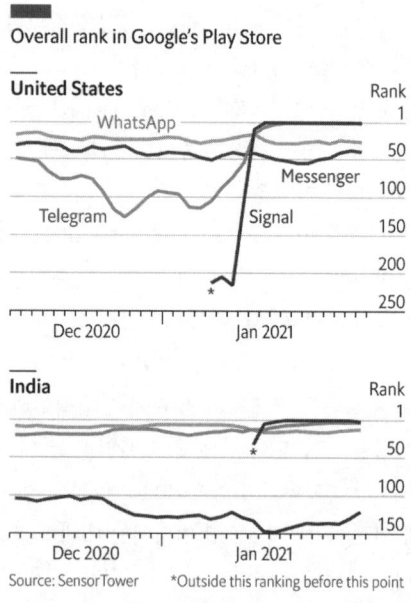

이런 상황이 두 가지 이유로 1월 6일부터 바뀌기 시작했는지 모른다. 페이스북이 왓츠앱의 서비스 약관을 손보겠다고 발표한 것이 첫 번째 이유이다. 많은 사람이 이 약관 개정을, 페이스북이 개인 데이터를 더 포괄적으로 활용해 먹을 의도로 받아들였다. 텔레그램Telegram과 시그널Signal을 다운로드하는 광풍이 분 게 이 때문이다. 두 앱의 경우, 왓츠앱보다 사용자 기반이 훨씬 작다(텔레그램은 약 5억 명이고, 시그널은 이보다 훨씬 더 적다). 두 앱 모두 개인 정보 보호 강화를 약속하며 홍보하고 있다(표를 보라). 데이터 공급업체 센서 타워Sensor Tower에 따르면, 1월 6일부터 1월 19일 사이에 걸쳐, 시그널은 4500만 회, 텔레그램은 3600만 회 다운로드되었다. 텔레그램 사장 파벨 두로프Pavel Durov는 최근의 이 사태를, "디지털 공간에서 수행된 인류사상 가장 커다란 규모의 이주"라고 묘사했다.

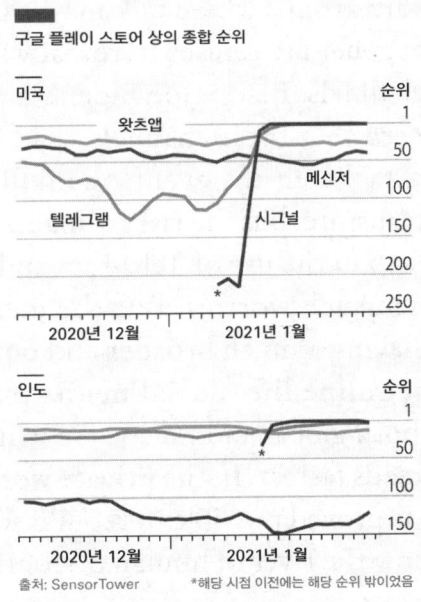

January 6th's other precipitating event was the insurrection at the United States' Capitol. In its wake Apple removed Parler, a Twitter clone on which people expressed sentiments such as "we need to start systematicly assassinating #liberal leaders", from its app store and Amazon stopped hosting the company in its cloud. As a result groups like the Proud Boys, "western chauvinists" with a taste for violence, flocked to Telegram.

The sort of things which had been said on Parler promptly began to reappear on some of Telegram's public channels. Telegram removed some of the public channels in question. But that will not have silenced such talk. According to Aleksandra Urman of the University of Bern, who studies the political use of online media, public channels are used to draw new members into private groups where talk may lead to action. And Telegram generally refuses to reveal what goes on in its private channels. Before Joe Biden's inauguration there was concern that these channels would be used to plan violent attacks. In the event, thankfully, such attacks did not transpire, but the risks remain.

Growth in the use of Telegram and Signal may well strengthen such worries. But the messaging services are also having a much broader and on balance salutary effect on online life. Social media provide a "public sphere" both global and raucous in which what is worst often spreads fastest. In the private worlds of messaging apps it has proved possible to rebuild some of the levees which allow the river of human discourse to flow healthily.

Conversations which cause controversy in public can be carried out in private with more nuance and no

4TH PARAGRAPH 이런 사태를 촉발한 다른 느닷없는 사건도 하나 보태자. 1월 6일 미국 국회 의사당에서 난동이 있었다. 그 여파로 애플Apple이 앱 스토어에서 팔러Parler를 지워버렸다. '팔러'는 트위터 비슷한 건데, 거기 모인 사람들은 이런 정서를 표출하기 일쑤다. "#리버럴 정치인들liberal leaders을 이제부터 조직적으로 암살할 필요가 있다." 이런 식이어서, 아마존도 '팔러'의 클라우드 호스팅을 중단해 버렸다. 결국 프라우드 보이스Proud Boys 같은 단체가 텔레그램으로 옮겨갔다('프라우드 보이스'는 폭력을 매우 좋아하는 '서구 우월주의자'들이다).

5TH PARAGRAPH 팔러에서 오가던 말들이 당장에 텔레그램의 공중 채널public channel에 등장하기 시작했다. 텔레그램이 문제가 된 공중 채널을 몇 개 없앴지만, 그렇다고 이런 얘기가 잠잠해지지는 않을 것이다. 베른 대학교의 알렉산드라 우르만Aleksandra Urman은 온라인 미디어가 정치적으로 활용되는 사례를 연구한다. 그녀에 따르면, 공중 채널이 비밀 집단으로 신규 회원을 끌어들이는 데 사용된다. (그러면 이제, 말이 행동으로 비화할 수도 있다.) 텔레그램은 사적 채널에서 벌어지는 일을 일반으로 밝히지도 않는다. 조 바이든Joe Biden 취임식 전에, 이들 채널이 폭력 사태를 모의하는 데 이용될 거라는 우려가 실제로 있었다. 다행스럽게도 그런 공격은 일어나지 않았지만, 위험이 여전히 상존한다.

6TH PARAGRAPH 텔레그램과 시그널 사용자 수가 늘어났으니, 이런 걱정이 비등하는 것도 당연하다. 하지만 메시징 서비스는 사람들의 온라인 생활에 훨씬 광범한 영향을 미치고도 있다. 그 효과는, 모든 것을 감안할 때, 유익하다. 소셜 미디어는 전 세계적으로 시끌벅적한 '공공 영역'이고, 여기서는 흔히 최악이 가장 빠른 속도로 확산된다. 반면, 메시징 앱들의 사적인 세계에서는 일종의 '둑'을 세울 수 있음이 증명됐다. 비유컨대, 사람들이 내뱉는 담론의 강이 건전하게 흐르는 '제방' 역할을 하는 것이다.

7TH PARAGRAPH 공공 영역에서 논란이 되는 대화라도, 사적 공간에서 수행할 때는, 더 섬세해지고, 아울러서 장난질이나 도발도 완전히 배제될 수 있다. 사

trolling. A distinction can be made between performance and communication. In "The presentation of Self in Everyday Life" Erving Goffman, a 20th-century sociologist, distinguished between "front-stage" behaviour, which is observed by all and sundry, and the "backstage" life of rehearsal and preparation in the company of others who are part of the same project. "For healthy psychology we need back and front stage," says Carissa Véliz of Oxford University. "[Online] we have been pushing back stage more and more into oblivion. Having more private messaging brings the back stage back."

Messaging services differ from social media like Facebook, Twitter, Instagram and the rest in two fundamental ways. One is addressability. When users post on Facebook the company's software decides which of their "friends" will see the post automatically (others will find it only by looking). If the post proves popular the software will spread it further. When a user sends a message on WhatsApp, that message goes to only the person or group they designated. In messaging apps, people know to whom they are talking.

The other difference is one of business models. Social-media firms need to know what users are saying, visiting and liking in order to provide the services they sell to advertisers. And to maximise those sales they need algorithms that will offer users more things they will like, or at least be engaged by. Hence their interest in the viral. Messaging services have no cause to read over their users' shoulders, and in some cases lack the ability to do so even if they wanted to. Some have de-

적 공간에서라면 실제 행위와 커뮤니케이션도 구별할 수 있다. 20세기의 주요 사회학자 어빙 고프먼Erving Goffman은 『자아 연출의 사회학The Presentation of Self in Everyday Life』에서 '무대' 위에서의 행동과 '막후'의 삶을 구분했다. 모두가 지켜본다는 의미에서 '무대' 행동이고, 같은 기획의 일부인 타인들 앞에서 예행 연습을 하고 준비하는 것이 '막후'의 삶이라고, 그는 정의한다. 옥스포드 대학교 캐리사 벨리즈Carissa Véliz의 말도 들어보자. "건전한 심리 상태를 위해서는 막전과 막후가 다 필요하죠. [온라인에서는] 막후가 점점 더 흐릿해지고 있는데, 사적인 메시지 주고받기가 늘어나면서 그 막후가 복원되는 거죠."

8TH PARAGRAPH 내가 어떻게 알았는지 궁금하지?
메시징 서비스는 페이스북, 트위터, 인스타그램 등등의 소셜 미디어와 두 가지 근본적인 성격이 다르다. 첫 번째가 '주소 지시성'addressability이다. 서비스 이용자가 페이스북에 포스트를 하면, 이 회사의 소프트웨어는 어떤 '친구들'에게 해당 포스트를 보여줄지 자동으로 판단한다. (그 외 타인이라면 문제의 포스트를 발견해야만 읽든 뭐든 할 것이다.) 포스트가 인기를 끌면, 소프트웨어가 내용을 더 널리 퍼뜨린다. 반면 왓츠앱에서는, 이용자가 메시지를 보내면, 당해 메시지가 지명된 사람이나 집단한테만 갈 뿐이다. 메시징 앱에서는 사람들이 자기가 누구랑 얘기하는지 안다.

9TH PARAGRAPH 다른 차이점은 비즈니스 모델이다. 소셜 미디어 기업은 이용자가 무슨 말을 하는지, 어디를 방문하고, 뭘 좋아하는지 알아야 한다. 광고주들에게 돈받고 서비스를 제공하려면 말이다. 나아가 이 매출을 극대화하려면, 이용자들이 좋아할 만하거나, 관심을 보일 수도 있는 것을 더 많이 제공하는 알고리즘이 필요하다. 그들이 '바이럴'viral에 관심을 갖는 이유다. 메시징 서비스는 이용자의 어깨 너머로 뭘 들여다볼 이유가 아예 없다. 원한다고 해도, 그렇게 할 능력이 없는 경우도 있다. 일부 메시징 서비스의 경우는 앞서 언급한 '바이럴성'virality을 아예 적극적으로 억누르기도 했다. (쉽게 전달되지 못하게 하

liberately acted to suppress virality by limiting the ease with which things can be forwarded.

It is clear that people want what the services offer, perhaps more than they want social media. In 2019 Mark Zuckerberg, Facebook's boss, noted that "private messaging, ephemeral stories and small groups are by far the fastest-growing areas of online communication." The number of people in Europe who use Facebook every day (305m) has not increased since the end of 2019, according to the company's quarterly filings, and in the third quarter of 2020, for the first time, the number of daily users in North America fell—a remarkable development in the midst of a pandemic. Globally, according to Sensor Tower, the time spent using the five most downloaded social-media apps fell by 5% in 2020; time spent on messaging apps went up 2.3%.

Experience, particularly in Asia, shows that messaging services can serve as a platform for a lot of other things. In China WeChat is used for everything from covid-19 contact tracing to making investments; the same is true for KakaoTalk in South Korea. In Japan and Taiwan a service called Line, built around messages exchanged between individuals and in groups of up to 500, can be used to read news, watch videos and call taxis. The companies make money by charging business users, by selling some of their online games and, particularly in the case of Line, from a market in "stickers" that allow messages to be festooned with indicators of every imaginable emotion.

Signal and Telegram, for their part, have no obvious plans for making money; they seek to provide space for private speech as a good in itself. Signal is a Califor-

는 방법이 동원됐다.)

10TH PARAGRAPH 사람들이 이들 메시징 서비스가 제공하는 걸 원한다는 건 분명하다. 어쩌면 사람들은 소셜 미디어보다 메시징 서비스를 더 원하는 것 같다. 페이스북을 이끄는 마크 저커버그Mark Zuckerburg는 2019년 이렇게 얘기했다. "사적으로 메시지를 주고받는 행위, 여기서 파생하는 수명이 짧은 일시적인 얘기, 또 소규모 집단과 집단성이 온라인 커뮤니케이션 분야에서 단연코 가장 빠르게 성장하는 영역이다." 페이스북을 매일 사용하는 유럽인이 3억 500만 명인데, 이 숫자가 2019년 말 이래로 더 늘지 않았다고, 이 회사의 분기 보고서는 전한다. 북아메리카의 경우도 보면, 일일 이용자 수가 2020년 3/4분기에 처음으로 감소했다. 팬데믹이 한창이었다는 점을 감안하면, 놀라운 사태 전개이다. 센서 타워Sensor Tower에 따르면, 전 세계적으로도 가장 많이 다운로드된 상위 다섯 개의 소셜 미디어 앱을 쓰면서 보낸 시간이 2020년에 5퍼센트 하락했다. 반면, 메시징 앱 사용 시간은 2.3퍼센트 증가했다.

11TH PARAGRAPH 구체적으로 아시아의 경험을 보면, 메시징 서비스가 다른 많은 것을 뒷받침하는 플랫폼 역할을 할 수 있음이 드러났다. 중국의 위챗WeChat은 코로나19 접촉자 추적에서부터 투자에 이르는 거의 모든 것을 해낸다. 한국의 카카오톡Kakao Talk에도 같은 말을 할 수 있고, 일본과 대만에는 라인Line이란 서비스가 있다. 개인들 사이는 물론이고, 최대 500명에 이르는 집단 내에서 메시지를 교환할 수 있는 라인의 경우, 뉴스를 열람하고, 비디오를 시청하고, 택시도 부를 수 있다. 이들 회사가 돈을 버는 방식은, 기업 사용자들에게 과금을 하고, 온라인 게임을 파는 등속이다. 특히 라인의 경우는, '스티커'sticker 시장이라는 게 있다. 사용자들이 구매한 스티커로 메시지를 장식하는 건데, 상상할 수 있는 거의 모든 감정을 지정할 수 있다.

12TH PARAGRAPH 시그널과 텔레그램은 돈을 벌겠다는 딱 부러지는 계획이 없다. 그들은 사적 대화의 공간을 제공하려 하고, 이 자체가 좋다고 본다. 시그널은 브라이언 액턴Brian Acton과 그 외 기부자들의 지원금으로 운영되

nian non-profit supported by a grant from Brian Acton, the founder of WhatsApp, who made $6.5bn out of the app's sale to Facebook, as well as by other donors. The service uses "end-to-end" encryption which makes it impossible for the company to see the content of the users' messages. WhatsApp licenses and uses the same technology. But Signal goes further in its protection of privacy by holding the absolute minimum of data on its users. In 2016 Signal was subpoenaed by a grand jury for information on two of its users. All it could offer was the date and time when an account associated with a specific phone number had been created and the date and time when it had most recently been used.

Moxie Marlinspike, Signal's pseudonymous founder, has said that he set it up because he wanted a way to talk to friends who were hopping trains and squatting in abandoned houses without fear of compromising them. But he also believes privacy is essential for social progress: there must be spaces in which laws can be broken lest society never move beyond bad ones.

Telegram does not use end-to-end encryption. Its resistance to snooping lies not in mathematics but in the globe-trotting figure of Mr Durov, a Russian-born billionaire who funds the company with his own fortune. There are ways for the company to read the messages that sit encrypted on its servers in Dubai. But Mr Durov refuses to co-operate with all requests for information or censorship from Russia and with most of those made by everyone else. When Apple asked Telegram to stop its users from revealing the personal information of specific Belarusian police officers said to be beating protesters, according to Dr Urman, Mr Durov's response

는 캘리포니아의 비영리 조직이다. (브라이언 액턴은 왓츠앱을 설립했고, 당해 앱을 페이스북에 팔아치워 65억 달러를 거머쥔 인물이다.) 시그널은 '종단간' 암호화 기술을 채택하고 있고, 이용자들의 메시지 내용을 서비스 제공 기업조차 볼 수가 없다. 왓츠앱도 같은 기술을 허가를 받아 사용 중이다. 그런데도 시그널은 프라이버시 보호를 한층 강화하고 있다. 서비스 이용자에 관한 데이터를 최소량만 보유하는 거다. 2016년 시그널이 한 대배심으로부터 서비스 이용자 두 명에 관한 정보를 내놓으라는 소환장을 발부받았다. 시그널이 제공할 수 있는 정보라고는 두 가지뿐이었다. 해당 전화 번호와 결부된 계정이 생성된 날짜와 시간, 그리고 그 해당 계정이 가장 최근 사용된 날짜와 시간.

13TH PARAGRAPH   시그널을 설립한 목사 말린스파이크Moxie Marlinspike는, 딱 봐도, 가명이다. 말린스파이크는, 열차 지붕 위를 뛰어다니거나 방치된 가옥을 무단 점유한 사람들이 위태로울 수 있다는 두려움 없이 서로 대화할 수단을 원했고, 그렇게 시그널을 만들었다고 밝혔다. 여기에는, 사회 진보에 프라이버시(개인 정보 보호)가 절대적으로 필요하다는 그의 신념도 한몫했다. 사회가 나쁜 법을 넘어서려면, 법을 어길 수 있는 공간도 있어야 한다는 믿음인 것이다.

14TH PARAGRAPH   텔레그램은 종단간 암호화 기술을 채택하고 있지 않다. 텔레그램은 수학이 아니라, 세계를 떠도는 인물 두로프의 철학에 기반해 염탐에 저항한다. (러시아 태생의 이 백만장자가 텔레그램에 자금을 댄다.) 두바이에 있는 서버에 암호화된 상태로 저장되기에, 텔레그램이 암호화된 메시지를 읽을 수 있는 방법은 사실 많다. 그렇지만 두로프는 러시아 당국의 정보 요구 일체와 검열에 협조하지 않고 있다. 그 밖의 대다수 요구도 전혀 협력 대상이 아니다. 애플이 텔레그램 측에 요구한 일화가 대표적이다. 우르만 박사에 의하면, 시위대를 구타한다고 언급된 벨로루시 경관들의 구체적 신상 정보를 텔레그램 이용자들이 '까버리는' 걸 막아달라고 애플이 요청하자, 두로프는 이렇게 대응했다. 아이폰 사용자들이 해당 정보에 접근하지 못하게 차단해 버렸을 뿐인 것이다.

was simply to stop iPhone users from being able to access that information.

The fact that messaging companies do not know what goes on between their users has knock-on effects. Jonathan Zittrain, a law professor at Harvard University, says the biggest is the degree of community control it makes both possible and necessary for online communities. On social media like Twitter and Facebook discourse is ultimately governed by the corporate host or by agents and authorities of the state in which that host is based. In messaging's private spaces members play the governing role themselves. Mr Zittrain says that this "could lead to more enduring communities, without calling for extensive terms of service by infrastructure providers". In other words, private online spaces are good because they allow the individuals who use them to act with greater freedom and a stronger sense of the social.

Plans to make me blue

This comes with obvious risks. Dr Urman says that in the past two years she has seen radical speech disappearing from the public internet. It is reasonable to assume it now takes place in private. Alex Stamos of Stanford University, who used to be Facebook's chief security officer, says that venues outside the reach of companies or states are certain be used by people wishing to traffic in images of child sexual abuse and to plot terrorist attacks. He also says he is certain law-enforcement agents are already working to infiltrate such groups, though as yet he is unaware of any big busts that have involved activity on Signal or Telegram.

15TH PARAGRAPH 　문자 메시지 서비스 회사들은 이용자들 사이에서 무슨 일이 벌어지는지 모른다. 바로 이 사실에서 연쇄 반응이 일어난다. 하버드 대학교 법학과 교수 조너선 지트레인Jonathan Zittrain은 그 가장 커다란 효과가 상당한 수준의 '자율 규제'라고 말한다. 그러니까, 온라인 커뮤니티에 꼭 필요한 '자율 규제'가 가능하다는 말인 셈이다. 트위터나 페이스북 같은 소셜 미디어에서는 담론을 궁극적으로 통제하는 주체가 주관 기업이거나, 회사가 있는 나라의 규제 기관 또는 당국이다. 텍스트 메시지가 오고가는 사적 공간을 보자. 여기서는 이용자들이 스스로 규제'역'을 맡는다. 계속해서 지트레인의 말이다. 그 때문에, "커뮤니티가 더 지속성을 가질 수 있는 겁니다. 관련 인프라를 제공하는 업체의 포괄적 서비스 약관 없이도 말입니다." 다시 말해서, 은밀한 온라인 공간이 좋은 이유는, 그 공간을 이용하는 사람들이 더 자유롭게 행동하면서도, 사회적인 것, 나아가 사회를 더 굳건하게 의식하기 때문이다.

16TH PARAGRAPH 　　우울한 계획들
　그런데 여기에는 명백한 위험이 도사리고 있다. 우르만 박사에 의하면, 지난 2년 사이 인터넷의 공공 영역에서 과격 발언이 사라져 왔다고 한다. 불온한 얘기가 이제는 은밀한 사적 영역에서 이루어진다고 가정하는 것이 합리적이다. 페이스북의 최고 보안 책임자를 역임한 스탠포드 대학교의 알렉스 스테이모스Alex Stamos는, 기업이나 국가의 장악력 범위 바깥의 공간이 이용되고 있는 게 틀림없다고 말한다. 아동 성 착취 이미지나 영상을 밀거래하려는 사람이나 테러 공격을 모의하는 자들을 떠올려보라. 그는 법 집행 기관과 소속 요원들이 이미 그런 집단들에 잠입했거나 잠입 공작을 하고 있을 거로 확신한다고 말했다. 시그널이나 텔레그램에서 이루어지는 활동과 관련한 대형 급습 작전이나 불시 단속 사례를 자신이 아직 인지하고 있지는 못하지만 말이다.

Clear evidence of a serious crime in a powerful democracy such as America being planned on Telegram might test Mr Durov's mettle more than saying no to the Kremlin does. But if Telegram were compromised, Signal and its successors would persist, as would the almost-equally encrypted WhatsApp. Everyone wants some privacy and some people want a lot of it; people also like spaces which they can run themselves and where they will not be bombarded with ads or the opinions of interlopers. Messaging services give them those things, and many will want to keep them, come what may.

© The Economist Newspaper Limited, London (Jan 21st 2021)

17TH PARAGRAPH 미국처럼 막강한 민주 정체에서 텔레그램을 기반으로 중범죄가 모의되고 있다는 명백한 증거가 나오면, 두로프가 크렘린에 '노'라고 했을 때와는 차원이 다른 결기가 시험에 들게 될 것이다. 그러나 텔레그램이 위태로워져도, 텔레그램 후속작과 시그널이 여전히 건재할 것이다. 거의 동등한 수준의 암호 기술이 채택된 왓츠앱은 말할 것도 없겠다. 누구나 프라이버시를 원하고, 그 정도와 양이 많은 사람도 일부 있다. 하지만 사람들은 직접 꾸리는 공간도 좋아한다. 아물론, 내키지 않는 방해꾼이나 광고가 이 공간을 융단폭격해서는 안 된다는 조건도 붙는다. 메시징 서비스 회사들이 사람들에게 이런 것들을 제공한다. 어떤 어려움이 있다 할지라도 그런 사람들을 계속 유치하려는 회사도 많다.

소셜 미디어와 구분되는 메시징 서비스의 특징이 설명되고, 전 세계의 주요 메시징 앱들도 소개됩니다. 카카오와 라인, 위챗의 이용 방식이 텔레그램이나 시그널과는 사뭇 다른 이유도 궁리해 보면 좋을 것 같습니다.

A social-media firm like Facebook exists to get things noticed, because its business model is based on selling attention to advertisers.

be based on이 (단순화의 위험이 있긴 하지만, 거칠게 말해) '2형식과 3형식의 점이 지대' 동사입니다. its business model=selling attention to advertisers 이니까요. its business model을 주제어로, based on selling attention to advertisers를 '분사 형용사-전치사-명사', 그러니까 구의 연접 4번의 확장팩으로 분석할 수도 있습니다. 두 번째 방법을 사용하면, 중간 단계가 좀 더 명료해지지요.

"페이스북 같은 소셜 미디어 기업은 뭐가 됐든 눈에 띄도록 하는 것이 존재의 이유다. 왜냐하면, 비즈니스 모델 자체가 광고주들에게 주목도를 판매하는 것이기 때문이다."

In many places they increasingly offer ways to get in touch with businesses, too.

이 문장을 살피기 전에, 이 기사 전체의 제목을 보도록 합시다. Messaging services are providing a more private internet. 메시징 서비스들이 더욱 사적인 인터넷을 제공하고 있을까요? 아니면, 더욱 사적인 인터넷으로 진화하고 있을까요? 제가 두 번째 시나리오를 여러분에게 강요하고 싶은 생각은 없습니다.

하지만, offer와 provide가 give, 곧 '주다'형 동사로서 2형식과 3형식의 점이 지대 동사로서 이해될 가능성은 다분하지요. 기실, '점이 지대'transitional zone란 말을 쓰는 것도 그래서이고, 바로 독자 여러분의 사유가 보태져야 하는 것입니다. 여러분의 판단에서 텍스트 이해 정도가 드러나는 것입니다.

"물론 세계의 다른 여러 곳에서는 메시징 서비스가 사업 활동과 점점 연계되고 있기도 하다."

2ND PARAGRAPH

They are of practical use in a way that social media are by and large not (never try to arrange cocktails over Twitter).

두 번째 문단까지 읽고 있는데, 넷플릭스를 소개한 글과 기술적 문체가 상당히 유사함을 알게 됩니다. (본서에서는 고등 수사학에 대해서는 거의 언급하지 않고 있습니다.) 우선 첫째로, 접속부사로 대표되는 연결사가 설득력 있게 배치되지 않았습니다. 제가 작성한 번역 대본과 원문을 대조해 보면 알 수 있는데, 한국어 번역문을 보면, 원문에는 없는 연결사들이 들어간 것을 알 수 있습니다. 이것은 원문의 호흡이 단속적이기 때문입니다. (그렇다고 글을 못 썼다고 할 수는 없겠지만 말입니다.) 그리고 지금 해설할 문장과 구조 형식이 비슷한 문장이 넷플릭스 기사에도 나옵니다. 거기에서는 '디스로케이션 넥서스'Dislocation Nexus의 '수렴과 발산'이란 개념을 통해 해설을 했지요.

여기서는 연결사 일반을 다른 방식으로 고민해 보고자 합니다. in의 출발은 전치사의 넥서스형 연결사 용법입니다. 그런데 억지를 부리지 않는 이상, 실질적으로 역접 관계이기 때문에, 문장이 완전히 넌센스죠. 하버드 대학교의 한 학자가 했다는 유명한 실험을 살펴봅시다. 요즘은 복사 서비스를 운영하는 대학 도서관이 거의 없는 듯하지만, 과거에는 그런 서비스가 있었고, 학생들은 줄을 서서 기다려야 했습니다. 실험의 내용은 대기열로 가서 순서를 양보해 달라고 요청을 하는 것이었습니다. 이때 던진 요청의 문장이 기괴한데, "~니까(때문에, だから), 양보해 주시겠어요."입니다. 무슨 말이냐면, ~ 안에 전혀 말도 안 되고 설득력도 없는 내용(content)을 집어넣은 것입니다. 그런데 상당히 많은 사람이 '니까'라는 '기능어'에 속아서 양보를 해주더랍니다(통계적 분포가 지저분하긴 합니다). 내용과 기능을 상보적으로 온전히 취해 파악하고, 그에 따라 합리적으로 대응하는 것이 아니라, 이미 확립된 구조 형식이 판단을 그르쳐 버린 겁니다.

아마도 눈치채셨겠지만, 내용어와 기능어 사안인 것이죠. 영어의 모든 단어는 내용과 기능을 상보적으로 파악해야 합니다(내용-기능 다양체). 그런데 연결 특화자들의 경우, 그 내용이 형해화돼 버리고 맙니다. 내용은 없이 뼈대만 남아 유명무실해진다는 뜻입니다. 여섯 개의 연결사Six Connectives에서 이 점을 잊지 말아야 합니다.

넥서스형 연결사 in은, 동일성 추구 연산의 수렴이 아니라, 발산을 하고 있고, 한 걸음 더 나아가, in a way that이 but으로 쓰였습니다.

" 메시징 서비스는 쓸모가 실질적인 반면, 소셜 미디어는 대체로 그렇지 않다. (트위터로 칵테일 파티를 주선하는 사람은 없다.)"

January 6th's other precipitating event was the insurrection at the United States' Capitol.

주어부inJanuary 6th's other precipitating event가 냉큼 접수되지 않는 분도 있을 듯합니다. 어쨌거나, 구조 형식은 '네 가지 구의 연접 양상'으로 되어 있지요. 구는 절이므로, 'digital migration을 촉발한(precipitating) 사건(event)이 1월 6일 있었다'는 것이고, other는 '나열'의 형용사 접속부사입니다.
"이런 사태를 촉발한 다른 느닷없는 사건도 하나 보태자. 1월 6일 미국 국회 의사당에서 난동이 있었다."

But the messaging services are also having a much broader and on balance salutary effect on online life.

6TH PARAGRAPH

on balance란 부사구가 삽입된 게 이채롭습니다.
"하지만 메시징 서비스는 사람들의 온라인 생활에 훨씬 광범한 영향을 미치고도 있다. 그 효과는, 모든 것을 감안할 때, 유익하다."
패러프레이즈를 해봅시다.
But the messaging services are also having a far broader impact on people's online lives. The effect, all things considered, is beneficial.

Conversations which cause controversy in public can be carried out in private with more nuance and no trolling.

7TH PARAGRAPH

"공중 영역에서 논란이 되는 대화라도, 사적 공간에서 수행할 때는, 더 섬세해지고, 아울러서 장난질이나 도발도 완전히 배제될 수 있다."

패러프레이즈를 해봅니다.

Controversial conversations in the public realm become more subtle when performed in private, while pranks and provocations can be completely excluded.

The other difference is one of business models.

one of business models은 구의 연접 4번이고, '부분과 전체는 같다'는 논리에 입각해, '다른 차이점은 비즈니스 모델'이라고 이해하면 되겠습니다. 전치사가 동원되는 구의 연접 4번은 현학적인 표현입니다.

Hence their interest in the viral.

구는 절이지요. Hence they are interested in the viral. 한국어도 잘 관찰해 보면, 평서문의 '-다'와 의문문의 '-까?'가 식상하다며, 변화를 주지요. 구어적 능동성인 것입니다.

Experience, particularly in Asia, shows that messaging services can serve as a platform for a lot of other things.

show도 그렇고, 한정사 보어절의 serve as도 2형식과 3형식의 점이 지대 동사입니다.
 Particularly Asia has experienced that messaging services can serve as a platform for a lot of other things.
 이렇게 패러프레이즈 할 수 있고, experience가 물체이기보다는 과정에 가까운 것입니다.

The companies make money by charging business users, by selling some of their online games and, particularly in the case of Line, from a market in "stickers" that allow messages to be festooned with indicators of every imaginable emotion.

by를 중심으로 살펴볼 수 있는데, 마지막 세 번째 나열은 또 from으로 연결돼 있습니다. 바로 이어서 나오는 구의 연접 4번 '스티커 시장'도 이채롭습니다. 왜, sticker market이라고 하지 않고, a market in "stickers"라고 했을까요? 관계대명사의 선행사로 삼으려고 했으니까요. 그런데 구의 연접 4번으로 이렇게 어순 조정이 가능한 것은, 전치사를 사실상 '연결사'로 활용할 수 있기 때문입니다. 이 풍요로운 경관을 체득한다면, 영어 이해가 좀 더 깊어질 것입니다.

"이들 회사가 돈을 버는 방식은, 기업 사용자들에게 과금을 하고, 온라인 게임을 파는 등속이다. 특히 라인의 경우는, '스티커'sticker 시장이라는 게 있다. 사용자들이 구매한 스티커로 메시지를 장식하는 건데, 상상할 수 있는 거의 모든 감정을 지정할 수 있다."

But Signal goes further in its protection of privacy by holding the absolute minimum of data on its users.

전치사 by를 중심으로 문장 전체를 살피는 것이 가능하고 온당합니다. 이른바 전치사의 넥서스형 연결사 용법이지요. goes further in its protection of privacy에서도, 진정으로 중요한 내용은 protection of privacy죠. 따라서 Signal's protecting=holding이 성립합니다. 전치사의 동일성 추구 연산입니다.

"그런데도 시그널은 프라이버시 보호를 한층 강화하고 있다. 서비스 이용자에 관한 데이터를 최소량만 보유하는 거다."

But he also believes privacy is essential for social progress: there must be spaces in which laws can be broken lest society never move beyond bad ones.

lest ~ should ...란 문형을 학교 문법에서 배우셨을 겁니다. 현지인들이 그리 잘 쓰지는 않지만, 가끔 나옵니다. diligent란 형용사도 잘 안 쓰이고, 미국의 10대라면 handkerchief란 물건도 모르는 사람이 꽤 있습니다.
"여기에는, 사회 진보에 프라이버시(개인 정보 보호)가 절대적으로 필요하다는 그의 신념도 한몫했다. 사회가 나쁜 법을 넘어서려면 법을 어길 수 있는 공간도 있어야 한다는 믿음인 것이다."

14TH PARAGRAPH

Its resistance to snooping lies not in mathematics but in the globe-trotting figure of Mr Durov, a Russian-born billionaire who funds the company with his own fortune.

lie in이 2형식과 3형식의 점이 지대 동사입니다. be based on도 가능하겠지요.
"텔레그램은 수학이 아니라, 세계를 떠도는 인물 두로프의 철학에 기반해 염탐에 저항한다. (러시아 태생의 이 백만장자가 텔레그램에 자금을 댄다.)"

15TH PARAGRAPH

Jonathan Zittrain, a law professor at Harvard University, says the biggest is the degree of community control it makes both possible and necessary for online communities.

관계대명사 which가 생략돼 있고, it은 the fact입니다. 이 관계대명사를 디스로케이션 넥서스를 구축하는 연결사의 관점에서 파악하면 좋을 것 같습니다. 글쓴이는 굉장히 중요한 요점이라고 생각해, 수렴하는 방식으로 썼는데, 별도의 문장으로 만드는 게 더 나아 보입니다.

"하버드 대학교 법학과 교수 조너선 지트레인Jonathan Zittrain은 그 가장 커다란 효과가 상당한 수준의 '자율 규제'라고 말한다. 그러니까, 온라인 커뮤니티에 꼭 필요한 '자율 규제'가 가능하다는 말인 셈이다."

15TH PARAGRAPH

In other words, private online spaces are good because they allow the individuals who use them to act with greater freedom and a stronger sense of the social.

전치사의 넥서스형 연결사 용법처럼, 종속 접속사 because를 격상하는 것도 가능하지요. 종속절의 경우, 대상 관계와 행위 주체성을 바탕으로 they와 the individuals의 자격을 조정하면 좋겠습니다. 마지막으로, the social을 어떻게 처리했는지 확인해 보셨으면 합니다. the social이 society는 아니지요. sociality도 아니지요. 앞에 나온 community를 바탕으로, 여러분의 정신 공간에 개념적 위계를 지도화해야 하는 것입니다.

"다시 말해서, 은밀한 온라인 공간이 좋은 이유는, 그 공간을 이용하는 사람들이 더 자유롭게 거동하면서도, 사회적인 것, 나아가 사회를 더 굳건하게 의식하기 때문이다."

16TH PARAGRAPH

This comes with obvious risks. Dr Urman says that in the past two years she has seen radical speech disappearing from the public internet. It is reasonable to assume it now takes place in private. Alex Stamos of Stanford University, who used to be Facebook's chief security officer, says that venues outside the reach of companies or states are certain be used by people wishing to traffic in images of child sexual abuse and to plot terrorist attacks. He also says he is certain law-enforcement agents are already working to infiltrate such groups, though as yet he is unaware of any big busts that have involved activity on Signal or Telegram.

해설의 앞부분에서 넷플릭스 기사 작성자와 동일인이 이 기사도 썼을 것으로 추정해 보았습니다. 『The Economist』는 기명 기사가 아닙니다.) on the contrary 유형의 접속부사를 쓰지 않고, 문장을 단속적으로 쓴다는 점과, 문체상의 특이성을 길게 설명하면서 근거로 삼았습니다. 외에도 여럿이 더 있습니다. 부정관사를 쓰면서 대상을 구체화하기, 형용사 서술어의 전치사를 생략하기, lest - should ...를 사용하는 등의 화법적 특징, 나열법의 독특성들이 두 글, 다시 말해 이 기사와 넷플릭스 기사를 규정하는 문체적 특징입니다. 거의 100퍼센트의 신뢰 수준으로 필자가 동일할 겁니다. 독자 여러분도, 이 책을 떼었을 즈음에는, 고급 수사학과 문체의 풍요로운 세계로 한 발 나아갈 수 있기를 바랍니다.

1ST PARAGRAPH
hive off: 분리하다, 분리 매각하다(=separate sth from a larger group=sell part of a company)
corporate parent: 모기업, 지주 회사(=parent company=holding company)

2ND PARAGRAPH
visibility: 가시성
attention: 주목
gain attention: 주의를 끌다
withhold: 유지하다, 계속해서 붙들고 있다, 허락치 않다, 손대지 못하게 하다
contested issue: 논쟁거리, 다툼이 있는 사안
for the most part: 대개, 보통(=usually=generally=on the whole)
associate: 친구, 동료(=company)
offer: 제공하다, ~이다(=be)
get in touch with: 접촉하다, 연결하다, 연계되다
by and large: 대체로
public sphere: 공적 영역
outrage: 격분, 분노(=resentment)

3RD PARAGRAPH
revision: 개정, 변경(=change)
terms of service: 서비스 약관
market: 광고하다, 판촉하다(=hawk=promote=peddle)
enhance: 강화하다, 증대하다, 향상시키다(=increase=improve)
privacy: 프라이버시, 개인 정보 보호, 사생활
migration: 이민, 이주, 이동

4TH PARAGRAPH
precipitate: 촉발하다, 불러일으키다(=bring on=spark off)
insurrection: 반란, 난동(=uprising)
Capitol: 미 국회 의사당(=Capitol Hill=the Hill)
in one's wake: ~의 여파로, ~를 뒤이어(=in the wake of=as a result)
clone: 복제품, 유사물(=like=kind=sort)
assassinate: 암살하다(=kill=murder)

host: 유치 관리하다, 주관하다
chauvinism: 배타적 애국주의(=jingoism)
taste for: 애호, 취향, 좋아함, 취미
flock: 몰려들다(=rush=gather)

5TH PARAGRAPH
promptly: 지체 없이, 즉시, 당장에(=immediately=at once)
public channel: 대중 공개 채널, 공공 채널
silence: 잠잠하게 만들다, 침묵시키다, 조용히 시키다(=quiet)
inauguration: 취임식, 정식 개시
transpire: 일어나다, 발생하다(=turn out)

6TH PARAGRAPH
may well: ~하는 것도 당연하다, 아마도 ~일 것이다
on balance: 모든 것을 감안할 때(=all things considered)
salutary: 유익한, 효과가 좋은, 건전한(=healthy)
provide: 제공하다, 이다(=be)
raucous: 요란하고 거친, 시끌벅적한(=loud and harsh)
levee: 제방, 부두, 둑(=embankment)
discourse: 담론, 담화, 이야기(=talk)
healthy: 건전한, 건강한

7TH PARAGRAPH
carry out: 수행하다(=perform)
nuance: 미묘한 차이, 뉘앙스
troll: 도발하다, 장난질하다, '떡밥'을 던지다
sundry: 여러 가지의, 잡다한 cf) all and sundry: 모든 사람들
rehearsal: 리허설, 예행 연습, 반복
company: 같이 있음 cf) in the company of: ~와 함께, ~의 면전에서
oblivion: 망각, 잊힘, 의식하지 못하는 상태(=obscurity)

8TH PARAGRAPH
differ from: ~와 다르다(=be different from)
addressable: 자체 주소를 가진, 어드레스(address)로 불러낼 수 있는(=possessing or capable of being reached by an address) cf)

addressability: 주소 지시성
designate: 지정하다, 지명하다

9TH PARAGRAPH
engage: 사로잡다, 관심을 끌다(=interest)
viral: 바이러스의, 바이러스처럼 퍼지는 cf)
virality: 바이럴리티, 바이러스성
hence: 그런 고로, 이런 이유로, ~때문이다
deliberate: 의도적인, 신중한, 적극적인
suppress: 억누르다, 진압하다
forward: 전달하다(=send)

10TH PARAGRAPH
note: 언급하다, 말하다,
　　지적하다(=observe=remark)
ephemeral: 수명이 짧은, 일시적인(=short-
　　lived=temporary=transient)
by far: 훨씬, 단연코(=far and away)
quarterly: 계간지, 분기의
filing: 보고(=reporting)
development: 사태 전개

11TH PARAGRAPH
serve: 기능하다, 봉사하다,
　　~이다(=act=function)
trace: 추적하다(=track down)
make money: 돈을 벌다(=earn)
charge: 과금을 하다, 청구하다(=bill)
sticker: 스티커
festoon: 장식하다,
　　꾸미다(=bedeck=decorate)

12TH PARAGRAPH
for one's part: ~ 처지에서, ~ 입장에서,
　　~로서는
grant: 보조금(=subsidy)
donor: 기부자, 기증자
encryption: 암호화
license: 사용 허가를 받다
subpoena: 소환장, 소환하다
grand jury: 대배심
account: 계정

13TH PARAGRAPH
pseudonym: 필명, 가명
hop: 깡충깡충 뛰다, 뛰어넘다
squat: 무단 점거하다, 불법 거주하다

compromise: 위태롭게 하다
lest ~ (should): ~하지 않도록, ~하면 안
　　되므로

14TH PARAGRAPH
snoop: 기웃거리다, 염탐하다
globe trot: 세계를 여행하다, 세계를
　　만유하다 cf) trot: 걷다, 빠른 속도로
　　이동하다
personal information: 개인 정보, 신상
　　정보

15TH PARAGRAPH
knock-on: 연쇄적인, 연쇄 반응의
host: 주인, 주관하다, 관리하다
base: 본부를 설치하다
enduring: 오래 가는, 지속적인
extensive: 포괄적인, 광범위한

16TH PARAGRAPH
radical: 과격한, 급진적인
assume: 가정하다, 상정하다(=presume)
chief security officer(CSO): 최고 보안
　　책임자
venue: 장소, 회합, 공간
reach: 도달 범위, 영향력 권역
traffic: 밀거래하다, 밀수하다(=smuggle)
sexual abuse: 성 학대, 성 착취
plot: 모의하다, 꾀하다, 음모를
　　꾸미다(=conspire=plan)
enforce: 집행하다, 실시하다(=implement)
infiltrate: 잠입하다, 침투하다
as yet: 아직까지는
bust: 불시 단속, 급습

17TH PARAGRAPH
serious crime: 중범죄
mettle: 패기, 기개, 용기(=ability to do sth
　　well in difficult circumstances)
successor: 후계자, 계승자, 뒤를 잇는 물건
persist: 계속하다, 존속하다, 버티다
run: 운영하다, 주관하다, 관리 통제하다
bombard: 폭격하다, 포격하다, 퍼붓다
interloper: 방해꾼, 침입자(=intruder)
come what may: 무슨 일이 있어도, 어떤
　　어려움이 있더라도(=whatever may
　　happen)

Editor's Page

저자인 정병선 선생님을 알게 된 계기는, '영어 텍스트를 바르게 읽는다는 것'이라는 수업을 통해서였습니다. 당시, 제 개인적으로 국문과 영문 사이 신택스의 보존 내지는 어긋남 등에 대해 많이 생각하던 시점이었던지라 선생님의 접근법이 낯섦에도 불구하고 긍정하게 되는 부분이 많았고 당시 체감을 그대로 전하자면 그 어떤 수소폭탄(?) 같은 느낌으로 다가왔던 기억이 납니다.

각기, 영문을 더욱 온전히 읽어내려는 시도와 방식을 찾아가는 여정을 그려나가고 있겠지만, 통상의 문법적인 수준에서는 실제 각양각색의 영문 텍스트를 대하면서 한계에 부딪히는 경험도 하게 되리라 봅니다. 본 도서의 읽기 전략에서 소개하는 내용이 통상적인 방식은 아니라 혹자의 경우에는 과격(?)한 접근은 아닌가 싶을 수도 있고, 반론이 떠오를 수도 있을지 모르나, (저의 경우에는 처음에 '2형식과 3형식의 접이지대 동사'라는 개념이 그랬습니다. 그에 부합하지 않을 수도 있을 것 같은 동사들, 그리고 영한의 방향에선 번역의 편의성 차원에서 그렇게 볼 수 있을지도 모르나 한영의 방향에서도 그 개념을 구체적으로 활용할 수 있을까 하는 질문이 우선 떠올랐었거든요) 약간의 생경함을 넘어 그 다음 차원에서 펼쳐지는 구조적이고 일관된 맥락을 발견하실 수 있으면 좋겠습니다. 제게는 그 근거가, 선생님의 번역문이었습니다. 원문에 대한 장악력이 많이 느껴졌고, 굉장히 명징하다는 판단이 많이 들었습니다. 그러한 번역문을 만든 논리라는 전제하에 역으로 이해하고 추적하고 좇아가보고자 했던 기억이 납니다.

특히나 문법을 도식적으로 배우면서 드러나는 허점들, 그것을 후에 메워가는 수고를 하는 가운데 고민하게 되는 지점들, 이를테면 디스로케이션의 개념이나 '구는 절'이라는 명제에 대해서는, 신택스가 불안전해 보이는 문장들을 좀 더 온전히 읽어내는 데 있어 유용한 방법을 챙겨갈 수 있는 독자분도 있을 것입니다. 덤으로, 저자의 표현대로 '표층 문법을 뚫고 들어가' 글쓴이의 의도를 파악하고자 하는 가운데

메타적으로도 문장을 관찰할 시선을 얻으실 수 있을 테고요. 뉴스의 시간은 계속 흐르고 오늘 이 시점에서 대하는 구글의 뉴스와 바로 얼마 뒤 대하는 구글의 뉴스는 달라지겠지만, 시의성에 통찰을 보탠 저널리즘의 관점은 유효할 것이라 믿기에 최대한 테크 비즈니스와 관련한 심층 리포팅 기사로 고르고자 했습니다. 큐레이션 주제가 주제인지라 주로 슘페터 기사를 많이 담게 되었네요.

    모쪼록 본 도서에서 제시하는 깊이 읽기의 방식을 통해 오늘의 저널리즘 문장을 있는 그대로의 깊이와 있는 그대로의 문체로 읽어낼 수 있는 소중한 계기가 되기를 바랍니다.

    편집자 김효정